U0959893

权威·前沿·原创

皮书系列为
“十二五”“十三五”国家重点图书出版规划项目

汽车工业蓝皮书

BLUE BOOK OF
AUTOMOTIVE INDUSTRY

中国汽车工业发展报告（2019）

ANNUAL REPORT ON THE DEVELOPMENT OF CHINA AUTOMOTIVE INDUSTRY (2019)

中国汽车工业协会
主　编／中国汽车技术研究中心有限公司
丰田汽车公司

社会科学文献出版社
SOCIAL SCIENCES ACADEMIC PRESS (CHINA)

图书在版编目（CIP）数据

中国汽车工业发展报告．2019／中国汽车工业协会，中国汽车技术研究中心有限公司，丰田汽车公司主编．--北京：社会科学文献出版社，2019.5
（汽车工业蓝皮书）
ISBN 978-7-5201-4721-7

Ⅰ．①中… Ⅱ．①中… ②中… ③丰… Ⅲ．①汽车工业-工业发展-研究报告-中国-2019 Ⅳ．①F426.471

中国版本图书馆 CIP 数据核字（2019）第 075878 号

汽车工业蓝皮书
中国汽车工业发展报告（2019）

主　　编／中国汽车工业协会
　　　　　中国汽车技术研究中心有限公司
　　　　　丰田汽车公司

出 版 人／谢寿光
责任编辑／宋　静

出　　版／社会科学文献出版社·皮书出版分社（010）59367127
　　　　　地址：北京市北三环中路甲 29 号院华龙大厦　邮编：100029
　　　　　网址：www.ssap.com.cn
发　　行／市场营销中心（010）59367081　59367083
印　　装／天津千鹤文化传播有限公司

规　　格／开 本：787mm×1092mm　1/16
　　　　　印 张：24.25　字 数：364 千字
版　　次／2019 年 5 月第 1 版　2019 年 5 月第 1 次印刷
书　　号／ISBN 978-7-5201-4721-7
定　　价／158.00 元

本书如有印装质量问题，请与读者服务中心（010-59367028）联系

《中国汽车工业发展报告（2019）》
编委会

支持单位 中国第一汽车集团有限公司
东风汽车集团有限公司
上海汽车集团股份有限公司
中国长安汽车股份有限公司
北京汽车集团有限公司
广州汽车集团股份有限公司
华晨汽车集团控股有限公司
奇瑞汽车股份有限公司
安徽江淮汽车集团有限公司
中国重型汽车集团有限公司
浙江吉利控股集团有限公司
长城汽车股份有限公司
中国汽车工程学会
中国汽车工程研究院有限公司
一汽解放汽车有限公司
东风汽车有限公司
福建省汽车工业集团有限公司
郑州宇通客车股份有限公司
厦门金龙汽车集团股份有限公司
东风汽车股份有限公司
北汽福田汽车股份有限公司
上汽依维柯红岩商用车有限公司
陕西汽车控股集团有限公司
比亚迪股份有限公司
上汽大众汽车有限公司
上海通用汽车有限公司
一汽－大众汽车有限公司
广汽丰田汽车有限公司

一汽丰田汽车有限公司
广汽本田汽车有限公司
北京奔驰汽车有限公司
华晨宝马汽车有限公司
上汽通用五菱汽车股份有限公司
神龙汽车有限公司
众泰控股集团有限公司
北京新能源汽车股份有限公司
长江汽车有限公司
云度新能源汽车股份有限公司
中汽中心汉阳专用汽车研究所
宁德时代新能源科技股份有限公司
精进电动科技股份有限公司
万向钱潮股份有限公司
浙江亚太机电股份有限公司
深圳航盛电子股份有限公司
浙江万安科技股份有限公司
长春一汽富晟集团有限公司
北京京西重工有限公司
重庆超力高科技股份有限公司
力邦合信智能制动系统有限公司
乐清市八达光电科技有限公司
浙江鑫可精密机械有限公司
宁波均胜电子股份有限公司

（以上单位排名不分先后）

摘　要

“汽车工业蓝皮书”是关于中国汽车工业发展的综合系列报告丛书，2015 年首次出版。《中国汽车工业发展报告（2019）》由中国汽车工业协会联合中国汽车技术研究中心有限公司和丰田汽车公司共同组织行业企业、服务机构及相关单位有关专家撰写，是一部完整系统、全面翔实论述中国汽车工业发展现状及趋势的权威性文献。

全书由总报告、乘用车篇、商用车篇、节能与新能源汽车篇、智能网联汽车篇、零部件篇、标准化篇和附录等八部分组成。

总报告全面阐述了中国汽车工业 2018 年度发展情况，以及在世界经济发展大背景下，全球汽车工业发展现状及中国汽车工业发展的态势；分析了中国汽车工业在国民经济及世界汽车工业中的地位和作用，梳理了 2018 年汽车工业的热点事件和新技术新产品发展情况，并预测了 2019 年中国汽车工业的发展趋势。

乘用车篇介绍了乘用车市场发展情况，分析了产品细分市场和国内区域市场发展态势，指出了乘用车仍是影响中国汽车市场稳定发展的主要因素。

商用车篇阐述了载货车、客车、房车和专用汽车等行业的基本情况，分析了各细分市场的运行特点和发展中存在的问题，展望了未来行业发展趋势。

节能与新能源汽车篇描述了我国节能汽车和新能源汽车发展现状，梳理了相关政策，分析了发展中存在的问题，并对产业发展提出了相关建议。

零部件篇对全球及我国汽车零部件发展情况进行了分析，总结了我国零部件产业存在的问题，研判了零部件产业发展趋势；并就新能源汽车主要零部件、零部件再制造做了综合描述。

标准化篇概述了我国汽车行业标准化的基本情况，介绍了汽车标准化主要工作、重要领域的标准制修订和汽车行业主要标准化活动，分析了汽车行业标准发展面临的问题，同时阐述了汽车行业标准的发展趋势。

本年度报告首次增设了智能网联汽车篇，对国内外智能网联汽车发展现状进行了论述，并就未来智能网联汽车发展趋势进行了探讨。

本书以服务行业、服务政府、服务社会为宗旨，对汽车制造业及相关产业、政府各级汽车管理部门、行业服务机构和大专院校等具有重要参考价值和借鉴作用。

Abstract

"Blue Book of Automotive Industry" is the sum of a series of reports about the development of China's automotive industry and was first published in 2015. *The Annual Report on the Development of China Automotive Industry* (2019) is co-authored by experts from industry enterprises, service agencies and related institutions organized by the China Association of Automobile Manufacturers (CAAM), the China Automotive Technology and Research Center (CATARC) and the Toyota Motor Corporation, and is an authoritative and comprehensive introduction to the developmental status and trends of China's automotive industry.

The Report is divided into seven parts: General Report, Passenger Vehicle, Commercial Vehicle, New Energy Vehicle, Intelligent Connected Vehicle, Components and Parts, and Standardization.

The first part reflects the progress in the development of China's automotive industry in 2018, the status of global automotive industry and the trends of China's automotive industry against the international economic backdrop; analyzes the place of China's automotive industry in China's national economy and world automotive industries; straightens out the hotspot issues and the latest technologies and products in China's automotive industry in 2018; and predicts the future trends of China's automotive industry in 2019.

The second part introduces the performance of passenger vehicle market, analyzes the development trends of each product segment and each region in China, points out that the passenger vehicle is still the main driver for the steady growth in China's vehicle market.

The third part addresses the fundamentals of truck, bus, touring car and special vehicle segments, analyzes the characteristics and the existing issues in each segment, and predicts the industry development trends.

The fourth part describes the status of energy-saving vehicle and new energy vehicle, straightens out relevant policies, analyzes the existing issues, and offers suggestions for future industry development.

The six part analyzes the progress in the development of global and China's auto parts industry, summarizes the existing issues of China's parts industry, studies the future trends of the parts industry; the report offers a comprehensive review of the main parts of new energy vehicles and the remanufacturing of parts.

The seven part outlines the fundamentals of the standardization of China's automotive industry, introduces the main work, important revisions and events involved in automotive industry standardization, analyzes the developmental issues faced by the automotive industry, and predicts the future trends of the automotive industry standardization.

This report adds a chapter for the intelligent connected vehicle for the first time, analyzes the status of intelligent connected vehicle at home and abroad, and explores its future trends.

With a view to serving industry, government authorities and the society at large, this report has great reference value for auto manufacturers and related industries, various administrative authorities, service agents, colleges and universities, etc. .

目　录

Ⅰ　总报告

Ⅱ　乘用车篇

Ⅲ　商用车篇

Ⅳ 节能与新能源汽车篇

Ⅴ 智能网联汽车篇

Ⅵ 零部件篇

Ⅶ 标准化篇

Ⅷ 附录

总 报 告

General Report

B.1 2018年中国汽车工业发展报告

摘 要： 本文基于2018年全球汽车工业和中国汽车工业的相关数据，分析了中国汽车工业在世界汽车工业和中国宏观经济中的地位以及汽车工业的技术发展趋势和热点问题，并在对2018年中国汽车工业运行形势分析的基础上，预测了2019年中国汽车工业的发展态势。

关键词： 汽车产业 中国品牌 产业趋势 产业结构

一 全球汽车工业发展形势

（一）全球汽车工业市场情况

2018年世界GDP同比增长3.7%，增速较2017年略有下降。发达经济体整体GDP增速2.3%，美国受益于减税等政策，在2018年仍实现了较快增长，德国、法国、英国、意大利、日本等发达国家的经济增长均出现了不同程度的下降；新兴市场和发展中经济体GDP增速4.6%，同比略有下降，但明显高于发达经济体，其中，印度、中国增速远高于其他国家（见表1）。

表1　2017～2018年全球及主要经济体GDP增长情况

单位：%

地　区	2017年	2018年	地　区	2017年	2018年
世界	3.8	3.7	新兴市场和发展中经济体	4.7	4.6
发达经济体	2.4	2.3	俄罗斯	1.5	1.7
美国	2.2	2.9	中国	6.9	6.6
欧元区	2.4	1.8	印度	6.7	7.3
德国	2.5	1.5	东盟五国	5.3	5.2
法国	2.3	1.5	巴西	1.1	1.3
意大利	1.6	1.0	墨西哥	2.1	2.1
西班牙	3.0	2.5	南非	1.3	0.8
日本	1.9	0.9	中东北非	2.2	2.4
英国	1.8	1.4	沙特阿拉伯	-0.9	2.3
加拿大	3.0	2.1	尼日利亚	0.8	1.9

资料来源：IMF。

2018年全球汽车销量约为9179万辆，同比微降0.9%。① 各大洲差异较大，亚洲在持续多年增长后出现了下滑；北美、南美表现较好，均实现不同程度的增长；非洲和大洋洲体量较小，共计200万辆左右（见表2）。

表2　2013～2018年全球汽车销量变化

单位：万辆，%

区域	销　量						同比增长				
	2013年	2014年	2015年	2016年	2017年	2018年	2014年	2015年	2016年	2017年	2018年
亚洲	3903	4098	4239	4579	4622	4480	5.0	3.4	8.0	0.9	-3.1
北美洲	1893	2000	2123	2156	2126	2128	5.7	6.2	1.5	-1.4	0.1
欧洲	1675	1721	1766	1853	1929	1954	2.7	2.6	4.9	4.1	1.3
南美洲	507	456	350	303	380	410	-10.1	-23.2	-13.5	25.6	8.0

① 全书有关销量、产量的数据大部分采用“万辆”作为单位，但同比增长数据均是按未四舍五入时数据（即单位为辆时）计算所得，所以同比增长数据与按四舍五入后数据计算结果有微小差别。全书同。

续表

区域	销量						同比增长				
	2013 年	2014 年	2015 年	2016 年	2017 年	2018 年	2014 年	2015 年	2016 年	2017 年	2018 年
大洋洲	125	124	129	133	135	131	-0.7	4.0	2.7	1.8	-2.5
非洲	83	92	89	75	69	74	10.6	-3.9	-15.9	-7.0	7.4
总　计	8187	8491	8696	9098	9262	9179	3.7	2.4	4.6	1.8	-0.9

资料来源：国家信息中心。

1. 亚洲汽车市场

2018 年，亚洲仍然是汽车需求量最大的区域，其销量前 23 国合计销售 4418 万辆，占全球汽车总销量的比重超过 48%，但是受中国汽车市场下滑的影响，亚洲销量同比下降 3.1%，各国增速差异较大，涨跌不一。

（1）日本汽车市场

2018 年，日本汽车市场仅次于中国和美国，销售汽车 526 万辆，同比微增 0.7%（见表 3）。其中，乘用车 440 万辆，同比增长 0.2%；中重型载货车 4.6 万辆，同比增长 5.2%；轻型载货车 38 万辆，同比下降 0.2%；微型载货车 19 万辆，同比增长 2.2%；客车 26 万辆，同比增长 9.7%。

表 3　2013～2018 年亚洲汽车销量排名前四国家情况

单位：万辆，%

主要国家	销量						同比增长				
	2013 年	2014 年	2015 年	2016 年	2017 年	2018 年	2014 年	2015 年	2016 年	2017 年	2018 年
中国	2198	2349	2460	2803	2888	2808	6.9	4.7	13.9	3.0	-2.8
日本	537	556	504	496	523	526	3.5	-9.3	-1.5	5.3	0.7
印度	324	318	342	367	402	440	-1.9	7.8	7.2	9.5	9.5
韩国	154	166	183	183	179	181	7.9	10.4	-0.4	-1.8	1.1

资料来源：国家信息中心。

（2）印度汽车市场

印度受益于经济的持续增长，过去五年汽车销量保持增长态势。2018 年，销售汽车 440 万辆，同比增长 9.5%。其中，轿车 224 万辆，同比增长 3.5%；SUV 销售 115 万辆，同比增长 8.4%；中重型载货车 36 万辆，同比增长 26.2%；轻型载货车 61 万辆，同比增长 30.1%；客车 3.8 万辆，同比增长 0.1%。

（3）韩国汽车市场

2018 年，韩国的汽车保有量在 2000 万辆左右，千人保有量约 400 辆，已达到饱和状态。因此，近几年韩国汽车销量趋于稳定，在 180 万辆左右波动。

（4）东盟国家汽车市场

整体来看，东盟国家汽车销量规模均不大，只有印度尼西亚年销量达到百万辆，2018 年东盟六国合计销售 334 万辆，同比增长 2.1%（见表 4）。

表 4　2013～2018 年主要东盟国家汽车销量

单位：万辆，%

主要国家	销量						同比增长				
	2013 年	2014 年	2015 年	2016 年	2017 年	2018 年	2014 年	2015 年	2016 年	2017 年	2018 年
印度尼西亚	120	119	95	101	100	105	-0.4	-19.9	5.6	-0.5	4.8
泰国	126	84	77	73	87	93	-33.3	-8.6	-5.9	20.2	6.5
马来西亚	66	67	67	58	58	60	1.6	-0.2	-12.5	-0.9	3.8
菲律宾	18	23	31	36	46	39	29.9	32.7	16.0	26.3	-14.2
越南	10	13	21	27	25	28	38.1	56.3	30.1	-7.7	10.2
新加坡	3	4	7	11	11	9	41.3	72.5	43.1	6.3	-17.2

资料来源：国家信息中心。

2. 欧洲汽车市场

2018 年，欧洲 29 国汽车总销量 1954 万辆，同比增长 1.3%，已连续增长五年。其中，西欧销量最多，六国合计销售 670 万辆，同比下降 0.9%，占欧洲总销量的 34.3%；中欧七国合计销售 555 万辆，同比增长 0.8%，占欧洲总销量的 28.4%；南欧八国合计销售 438 万辆，同比增长 2.3%，占欧洲总销量的 22.4%；东欧四国合计销售 191 万辆，同比增长 11.7%，占欧洲总销量的 9.8%；北欧四国合计销售 101 万辆，同比下降 3.5%，占欧洲总销量的 5.2%（见表 5）。

表 5　2013～2018 年欧洲整体汽车销量

单位：万辆，%

国家区域	销量						同比增长				
	2013 年	2014 年	2015 年	2016 年	2017 年	2018 年	2014 年	2015 年	2016 年	2017 年	2018 年
西欧	592	617	666	678	676	670	4.2	7.9	1.8	-0.3	-0.9
中欧	447	465	495	526	550	555	4.2	6.4	6.3	4.5	0.8

续表

国家区域	销量						同比增长				
	2013 年	2014 年	2015 年	2016 年	2017 年	2018 年	2014 年	2015 年	2016 年	2017 年	2018 年
南欧	253	290	343	395	428	438	14. 5	18. 3	15. 2	8. 2	2. 3
东欧	301	261	166	150	171	191	-13. 3	-36. 4	-9. 4	13. 8	11. 7
北欧	82	87	96	103	105	101	6. 4	9. 3	8. 1	1. 4	-3. 5
合　计	1675	1721	1766	1853	1929	1954	2. 7	2. 6	4. 9	4. 1	1. 3

资料来源：国家信息中心。

（1）西欧汽车市场

西欧主要六国中，英法是需求最大的两个国家，2018 年两国合计销售 541 万辆，占西欧总销量的 80. 8%。2018 年，英国“脱欧”带来的各种不确定因素降低了消费者的信心，加上全球统一轻型车辆排放测试规程于 2018 年 9 月 1 日正式实施，导致英国汽车销量连续两年遭遇下滑，全年共销售 273 万辆，同比下降 6. 1%，其中乘用车 237 万辆，同比下降 6. 8%，轻型载货车 36 万辆，同比下降 1. 3%，中重型载货车 1 万辆；法国汽车销量仅次于英国，2018 年市场表现较好，全年销售 268 万辆，同比增长 3. 4%（见表 6），其中乘用车 217 万辆，同比增长 3. 0%，轻型载货车 45 万辆，同比增长 5. 1%，中重型载货车 5. 4 万辆，同比增长 7. 7%，客车 0. 6 万辆。法国在汽车总销量持续走高的同时，内部需求结构也发生了很大的变化，受燃油价格上涨及主要城市或在未来出台柴油车交通限制政策等因素的影响，2018 年法国柴油车销量同比下降 7%，柴油车所占的市场份额也由 2012 年的 70% 降至 40%。

表 6　2013 ~ 2018 年西欧六国汽车销量

单位：万辆，%

国家名称	销量						同比增长				
	2013 年	2014 年	2015 年	2016 年	2017 年	2018 年	2014 年	2015 年	2016 年	2017 年	2018 年
英国	260	284	306	308	291	273	9. 5	7. 7	0. 5	-5. 4	-6. 1
法国	217	218	231	246	259	268	0. 3	6. 3	6. 4	5. 2	3. 4
比利时	54	53	56	61	62	63	-0. 6	5. 0	8. 2	2. 5	0. 8

续表

国家名称	销量						同比增长				
	2013年	2014年	2015年	2016年	2017年	2018年	2014年	2015年	2016年	2017年	2018年
荷兰	48	45	52	40	42	45	-6.3	16.3	-2.3	4.0	7.0
爱尔兰	9	12	15	18	16	15	32.0	31.3	17.8	-11.0	-2.7
卢森堡	5.1	5.4	5.2	5.6	5.9	5.9	6.8	-5.0	9.2	4.5	0.0

资料来源：国家信息中心。

（2）中欧汽车市场

中欧主要七国中，德国一家独大，2018年德国销售376万辆，同比微增0.3%（见表7），约占中欧总销量的67.7%，其中乘用车344万辆，同比下降0.2%，中重型载货车31万辆，同比增长1.2%。2018年3月德国联邦最高行政法院通过老旧柴油车禁行法案，以及相关监管机构引入标准更严格的排放测试，加速了德国柴油车占比下降，使该占比由2016年的38.8%下降至2018年的32.3%，汽油车占比跃升至62.4%，新能源汽车也得到了快速发展。

表7　2013～2018年中欧七国汽车销量

单位：万辆，%

国家名称	销量						同比增长				
	2013年	2014年	2015年	2016年	2017年	2018年	2014年	2015年	2016年	2017年	2018年
德国	321	331	349	365	375	376	2.9	5.4	4.8	2.8	0.3
波兰	29	33	35	42	49	53	13.0	8.3	18.1	16.9	9.3
奥地利	32	33	34	36	39	38	4.2	2.4	7.0	8.0	-2.4
瑞士	34	34	36	36	36	34	-1.7	7.2	-1.9	-0.1	-3.9
捷克	18	20	25	28	29	28	16.5	20.8	12.9	4.3	-3.2
匈牙利	6	7	8	10	12	14	20.2	14.4	25.1	20.4	17.5
斯洛伐克	7	8	8	10	10	11	9.6	9.5	12.5	8.5	3.4

资料来源：国家信息中心。

（3）南欧汽车市场

南欧主要八国中，意大利销量最高，2018年销售208万辆，同比下降3.2%，约占南欧总销量的47.6%，其中乘用车191万辆，同比下降3.1%，轻型载货车17万辆，同比下降5.1%；其次是西班牙，销售156万辆，同比增长6.7%，其中，乘用车132万辆，同比增长6.8%，客车18万辆，同比增长6.4%，轻型载货车3.9万辆，同比增长13.2%，中重型载货车2.4万辆，同比下降2.0%。意大利和西班牙二者合计销售364万辆，占南欧总销量的83.3%；其他国家销量较低（见表8）。

表8　2013～2018年南欧八国汽车销量

单位：万辆，%

主要国家	销量						同比增长				
	2013年	2014年	2015年	2016年	2017年	2018年	2014年	2015年	2016年	2017年	2018年
意大利	139	146	169	201	215	208	5.3	15.6	18.7	7.3	-3.2
西班牙	78	99	121	135	146	156	26.8	23.0	11.0	8.5	6.7
葡萄牙	12	17	21	24	26	27	36.0	24.2	16.2	7.0	3.3
罗马尼亚	8	10	12	14	16	19	22.3	20.6	17.4	10.2	19.6
希腊	6	8	8	8	9	11	22.5	7.0	3.7	12.1	16.5
斯洛文尼亚	5.1	5.3	5.9	6.4	7.1	7.3	4.8	11.5	7.3	11.5	2.8
克罗地亚	2.8	3.4	3.6	4.3	5.0	6.0	22.2	5.2	20.4	17.2	18.7
保加利亚	1.9	2.0	2.4	2.6	3.1	3.4	5.2	15.4	12.2	18.5	9.9

资料来源：国家信息中心。

（4）东欧汽车市场

东欧主要四国中，2018年，俄罗斯销售180万辆，同比增长12.8%，占东欧总销量的94.2%（见表9）。

表9　2013～2018年东欧四国汽车销量

单位：万辆，%

主要国家	销量						同比增长				
	2013年	2014年	2015年	2016年	2017年	2018年	2014年	2015年	2016年	2017年	2018年
俄罗斯	278	249	160	143	160	180	-10.3	-35.7	-11.0	11.9	12.8
乌克兰	21	10	4.7	6.6	8.2	7.5	-54.5	-52.0	40.9	25.5	-8.9
爱沙尼亚	1.5	1.7	2.0	2.3	2.6	2.6	13.3	17.6	15.0	11.4	2.7
白俄罗斯	1.9	2.2	1.2	1.2	0.8	0.9	12.1	-45.9	4.8	-33.1	15.3

资料来源：国家信息中心。

（5）北欧汽车市场

北欧四国销量均不大。瑞典销售42万辆，同比下降5.6%；丹麦销售26万辆，同比下降2.0%；挪威19万辆，同比下降4.3%；芬兰14万辆，同比增长1.7%（见表10）。

表 10　2013～2018 年北欧四国汽车销量

单位：万辆，%

主要国家	销　量						同比增长				
	2013 年	2014 年	2015 年	2016 年	2017 年	2018 年	2014 年	2015 年	2016 年	2017 年	2018 年
瑞典	31	35	40	43	44	42	12.6	12.5	8.9	2.5	-5.6
丹麦	21	22	25	27	26	26	5.1	10.6	8.3	-0.6	-2.0
挪威	18	18	19	20	20	19	0.1	5.5	4.4	1.7	-4.3
芬兰	12	12	12	14	14	14	1.9	3.0	10.5	1.2	1.7

资料来源：国家信息中心。

3. 北美汽车市场

2018 年北美汽车市场销量中，美国、加拿大和墨西哥共销售 2128 万辆（见表 11），同比微增 0.1%，约占全球汽车总销量的 22%。

（1）美国汽车市场

2018 年，美国是仅次于中国的全球第二大汽车销售国。受大规模减税政策的影响，全年新车销售 1782 万辆，同比微增 0.9%，其中轿车销售 559 万辆，同比下降 11.4%，占美国汽车总销量的 31.4%；轻型车（含皮卡及 SUV）1175 万辆，同比增长 7.5%，占美国汽车总销量的 65.9%，美国消费者需求从轿车转向皮卡与 SUV 的趋势仍在继续；中重型载货车 49 万辆，同比增长 17.6%。

（2）北美其他主要汽车市场

2018 年，加拿大销售汽车 204 万辆，同比下降 1.7%；墨西哥销售 142 万辆，同比下降 7.1%。

表 11　2013～2018 年北美三国汽车销量

单位：万辆，%

国家名称	销　量						同比增长				
	2013 年	2014 年	2015 年	2016 年	2017 年	2018 年	2014 年	2015 年	2016 年	2017 年	2018 年
美国	1595	1693	1792	1797	1766	1782	6.1	5.9	0.3	-1.8	0.9
加拿大	178	189	194	198	208	204	6.1	2.6	2.3	4.7	-1.7
墨西哥	110	116	135	160	153	142	5.3	16.6	18.6	-4.6	-7.1

资料来源：国家信息中心。

4. 南美汽车市场

2018 年，南美五国共销售 410 万辆，同比增长 8.0%，占全球汽车销量的 4.5%（见表 12）。

（1）巴西汽车市场

2018 年，巴西经济复苏，汽车市场持续回暖，全年销售 257 万辆，同比增长 14.6%。各细分市场均保持强劲的增长态势，其中轿车销售 161 万辆，同比增长 10.7%；SUV 销售 50 万辆，同比增长 22.3%；轻型载货车 37 万辆，同比增长 17.6%；中重型载货车 7.4 万辆，同比增长 41.4%；客车 1.9 万辆，同比增长 26.8%。

（2）南美其他主要汽车市场

2018 年，阿根廷销售 80 万辆，同比下降 10.1%；智利销售 43 万辆，同比增长 15.2%；哥伦比亚销售 26 万辆，同比增长 8.1%；乌拉圭销售 4.6 万辆，同比下降 18.8%。

表 12　2013～2018 年南美主要国家汽车销量

单位：万辆，%

国家名称	销　量						同比增长				
	2013 年	2014 年	2015 年	2016 年	2017 年	2018 年	2014 年	2015 年	2016 年	2017 年	2018 年
巴西	377	350	257	205	224	257	-7.1	-26.6	-20.2	9.2	14.6
阿根廷	94	67	60	67	89	80	-28.7	-11.4	12.9	32.2	-10.1
智利	22	26	31	35	38	43	18.2	19.2	12.9	7.7	15.2
哥伦比亚	29	33	28	26	24	26	10.8	-13.2	-9.7	-7.2	8.1
乌拉圭	6	6	5	5	6	5	-5.7	-10.5	-8.8	19.7	-18.8

资料来源：国家信息中心。

5. 其他汽车市场

2018 年，澳大利亚销售 115 万辆，同比下降 3.0%；南非销售 55 万辆，同比下降 3.0%；埃及销售 19 万辆，同比增长 42.9%；新西兰销售 16 万辆，同比增长 1.0%。

（二）世界主要汽车集团销量规模

2018年，世界排名前十五的汽车集团共销售7624万辆，同比下降0.7%，全球占比83.1%，较同期上升0.2个百分点。其中，大众以1040万辆，连续2年排名全球第一，丰田以66万辆的差距紧随其后，通用、日产、现代分别排名3～5位，吉利是唯一进入前十五位的中国品牌（见表13）。

表13 2013～2018年世界排名前十五的汽车集团销量

单位：万辆，%

序号	集团	2013年	2014年	2015年	2016年	2017年	2018年	2018年份额
1	大众	916	968	958	990	1025	1040	11.3
2	丰田	913	940	942	954	982	973	10.6
3	通用	950	973	981	994	997	863	9.4
4	日产	687	728	784	827	877	853	9.3
5	现代	669	709	729	755	685	692	7.5
6	福特	586	593	618	629	621	554	6.0
7	本田	425	443	462	491	526	522	5.7
8	菲亚特克莱斯勒	419	449	452	461	460	459	5.0
9	标致雪铁龙	282	311	316	306	263	357	3.9
10	五十铃	257	276	268	271	305	322	3.5
11	戴姆勒	194	209	237	253	274	276	3.0
12	宝马	172	187	201	210	218	221	2.4
13	吉利	96	87	100	129	186	217	2.4
14	马自达	125	131	145	146	153	154	1.7
15	塔塔	90	77	83	96	107	120	1.3

资料来源：国家信息中心。

（三）中国汽车工业的世界地位①

2009年，中国汽车产销量超过美国，跃居世界首位，此后连续十年蝉

① 本部分数据来自中国汽车工业协会及国家信息中心。

联全球第一，过去10年复合增长率12.6%，远高于全球平均增长率2.8%，在全球所占市场份额也由十年前的20%上升到30%。

2018年，中国汽车销售2808万辆，虽然同比小幅下降2.8%，但占全球市场份额仍达到30.6%。

1. 产销规模全球第一

（1）乘用车市场

2018年，中国乘用车销售2371万辆，同比下降4.1%，乘用车自2009年超越日本后，已连续十年位居全球榜首。在豪华车方面，2018年共销售（内需口径）304万辆，同比增长11.6%，增速远高于乘用车行业总体（-3.8%），其中，国产豪华车销售214万辆，同比增长20%，进口90万辆，同比下降4.5%。

中国豪华车市场需求旺盛，2011年首次突破100万辆，7年增长两倍，主要原因有：①随着中国经济的持续增长，居民收入提高，汽车消费升级加快；②从供给角度看，随着竞争加剧，一方面，豪华品牌产品线不断下探，另一方面，豪华车价格下降较大，促使消费者调低购车预算；③从需求角度看，90后用户和换购用户的比重逐年增加，豪华车购买意愿不断提升。

（2）商用车市场

2018年，中国商用车销售437万辆，同比增长5.1%。其中，中重型载货车132.5万辆，同比下降1.6%；轻型载货车189.5万辆，同比增长10.2%；微型载货车66.6万辆，同比增长17.1%；客车48.5万辆，同比下降8.0%，客车销量仍居世界首位。

（3）新能源汽车市场

近年来，国家出台了一系列政策法规，推动着中国新能源汽车产业快速发展。2018年，我国新能源汽车销售125.6万辆，同比增长61.7%，占全球新能源汽车总量的60%，我国成为世界第一大新能源汽车市场。

2. 中国持续保持全球最重要的市场地位

从主要OEM中国销量占比来看，大众、日产、丰田、通用、现代、宝马、奔驰、奥迪等，中国销量均占其全球销量前三名。其中，大众中国销量占比为40%，通用为46%，中国仍然是汽车跨国公司全球最重要的市场。

表 14　主要 OEM 中国销量占比

单位：万辆

企业	中国销量	全球销量	TOP3(占比)		
			NO. 1	NO. 2	NO. 3
大众	410	1040	中国(40%)	德国(13%)	美国(6%)
日产	129	853	美国(17%)	中国(15%)	法国(7%)
丰田	130	973	美国(24%)	日本(23%)	中国(13%)
通用	363	863	中国(46%)	美国(35%)	巴西(5%)
现代	83	692	美国(18%)	韩国(17%)	中国(16%)
宝马	47	221	中国(24%)	美国(14%)	德国(14%)
奔驰	51	276	中国(26%)	美国(14%)	德国(14%)
奥迪	62	174	中国(32%)	德国(15%)	美国(12%)

3. 汽车跨国公司不断加大在中国的投资

随着中国汽车市场地位的不断提高，跨国公司也纷纷在研发、产能扩建、新业务等方面加大在中国的投资力度。如大众在中国投入 40 亿元建设研发中心，在成都、佛山、青岛、天津、合肥等地扩建产能，并与滴滴等合作布局移动出行；丰田在常熟建设研发中心，建设天津四工厂和 Mira 未来/加氢站；通用在中国投资电池发展中心；奔驰投资 9.3 亿元提升北京设计中心能力，并与北汽建设新能源汽车基地和电池厂，布局 Car2Go、CAR2share 新业务；宝马在北京、上海、沈阳建设研发中心，在沈阳建设第五代电池基地，布局 ReachNow 即时出行、充电桩等。随着 2018 年进一步对外开放政策的出台及未来几年的逐步落地，跨国公司未来将进一步加大在中国的投资。

二　汽车工业在国民经济中的地位

2018 年，受宏观经济及政策因素影响，汽车产销量低于年初预期，汽车企业经济效益增速放缓，主要经济指标增幅回落，但是这一年，汽车行业积极推进产业转型升级，深化创新，推动行业高质量发展，汽车工业总体运行平稳。

（一）汽车工业总体规模

1. 汽车产销规模①

2018 年，中国汽车销售 2808 万辆，同比下降 2.8%。乘用车 2371 万辆，同比下降4.1%。商用车437 万辆，同比增长5.1%。新能源汽车 125.6 万辆，同比增长 61.7%。

2. 汽车零售额②

2018 年，中国汽车实现零售额3.9 万亿元，同比下降 2.4%，占全国社会消费品零售总额的 10.2%，较上年下降 1.3 个百分点，汽车零售额下降导致社会消费品零售总额增长放缓 0.27 个百分点（扣除汽车类商品，2018 年社会消费品零售总额同比增长 10.3%，增速比上年仅回落 0.4 个百分点）。

3. 机动车保有量③

2018 年全国新注册登记机动车 3172 万辆。截至 2018 年底，全国机动车保有量已达 3.27 亿辆，其中汽车保有量 2.4 亿辆，比 2017 年增加 2285 万辆，增长 10.5%，汽车保有量占机动车保有量的比重持续提高，2018 年已上升到 73.4%。小型载客汽车保有量达 2.01 亿辆，首次突破 2 亿辆，比 2017 年增加 2085 万辆，增长 11.6%，是汽车保有量增长的主要组成部分，其中私家车持续快速增长，2018 年保有量达 1.9 亿辆，近五年年均增加 1952 万辆；载货汽车保有量 2570 万辆，新注册登记 326 万辆。

新能源汽车保有量达 261 万辆，占汽车总量的 1.1%，较 2017 年净增 107 万辆，增长 70.0%，其中纯电动汽车保有量 211 万辆，占新能源汽车总

---

① 根据中国汽车工业协会数据整理。

② 国家统计局。

③ 公安部。

量的81.1%。近五年，新能源汽车保有量年均增加50万辆，呈快速增长趋势。

全国有61个城市的汽车保有量超过百万辆，27个城市超过200万辆，其中北京、成都、重庆、上海、苏州、郑州、深圳、西安等8个城市超过300万辆，天津、武汉、东莞3个城市接近300万辆。

2018年出现了与往年不同的情况，一、二线城市需求与上年基本持平，但三、四线城市却出现了大幅下滑。从长远来看，大城市汽车增长的空间相对较小，而随着广大的三、四线城市及农村地区居民收入提高，未来汽车保有量仍有较大增长空间。

4. 机动车驾驶人数

近五年，全国机动车驾驶人数呈现持续大幅增长趋势，年均增量超过3000万人。截至2018年，全国机动车驾驶人达4.1亿人，其中汽车驾驶人3.7亿人，占驾驶人总数的90.3%。

5. 二手车交易情况

2018年，全国共办理机动车转移登记2128万笔，其中汽车转移登记2058万笔，占96.7%，比2017年增加177万笔，增长9.4%。二手车交易量与新车交易量的比值已达0.73。

（二）主营业务与企业利润

1. 汽车主营业务小幅增长

2018年，全国规模以上工业企业实现主营业务收入102.2万亿元，同比增长8.5%，其中汽车制造业主营业务收入8.0万亿元，同比增长2.9%，低于行业总体，占规模以上工业企业总主营业务收入的7.9%。

从全年各月主营业务收入累计增长率变动来看，一季度增长率为7.9%；上半年增长率为10.6%，增幅比一季度上升2.7个百分点；前三季度增长率为7.2%，增幅比上半年回落3.4个百分点；全年增长率为2.9%，比前三季度回落4.3个百分点。总体来看，上半年逐月走高，但下半年受汽车市场整体销量下滑影响，回落较大（见表15）。

表 15　2018 年汽车行业主营业务收入变动情况

单位：万亿元，%

月份	1～2	1～3	1～4	1～5	1～6	1～7	1～8	1～9	1～10	1～11	1～12
2018 年	1.3	2.0	2.7	3.4	4.1	4.7	5.3	6.0	6.6	7.4	8.0
2017 年	1.2	1.9	2.5	3.1	3.7	4.3	4.9	5.6	6.3	7.0	7.8
累计增长	6.1	7.9	10.3	11.1	10.6	9.6	8.8	7.2	5.7	4.7	2.9

资料来源：国家统计局。

2. 汽车利润总额有所下降

2018 年，全国规模以上工业企业实现利润总额 6.64 万亿元，比上年增长 10.3%，其中汽车制造业利润总额 0.6 万亿元，同比下降 4.7%，占行业总体的 9.2%。在 41 个工业大类行业中，32 个行业利润总额比上年增加，9 个行业减少，其中汽车制造业是下降行业之一。2018 年汽车行业的销售利润率达到 7.6%，较 2017 年下降了 0.4 个百分点，但仍高于行业整体利润率（6.5%）。从全年各月利润总额累计增长率变动来看，二季度增速较高，其他月份均同比下降，尤其是下半年下滑较大（见表 16）。

表 16　2018 年汽车行业利润总额变动情况

单位：亿元，%

月份	1～2	1～3	1～4	1～5	1～6	1～7	1～8	1～9	1～10	1～11	1～12
2018 年	917	1505	2048	2639	3360	3730	4048	4518	4958	5453	6091
2017 年	934	1579	2061	2625	3203	3670	4137	4698	5239	5799	6392
累计增长	-1.8	-4.7	-0.6	0.5	4.9	1.6	-2.1	-3.8	-5.4	-6.0	-4.7

资料来源：国家统计局。

3. 汽车工业增加值同比增长

2018 年，汽车制造业工业增加值同比增长 4.9%，低于规模以上工业增速 1.3 个百分点。从月度走势来看，上半年表现较好，逐月走高，但下半年快速下滑，尤其是四季度连续三个月同比下滑（见表 17）。

表17 2018年汽车工业增加值增速变动情况

单位：%

月份	2	3	4	5	6	7	8	9	10	11	12
同比增长	—	9.5	11.9	13.2	14.0	6.3	1.9	0.7	-0.7	-3.2	-4.1
累计增长	4.9	6.8	8.1	9.2	10.1	9.6	8.7	7.7	6.9	5.9	4.9

资料来源：国家统计局。

（三）企业运营与成本[①]

1. 汽车制造业应收账款增加

截至2018年底，全国规模以上工业企业应收账款14.3万亿元，较同期增加1.1万亿元，同比增长8.6%，其中汽车制造业应收账款1.4万亿元，较同期增加977.4亿元，同比增长7.4%，占规模以上工业企业应收账款总额的9.9%，较同期微降0.1个百分点。

2. 汽车制造业产成品存货总额上升较大

截至2018年底，全国规模以上工业企业产成品存货总额4.3万亿元，较同期增加2962.8亿元，同比增长7.4%，其中汽车制造业产成品存货3315.8亿元，较同期增加42亿元，占规模以上工业企业产成品存货总额的7.7%，较同期增加0.5个百分点。

3. 汽车制造业亏损企业数增加

2018年，全国工业企业和汽车制造业企业亏损数量和亏损金额均有所上升，且汽车亏损企业数上升幅度较大。

截至2018年底，全国工业企业数37.8万家，较同期减少6929家，其中亏损企业5.7万家，较同期增加3706家，同比增长6.9%。汽车制造业企业数1.5万家，占全国工业企业总数的4.0%，其中亏损企业2731家，较同期增加463家，同比增长20.4%，占全国亏损工业企业总数的4.8%，较同期增加0.6个百分点。

① 国家统计局。

截至2018年底，全国工业企业亏损总额7940.8亿元，较同期增加622.3亿元，同比增长8.5%，其中汽车制造业亏损总额642.5亿元，较同期增加179.1亿元，同比增长38.6%，占全国工业企业总亏损额的8.1%，较同期增加1.8个百分点。

4. 汽车制造业主营业务成本增速低于行业

2018年，全国工业企业主营业务成本85.7万亿元，较同期增加6.5万亿元，同比增长8.3%，其中汽车制造业主营业务成本6.8万亿元，较同期增加2528.4亿元，同比增长3.9%，占全国工业企业主营业务成本的7.9%，较同期下降0.3个百分点。

5. 汽车制造业固定资产投资增速放缓

2018年，制造业固定资产投资总额21.1万亿元，同比增长9.5%，较同期提高5.4个百分点，其中汽车制造业固定资产投资1.36万亿元，同比增长3.5%，拉低了制造业固定资产投资0.5个百分点，占制造业固定资产投资总额的6.4%，较同期下降0.4个百分点。

（四）汽车商品进出口①

1. 汽车整车出口总体表现较好

2018年，全球经济总体保持稳中有增的发展态势，我国汽车出口市场也继续保持了回暖势头。乘用车出口总体保持较快增长，其中一个重要原因是中国品牌汽车在品质和服务水平上有显著提高，以及国外主要市场经济体处于恢复上升通道，带动了一定需求增长；商用车出口方面，货车依然是出口的刚需车型，总体保持较快增长，客车出口增速略低。国内新能源汽车产业的进一步完善，以及“一带一路”沿线新兴市场及部分高风险市场成为企业开拓的重点，为我国汽车出口提供了机会。

然而，伊朗核协议变故、中东地缘政治冲突及贸易保护主义和单边主义抬头、美国加息缩表政策，以及新兴国家汇率市场及经济增长面临较大的不

① 中国海关。

确定性等，对我国汽车出口市场增长产生了一定抑制作用。总体而言，2018年我国汽车出口依然保持了较快增长势头，但出口销量占汽车总销量的比例不足4%。

2018年，汽车整车出口表现较好，出口量继2012年后再次超过百万辆，全年累计出口104.1万辆，同比增长16.8%，增速较同期有所减缓（见表18）。从月度汽车出口量同比增长变化趋势来看，1～8月同比增速较高，除2月11.9%的增长外，其他月份均能保持20%以上的增速。进入9月，受中美贸易摩擦、技术壁垒以及美国对伊朗的制裁影响，出口量同比出现大幅回落，从而打破了2018年连续8个月汽车出口同比保持两位数增长的格局。我国第一大出口国伊朗的局势不明确，给我国整个出口市场造成很大压力，9月增速降至1%，四季度出口更是连续三个月以超过10%的幅度下跌。

表18　2014～2018年汽车出口量变化

单位：万辆，%

年份	2014	2015	2016	2017	2018
销量	91.0	72.8	70.8	89.1	104.1
同比增长	-6.85	-20	-2.74	25.9	16.8

资料来源：中国海关。

乘用车出口保持高速增长态势，全年累计出口75.8万辆，同比增长18.5%，其中轿车出口31.1万辆，同比下降1.8%，占出口总量的41.0%；SUV出口40.1万辆，同比增长51.1%，是增速最快的细分市场，占出口总量的52.9%；MPV出口1.5万辆，同比下降25.9%。柴油车出口1.4万辆，同比增长276.8%，汽油车出口72.9万辆，同比增长16.41%。

商用车出口增速比上年有所提升，全年商用车出口28.3万辆，同比增长12.5%，其中载货车19.8万辆，同比增长14.4%，客车5.6万辆，同比增长5.3%。柴油车20.8万辆，同比增长4.1%，汽油车6.9万辆，同比增长44.2%。

2018 年，出口量位居前十的企业依次为上汽、奇瑞、北汽、江淮、东风、长安、沃尔沃、长城、一汽和华晨，分别出口 23. 8 万辆、12. 3 万辆、7. 7 万辆、7. 5 万辆、7. 4 万辆、6. 1 万辆、5. 6 万辆、4. 7 万辆、4. 4 万辆和 4. 3 万辆，和同期相比，北汽和华晨的出口量有所下降，其他企业均有不同程度增长，其中上汽、长安和长城增速尤为明显。2018 年上述十家企业共出口 83. 8 万辆，占汽车企业出口总量的 80. 5%。

2. 汽车整车进口整体再现下滑

2018 年，汽车累计进口 113 万辆，同比下降 8. 2%（终端销量 85. 4 万辆，同比下降 5. 6%）。其中，轿车 48. 6 万辆，同比增长 2. 6%；四驱越野车 44. 8 万辆，同比下降 15. 2%；客车 18. 1 万辆，同比增长 19. 4%；载货车 1. 5 万辆，同比增长 48. 1%。其中新能源汽车 7. 8 万辆（纯电动车 1. 7 万辆，同比下降 11. 3%；插电式混合动力汽车 0. 6 万辆，同比下降 1. 5%；普通混合动力汽车 5. 5 万辆，同比增长 26. 4%），同比增长 13. 3%（见表 19）。

表 19　2009～2018 年汽车进口量变化

单位：万辆，%

年份	2009	2010	2011	2012	2013	2014	2015	2016	2017	2018
销量	42. 1	81. 3	104. 2	113. 2	119. 5	142. 8	105. 6	104. 0	123. 1	113. 0
同比增长	2. 6	93. 3	28. 1	8. 7	5. 5	19. 5	-26. 0	-1. 5	18. 4	-8. 2

资料来源：中国海关。

从月度汽车进口量同比增长变化情况来看，全年只有 1 月、3 月、7 月、8 月四个月同比增长，其他月份均有所下降，其中 7 月受关税降低刺激，突增 50%，但仅仅是昙花一现。

2018 年，在中美贸易摩擦及进口关税下调背景下，美系车进口量大幅下滑，全年进口 19 万辆，同比下降 35. 0%；受停产等因素影响，英系车进口 9. 6 万辆，同比下滑 21. 3%；德系车、日系车享受关税下调红利，呈明显增长态势，进口量分别为 29. 7 万辆和 29. 2 万辆，同比分别增长 15. 5% 和 1. 4%，好于整体进口车市场。

2018年，我国平行进口的汽车共14.0万辆，同比下滑18.6%，占进口总量的12.6%，下滑1.6个百分点，为五年来的首次下滑。受政策导向、关税下调以及中美贸易摩擦对美系进口车加征关税等影响，2018年下半年平行进口量波动较大，形成大起大落的态势。在2018年平行进口车中，SUV保持主力地位，市场份额为85%，但较2017年仍下降3个百分点，MPV份额为8%，提升2个百分点，其他车型保持相对稳定。从排量来看，2.0~4.0L排量的平行进口车占比达到86.3%，其中2.0~3.0L排量占比减少13个百分点，3.0~4.0L排量区间提升9.7个百分点，2.0L以下的平行进口车份额提升明显，较同期提升1.6个百分点。

从产地来看，美系平行进口车份额较同期下降2.6个百分点。受7月对美系车实施加征关税影响，美系平行进口车集中报关，7月当月同比增长190.8%，但9月后同比大幅下滑。

3. 2019年汽车出口规模预判

2019年，鉴于中国品牌产品竞争力提高、合资产品出口增强、出口方式转变、服务和品牌提升等利好因素，我国汽车出口仍将延续增长态势，且全年出口量维持在百万辆规模，但同比增速可能降至个位数。

2018年5月22日，国务院关税税则委员会发布降低汽车整车及零部件进口关税的公告，自2018年7月1日起，降低汽车整车及零部件进口关税，将汽车整车税率25%降至15%，将汽车零部件税率统一降至6%。该政策对2019年汽车及零部件进口有一定的促进作用，但影响程度还须观察。预计2019年汽车进口量约110万辆。

展望未来，中国汽车品牌一方面需要持续提升自身产品、服务的竞争力和对外出口的能力，参与全球汽车市场竞争；另一方面，汽车企业要加强协同，包括国内企业之间的协同合作，也包括与跨国公司联合，共同开发“一带一路”沿线及广大发展中国家市场，为中国早日迈向汽车出口大国而不断努力。

（五）汽车行业价格指数

汽车行业价格指数是反映一定时期内汽车产品价格变动的综合指数，包括指导价指数和成交价指数。

2018 年通过对 96 个汽车企业 610 个车型的价格走势监测，乘用车行业整体及细分市场价格均呈现下降趋势，且幅度较大。其中，整体价格指数较年初下降 8.7%，A0 级市场下降 8.1%，A 级市场下降 9.2%，B 级市场下降 7.6%，C 级市场下降 10.5%，轿车市场下降 8.9%，SUV 级市场下降 9.0%，MPV 级市场下降 4.9%（见表 20）。

表 20　2018 年乘用车行业月度价格指数（整体及细分市场）

单位：%

月份	1	2	3	4	5	6	7	8	9	10	11	12
行业	99.7	99.4	98.7	98.0	97.2	95.8	94.7	94.0	93.4	93.0	92.2	91.3
轿车	99.6	99.3	98.5	97.8	97.1	95.5	94.3	93.6	93.1	92.7	92.0	91.1
SUV	99.7	99.4	98.8	97.9	97.1	95.8	94.8	94.2	93.3	92.9	92.0	91.0
MPV	100	99.9	99.5	99.1	98.6	97.6	96.9	96.4	96.1	96.0	95.7	95.1
C 级车	98.4	98.0	97.4	96.6	95.7	94.0	92.6	91.9	91.4	91.1	90.2	89.5
B 级车	99.7	99.4	98.8	98.1	97.5	96.0	95.1	94.7	94.3	94.0	93.4	92.4
A 级车	99.8	99.5	98.7	98.0	97.2	95.8	94.8	93.9	93.2	92.6	91.8	90.8
A0 级车	99.9	99.7	98.9	98.2	97.5	96.2	95.0	94.2	93.8	93.5	92.8	91.9

资料来源：威尔森信息科技有限公司。

2018 年豪华车价格下降幅度最大，全年降幅达到 10.8%，其中，二季度受关税下调影响，出现了大幅下滑；中国品牌指数全年下降 9.4%，合资品牌指数下降 7.8%，进口品牌指数下降 7.9%，其中 5 月有一个明显上扬的阶段（见表 21）。

表 21　2018 年乘用车行业月度价格指数（分类别）

单位：%

月份	1	2	3	4	5	6	7	8	9	10	11	12
豪华乘用车	99.1	98.5	97.9	97.1	96.2	93.1	92.1	91.7	91.2	90.9	90.3	89.2
合资乘用车	99.9	99.6	98.9	98.5	97.8	96.5	95.4	94.6	94.2	93.9	93.1	92.2
进口乘用车	99.6	99.3	98.4	98.4	98.5	95.3	94.5	94.1	93.8	93.4	92.6	92.1
中国品牌	99.7	99.5	98.9	97.9	97.0	96.0	95.2	94.4	92.9	92.3	91.6	90.6

资料来源：威尔森信息科技有限公司。

从国别来看，德系品牌价格下降幅度最大，全年降幅达到10.3%；其次是美系下降9.6%；中国品牌下降8.7%；韩系在年初有一个价格小幅上升，全年累计下降7.9%；法系下降6.9%；日系降幅最小，为5.9%（见表22）。

表22　2018年乘用车行业月度价格指数（分国别）

单位：%

月份	1	2	3	4	5	6	7	8	9	10	11	12
德系	99.4	98.9	98.1	97.3	96.5	94.6	93.3	92.6	92.2	91.8	90.7	89.7
法系	99.6	99.5	98.8	97.9	97.0	96.0	95.5	95.0	94.4	94.1	93.5	93.1
韩系	100.2	100.3	100.0	99.7	98.9	97.4	96.0	95.0	94.3	93.7	92.6	92.1
美系	99.9	99.5	98.8	98.2	97.5	95.7	94.6	93.8	93.2	92.8	91.6	90.4
日系	99.8	99.6	99.0	98.5	98.2	97.0	96.2	95.7	95.5	95.3	95.0	94.1

资料来源：威尔森信息科技有限公司。

（六）汽车工业在国民经济中的作用和影响

纵观全球，一个国家汽车产业的国际地位代表了这个国家制造业在国际上的总体地位，也是衡量这个国家工业化水平、经济实力和科技创新能力的重要指标。对于美国、德国、日本、韩国等经济强国来说，汽车产业无论在其国内经济，还是在国际贸易中都占有重要的地位。我国汽车产业从1953年开始起步，2000年后开始进入快速增长阶段，汽车产业在国民经济中的地位不断增强，已成为支撑经济持续快速增长的主要产业之一。

1. 汽车产业对国民经济起到支柱作用

过去二十年，中国汽车产业在产业政策的推动下快速增长，以其市场潜力大、产业关联度高、带动就业面广、资金积累能力强等特点，为促进国民经济快速发展做出了重大贡献，对国民经济的直接拉动作用非常明显，起着重要支柱的作用。2018年，在GDP统计中的41个产业中，汽车工业及相关产业链的产值排在第二位（第一位为电子工业），汽车工业及相关产业链的总产值占GDP的比重约为12%。

2. 汽车产业拉动了巨大的关联产业链

汽车产业具有产业关联度高、规模效益明显等特点，对关联产业具有很强的拉动作用。汽车产业往往带动100多个相关产业的发展。上游可带动采掘、钢铁、机械、橡胶、有色金属、石化、电子、纺织等几十个大产业，特别是加工业的发展；下游可带动销售、租赁、金融、保险、咨询、维修、加油站、餐饮等众多服务业。随着汽车产业外延的不断拓展，如地图、导航、电池、芯片等，汽车产业将与更多的产业形成关联关系，对关联产业的促进拉动作用还将进一步加强。

3. 直接和间接吸纳就业能力不断增强

汽车产业有着巨大的产业规模和对上下游产业带动作用，不仅提供了很多直接就业机会，还带动了很大比例的间接就业。在几个主要的汽车生产国家中，与汽车相关的工业和服务业都拥有较大的就业人数，尤其是汽车服务业的就业人数自20世纪80年代以来大幅度增长，就业比重明显提高。从发展趋势看，随着汽车产业的发展和汽车服务业的进一步完善，提供的就业机会还会继续增加，每增加一个汽车产业生产人员可增加十个相关人员就业，汽车产业对就业的促进作用将体现得更加明显。

4. 为国家税收做出了重要贡献[①]

近年来，我国汽车工业发展迅速，不仅满足了我国对汽车产品消费的需要，为交通运输和居民的出行提供了便捷的条件，同时汽车工业也为国家税收做出了较大的贡献。2018年汽车行业缴纳增值税523.8亿元，同比增长24.0%，占全国增值税总额的14.6%，主营业务税金及附加350.8亿元，同比增长27.6%。

5. 汽车产业的技术进步促进制造业整体水平提高

虽然汽车产业一般被列入传统产业，但汽车是现代科学技术的集大成者，汽车产业反映了制造业的整体技术水平。它对高新技术有非常强的吸收能力，可以带动和辐射相关产业的技术创新和产业发展。作为技术密集

① 国家统计局。

型产业，汽车产业涉及机械、电子、石化、钢铁、有色金属、纺织、橡胶、玻璃等多个行业，一辆汽车由2万多个零部件构成，制造工艺和流程复杂，对装备制造技术水平和相关零配件的相对要求高。未来，随着新能源汽车、智能网联、移动和共享出行等新兴产业的发展，汽车产业领域将有更多的新技术出现，同时将融合各类相关的先进技术，进而推动整体制造水平的提升。

6. 对生活方式和城市化的影响逐步扩大

随着中国经济快速发展和居民收入水平的提高，人们的消费重心也由满足生活需要向消费升级和提升生活质量转变，从追求物质消费向同时追求服务消费和精神消费转变。其变化带来的直接影响就是消费结构升级，而汽车作为耐用消费品中的代表，对推动消费结构升级、转变人民生活方式有着不可忽视的作用。一方面，汽车作为人们的交通工具，极大地扩展了人们的活动半径和生活空间，促进人们的出行，未来智能网联、共享和移动出行的发展，对人们的出行效率和出行方式将产生更大的影响；另一方面，汽车在方便人们出行的同时，也必然引起对旅游、餐饮、交通及其他服务业消费需求的增加，从而引导人们转变消费结构，逐步实现消费升级。汽车产业在推动消费升级与转变人们生活方式的同时，还在经济布局和推进城市化进程等方面发挥了巨大作用，从而直接或间接地推动了社会进步。

三 中国汽车产业政策及产业发展趋势

（一）汽车产业政策

2018年是中国汽车产业转型升级的关键一年。国家相关部委、地方政府密集出台了一系列汽车产业政策，这些政策主要围绕对外开放、节能减排、新能源车、智能网联、行业管理等几个方面，进一步加强了变革期汽车产业发展的顶层设计和战略谋划，助推了汽车行业加快转型升级。

1. 汽车产业对外开放程度不断加深

2018 年 4 月 17 日，国家发改委公布汽车合资股比开放的具体时间表，汽车行业将分类型逐步放开：2018 年取消专用车、新能源汽车外资股比限制；2020 年取消商用车外资股比限制；2022 年取消乘用车外资股比限制，同时取消合资企业不超过 2 家的限制。通过五年过渡，汽车行业将全部取消股比限制。

5 月 22 日，国务院关税税则委员会发布降低汽车整车及零部件进口关税的公告。自 2018 年 7 月 1 日起，将汽车整车税率为 25% 的 135 个税号和税率为 20% 的 4 个税号的税率降至 15%，将汽车零部件税率分别为 8%、10%、15%、20%、25% 的共 79 个税号的税率降至 6%。

股比放开和整车、零部件进口关税下调是中国进一步对外开放的重要举措，对汽车产业未来发展产生深远的影响。

2. 完善汽车产业投资管理，加快转变产业发展方式

2018 年 12 月 18 日，国家发改委发布《汽车产业投资规定》，并从 2019 年 1 月 10 日起正式实施。该规定涵盖了产业投资方向、投资项目标准、项目备案管理、协同监管要求、产能监测预警等方面，进一步明确了夯实监管责任，加强部门协同监管，严厉查处违规项目，严肃追究相关人员责任，以及投资项目管理责任要求等。该规定是主动适应新一轮产业变革大势、完善汽车产业投资管理、加快转变产业发展方式的客观要求，对深化供给侧结构性改革、实现汽车产业高质量发展具有重要意义。

3. 强力推进节能减排，加快生态文明建设

节能减排、低碳生活是汽车产业未来发展方向，近年来，国家在这方面出台了一系列政策。2018 年 7 月 3 日，国务院印发《打赢蓝天保卫战三年行动计划》的通知。通知要求：自 2019 年 7 月 1 日起，重点区域、珠三角地区、成渝地区提前实施国 VI 排放标准，重点区域新增物流车辆新能源比例达到 80% 以上，加快推进国三及以下老旧车辆淘汰；通知明确了大气污染防治工作的总体思路、基本目标、主要任务和保障措施，提出了打赢蓝天保卫战的时间表和路线图。

4. 政策持续接力，助推新能源汽车发展

2018 年国家针对新能源汽车发布了一系列政策，对新能源汽车市场发展起到积极推动作用。

2018 年 1 月 26 日，工信部等七部委联合发布《新能源汽车动力蓄电池回收利用管理暂行办法》，明确动力电池生产企业产品的设计要求、生产要求和回收责任等。

2018 年 2 月 13 日，财政部等四部委发布《关于调整完善新能源汽车推广应用财政补贴政策的通知》，在提高新能源汽车补贴门槛的同时，降低补贴金额，对纯电动乘用车续航里程最高挡位补贴金额有所提高，体现了政策对技术进步的鼓励。

2018 年 4 月 1 日，工信部发布《乘用车企业平均燃料消耗量与新能源汽车积分并行管理办法》并正式实施。新能源汽车发展较好的整车企业可以通过出售多余积分来解决补贴不足情况下的资金短缺问题；而对于新能源汽车发展不足的整车企业，就会面临花钱买积分以及燃油汽车停产等问题。2018 年 7 月 2 日，新能源汽车双积分交易平台正式启动，标志着以非财税政策支持新能源、提升燃油车节能水平的方式正式实施，对未来新能源汽车发展起到积极作用。

2018 年 4 月 2 日，工信部等三部委正式发文，对《免征车辆购置税的新能源汽车车型目录》实施动态管理，对 2017 年 1 月 1 日以前列入目录截至公告发布之日无产量或进口量的车型，以及该日期以后列入目录 12 个月内无产量或进口量的车型，将从目录中撤销。

2018 年 7 月 31 日，财政部发布《关于节能与新能源车船享受车船税优惠政策的通知》，要求对符合条件的节能乘用车实施车船税减半，对符合条件的插电（含增程式）混动乘用车免征车船税，优惠政策旨在鼓励节能减排。

2018 年 11 月 9 日，国家发改委等四部委联合印发《提升新能源汽车充电保障能力行动计划》，就提高充电设施技术质量、优化充电设施规划布局、提升充电设施运营效率、推进充电基础设施建设、强化充电设施供电保障、推进充电设施互联互通、完善充电设施标准体系等提出要求。

5. 智能网联产业发展加速推进

我国车联网产业发展进入快车道，技术创新日益活跃，新型应用蓬勃发展，产业规模不断扩大，但也存在关键核心技术有待突破、产业生态亟待完善以及政策法规需要健全等问题。

2018 年 12 月 27 日，工信部发布《车联网（智能网联汽车）产业发展行动计划》，明确到2020 年，车联网产业跨行业融合取得突破，具备高级别自动驾驶功能的智能网联汽车可实现特定场景规模应用。

发展车联网产业有利于提升汽车网联化、智能化水平，实现自动驾驶，发展智能交通，促进信息消费，对我国推进供给侧结构性改革、推动制造强国和网络强国建设、实现高质量发展具有重要意义。

6. 规范行业管理，加强行业调控

2018 年 11 月 26 日，工信部发布《道路机动车辆生产企业及产品准入管理办法》，并于 2019 年 6 月 1 日正式施行。该办法就汽车企业及产品准入管理改革和优化管理迈出了重要一步，办法的实施将进一步简化企业和产品类型、优化准入管理流程、建立开放的检验检测制度，并就完善监督检查措施等明确了要求。

2018 年 10 月 11 日，国务院发布《完善促进消费体制机制实施方案（2018 ~2020 年）》，方案对进一步放宽服务消费领域市场准入、完善促进实物消费结构升级的政策体系、推进重点领域产品和服务标准建设、建立健全消费领域信用体系、优化促进居民消费的配套保障等提出了明确要求，同时就促进汽车消费优化升级提出了具体措施，对于未来三年内促进汽车消费升级具有重要推动作用。

2018 年 11 月 1 日，《网络预约出租汽车经营服务管理暂行办法》正式实施。暂行办法将网约车这种具有创新意义的事物纳入出租汽车管理范围，从国家法规层面明确了网约车的合法地位。此外，交通运输新业态协同监管部际联席会议制度正式建立，232 个城市出台网约车配套政策，为居民出行提供了安全保障。

（二）汽车产业发展趋势

未来，全球经济将在不确定性下维持低速增长，在经济、技术、消费等的驱动下，汽车产业也将发生重大变革，市场容量增长将会出现波动，产业格局将会继续改变，产业分工会进一步向新兴国家转移，产业形态将联盟化，竞争将更加激烈。

中国汽车产业随中国经济的增长将保持中低速的波动增长，但是随着政策、技术、消费和竞争环境的变化，中国汽车产业正面临着巨大变革。电动化、智能化、网联化、共享化等正成为趋势，将带来汽车产业形态、商业模式和企业组织形态等的重大变化，加速优胜劣汰。

从中长期来看，由于新技术、新消费和新市场的快速变化，全球汽车产业将迎来新的增长机遇，但也将面临产业变革的阵痛，以及产业格局和分工的巨大变化，这也是中国品牌成长的重要机遇，学习成长能力、创新变革能力是关键。

1. 政策法规引领方向

进一步对外开放政策是对中国汽车产业产生根本性影响的重大政策，会给中国汽车产业带来更加激烈的市场竞争和控制权争夺，汽车企业将面临新的市场竞争洗礼。新产业政策、环保政策、技术法规等将促进汽车产业向节能环保、电动化与智能网联方向加速发展，新的消费政策和出行政策等将促使共享出行成为快速发展的新兴业态。

2. 市场需求增速放缓

2018 年，中国汽车销量出现了 20 多年来的首次下滑，意味着汽车产业的高速增长期逐渐结束，微增长可能成为新态势，需求日趋饱和，这将导致汽车行业由增量竞争逐渐转为存量竞争，由数量增长转为质量提升，汽车产业将逐渐迈向成熟期。在行业整体需求规模放缓的情况下，汽车需求结构将发生较大变化，增换购用户比例快速上升，消费升级趋势加速，区域梯次需求动能减弱，在这种背景下，中国汽车产业需要转型升级，需要高质量发展，而在这个过程中，政策导向、消费引领和技术迭代将成为汽车产业转型升级的三大推手。

3. 市场竞争加剧

首先，竞争主体多元化，掌握核心技术、掌控核心资源的各种力量，包括新的供应体系、科技公司、出行服务商、新势力等纷纷走上了竞争的舞台，形成行业竞争新格局。自主企业在技术积累、资源选择、人才获取、合资反哺等方面均面临更大压力。其次，竞争的焦点将由经营产品转向经营用户，由拼抢销量转化为争夺流量，联盟、生态圈、平台和数字资源、商业模式等将成为竞争关键要素。竞争的结果将导致一批汽车企业被淘汰出局。

4. 用户体验加速升级

伴随汽车电动化和智能化进程以及出行方式多元化，未来用户对汽车需求将向个性化、专属化、多功能化方向发展，90 后、00 后等新生代将成为汽车消费主体，主导未来消费，不断地推动消费理念、行为、方式等变化。

消费全过程的体验并非简单运转，功能成为消费者的主要关注点，全程的生产者、消费者互动成为主流。如何提升洞悉用户需求、发现商业机会、规避潜在风险的能力将是对每一个车企的考验。

5. 技术进步推动产业变革

在新一轮产业竞争中，以 AI 为核心的计算平台将成为汽车的“第五大关键总成”，为应对海量数据扩展、超强计算能力需求，各大跨国公司已对 AI 平台大量投入，形成核心竞争能力。伴随电动、网联、智能、共享、体验深度融合发展，企业新的技术能力架构愈发清晰，HMI、自动驾驶模块正成为技术创新竞争的焦点。OEM 通过收购、投资、联合开发等方式加速掌控与应用，动力电池将迎来技术换代，投入持续增加，合作强化；电子控制与电子电气技术升级，核心能力需要拓展。在市场需求和技术创新驱动下，OEM 将标配 ADAS，并逐步向高级别自动驾驶 L3、L4 升级，科技公司与整车厂试行特定场景的 L4 电动出租/共享车，OEM 呈现 ADAS 与特定场景 L4 并行开发的趋势。

6. 品牌延展不断强化

随着汽车产品功能扩展、出行方式创新及汽车企业对品牌建设的重视，未来汽车品牌将不断延伸，产品品牌将更加细化，品牌特征更加明显。网联服务，将创建独立的技术服务品牌，自动驾驶的核心——AI 计算平台可能将成为未来汽车最重要的技术和安全品牌，出行服务品牌已成为企业转型的标志和竞争优势。

7. 产业生态加快布局

目前，全球产业重构趋势明显，汽车产业将由以前的垂直线性产业链向交叉网状的生态圈转变，中国汽车产业要从汽车大国迈向汽车强国，将面临转型升级的巨大变革，面对复杂多变的内外部环境，这种变革也就会存在巨大的挑战和机遇，汽车企业需要营造健康的汽车产业生态来应对这种变革。电动化、智能化、网联化、共享化已是汽车行业公认的未来发展趋势，汽车产业价值链、供应链、创新链将发生深刻变化，逐步形成你中有我、我中有你、互相合作、互相融合、共享协同的产业生态。

8. 全新商业模式涌现

营销模式线上线下快速融合，功能互补强化，由低频交互向高频互动转化，汽车企业将由销售汽车产品向销售汽车产品及服务转型，这种汽车商业模式源自对用户需求及痛点的理解，随着汽车产业形态的变化，商业模式需要不断地创新，包括技术创新的产品模式、解决用户痛点或满足用户潜在需求的用户模式、渠道创新的推广模式等。

共享出行作为近几年的新鲜事物，改变了人们的出行方式，培养了出行习惯，逐渐得到了广大人民的认可。共享出行的发展对汽车市场需求规模产生抑制作用，但另外，共享出行受产业政策、市场竞争、盈利能力等因素影响，未来发展态势尚需观察。

9. 融合发展已成趋势

为了应对日益激烈的市场竞争，汽车企业只有掌控核心战略资源，才能在未来的市场博弈中取得竞争优势。融合发展就成为汽车企业的战略选择，通过汽车企业间合作或跨界合作，识别合作领域，提出合作诉求，形成战略联盟，实现优势互补，丰富自身的优质战略资源。如一汽、东风、长安的T3合作，滴滴与一汽、吉利、CATL等形成的移动出行联盟，宝马、FCA、英特尔、德尔菲等形成的自动驾驶战略联盟等。

从中长期来看，中国汽车市场总体将继续保持增长态势，但增速会明显放缓；汽车行业内部需求结构也将发生较大变化，新能源汽车继续保持高速增长，混合动力和插电式混合动力将迎来快速增长期，但电动车仍是主力，同时，燃料电池将处于商业化前期；此外，共享占比将持续走高，智能网联化级别和程度也将快速提升。

四 中国汽车工业市场结构分析

2018年，汽车行业积极推进产业转型升级，深化创新，推动行业高质量发展。汽车行业也经历了转折之年，产销规模出现20年来首次下滑，但中国新能源汽车发展势头强劲，再创新高。综合考虑，预计2019年全年汽车市场销售规模为2810万辆左右，与2018年基本持平，其中乘用车预计销售2370万辆，与2018年持平，商用车预计销售440万辆；新能源汽车销量将达到160万辆。出口方面，受中美贸易摩擦和美国退出伊核协议并实施单方面制裁的影响，出口形势很可能会变得严峻，汽车出口预计达100万辆。

（一）汽车市场需求结构[①]

2018年，中国汽车市场呈现乘用车弱、商用车强局面，乘用车（广义）累计销售2371万辆，同比下降4.1%；商用车累计销售437.1万，同比增长5.1%，商乘比为0.18，连续5年低于0.2。乘用车销量虽然下降，但仍占主导地位，2018年占比达到84.4%，连续7年超过80%，较10年前增长了12.4个百分点，总体来看，商用车需求基本稳定在400万辆左右，行业增长主要依靠乘用车带动。

① 中国汽车工业协会。

2018年，乘用车四个细分市场全线下滑，其中，轿车销售1152.8万辆，同比下降2.7%，SUV销售999.5万辆，同比下降2.5%，MPV销售173.5万辆，同比下降16.2%，交叉型乘用车销售45.3万辆，同比下降17.3%。

2018年，轿车、SUV、MPV和交叉型乘用车的需求比例约为25∶22∶4∶1。过去十年，乘用车内部需求结构发生很大变化，随着用户消费偏好的变化，SUV迎来了快速发展期，尤其是2013年之后，SUV占比大幅上升，但2018年SUV结束了连续十几年的高增长，轿车在SUV的冲击下，行业占比持续下降，但目前仍是需求最大的细分市场；MPV市场继续萎缩，主要是受部分消费者的消费转移和购置税政策的透支消费的效应影响；交叉型乘用车降幅依旧明显，尽管近两年销售同比降幅有所收窄，但总体低迷态势没有得到根本缓解，已连续十年下滑。

2018年，商用车整体表现较好，但内部分化较大。其中，中重型载货车在“921”新政、“蓝天保卫战”、车辆更新换代及基础设施建设等因素的共同作用下，全年累计销售132.5万辆，同比下降1.6%，但产销规模仍处于历史高位；轻型载货车销售189.5万辆，同比增长10.2%；微型载货车销售66.6万辆，同比增长17.1%，是商用车增幅较大的细分市场。客车销售48.5万辆，同比下降8.0%，这种下滑趋势已持续四年。其中，大中型客车受公铁竞争影响，近年来基本稳定，而轻型客车受政策、购车需求下降及城市物流车辆效率提升、同城货运平台兴起削弱自备用车意愿等因素共同影响，需求连续下滑。

2018年，中国新能源汽车销售125.6万辆，同比增长61.7%，占汽车总销量比重为4.5%。新能源乘用车105.3万辆，同比增长82.0%，占新能源总量的83.8%，其中纯电动乘用车78.8万辆，同比增长68.4%，插电式混合动力26.5万辆，同比增长139.6%；新能源商用车20.3万辆，同比增长2.6%，其中纯电动商用车销售19.6万辆，同比增长6.3%，插电式混合动力商用车销售0.57万辆，同比下降58.0%；燃料电池商用车销售0.15万辆，同比增长967.0%。整体来看，随着国家政策导向和市场需求变化，插电式混合动力汽车需求上升明显，燃料电池仍处于起步阶段。

（二）汽车市场发展走势

2018 年，汽车市场月度销量呈现明显的前高后低走势，上半年整体表现较好，下半年急转直下，连续六个月同比下滑。其中，乘用车下半年下滑幅度逐月增加，商用车增幅涨跌不一（见图 1、图 2、图 3）。

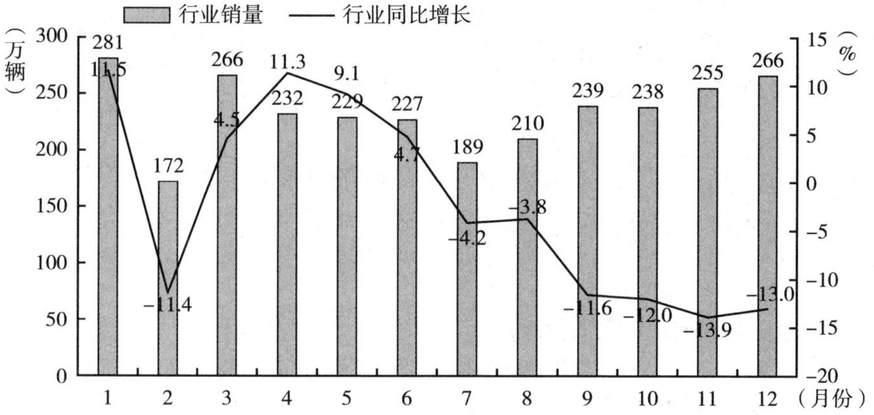

图 1　2018 年汽车行业整体市场月度销量走势

资料来源：根据中国汽车工业协会数据整理。

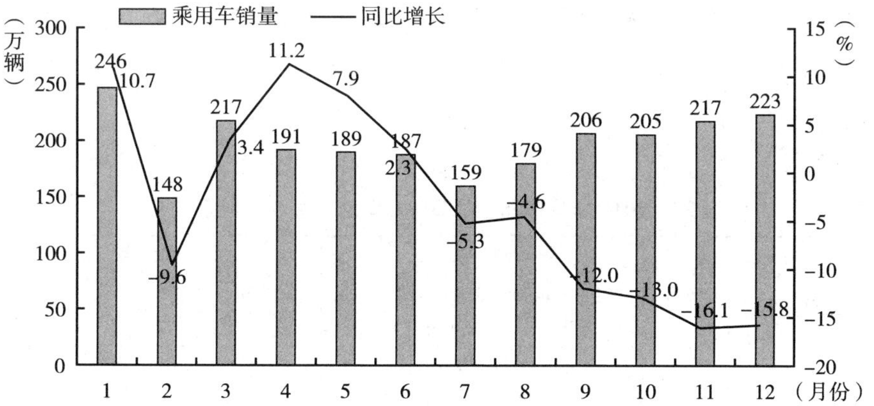

图 2　2018 年乘用车市场月度销量走势

资料来源：根据中国汽车工业协会数据整理。

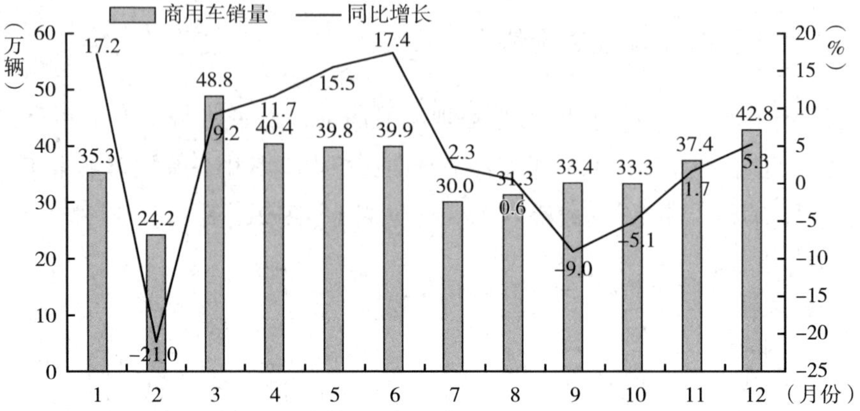

图 3　2018 年商用车市场月度销量走势

资料来源：根据中国汽车工业协会数据整理。

（三）汽车市场竞争态势

1. 行业整体竞争态势

2018 年，汽车市场行业集中度下降，但仍是大集团主导。TOP3 集团累计销售 1426.2 万辆，行业占比 49.4%，较上年同期下降 0.4 个百分点；TOP4 集团累计销售 1666.4 万辆，行业占比 57.7%，较上年同期下降 0.8 个百分点；TOP10 集团累计销售 2503.6 万辆，行业占比 86.7%，较上年同期下降 1.8 个百分点；TOP12 集团累计销售 2600.1 万辆，行业占比 90.0%，较上年同期下降 1.6 个百分点（见表 23）。

表 23　2018 年汽车行业 TOP12 集团销量、份额及变化

排名		集团	销量			份额		
2017 年	2018 年		2017 年（万辆）	2018 年（万辆）	同比增长（%）	2017 年（%）	2018 年（%）	增减变化（百分点）
1	1	上汽	691.6	701.3	1.4	24.0	25.0	1.0
2	2	东风	412.1	383.1	-7.0	14.3	13.6	-0.6
3	3	一汽	334.6	341.8	2.2	11.6	12.2	0.6

续表

排名		集团	销量			份额		
2017 年	2018 年		2017 年（万辆）	2018 年（万辆）	同比增长（%）	2017 年（%）	2018 年（%）	增减变化（百分点）
5	4	北汽	251.2	240.2	-4.4	8.7	8.6	-0.1
6	5	广汽	200.1	214.3	7.1	6.9	7.6	0.7
4	6	长安	287.2	213.8	-25.6	9.9	7.6	-2.3
7	7	吉利	130.5	152.3	16.7	4.5	5.4	0.9
8	8	长城	107.0	105.3	-1.6	3.7	3.8	0.0
9	9	华晨	74.6	77.9	4.4	2.6	2.8	0.2
10	10	奇瑞	67.3	73.7	9.6	2.3	2.6	0.3
12	11	比亚迪	41.0	50.2	22.5	1.4	1.8	0.4
11	12	江淮	50.5	46.2	-8.5	1.7	1.6	-0.1

资料来源：根据中国汽车工业协会数据整理。

TOP12 集团市场表现差异较大，企业分化明显。上汽、一汽、广汽、吉利、华晨、奇瑞、比亚迪 7 家实现同比增长，东风、北汽、长安、长城、江淮 5 家同比下降，其中，比亚迪、吉利表现突出，增速超过 15%，北汽、广汽、比亚迪排名均上升一位。

2. 乘用车市场竞争态势

2018 年，乘用车市场 TOP3 集团累计销售 1275.9 万辆，行业占比 51.6%，较上年同期下降 1.2 个百分点；TOP4 集团累计销售 1489.8 万辆，行业占比 60.3%，较上年同期下降 0.7 个百分点；TOP10 集团累计销售 2214.9 万辆，行业占比 89.6%，较上年同期下降 3.3 个百分点；TOP13 集团累计销售 2310.3 万辆，行业占比 93.5%，较上年同期下降 3.3 个百分点。

TOP13 集团排名中，一汽、广汽、吉利、华晨、奇瑞、比亚迪六家实现同比增长，其他七家同比下降。其中，比亚迪、吉利表现突出，增速超过 15%，广汽、北汽排名均上升一位（见表 24）。

表 24　2018 年乘用车市场 TOP13 集团销量、份额及变化

排名		集团	销量			份额		
2017 年	2018 年		2017 年（万辆）	2018 年（万辆）	同比增长（%）	2017 年（%）	2018 年（%）	增减变化（百分点）
1	1	上汽	651.1	643.0	-1.2	26.3	27.1	0.8
2	2	东风	352.7	325.1	-7.8	14.3	13.7	-0.6
3	3	一汽	302.8	307.8	1.6	12.2	13.0	0.7
5	4	广汽	199.7	213.9	7.1	8.1	9.0	0.9
6	5	北汽	196.9	188.7	-4.2	8.0	8.0	0.0
4	6	长安	235.0	154.8	-34.1	9.5	6.5	-3.0
7	7	吉利	130.5	152.3	16.7	5.3	6.4	1.1
8	8	长城	95.0	91.5	-3.7	3.8	3.9	0.01
9	9	华晨	66.6	69.9	5.0	2.7	2.9	0.3
10	10	奇瑞	66.2	67.9	2.7	2.7	2.9	0.2
11	11	比亚迪	41.0	50.2	22.5	1.7	2.1	0.5
12	12	众泰	31.7	25.5	-19.4	1.3	1.1	-0.2
13	13	江淮	22.2	19.8	-11.1	0.9	0.8	-0.1

资料来源：根据中国汽车工业协会数据整理。

3. 商用车市场竞争态势

与乘用车不同，商用车行业集中度不断上升。2018 年，商用车市场 TOP3 集团累计销售 175.2 万辆，行业占比 42.1%，较上年同期上升 5.5 个百分点；TOP4 集团累计销售 226.7 万辆，行业占比 54.5%，较上年同期上升 4.9 个百分点；TOP10 集团累计销售 360.3 万辆，行业占比 86.6%，较上年同期上升 6.0 个百分点。

TOP10 集团中，长安、上汽、一汽、重汽、长城、大运 6 家实现同比增长，其他 4 家同比下降。其中，上汽一枝独秀，同比增速高达 40% 以上，份额增长 3.6 个百分点，其次，长安、长城增速超过 10%，上汽、长安排名均上升两位，东风、北汽排名下降（见表 25）。

表 25　2018 年商用车市场 TOP10 集团销量、份额及变化

排名		集团	销量			份额		
2017 年	2018 年		2017 年（万辆）	2018 年（万辆）	同比增长（%）	2017 年（%）	2018 年（%）	增减变化（百分点）
3	1	长安	52.3	59.0	12.8	12.6	13.5	0.9
4	2	上汽	40.6	58.2	43.5	9.8	13.3	3.6
1	3	东风	59.3	57.9	-2.4	14.3	13.3	-1.0
2	4	北汽	54.3	51.5	-5.0	13.0	11.8	-1.3
5	5	一汽	31.8	34.1	7.2	7.6	7.8	0.2
6	6	重汽	30.0	32.7	8.8	7.2	7.5	0.3
7	7	江淮	28.3	26.5	-6.4	6.8	6.1	-0.7
8	8	陕汽	18.8	18.3	-2.5	4.5	4.2	-0.32
9	9	长城	12.0	13.8	15.1	2.9	3.2	0.3
10	10	大运	7.9	8.2	4.6	1.9	1.9	0.0

资料来源：根据中国汽车工业协会数据整理。

（四）中国品牌市场表现（狭义乘用车）

1. 中国品牌市场需求

过去十年，中国品牌乘用车取得长足发展，年销量由 2008 年 165 万辆增长到 2018 年的 948.7 万辆，十年增长 4.8 倍，行业占比由 2008 年的 29% 增长到 2018 年的 40.8%，十年提升 11.8 个百分点。2017 年，中国品牌乘用车销量首次突破千万辆，行业占比达到 42.2% 的历史高峰，但 2018 年出现了转折，全年销售 948.7 万辆，同比下降 7.0%，下滑幅度大于合资品牌，行业占比 40.8%，较同期下降 1.4 个百分点（见表 26）。

表 26　2009～2018 年中国品牌乘用车销量

单位：万辆，%

年份	2009	2010	2011	2012	2013	2014	2015	2016	2017	2018
销量	263.2	379.6	406.2	463.4	559.8	619.1	761.1	979.9	1020.5	948.7
同比增长	59.5	44.3	7.0	14.1	20.8	10.6	22.9	28.8	4.1	-7.0
行业占比	31.4	33.7	32.7	34.0	34.3	33.7	38.0	41.4	42.2	40.8

资料来源：根据中国汽车工业协会数据整理。

2018 年，中国品牌轿车共销售 239. 1 万辆，同比增长 1. 9% ，占轿车销售总量的 20. 7% ，较上年同期上升 0. 9 个百分点。在轿车市场，中国品牌相对较弱，销量排名前二十的车型中仅有帝豪 EC7 一款中国品牌车型。在电动轿车方面，中国品牌优势明显，这也是拉动中国品牌轿车增长的主要动力（见表 27）。

表 27　2009 ~ 2018 年中国品牌轿车销量

单位：万辆，%

年份	2009	2010	2011	2012	2013	2014	2015	2016	2017	2018
销量	221. 7	293. 3	294. 6	304. 7	330. 5	271. 7	239. 8	232. 1	234. 7	239. 1
同比增长	69. 5	32. 3	0. 4	3. 4	8. 5	-17. 8	-11. 7	-3. 2	1. 1	1. 9
轿车占比	29. 7	30. 9	29. 1	28. 4	27. 5	22. 0	20. 5	19. 1	19. 8	20. 7

资料来源：根据中国汽车工业协会数据整理。

随着中国用户消费偏好变化，SUV 市场保持高速增长，年复合增长率达到 37. 7% ，明显高于乘用车行业增幅（19. 1% ），行业占比总体处于逐年提升趋势，2017 年达到 59. 8% 的历史高峰。中国品牌车企抓住机遇，推出大量适应市场需求的 SUV 产品，迅速占领市场，并带动整个中国品牌份额的上升。随着合资品牌 SUV 车型的推出，中国品牌在 SUV 市场的优势逐渐减弱。

2018 年，中国品牌 SUV 销售 576. 8 万辆，同比下降 5. 9% ，占 SUV 销售总量的 57. 7% ，较上年同期下降 2. 1 个百分点，行业贡献度降低，是中国品牌整体占比下降的主要原因（见表 28）。SUV 是中国品牌的优势市场，在销量排名前二十车型中，中国品牌占据一半，其中排名前五的均是中国品牌。

表 28　2009 ~ 2018 年中国品牌 SUV 销量

单位：万辆，%

年份	2009	2010	2011	2012	2013	2014	2015	2016	2017	2018
销量	26. 4	56. 5	60. 0	86. 3	121. 5	182. 3	328. 6	515. 3	613. 0	576. 8
同比增长	11. 9	114. 4	6. 1	43. 9	40. 8	50. 1	80. 3	56. 8	19. 0	-5. 9
SUV 占比	40. 0	42. 6	37. 6	43. 1	40. 6	44. 7	53. 3	57. 5	59. 8	57. 7

资料来源：根据中国汽车工业协会数据整理。

总体来看，MPV 发展相对缓慢。自 2016 年之后，MPV 整体开始大幅度下滑。中国品牌在 MPV 市场处于主导地位，但受消费升级、用户需求转移、合资品牌不断推出家用 MPV 产品等因素的影响，中国品牌的优势有所下降。2018 年，中国品牌 MPV 销售 132.8 万辆，同比下降 23.1%，占 MPV 销售总量的 83.5%，较同期下降 6.5 个百分点。销量排名前二十的 MPV 车型中有七款为中国品牌（见表 29）。

表 29　2009～2018 年中国品牌 MPV 销量

单位：万辆，%

年份	2009	2010	2011	2012	2013	2014	2015	2016	2017	2018
销量	15.1	29.8	51.7	72.4	107.9	165.1	192.6	232.4	172.8	132.8
同比增长	42.4	97.9	73.4	40.2	48.9	53.0	16.7	20.7	-25.7	-23.1
MPV 占比	53.4	60.3	65.9	73.7	80.6	82.6	85.9	88.9	90.0	83.5

资料来源：根据中国汽车工业协会数据整理。

2. 中国品牌市场竞争

2018 年，中国品牌乘用车 TOP10 集团合计销售 842.8 万辆，占中国品牌乘用车总量（948.7 万辆）的 88.8%，较同期上升 3.0 个百分点。从过去十年看，中国品牌乘用车行业集中度整体处于上升趋势（见表 30）。

表 30　2009～2018 年中国品牌乘用车 TOP10 集团销量

单位：万辆，%

年份	2009	2010	2011	2012	2013	2014	2015	2016	2017	2018
销量	214.9	294.8	322.3	372.6	457.6	519.0	630.9	813.6	875.3	842.8
同比增长	59.6	37.2	9.3	15.6	22.8	13.4	21.6	28.9	7.6	-3.7
行业占比	81.7	77.7	79.3	80.4	81.7	83.8	82.9	83.0	85.8	88.8

资料来源：根据中国汽车工业协会数据整理。

2018 年，销量排名前十的中国品牌企业依次为上汽（208.8 万辆）、吉利（152.3 万辆）、长城（91.5 万辆）、长安（86.8 万辆）、奇瑞（60.3 万辆)、广汽(60.0万辆)、东风(60.0万辆)、北汽(52.5万辆)、比亚迪(50.2万辆)、一汽(20.3万辆)。其中，上汽超过200万辆规模，吉利近年来表现突出，2018年达到150万辆规模(见表31)。

表31 2009～2018年中国品牌乘用车TOP10集团销量

单位：万辆

年份	2009	2010	2011	2012	2013	2014	2015	2016	2017	2018
上汽	9.0	16.7	38.7	59.7	86.1	111.8	136.8	176.9	211.2	208.8
吉利	32.9	41.6	43.3	49.1	54.9	42.6	56.2	79.9	130.5	152.3
长城	15.5	29.4	36.5	48.7	62.7	61.2	75.3	96.9	95.0	91.5
长安	14.2	21.6	21.1	32.7	51.7	71.1	93.8	115.0	106.3	86.8
奇瑞	48.4	61.7	60.1	53.0	43.1	45.3	49.3	60.9	57.2	60.3
广汽	3.0	4.6	6.8	8.3	13.1	15.0	20.4	46.3	63.1	60.0
东风	4.3	7.8	13.4	28.4	44.4	58.7	69.4	82.7	79.7	60.0
北汽	2.5	2.2	1.8	3.7	10.0	32.9	54.7	79.1	66.1	52.5
比亚迪	44.8	52.0	44.8	45.6	50.6	43.8	44.5	49.7	41.0	50.2
一汽	40.2	57.3	55.9	43.4	40.9	36.6	30.5	26.3	25.2	20.3

资料来源：根据中国汽车工业协会数据整理。

3. 中国品牌质量表现

过去十几年，中国品牌产品综合质量水平与国际品牌产品的差距不断缩小。根据J. D. Power中国新车质量报告，自主品牌汽车产品质量持续提升，新车PP100从2003年的469个锐减到2017年的112个，与国际品牌PP100的差距由2003年的191个缩小至2017年的13个，但2018年中国品牌与国际品牌的差距在连续七年收窄之后首次扩大为15个(见图4)。主要是因为汽车企业为了满足新生代消费群体的新需求而给汽车增加许多舒适性配置，如智能网联系统等，而这些新科技成熟度仍有待完善，因此拖累整体评价，导致整体新车质量下降。

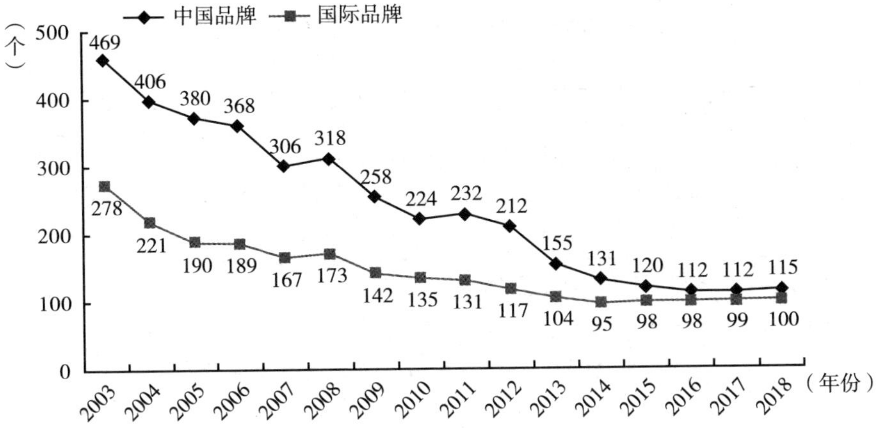

图4　中国品牌与国际品牌新车质量问题差值

资料来源：J. D. Power。

（五）合资品牌市场表现（狭义乘用车）

1. 合资品牌市场需求

2018年，合资品牌在乘用车市场表现好于中国品牌，全年累计销售1377.0万辆，同比下降1.4%，行业占比59.2%，较上年同期提升1.4个百分点。其中，轿车销售950.1万辆，同比下降3.8%，占轿车行业总量的79.3%；SUV销售422.7万辆，同比增长2.5%，占SUV行业总量的42.3%；MPV销售40.6万辆，同比增长18.6%，占MPV行业总量的23.4%。从过去十年来看，合资品牌市场份额整体呈下降趋势（见表32）。随着合资品牌不断推出SUV、MPV产品及新能源汽车，2018年合资品牌整体份额有所回升，但长期来看，中国品牌仍有上升的空间。

表32　2009～2018年合资品牌销量变化

单位：万辆，%

年份	2009	2010	2011	2012	2013	2014	2015	2016	2017	2018
销量	574.7	747.6	835.5	900.9	1070.5	1217.8	1243.7	1389.4	1396.6	1377.0
同比增长	42.3	30.1	11.8	7.8	18.8	13.8	2.1	11.7	0.5	-1.4
行业占比	68.6	66.3	67.3	66.0	65.7	66.3	62.0	58.6	57.8	59.2

资料来源：根据中国汽车工业协会数据整理。

表 33 2009 ~ 2018 年合资品牌轿车销量变化

单位：万辆，%

年份	2009	2010	2011	2012	2013	2014	2015	2016	2017	2018
销量	525.3	656.1	717.6	769.7	870.5	965.6	932.2	982.9	950.1	913.7
同比增长	40.6	24.9	9.4	7.3	13.1	10.9	-3.5	5.4	-3.3	-3.8
占轿车比重	70.3	69.1	70.9	71.6	72.5	78.0	79.5	80.9	80.2	79.3

资料来源：根据中国汽车工业协会数据整理。

表 34 2009 ~ 2018 年合资品牌 SUV 销量变化

单位：万辆，%

年份	2009	2010	2011	2012	2013	2014	2015	2016	2017	2018
销量	39.5	76.1	99.4	113.8	177.4	225.2	287.4	380.7	412.3	422.7
同比增长	86.3	92.5	30.7	14.4	56.0	26.9	27.6	32.5	8.3	2.5
占 SUV 比重	60.0	57.4	62.4	56.9	59.4	55.3	46.7	42.5	40.2	42.3

资料来源：根据中国汽车工业协会数据整理。

表 35 2009 ~ 2018 年合资品牌 MPV 销量变化

单位：万辆，%

年份	2009	2010	2011	2012	2013	2014	2015	2016	2017	2018
销量	9.9	15.4	18.4	17.4	22.6	27.1	24.1	25.9	34.3	40.6
同比增长	7.1	55.5	19.6	-5.4	30.1	19.7	-11.1	7.3	32.5	18.6
占 MPV 比重	39.7	34.1	26.3	19.4	17.4	14.1	11.1	10.0	16.5	23.4

资料来源：根据中国汽车工业协会数据整理。

2. 合资品牌市场竞争

2018 年，TOP10 乘用车合资品牌合计销售 1131.6 万辆，占合资品牌总销量的 82.2%，较上年同期提升 4.1 个百分点。其中，仅有上汽通用略降，其他 9 家均实现正增长。销量从高到低依次为：上汽大众（206.5 万辆，增长 0.1%）、一汽大众（203.7 万辆，增长 4.1%）、上汽通用（197.0 万辆，下降 1.5%）、东风日产（115.6 万辆，增长 4.4%）、北京现代（83.1 万辆，增长 5.8%）、广汽本田（75.4 万辆，增长 4.3%）、东风本田（72.1

万辆，增长0.9%）、一汽丰田（71.9万辆，增长4.3%）、广汽丰田（57.9万辆，增长30.9%）、北京奔驰（48.5万辆，增长14.8%）（见表36）。

表36　合资品牌乘用车TOP10集团销量变化

单位：万辆

年份	2009	2010	2011	2012	2013	2014	2015	2016	2017	2018
上汽大众	72.8	100.1	116.6	128.0	152.5	172.5	180.6	200.0	206.3	206.5
一汽大众	66.9	87.0	103.5	132.9	151.3	178.1	165.0	187.2	195.7	203.7
上汽通用	70.8	101.2	118.6	136.4	154.3	172.4	172.5	188.0	199.9	197.0
东风日产	51.9	66.1	80.9	73.1	82.1	83.8	88.0	100.4	110.8	115.6
北京现代	57.0	70.3	74.0	86.0	103.1	112.0	106.3	114.2	78.5	83.1
广汽本田	36.6	38.6	33.8	29.2	42.2	49.3	58.9	64.6	72.3	75.4
东风本田	21.1	26.1	25.5	26.8	30.6	29.7	40.4	56.9	71.4	72.1
一汽丰田	41.7	50.6	52.9	49.5	55.5	58.2	60.7	64.2	68.9	71.9
广汽丰田	21.0	26.9	27.4	25.0	30.3	37.4	40.3	42.2	44.2	57.9
北京奔驰	2.0	3.9	7.8	9.4	11.6	14.5	25.0	31.7	42.3	48.5
TOP10	441.8	570.8	640.9	696.2	813.3	907.9	937.7	1049.4	1090.3	1131.6

资料来源：根据中国汽车工业协会数据整理。

五　中国汽车产业发展景气指数

（一）汽车产业景气指数指标构成

“景气指数”指标体系由一致合成指数、先行合成指数、滞后合成指数三个指数构成。通过对三个指数的动态变化进行观察，分析汽车产业当前情况和下一步走势。为直观体现景气程度，将景气度界限划定为五个区间，分别为“过热（红灯），趋热（黄灯），正常（绿灯），趋冷（浅蓝灯），过冷（深蓝灯）”。通过这五个指示灯的展示，汽车产业景气指数更加直观地展现汽车产业的运行状态。

一致合成指数代表了汽车产业目前的运行状况；先行合成指数的变动出现在汽车产业运行发生变动之前，通过分析其变化可提前预测汽车产业的变动情况；滞后合成指数的变动出现在汽车产业运行发生变动之后，其作用在于验证之前的汽车产业经济周期波动确已出现。

（二）2018年汽车产业发展景气指数

1. 一季度汽车产业景气指数

2018 年一季度，汽车产业景气指数 ACI 为 21，处于浅蓝灯区，位于“趋冷”区间，表明汽车产业处于低位运行状态。汽车产业先行合成指数比 2017 年四季度有所降低。

2018 年一季度，汽车产业一致合成指数为 87.09（2010 年 =100），比 2017 年四季度增长 0.43 点；先行合成指数为 82.19（2010 年 =100），较 2017 年四季度降低 1.58 点；滞后合成指数为 86.73（2010 年 =100），比 2017 年四季度降低 1.70 点。

2. 二季度汽车产业景气指数

2018 年二季度，汽车产业景气指数 ACI 为 30，处于浅蓝灯区，较 2018 年一季度提高 3 点。

2018 年二季度，汽车产业一致合成指数为 90.29（2010 年 =100），比 2018 年一季度增长 1.74 点；先行合成指数为 83.58（2010 年 =100），较 2018 年一季度增长 0.44 点；滞后合成指数为 86.19（2010 年 =100），比上一季度降低 0.53 点。

3. 三季度汽车产业景气指数

2018 年三季度，汽车产业景气指数 ACI 为 9，与上一季度相比出现较大降幅，进入蓝灯区，处于“过冷”区间。

2018 年三季度，汽车产业一致合成指数为 84.12（2010 年 =100），比 2018 年二季度降低 3.28 点；先行合成指数为 86.25（2010 年 =100），较 2018 年二季度增长 0.51 点；滞后合成指数为 90.11（2010 年 =100），比二季度增长 0.41 点。

4. 四季度汽车产业景气指数

2018 年四季度，汽车产业景气指数 ACI 为 12，处于“过冷”区间，较

2018 年三季度增长 6 点。

2018 年四季度，汽车产业一致合成指数为 83.44（2010 年 = 100），比 2018 年三季度降低 0.84 点；先行合成指数为 84.98（2010 年 = 100），较 2018 年三季度降低 0.62 点；滞后合成指数为 83.38（2010 年 = 100），比三季度降低 4.06 点。

纵观 2018 年四个季度，中国汽车产业景气指数分别为 21、30、9 和 12，第一季度和第二季度处于“趋冷”区间（浅蓝灯区），第三季度和第四季度处于“过冷”区间（蓝灯区）。2018 年后半年开始进入低位运行状态，全年中国汽车产业运行情况略逊于上一年度，但总体尚属稳健。

六　汽车新技术与新产品

（一）节能技术

虽然近年来，电动汽车将逐步取代传统内燃汽车已成为汽车业的发展趋势，但在未来相当长的时间里，传统内燃机仍将是汽车动力主要技术形式。进一步提高内燃机的热效率、提高节能减排水平是未来一段时间内发展重点。国Ⅵ排放法规、五阶段乘用车油耗标准等要求，驱使汽车企业不断升级、优化传统动力总成技术，高效内燃机、高效自动变速箱、混合动力系统及总成电控系统成为技术创新的重要领域。

乘用车发动机持续小型化、混动化，三缸机再成热点。为满足排放及油耗法规，整车企业特别是豪华品牌持续推进乘用车发动机向小型化转型。如奔驰 C260 以 1.5T 发动机匹配 48V 微混系统取代原来的 2.0T 发动机以实现节能减排，日产通过发展发动机可变压缩比和小型化技术降低发动机的能耗和排放，等等。正是基于上述小型化发展考量，曾因 NVH 差、动力性差而一度边缘化的三缸机再度迎来快速发展的契机，如福特 1.5T、领克 1.5T、别克 1.3T、荣威/名爵 1.0T 和本田 1.0T 等三缸发动机实现量产并迅速上量，这一趋势未来将得到进一步加强。

严苛的排放法规倒逼内燃机加速创新。乘用车领域，日产 2.0T VC－TURBO 发动机主打可变压缩比技术，最大扭矩转速更低，最大扭矩区间更宽泛，并可以实现 185kW 的最大功率，同时搭载双喷射系统、二级可变机油泵、缸盖集成排气歧管、智能热平衡管理系统、进排气 VVT、电控涡轮泄压阀等技术，热效率达 39%；马自达推出采用了均质充量压燃技术等第二代创驰蓝天发动机，压缩比达到 18∶1，继续探索汽油机热效率的极限；上汽乘用车以缸内直喷发动机自主开发为载体，实现节能减排，综合性能提升 20%。

（二）轻量化技术

2018 年，我国汽车轻量化应用水平提升较快，在高性能铝合金、镁合金、碳纤维等方面的应用取得较大进展，无论是全铝车身产业化，还是高性能铝合金材料开发与工艺技术都取得突破性进展。

2018 年，自主品牌多款乘用车产品在轻量化方面取得进展，特别是轻量化技术在新能源产品领域的产业化应用速度实现提升。北汽新能源 LITE 车型，采用铝合金框架式车身与复合材料外覆盖件，车身质量不足 175kg，实现减重 10% ~15%，整备质量不到 900kg，相较同级别燃油车降低近 20%；广汽传祺 GE3 530 的电池系统能量密度大于 160Wh/kg，其中通过电池轻量化技术应用，实现电量增加 10kWh、电池包减重 28kg 的效果，电耗水平降低至 14.7kWh/100km；前途 K50 白车身总重为 234kg，除部分关键刚性部件外，整车框架大范围采用铝合金材质，实现轻量化与抗扭转和弯曲刚度的平衡，同时，车身外观覆盖件大面积使用碳纤维复合材料，总质量不足 50kg。

商用车方面，各企业也纷纷布局，加速轻量化技术在新产品上的搭载应用，应对国Ⅵ标准，践行节能减排。潍柴的 H 平台发动机产品，实现自重仅 800kg 的水平；玉柴国Ⅵ系列发动机在整机重量上较国五产品有明显降低；康明斯新一代 ISZ 系列国Ⅵ发动机轻量化降低 200kg；一汽解放 ECAS 轻量化底盘控制技术，较其他市场产品实现减重 40kg、驱动力提升 20%、油耗降低1～3L/100km。

从汽车轻量化的整体水平看，应该是重点体现在当年产品的平均整备质量和单车车重的降低上。从目前新产品投放看，高强度钢、铝合金、镁合金、碳纤维等材料在汽车领域应用水平的不断提高，带来车重下降，但是由于中大型车，如SUV等销售比重的不断增加，近年的新品平均整备质量却呈上升趋势。因此，当前的现状是轻量化技术在不断进步，但是一直在平衡由动力电池、智能网联等相关零部件的增加而带来的整备质量增加。

（三）新能源技术

2018年，在我国汽车市场总体呈下行态势的大背景下，新能源汽车实现产销分别达127万辆和125.6万辆、较上年同期分别增长59.9%和61.7%的成绩，成为产业发展的重大亮点之一。电动车依旧是主力，插电式混合动力迎来快速增长期，燃料电池仍处于商业化的前期。2018年，我国纯电动汽车产销分别完成98.6万辆和98.4万辆，占新能源汽车总体的77.6%和78.3%，仍是发展的主体力量；插电式混合动力汽车产销分别完成28.3万辆和27.1万辆，较上年分别增长122%和118%，增长速度大幅提升；燃料电池汽车产销均达到1500辆，但产品以客车和专用车为主，产业配套亦刚刚起步，整体处于商业化的早期培育阶段。总体来看，在产销规模持续扩张的同时，新能源汽车在产品结构与关键技术突破等方面，呈现以下发展趋势。

1. 电动车整车综合性能进一步提升，整车集成能力持续增强

从续航里程角度看，2017年进入新能源推广目录的电动乘用车续航里程大于400km的产品为7款，占比为5%，而2018年目录中电动乘用车产品续航里程大于400km的车型多达125款，占比迅速增至20%；从整车能耗角度看，如北汽新能源EU5（R500）、长安逸动EV460、吉利帝豪EV450等整备质量接近甚至超过1600kg的产品，其综合百公里耗电量（均低于13kWh/100km）已经接近《中国制造2025－节能与新能

源汽车技术路线图》中2020年典型小型纯电动车（整备质量1275kg）的能耗水平目标（12.8kWh/100km）；从整车电池能量密度看，自主品牌产品的电池能量密度呈继续提升态势，目前主要集中分布在130～160Wh/kg。

2. 动力电池市场规模持续领先，关键技术性能指标显著提升，但仍须加大创新投入

2018年，随着新能源汽车市场高速增长，动力电池装车量也达到57.35GWh的历史新高，同比增长57.0%，出货量全球领跑。从正极材料的使用类别看，三元电池的装机量超过磷酸铁锂电池，达34.25GWh，占总装车量的60%，磷酸铁锂电池装车量21.5GWh，占总装车量的37%；从封装技术角度出发，方形电池以74%的总装车量占比继续领跑，软包电池装车量达7.6GWh，同比增长60.73%，与圆柱电池占比相当，均在13%左右；从电池能量密度看，截至2018年底，我国三元电池单体比能量已提升至265Wh/kg，系统能量密度可达160Wh/kg，成本已降至每瓦时1元；磷酸铁锂电池技术突破空间较小，目前单体比能量为160Wh/kg，成本降至每瓦时0.7元。我国在固态电池、基础材料、基础工艺等领域的技术创新仍较美日欧强国有较大差距，需要进一步加大投入力度，全力赶超。

3. 电动化、网联化、智能化的融合发展趋势需要强大的能量管理系统支撑

电动化、网联化、智能化、共享化等融合发展的理念正席卷全球汽车产业，同时更是我国汽车市场发展趋势的风向标之一。无论是在上海投资建厂的豪华电动车领跑者特斯拉，还是在2018年实现产品交付的蔚来、小鹏、威马等造车新势力，还有代表传统汽车企业转型之作的荣威MARVEL－X、红旗E－HS3等，都是上述发展趋势的佐证。但智能网联升级带来的电子电气系统革新需要强大的数据传输能力与计算能力，功耗巨大，加之用户对续航里程的忧虑以及动力电池系统本身的安全性考量，电池能量管理与整车能量管理届时将成为必备核心能力。

总体而言，在我国新能源汽车市场蓬勃发展的驱动下，新能源领域的关

键技术也取得进一步突破。但我国在基础研究、先进材料、新一代动力电池、电池安全管理、IGBT、整车能量管理、动力电池回收等技术领域，无论是研发投入、产业基础或是政策导向，仍与国外领先水平存在差距。考虑到补贴退坡以及进一步开放背景下，中国品牌还须夯实内功、加大投入，培育核心能力、掌控战略资源，补齐短板、提升竞争力。

（四）智能网联技术

2018 年，我国智能网联汽车产业取得可喜的发展成绩。国家层面突出顶层战略设计，政策法规引领效应不断增强，自主整车产品智能化水平进一步提升，自主核心零部件体系发展壮大，核心技术创新突破加速。

1. 做强智能网联汽车产业已上升为国家战略

2018 年 1 月，国家发改委发布了《智能汽车创新发展战略（征求意见稿）》，从国家层面制定智能网联汽车发展目标、路径及时间表，推动智能汽车强国建设。

2. 发布自动驾驶路测规范，助推商业化发展进程

2018 年 4 月，北京、上海、重庆三地相继发布自动驾驶道路测试规范；同月，工业和信息化部、公安部、交通运输部三部委发布《智能网联汽车道路测试管理规范（试行）》，明确规定自动驾驶测试主体在安全性等诸多方面的规范，我国正式进入自动驾驶公开道路测试阶段，极大地推动自动驾驶产业化应用。截至 2018 年底，全国范围内已有 12 座城市颁发了超过 70 张自动驾驶测试牌照。

3. 自主企业加快智能网联产品投放，直面竞争

乘用车领域，国内智能化产品水平进一步提高，主流外资与自主品牌已推出具备 L2 级自动驾驶功能的智能化产品，搭载如自动紧急刹车（AEB）、自适应巡航（ACC）、自动泊车等高级驾驶辅助功能。2017 年 6 月中国汽车工程研究院发布的“I－VISTA 智能网联汽车评价体系”智能指数评价结果显示，长安 CS75、红旗 H5、长城 VV5 等自主品牌产品的智能化功能及性能已达到或接近同类合资产品的先进水平；商用车领域，金龙客车 L4 级自动

驾驶巴士“阿波龙”量产下线，中国重汽、一汽解放等L4级自动驾驶卡车实现专用场景运营，自主产品智能化取得重大突破。2019年中国品牌将持续加速智能化进阶，实现特定场景L3/L4级自动驾驶商业化突破，如百度联手一汽红旗共同推出量产级别L4产品。

4. 规范牵引、跨界合作，以创新推进车联网应用进程

随着5G和协同式C－V2X技术的快速发展，车联网发展提速，智能化与网联化的融合日趋深化。2018年11月，工信部《车联网（智能网联汽车）直连通信使用5905～5925MHz频段管理规定（暂行）》，规划出5905～5925MHz频段共20MHz带宽的LTE－V2X智能网联汽车直连通信专用频率资源，对于促进我国智能网联汽车基础研究、标准制定、产品研发及产业化将起到重要引领作用。基于上述频段，由22家整车企业、通信企业及终端供应企业协作，在上海实现了世界首例跨通信模组、跨终端、跨整车的V2X互联互通，展示出我国在LTE－V2X标准引领、技术创新、产业协同等方面的先进性，特别是在LTE－V2X芯片领域的突破。如华为LTE－V2X车载终端基于Balong 765芯片，可充分适应C－V2X特有场景与性能要求，并支持二次开发。

5. 车机OS与网联生态发展迅速，BATH巨头各显其能

百度发布了小度车载OS，包含液晶仪表盘组件、流媒体后视镜组件、大屏智能车机组件、小度车载机器人组件，具备语音与图像集成交互系统以及基于AI的智能情感引擎。百度世界大会上发布ACE智能城市计划，人－车－路协同技术解决方案是核心，百度持续扩大车联网生态圈；阿里凭借YunOS进入汽车领域，成为互联网汽车生态的核心参与者，后续升级成AliOS，于国内率先应用OTA，其2.0版本实现了安全、平台、交互、感知、应用五个层面的技术升级，配合AliOS的智能驾驶舱，实现多屏互动、独立操控，支持Face ID、可疑人员监测、驾驶员疲劳监测、人脸钥匙等交互功能；2018世界智能网联汽车大会上，腾讯向外界传递出正在做车载微信的消息，结合此前已公布的AI in Car计划及后续发布智慧出行战略，腾讯将车机服务与网联生态作为进入智能网联领域的核心举措，并已与一汽、宝马、长安等车企达成车联网合作意向；华为凭借ICT企业在通信领域的技术

优势，以V2X为核心多维度渗透，逐步融入车联网生态中。华为的优势在于芯片与通信，其中Balong系列芯片为C－V2X提供有力支撑，华为MDC600自动驾驶平台将支持L4级自动驾驶，而华为在5G领域的优势更是未来智能网联、移动出行可持续发展的必备条件。同时，华为基于“华为云”培育车联网互动生态，与整车厂的战略合作不断深化。

6.激光雷达产品性能进一步提升，成本持续下降，向车规级迈进

高度自动驾驶离不开激光雷达的环境感知效能，其技术及产品供应商也是全球各大汽车企业优先掌控的战略资源。尽管目前该领域的产业制高点仍被Velodyne等国外企业把控，但在资本的大力投入及诸多创业团队的努力开拓下，我国激光雷达产品技术也取得了显著提高，涌现出一批极具潜力的参与者。速腾聚创在CES－2018（国际消费类电子产品展览会）上发布了基于905nm激光源的MEMS激光雷达，并展示其与摄像头的底层融合技术，而后与阿里菜鸟联合发布全球首款应用固态激光雷达的无人物流车G－Plus，此外，在2019年度CES上，推出世界首款提供激光雷达传感器和3D点云人工智能算法的系统；镭神智能通过半导体化和芯片化实现模组级激光雷达降本，1550nm光纤激光器已于2018年量产，同时推进128线激光雷达的车规级应用，同时加大激光雷达芯片开发力度，发布了多线及固态激光雷达专用核心芯片，支持多种TOF激光雷达的设计应用；禾赛科技与无人驾驶公司Nuro合作，后者推出的无人驾驶送货车搭载禾赛科技激光雷达产品，在2019年度CES上，禾赛科技发布了第三代固态激光雷达Pandar GT－3.0，采用自研的高速振镜系统和光纤激光器及其控制模块，持续发力车规级固态激光雷达；等等。总体来看，我国车载激光雷达在技术创新与产品开发方面已经紧跟世界前沿步伐，但在芯片、成本控制、产品一致性与可靠性，特别是在车规级产品的开发应用领域，仍有诸多工作亟待突破。

7.自动驾驶高清地图向商业化应用扎实迈进

高德地图发布了自动驾驶高精地图的技术路线图，通过与千寻位置的战略合作，打造高精地图与精准定位深度融合的一体化解决方案，并已获得吉利、凯迪拉克自动驾驶高精地图领域的订单；四维图新加速自动驾驶高精地

图落地进程，其高速高精度地图里程已达 18 万公里，预计很快将覆盖全国高速公路网，并与宝马签订自动驾驶地图及相关服务许可，将为后者提供 L3 级及以上自动驾驶功能所需的高精地图；百度高精地图进入商业化落地阶段，获得了长城汽车 L3 级自动驾驶所需高精地图与精准定位的量产订单。

除了上述典型成果，我国智能网联汽车在摄像头、毫米波雷达、ADAS 系统解决方案等其他领域的技术创新与产品开发也取得了较为明显的进步，并不同程度地实现产业化落地，但在智能网联核心的芯片与底层软件领域，与汽车强国差距仍然巨大，发展受制于人。以芯片为例，车载娱乐系统处理器芯片的市场基本上被 NXP、意法半导体、英飞凌、高通、英特尔和英伟达等巨头掌控；在自动驾驶最为核心的 AI 芯片方面，全球范围内基本已被英伟达和英特尔（子公司 Mobileye）所垄断。在国内，如地平线、华为、百度和阿里等科技公司拟进入该领域，但符合车规级认证的自动驾驶芯片均未交片，且面临着制造工具与工艺、产品一致性等诸多不确定性因素的挑战。基于上述情形，针对芯片、底层软件等共性的、核心的关键技术应上升为国家系统工程予以攻克，同时，充分发挥智能网联的中国标准、中国场景优势，实现突破发展。

七　汽车行业热点简析

2018 年，我国汽车产业面对国际国内错综复杂的环境形势，经受了严峻的考验。产业进一步对外开放和关税的大幅降低、蓝天保卫战三年行动计划的推行、新能源汽车补贴政策的退坡、乘用车双积分政策实施等给行业带来了新挑战；同时，新的汽车产业投资管理、汽车企业和产品准入规定等政策的发布，以及“电动化、智能化、网联化、共享化”的产业发展新趋势、新业态、新变革等，都对我国汽车产业转型升级和高质量发展提出了新要求。

（一）国际环境给中国汽车产业发展带来新挑战

全球经济仍然面临不确定性的严峻挑战，并将在一段时间内维持低速增长。受当前世界经济发展态势，以及国际贸易和经济增长的不平衡等因素影响，全球政治经济等宏观环境正处于制度规则和利益格局关键调整期。

主要经济体增长态势、通胀水平和货币政策分化明显，美联储持续加息，新兴经济体资本流出加剧，金融市场持续震荡。贸易保护主义和单边主义抬头，WTO 改革箭在弦上，国际经济规则酝酿深刻调整。总体来看，美国的系列政策举措成为2018 年影响世界经济增长、扰动国际金融市场和改变国际经贸规则的主要源头。

2018 年，美国单方面挑起的中美贸易摩擦，不仅威胁中美双边经贸关系，而且对世界经济产生负面影响。中美贸易摩擦对中美两国的汽车贸易将产生重要影响，短期来看，美国进口豪华车在中国市场竞争力将进一步减弱，欧洲和日本豪华车品牌市场份额将有所提升。在汽车零部件领域，中国汽车零部件企业出口美国的零部件每年大约有 100 亿美元的规模，仅次于墨西哥，主要出口产品是车轮和轮胎等，中国汽车零部件生产企业将会受一定影响。另外，从美国进口的主要为发动机部件和变速箱等产品，高附加值汽车电子部件进口也会产业一定程度的影响。就目前判断，中美贸易摩擦虽然从短期来说对中国影响不大，但从中长期来看，将对汽车产业的产业构造、产业链和产业布局产生深刻影响。

全球汽车产业处于新技术革命和全球布局调整的重大时期，新能源、智能网联、共享出行等带来汽车产业形态、商业模式和企业组织形态等重大变化。由于新技术、新消费和新市场的快速变化，全球汽车产业格局将会迎来大分工和大变化。新变革、新变局，也将为中国汽车产业发展带来新的机遇和新的挑战。

（二）国家推行蓝天保卫战三年行动计划

随着机动车保有量的快速增长，机动车排放已成为全社会关注的重要事项。2017 年，环保部首次定性“机动车污染已成中国空气污染的重要来源”，为打好打赢蓝天保卫战，机动车排放将成为主攻对象。

2018 年 7 月 3 日，国务院印发《打赢蓝天保卫战三年行动计划》的通知，提出经过三年努力大幅减少大气污染物排放。行动计划明确了大气污染防治工作的总体思路、基本目标、主要任务和保障措施，提出了打赢蓝天保卫战的时间表和路线图。

在燃油车治理方面，重点区域采取经济补偿、限制使用、严格超标排放监管等方式，大力推进老旧汽车淘汰更新，要求2020年底前，京津冀及周边地区、汾渭平原淘汰国三及以下排放标准营运中型和重型柴油货车100万辆以上。2018年各地政府结合当地情况制定了具体的实施细则，加快了老旧汽车的淘汰更新，对淘汰范围、目标、标准、核定、保障措施、考核问责及激励等都做了详细规定。

行动计划要求到2020年底，新能源汽车产销量为200万辆左右。直辖市、省会城市、计划单列市建成区公交车将全面更换成新能源汽车；重点区域港口、机场、铁路货场等新增或更换作业车辆主要使用新能源汽车。

蓝天保卫战是一个长期而又艰巨的工程，汽车治理是其中很重要的一环。

（三）产业进一步开放，关税大幅降低

2018年4月17日，国家发改委公布汽车合资股比开放的具体时间表，通过5年过渡期，汽车行业将全部取消限制。5月22日，国务院关税税则委员会发布关于降低汽车整车及零部件进口关税的公告，自2018年7月1日起，降低汽车整车及零部件进口关税，汽车整车税率一律降至15%，汽车零部件税率一律降至6%。

随着汽车合资股比放开和整车及零部件进口关税下调，中国汽车产业发展将全面进入市场化发展的新阶段，政府的保护扶持将逐步弱化，未来将是公平竞争+对外开放，所有的中国自主企业、外资企业战略面临调整，汽车产业政策也将加快调整，逐步实现由目前的“产业政策+企业和产品准入管理+重事前监管”调整为“法制化+产品准入管理+事中事后监管”。

股比放开短期对中国品牌存在影响，但中长期有利于中国品牌发展。短期内，由于外资方在传统能源领域积累了大量成熟技术，在全球范围内具有

品牌优势和品牌溢价，具有成熟的管理和现代企业治理体系，外资企业在华经营出现更大政策空间；合资乘用车产业面临目标再统一、贡献再平衡与经营管理活动重塑等挑战。中长期而言，有利于公平竞争环境建设，市场竞争主体多元，同时竞争环境更加公平；有助于促进中国品牌汽车的产品竞争力和体系竞争力进一步提升和完善。

关税大幅下调在扩大进口车市场规模的同时将促进豪华车的加速普及，同时影响外商对于是否国产化的策略选择。由于进口成本下降，进口车国产化需要达到的最小经济规模变大，同时受进口关税下调、进口车适用双积分政策放宽等政策影响，厂商进口意愿提升。降低关税倒逼国产车降价，加速中低端豪华车向主流车的挤压。由于进口盈利模型参数改变，部分厂商会延后国产计划，尤其是股比政策没有放开之前，部分车型可能会一直以进口方式引入，放弃国产化。

（四）发改委发布新的汽车产业投资管理规定

为了完善汽车产业投资管理，加快转变产业发展方式，2018 年 12 月 18 日，国家发改委发布了《汽车产业投资管理规定》，从 2019 年 1 月 10 日起实施。

新的投资规定总体原则是谁投资谁负责、谁审批谁监管、谁主管谁监管，由地方投资主管部门实施备案管理；传统燃油车领域明确禁止投资的项目，设立扩能要求，严格控制新增燃油车产能，进一步规范传统汽车产业投资，传统车企扩大燃油车产能的门槛更高。同时，新的投资规定重点优化产能布局，强调汽车产业集聚效应，有利于产业基础雄厚、发展环境良好、产业链完备的优势区域和优势企业进一步发展。为此，我国将全面取消已经实施多年的汽车投资项目核准事项，全部转为地方备案管理，以推动汽车产业投资管理改革取得新突破。

新的投资规定，加强了汽车产业投资方向引导，优化燃油汽车和新能源汽车产能布局，明确产业鼓励发展的重点领域。严格控制新增传统燃油汽车产能，明确禁止建设的燃油汽车投资项目范围，严格新增燃油汽车产能投资项目的准入条件。积极引导新能源汽车健康有序发展，进一步提高新建纯电动汽车企业投资项目的条件，明确对投资主体、技术水平、项目所在区域的要求。加强了关键零部件等投资项目管理，明确发动机、车用动力电池、燃料电池、车身总成、专用汽车和挂车等投资项目的条件。强化了事中事后监管，明确企业主体责任和各级政府部门监管责任，建立部门协同监管机制，加强违规项目查处和问责。完善产能监测与预警机制，引导社会资本合理投资，提升对汽车投资项目管理服务能力。

行业认为，新的投资规定取消汽车投资项目核准事项，既是贯彻落实“放管服”改革、全面放开一般制造业决策部署的重要举措，又是主动适应新一轮产业变革、积极回应社会关切的客观要求，能够为地方和企业创造更好的政策环境。

（五）补贴加速退坡给新能源汽车发展带来更大考验

在新能源汽车产业化推进中，财政部等四部委联合发布关于2016～2020年新能源汽车推广应用财政支持政策的通知，明确了新能源汽车补贴的对象、范围、标准，促进新能源汽车技术进步和市场化发展，对产业发展起到了关键推动作用。

2018年2月13日，《关于调整完善新能源汽车推广应用财政补贴政策的通知》正式发布。过渡期内国补按旧版（2017年）标准的0.7倍补贴，地补不超过中央财政单车补贴额的50%，之后国补按新政执行，地补不做要求。

随着新能源汽车快速发展，补贴政策由大水漫灌式过渡到“扶优扶强”。补贴政策的快速退坡，给新能源汽车产业发展带来严峻挑战。补贴退出后，将进一步加快产业和产品升级，促进企业优胜劣汰。中国品牌新能源汽车也将面对在经济实力、品牌影响、技术水平等方面具备优势的外资品牌进入中国市场带来的竞争压力。为此，中国品牌汽车企业必须不断创新发展，加快技术升级、降低成本，生产出满足市场需求和用户满意的产品。

（六）产品准入改革和优化管理有新进展

2018 年 12 月 6 日，工信部发布新修订的《道路机动车辆生产企业及产品准入许可管理办法》，该办法规定了道路机动车辆生产企业及产品准入许可申请、受理、审查、决定、监督检查、法律责任等内容。

新办法大幅减少企业准入类型，将原有 19 个类别调整为 6 个类别，其中乘用车不再细分类别；将大幅减少产品准入类型，逐步推行车辆产品系族管理，鼓励企业对同一系族的车型产品可按照系族申请产品准入，生产同一系族内的产品，将不需要重新申请公告；不断优化准入许可管理流程，优化许可变更流程，优化检测流程，优化改装车准入许可流程，推行试点实施企业自我认证管理和企业集团管理。对于新技术、新工艺、新材料应用导致相关准入事项不能满足或不适用现行标准法规、技术规范的，可经评估豁免部分或全部要求，为智能网联汽车、无人驾驶汽车等创新技术产品进入公告做好铺垫。

新办法从规范和完善准入管理制度需要入手，将原有存在的管理文件分散、效力层级较低等问题，结合管理实践，梳理提炼，上升为部门规章，提高了管理的精准性；新办法按照国务院“放管服”改革精神优化了产品准入的流程，减少了产品审查的环节，着力强化事中事后监管，加大一致性监督检查的力度，有效保证了准入企业的生产条件和产品一致性，对落实汽车产业发展政策相关要求、引导产业结构调整转型升级起到了重要的作用，从而进一步释放行业企业的动力，助推汽车产业高质量发展。

（七）乘用车双积分政策开始实施

2017 年 9 月 27 日，工信部等六部委联合发布了《乘用车企业平均燃料消耗量与新能源汽车积分并行管理办法》，双积分政策于 2018 年 4 月 1 日正式实行，并自 2019 年度起实施企业平均燃料消耗量积分核算。其中，插电式混合动力积分相对固定，每辆车 2 分，而纯电动车的积分与续航里程、纯电时的能效有关，续航里程只要达到100公里就能得到与插混相等的2分，超过350公里就能得到5分，燃料电池车积分与电池系统功率有关，只要超过30公里即可得到5分。新能源汽车发展较好的汽车企业可以通过出售多余积分，而对于新能源车发展不足的企业来说，就面临花钱买积分以及燃油汽车削减等局面。

双积分政策的实施，将大大推动新能源汽车产业的发展和汽车行业整体减排降耗，后续将成为补贴退出后重要的政策导向；双积分政策的实施，也将严重影响未来汽车产业的格局，对我国汽车产业结构、产品结构的调整产生重大影响。

（八）高质量发展对产业升级提出新要求

经过20年的快速发展，中国作为全球最大汽车市场，巨大的需求规模和广阔的市场前景吸引了全球的汽车企业，甚至跨行业企业竞相进入。因此，中国需要从汽车大国向汽车强国转变，需要从高速增长向高质量发展转变，而汽车产业转型升级是实现这一目标的必由之路。

新的目标对产业转型升级有新要求：第一，中国汽车产业面临巨大的能源、环保、交通压力，汽车企业转型升级需要通过大力发展新能源汽车、智能网联汽车、移动出行、智慧交通、智慧城市等，打造资源节约型、环境友好型社会。第二，中国品牌要掌握汽车产业发展核心技术，通过技术创新，提高企业的竞争水平和盈利能力。在新技术变革下，中国汽车企业应积极培育核心技术、实现关键技术突破，企业应增强核心技术的自主研发能力，开拓发展基于产业链的关键技术，同时针对共性技术的短板，联合攻关，共同实现关键技术的突破。第三，为保证企业掌控核心战略资源，在未来市场博弈中取得竞争优势，中国企业间要加强合作，包括跨行业合作，围绕各方的主营业务，结合企业发展需要，识别合作领域，提出合作诉求，高效推进战略合作，提升企业综合竞争力。第四，中国目前汽车企业众多，一定要建立落后企业退出机制，最终形成几家具有国际竞争力的大汽车集团，参与全球市场竞争。第五，突破“品牌”天花板。

近年来，中国品牌在产品和服务上已经能够与合资品牌媲美，但消费者的认可度仍有待提高。因此，迫切需要以技术和质量作为支撑来提升品牌形象，包括产品品牌、技术品牌、服务品牌、生态品牌、公益品牌等。第六，汽车企业要对现有的零部件、物流、贸易、电子信息和生产服务业等产业加快生态化转型，同时积极和其他各方开展形式多样的合作，构建企业生态圈。

（九）造车新势力影响汽车产业新变局

随着新能源化、智能化、网联化的不断发展，我国汽车制造也由传统方式不断向新型产业方式转变。目前，我国已经涌现出一批造车新势力，给行业带来了新的理念与活力，推动行业创新发展，其与传统车企在战略上的差异，对汽车产业在运营模式、竞争格局等方面产生较大影响。

第一，将更多的高端和年轻消费者从燃油车吸引到电动车上来。新势力产品用户群数量少，但示范效应突出，其对造车新势力产品的正面评价，会持续对市场格局产生潜移默化的影响。

第二，为传统制造业注入新的活力。新势力企业的出现及发展推动了传统汽车企业产品加速替代，有利于传统车企的转型升级。

第三，推动汽车新能源化、智能化、网联化进程。造车新势力为在汽车行业的“红海”中站稳脚跟，主打智能网联和新能源，在智能化、电动化上的大胆尝试，推动了汽车行业新能源化、智能化、网联化的进程，对传统车企形成较大压力。

第四，以用户为中心的服务理念倒逼传统售后服务变革。新势力的创新服务理念带给消费者全新体验，采用“线下体验＋线上直销”模式，及时响应客户的定制化需求，推动汽车行业盈利环节从产品销售转向服务生态，从而促使传统企业进一步改进售后服务及盈利模式。

第五，吸引优秀人才对传统车企造成冲击。造车新势力利用高报酬吸引了大量的传统车企的优秀人才，对传统车企影响较大。

（十）共享汽车出行发展成为行业新热点

随着限购城市数目的不断增加，以及城市交通拥堵、自驾停车难、公共交通体验差等问题的不断加剧，强调产品使用权而非所有权的汽车共享模式（包括网约车、分时租赁等模式）成为一、二线城市各阶层人士出行的优先选择。

据不完全统计，截至2018年底，正式注册的网约车用户规模有望超过3亿人次，广义共享出行领域市场规模已突破2000亿元，占中国总交通消费的20%。伴随通信技术的创新发展与数字化体验服务的不断迭代升级，共享汽车及其服务系统将成为物联网生态的重要交互节点。

2018年，车企或联合或独立，持续加大共享汽车领域的投入与推广力度。中国一汽、东风汽车、长安汽车将合资组建T3出行服务公司，发挥优势聚集效应；戴姆勒与吉利集团合资，拟提供高端专车服务；众泰汽车与福特智能出行合作，将在浙江省推广网约车服务；中国一汽成立“一汽出行”与“智行国际租赁”两家公司，推进共享汽车服务落地；东风汽车基于“东风出行”平台实现网约车业务运行；上汽集团推出“享道出行”打车服务，针对中高端市场开展网约车服务；外资品牌如宝马也加大运营力度，将在中国进一步拓展“ReachNow”出行服务；等等。

未来一段时间内，车企、网约车平台、互联网公司、科技公司之间跨界合作、优势互补、资源共享的抱团取暖式发展战略将成为主流，部分优秀企业有望在共享平台上推出差异化的体验式服务。面向未来，共享汽车产业的发展将同电动智能汽车产品、智能交通、智慧城市深度融合，衍生出全新的智能共享移动出行装备（如Waymo运营的无人驾驶出租车）以及全新经济增长点。

（十一）智能网联汽车发展快速推进产业升级

随着汽车相关技术的快速发展、全新的汽车产业生态及汽车产业价值链的重塑，以及汽车产业与互联网、人工智能、大数据等技术的全面融合，智能网联汽车相对于传统的汽车更具有适用性、安全性、高效性，未来，智能网联汽车将对人们的生活方式、思维方式、出行方式产生极大的影响，同时对产业格局、产业融合发展、上下游产业链、产品功能带来深远影响。

首先，中国汽车产业整体落后于欧美日韩等国家，尤其是在核心技术掌握上，差距较大，智能网联汽车可能会给中国带来新一轮难得的发展机遇；其次，智能网联汽车的理念、设计、制造、成本与传统汽车有很大的差别，传统汽车更多地聚焦于机械硬件方面，而智能网联汽车对软件的需求更多，如通信、地图、电池、芯片、VR 等，汽车企业需要进行大规模的跨行业融合；再次，智能网联汽车与传统汽车在整体构造和功能实现方式上有很大的差别，如智能网联汽车通过传感器和 V2X 交互技术实现车与外部环境、车与车之间的信息互动，大大提高了行车安全，对高强度的车身结构、安全气囊、后视镜等安全装备需求将会降低，而对电子电气、通信、地图等需求增加，智能网联汽车将重塑汽车产业链；最后，智能网联汽车增强了车辆的安全性和舒适性，扩展了娱乐功能和服务功能。智能网联汽车功能实现方式的特殊性，促使汽车的大小、形状、空间、布局可能与传统汽车相比产生巨大变化。

（十二）氢燃料和燃料电池汽车热点再起

中国燃料电池汽车发展目前已进入新的阶段。2018 年，中国燃料电池汽车销量为 1527 辆，其中，氢燃料客车销量 1418 辆；氢燃料电池货车销量为 109 辆。目前，我国已建成及在建的加氢站超过 30 座。

中国氢能 - 燃料电池车的发展动因是多方面的，国务院、国家发改委制定氢能 - 燃料电池车产业发展顶层设计，科技部推动技术研发，工信部跟进落地实施产业化发展；燃料电池车（FCV）较纯电动车（BEV）在重型商用车领域更具适用性；各地政府、企业积极响应布局氢能 - 燃料电池车产业，预计 2025 年中国将迎来产业发展拐点。

同时，加大对燃料电池发动机的研发力度，攻克基础材料、核心技术和关键部件难关，当前重点要突破膜电极、空压机和储氢罐的产业化成为行业共识。

发展氢燃料电池产业要坚持量力而行、循序渐进的发展原则。针对目前行业内个别地区出现的盲目跟风、投资过热现象，应进一步完善顶层设计，各地应结合产业优势和发展基础，因地制宜，扎实推进。

总之，2018 年是中国汽车行业发展非常重要的年份，一年来，上述的热点事项得到社会的广泛关注。随着中国汽车行业的进一步开放，行业企业市场竞争力的不断变化；外资企业在中国实施的战略性调整，在华经营有进有退，例如，宝马增股比、铃木退市场、福特中国市场波动等；汽车产业资本并购出现的新趋势、新特征，如吉利收购戴姆勒股份，宝沃、恒大并购，整车企业集体战略性转型，行业 T3 企业制造向出行服务转型；等等，这都是汽车产业发展面临的新态势，尤为值得我们去跟踪和研究。

乘 用 车 篇

Passenger Vehicles

B.2
2018年乘用车发展报告

摘　要： 本报告描述了2018年中国汽车市场乘用车产销情况，分析了轿车、多功能车、越野车、交叉型乘用车四个细分市场较2017年度的发展情况和变化趋势，预测了基于中国2019年度总体经济形势下的汽车工业发展形势，提出了发展乘用车工业的政策建议。

关键词： 乘用车　轿车　越野车　多功能车　交叉型车

一　2018年乘用车发展概况

（一）乘用车市场整体产销情况

1. 乘用车市场出现负增长

2018年，中国乘用车市场产销量分别为2353万辆和2371万辆，同比下滑 5.16% 和 4.08%。在宏观经济结构性调整、中美贸易摩擦和低线城市房地产价格快速增长等因素影响下，经济下行压力加大，居民汽车消费信心不足，影响汽车消费。同时，2017 年购置税优惠政策退出，提前透支 2018 年销量，加大汽车销量的下滑幅度（见表 1）。

表 1　2009～2018 年乘用车产销量统计

单位：万辆，%

年份	产量	同比增长	销量	同比增长
2009	1038	54.11	1033	52.93
2010	1390	33.83	1376	33.17
2011	1449	4.23	1447	5.19
2012	1552	7.17	1550	7.07
2013	1808	16.49	1793	15.71
2014	1993	10.23	1971	9.93
2015	2108	5.77	2115	7.31
2016	2442	15.84	2438	15.27
2017	2481	1.58	2472	1.40
2018	2353	-5.16	2371	-4.08

资料来源：根据中国汽车工业协会数据整理。

2. 乘用车市场“前高后低”

从月度销量走势看，2018 年乘用车市场呈现“前高后低”态势，下滑幅度超预期。1 月，同期基数较低，同比增长 10.73%；2 月，受春节影响，同比下滑 9.63%；3～4 月，厂商开始补库存，4 月，同比增长达年度最高 11.16%；5 月开始，在环保攻坚战、中美贸易摩擦和低线房地产价格高速增长背景下，居民汽车消费信心不足，市场出现同比下滑，下滑幅度逐步加深；9～10 月，“金九银十”这一行业现象不再出现；11～12 月，同期基数较高，下滑幅度更是超过 15%（见图 1）。总体上看，市场需求疲软，表现不及预期，多数厂商年度销量目标完成率较低。

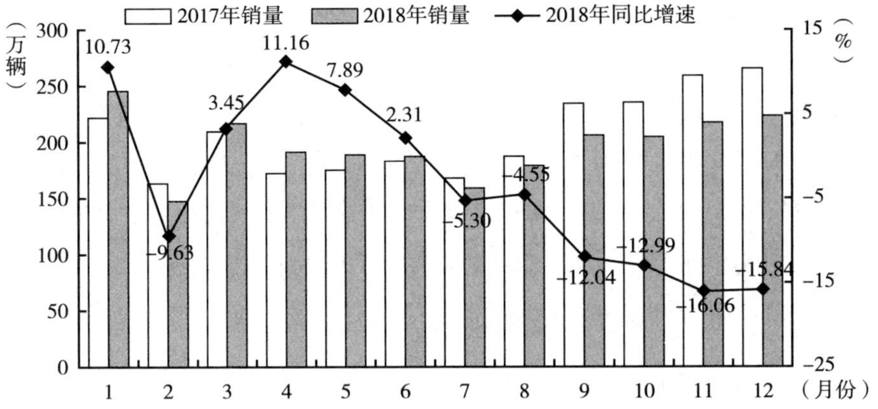

图 1　2017～2018 年乘用车月度销量走势

资料来源：根据中国汽车工业协会数据整理。

3. SUV 市场呈现下滑态势

从细分市场看，2018 年轿车市场同比下滑 2.43%，SUV 市场同比下滑 2.88%，MPV 市场同比下滑 15.93%，交叉车型同比下滑 19.65%。SUV 市场增速首次不及轿车，未能延续多年高增长趋势。首先，SUV 市场高速增长不可持续，消费者回归理性，不再一味追求 SUV 车型；其次，哈弗 H6、传祺 GS4 等核心产品上市已经多年，产品力有所减弱，反观轿车市场，英朗、朗逸等核心产品，终端优惠幅度较大，促进轿车市场销量提升；最后，大众 CC、思域等核心产品经更新换代后，产品力大幅提高，销量节节攀升（见表 2）。

表 2　2017～2018 年乘用车细分市场销量统计

单位：万辆，%

车型分类	2018 年销量	2017 年销量	2018 年同比增长	2018 年销量占比	2018 年增量贡献
轿车	1159	1188	−2.43	48.89	−29
SUV	993	1022	−2.88	41.89	−29
MPV	189	225	−15.93	7.99	−36
交叉车型	29	36	−19.65	1.23	−7

资料来源：根据中国汽车工业协会数据整理。

4. 自主乘用车企业销量占比有所下滑

2018 年，乘用车销量排名前十的企业分别为上汽大众、上汽通用五菱、一汽大众、上汽通用、吉利汽车、东风日产、长安汽车、长城汽车、北京现代和广汽本田，销量分别为 207 万辆、206 万辆、204 万辆、197 万辆、150 万辆、132 万辆、112 万辆、105 万辆、81 万辆和 74 万辆；同比增速分别为 0.10%、-4.19%、4.08%、-1.45%、20.26%、2.98%、-15.21%、-1.60%、3.21%和 5.16%（见图 2）。

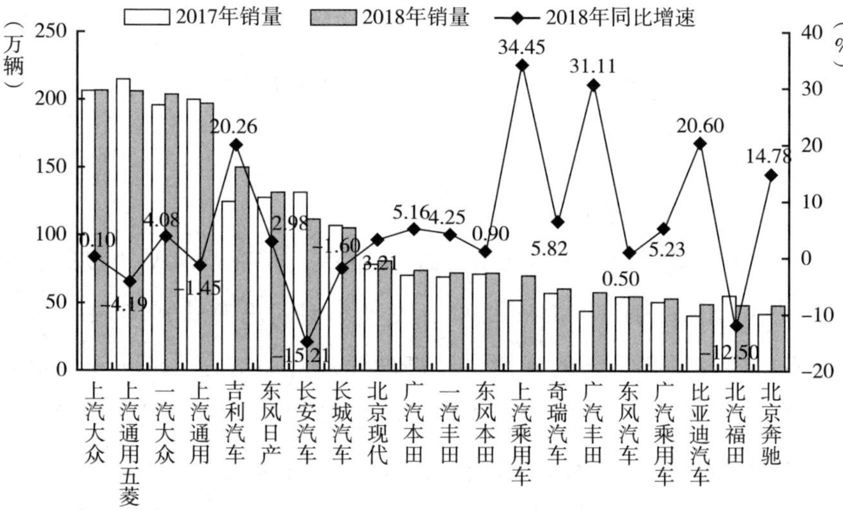

图 2　2018 年乘用车企业销量排名

资料来源：根据中国汽车工业协会数据整理。

从销量规模看，在排名前十的企业中，八家企业销量规模突破 100 万辆，其中上汽大众、上汽通用五菱和一汽大众超过 200 万辆。从销量成长性看，排名前十的企业中，吉利汽车同比增速最高，同比增长 20.26%；长安汽车同比下滑最多，同比下滑 15.21%。

5. 乘用车市场日系、欧系表现较好

从乘用车销量分国别看，2018 年日系和欧系表现较好；中国品牌仍占最大市场份额，但同比下滑 6.54%，表现乏力；欧系在豪华品牌奔驰和宝马带动下，同比增长2.61%；日系为车市最大赢家，本田、丰田和日产集体爆发，日系同比增长4.49%；美系，受长安福特下滑影响，同比下滑18.48%；合资自主受上汽通用五菱影响，同比下滑幅度仅次于美系，同比下滑12.02%；韩系在现代复苏带动下，同比增长3.14%（见表3）。

表3　2018年乘用车分国别销量统计

单位：万辆，%

国别	2018年销量	2017年销量	2018年同比增速	2018年占比
自主品牌	817	874	-6.54	34.45
欧系	563	548	2.61	23.73
日系	446	427	4.49	18.81
美系	248	304	-18.48	10.45
合资自主	180	204	-12.02	7.58
韩系	118	114	3.14	4.98

资料来源：根据中国汽车工业协会数据整理。

（二）乘用车区域市场表现

从区域市场看，东部地区销量1030万辆，遥遥领先，同比下滑幅度最小；西部地区超过中部地区，成为第二大销量贡献地区，全年销量490万辆，同比下滑7.74%；中部地区销量下滑较大，全年销量489万辆，同比下滑9.32%；东北地区，全年销量113万辆，同比下滑幅度最大，为17.56%（见表4）。

表4　2018年乘用车分地区销量统计

单位：万辆，%

地区	2018年销量	2017年销量	2018年同比增速	2018年占比
东部	1030	1106	-6.85	48.53
西部	490	531	-7.74	23.10
中部	489	540	-9.32	23.05
东北	113	137	-17.56	5.32

注：东北地区为黑龙江、吉林和辽宁；东部地区为北京、天津、河北、上海、江苏、浙江、福建、山东、广东和海南；中部地区为山西、安徽、江西、河南、湖北、湖南；其他划归西部地区。

资料来源：上险数据。

（三）乘用车进出口情况

2018 年，合资企业加大进口车本土化生产，同时受中美贸易摩擦影响，乘用车进口 113 万辆，同比下滑 5.83%；乘用车出口，在“一带一路”倡议及自主品牌国际化战略下，规模创历史新高，达 76 万辆，同比增长 18.52%（见表 5）。

表 5　2009～2018 年乘用车进出口数量及同比增速

单位：万辆，%

年份	进口	同比增长	出口	同比增长
2009	41	3.46	14	-52.82
2010	78	90.24	26	85.71
2011	100	28.21	48	84.62
2012	108	8.00	66	37.50
2013	116	7.41	60	-9.09
2014	140	20.69	53	-11.67
2015	108	-22.86	43	-18.87
2016	104	-3.61	48	11.63
2017	120	15.30	64	34.00
2018	113	-5.83	76	18.52

资料来源：根据中国汽车工业协会数据整理。

（四）2019年乘用车发展趋势

1. 影响乘用车发展的因素

（1）市场有利因素

第一，从汽车发展阶段看，我国仍处于普及阶段，汽车保有量与发达国家相比仍存在差距，未来消费潜力巨大；第二，我国汽车发展不均衡，一、二线城市逐步进入普及后期，而三至六线城市仍处普及初期，消费需求待开发；第三，国家大力发展新能源汽车，在补贴政策和双积分政策推动下，新能源汽车快速发展，为市场带来增量；第四，国家鼓励汽车消费等强刺激政策可能出台，将进一步促进需求释放；第五，国家“一带一路”倡议持续推进，为我国汽车出口创造了良好条件。

（2）市场不利因素

首先，2019 年经济在调结构和中美贸易摩擦影响下，下行压力持续加大，尤其是中美贸易摩擦仍存在不确定性，居民消费信心不足；其次，随着汽车共享、二手车等新消费模式的兴起，居民出行更加便利，其购买新车动机可能受到影响；最后，新能源汽车补贴退坡，其车型价格也必然上涨，较传统燃油车竞争力不足，其需求也可能受阻。

2. 乘用车市场消费趋势

（1）购车需求更加理性

2018 年，SUV 消费首次下滑，消费者不再一味追求 SUV 车型，轿车舒适性愈加得到重视，轿跑 SUV 正是在这样背景下产生的。2019 年，为迎合这种消费趋势，预计长安 CS85、吉利 FY11、哈弗 F7x 等轿跑 SUV，将先后上市。

（2）90 后消费方式更加多样

2018 年，90 后购车群体占比达 26%，他们随着互联网成长，视野更宽阔，消费理念更超前。线下 4S 店不再是其购车的唯一途径，像领克品牌这种线上线下融合方式，更受他们青睐。同时，他们有超前的消费理念，低首付分期渐成趋势。

（3）新能源汽车接受度提高

在国家新能源政策和厂家车型供给多样化的持续刺激下，新能源汽车高速发展。2018 年，新能源汽车销量规模达 110 万辆（以纯电动为主），同比增长 70%。随着充电设施完善，车型续航里程提高，制约购买新能源汽车的因素逐步得到改善，新能源汽车接受度提高，消费者已将新能源汽车纳入其购买新车的考虑范畴。

（4）汽车消费升级趋势不变

对更高档次车辆的偏好仍是消费者普遍的消费观念。2018 年，乘用车市场同比下滑 4.08%，而豪华品牌却实现了同比 18.47% 的高速增长，销量规模达 210 万辆；相反，一些低端品牌，销量大幅下滑。

3. 乘用车销量预测

2019 年预期乘用车销量为 2395 万辆，同比增长 1.00%。其中乘用车出口 90 万辆，同比增长 18.42%。从细分市场看，预期轿车销售 1175 万辆，同比增长 1.37%；MPV 销售 178 万辆，同比下滑 6.05%；SUV 销售 1022 万辆，同比增长 2.91%；交叉车型销售 20 万辆，同比下滑 31.64%。

二　2018年轿车发展情况

（一）轿车市场发展分析

1. 轿车市场销量情况

2018 年，轿车实现销售 1159 万辆，同比下降 2.43%，销量较 2017 年减少 29 万辆，销售规模连续 2 年下滑（见图 3）。轿车市场占狭义乘用车市场比重为 49.49%，较 2017 年上升 0.73 个百分点（见图 4）。

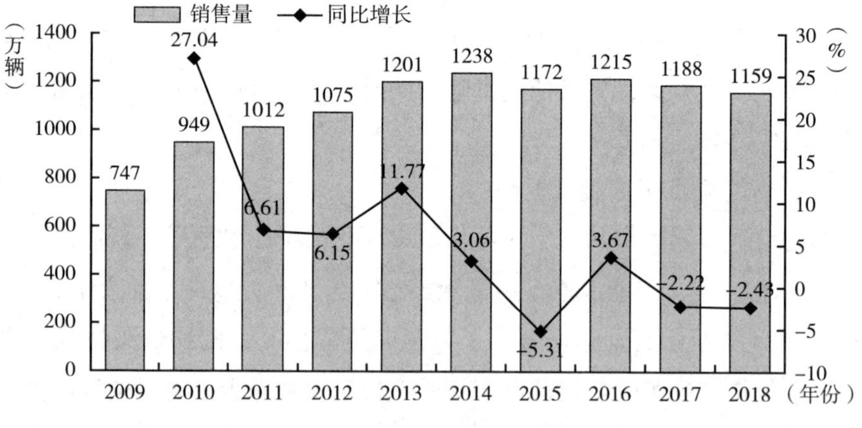

图 3　2009 ~ 2018 年轿车销量及增长情况

资料来源：根据中国汽车工业协会数据整理。

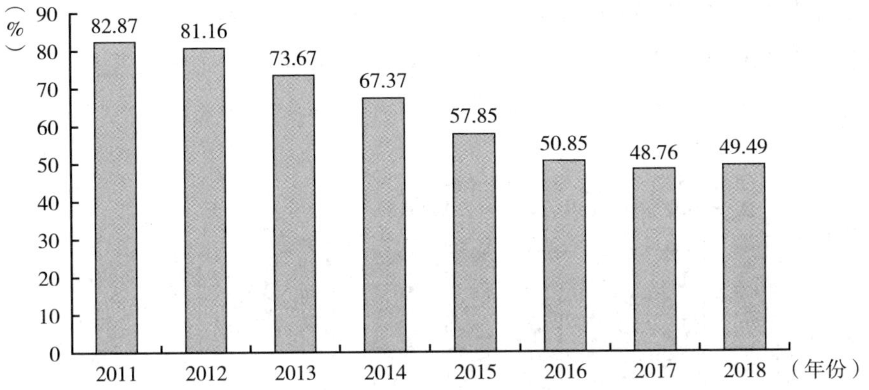

图4　2011～2018年轿车在狭义乘用车市场占比情况

资料来源：根据中国汽车工业协会数据整理。

从轿车各细分市场来看，小型轿车、紧凑型轿车、大型轿车市场销量同比下滑。其中，小型轿车同比下滑13.96%，呈两位数下降；微型轿车、中型轿车以及豪华轿车同比增长，其中，豪华轿车同比增长20.11%，继续保持较快增长（见表6）。

表6　2018年轿车细分市场销量增长情况

单位：万辆，%

细分市场	2018年销量	2017年销量	2018年同比增长
微型轿车	40.71	39.77	2.37
小型轿车	108.10	125.64	-13.96
紧凑型轿车	709.07	746.66	-5.03
中型轿车	161.36	157.42	2.51
大型轿车	8.76	9.29	-5.76
豪华轿车	130.65	108.77	20.11
总　计	1158.65	1187.55	-2.43

资料来源：根据中国汽车工业协会数据整理。

从轿车细分市场结构占比来看，豪华轿车所占比重较2017年上升2.2个百分点，继续快速扩张，目前规模已经超越小型轿车，位居紧凑型轿车、中型轿车之后，进入前三名之列；其次为中型轿车，上升了0.7个百分点；

紧凑型轿车依然占据轿车主导地位，但占比较上年下降 1.9 个百分点，成为 2018 年轿车市场结构比重下降最明显的细分市场，其次是小型轿车市场，占比下降 1.3 个百分点（见图 5）。

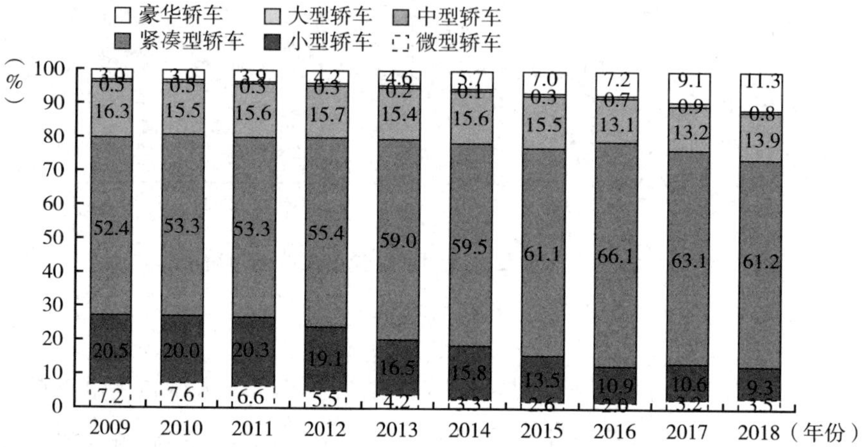

图 5　2009～2018 年轿车细分市场结构

资料来源：根据中国汽车工业协会数据整理。

从轿车市场企业销量排名来看，轿车市场销量排名前十的企业依次为一汽大众、上汽大众、上汽通用、东风日产、吉利汽车、北京现代、一汽丰田、广汽本田、广汽丰田、华晨宝马。一汽大众、上汽大众、上汽通用依然占居前三位，豪华品牌华晨宝马首次进入前十排位（见表 7）。

从增速来看，排名前十的企业仅上汽大众、上汽通用、北京现代同比下降，其他车企均同比增长。广汽丰田表现最为突出，实现了 32.40% 的两位数增长，其次为华晨宝马、广汽本田，分别增长 11.89% 和 9.95%；北京现代同比下滑 6.72%，上汽大众下滑 5.25%。

从占比变化来看，上升最明显的是广汽丰田，较 2017 年上升了 1.03 个百分点，其次是东风日产、一汽大众，分别上升了 0.49 个百分点和 0.46 个百分点；下降最明显的是上汽大众，下降了 0.38 个百分点，其次是北京现代，下降了 0.21 个百分点。

表7　2018 年轿车企业销量排名

序号	企业简称	2018 年（万辆）	2017 年（万辆）	同比增长（%）	2018 年占比（%）	2017 年占比（%）	占比变化（百分点）
1	一汽大众	176. 05	174. 87	0. 67	15. 19	14. 73	0. 46
2	上汽大众	148. 34	156. 56	-5. 25	12. 80	13. 18	-0. 38
3	上汽通用	138. 85	141. 36	-1. 78	11. 98	11. 90	0. 08
4	东风日产	79. 20	75. 39	5. 05	6. 84	6. 35	0. 49
5	吉利汽车	64. 29	61. 50	4. 54	5. 55	5. 18	0. 37
6	北京现代	51. 60	55. 31	-6. 72	4. 45	4. 66	-0. 21
7	一汽丰田	51. 03	50. 66	0. 74	4. 40	4. 27	0. 14
8	广汽本田	46. 60	42. 39	9. 95	4. 02	3. 57	0. 45
9	广汽丰田	45. 14	34. 10	32. 40	3. 90	2. 87	1. 03
10	华晨宝马	33. 03	29. 52	11. 89	2. 85	2. 49	0. 36

资料来源：根据中国汽车工业协会数据整理。

从轿车产品销量排名来看，2018 年轿车市场车型销量排名前十的产品依次为轩逸、朗逸、卡罗拉、捷达、速腾、桑塔纳、英朗 GT、科沃兹、宝来和迈腾。轩逸、朗逸、卡罗拉位居前三，轩逸超越朗逸跃居第一名，卡罗拉继 2017 年排名第四后，继续上升一位，进入前三名之列，表现强势，科沃兹、迈腾进入前十名；英朗 GT 排名下降较明显，由 2017 年的排名第二位退居第七，帝豪与福睿斯退出前十排位（见图 6）。

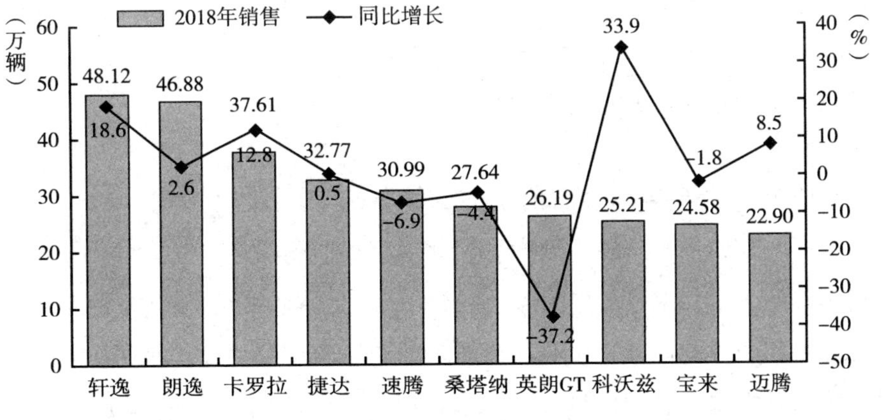

图 6　2018 年轿车销量排名前十车型

资料来源：根据中国汽车工业协会数据整理。

从轿车市场系别来看，欧系品牌销量依然最高，但规模继续小幅萎缩，同比下降0.65%，市场占比上升0.64个百分点；排名第二的日系品牌规模继续扩大，同比上升4.87%，市场占比上升最为明显，高达1.59个百分点；中国品牌继续保持第三的位置，同比增长3.25%，市场占比同比上升1.01个百分点；美系品牌排名第四，规模下降明显，销量下降35万辆之多，同比下滑17.48%，占比下降2.61个百分点；排名第五的韩系品牌规模也继续下滑，同比下降9.61%，占比下降0.52个百分点；合资自主品牌轿车排名第六，一改上年的高速增长，同比下滑7.00%，占比下降0.11个百分点。总体来看，日系品牌轿车和中国品牌轿车表现相对较好（见表8）。

表8　2018年轿车分国别销量统计

国别	2018年销量（万辆）	2017年销量（万辆）	同比增长（%）	2018年占比（%）	2017年占比（%）	占比变化（百分点）
欧系	413.08	415.79	-0.65	35.65	35.01	0.64
日系	264.58	252.28	4.87	22.83	21.24	1.59
中国品牌	213.33	206.63	3.25	18.41	17.40	1.01
美系	165.91	201.06	-17.48	14.32	16.93	-2.61
韩系	76.60	84.74	-9.61	6.61	7.14	-0.52
合资自主	25.16	27.05	-7.00	2.17	2.28	-0.11

资料来源：根据中国汽车工业协会数据整理。

2018年，轿车实销排名前十的区域分别是广东、江苏、山东、浙江、河南、河北、四川、安徽、湖南、湖北。广东继续领跑，保持100万辆级规模轿车市场，是排名前十中唯一增长区域，呈现较强势的市场特点。2017年排名二到四位的江苏、山东、河北增速均呈两位数下降，河北从第四排位退居第六。实现增长的区域除广东省以外，还有上海、广西、贵州、重庆、天津、西藏（见表9）。

表 9　2018 年轿车区域实销情况

单位：万辆，%

销量排序	区域	2018 年	2017 年	同比增长	销量排序	区域	2018 年	2017 年	同比增长
1	广东	124.37	116.14	7.09	17	广西	26.23	25.70	2.08
2	江苏	88.83	98.77	-10.06	18	贵州	24.71	24.15	2.28
3	山东	85.34	96.67	-11.73	19	云南	22.41	22.60	-0.86
4	浙江	79.91	81.38	-1.81	20	北京	21.77	26.12	-16.65
5	河南	74.37	77.84	-4.45	21	重庆	21.35	20.72	3.04
6	河北	73.06	85.09	-14.13	22	黑龙江	17.22	20.80	-17.18
7	四川	55.40	57.29	-3.30	23	内蒙古	14.67	18.83	-22.11
8	安徽	40.19	44.10	-8.86	24	天津	14.48	13.64	6.11
9	湖南	37.83	39.87	-5.11	25	吉林	14.19	17.56	-19.20
10	湖北	33.89	35.92	-5.66	26	新疆	9.78	9.99	-2.10
11	上海	33.28	32.90	1.16	27	甘肃	7.60	9.56	-20.46
12	福建	31.14	34.07	-8.59	28	海南	5.30	7.07	-25.05
13	陕西	30.44	30.75	-1.01	29	宁夏	3.46	4.38	-21.13
14	江西	29.96	30.46	-1.63	30	青海	2.87	3.31	-13.28
15	辽宁	27.96	31.91	-12.39	31	西藏	0.44	0.41	6.77
16	山西	26.76	30.87	-13.31	总　计		1079.22	1148.87	-6.06

资料来源：上险数据。

2. 轿车各细分市场发展

（1）微型轿车市场

2018 年，微型轿车销量 40.71 万辆，同比增长 2.4%，较 2017 年略有增长，同比增量 9427 辆。微轿市场规模经过 2017 年的快速扩张后，呈微增长（见图 7）。

从市场占比来看，微轿在轿车中的占比达到 3.51%，较上年上升了 0.16 个百分点，占比连续 2 年上升（见图 8）。

从能源结构比重变化来看，2018 年纯电动微轿已经占据 94.15%，传统汽油微轿基本退出市场。可见，微轿市场已经率先完成了动力切换，实现了真正的新能源化（见图 9）。

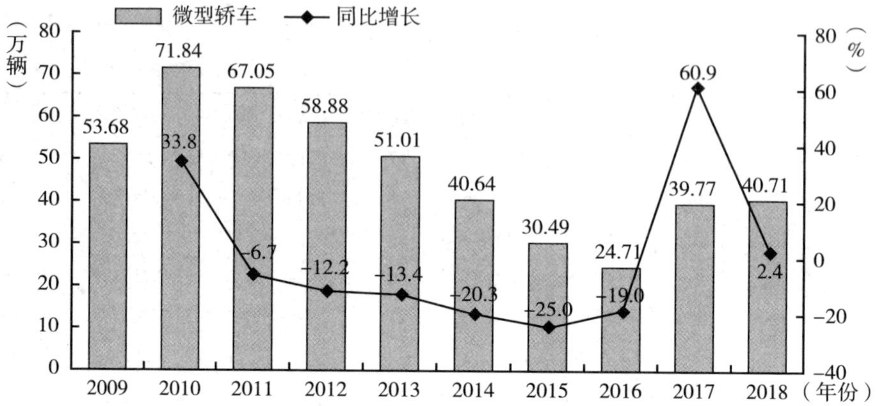

图7　2009～2018年微型轿车销量增长情况

资料来源：根据中国汽车工业协会数据整理。

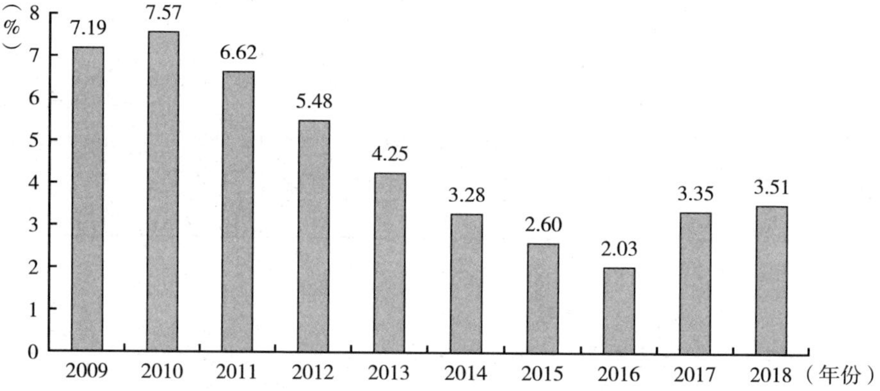

图8　2009～2018年微型轿车占轿车比重情况

资料来源：根据中国汽车工业协会数据整理。

从微型轿车市场车企销量排名看，2018年销量排名前十的企业中，与2017年比较，昌河汽车跌出了前十排位，东风汽车进入前十；排名前三的企业依次为北汽新能源、奇瑞汽车、江淮汽车。北汽新能源继续保持“领头羊”地位，奇瑞也维持在第二的位置，排名第三的江淮汽车从2017年的第八位跃居第三，表现相对强势；2017年排名第三的知豆下滑至2018年的第十位，主要是受150公里以下续航里程无补贴政策的影响；微轿行业的竞争格局变化相对明显（见表10）。

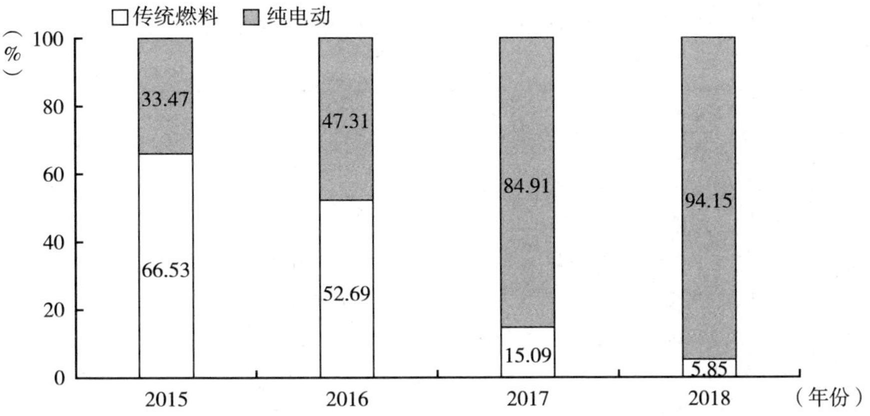

图 9　2015～2018 年微型轿车动力细分结构比重变化

资料来源：上险数据。

表 10　2018 年微型轿车各企业销量情况

单位：万辆，%

序号	企业简称	2018 年	2017 年	同比增长
1	北汽新能源	9.25	7.81	18.42
2	奇瑞汽车	5.69	4.99	14.12
3	江淮汽车	4.32	2.42	78.34
4	江铃汽车	4.31	2.79	54.11
5	众泰汽车	3.19	3.87	-17.60
6	华泰汽车	2.99	1.14	162.68
7	上汽通用五菱	2.59	1.15	126.10
8	东风汽车	1.92	0.78	145.48
9	长安汽车	1.70	3.09	-44.85
10	知豆汽车	1.53	4.25	-63.90

资料来源：根据中国汽车工业协会数据整理。

从微型轿车市场车型销量排位看，排名前三的产品依次为 EC180、江淮 IEV6E、奇瑞 QQ，上年排名第二的知豆 D2 已经退居到第十排位。目前，销量排名前十的产品均为新能源汽车。排名前十的产品，除知豆、小蚂蚁外，其他产品均增长迅猛（见表 11）。

表 11　2018 年微型轿车各车型产品销量情况

单位：万辆，%

序号	车型名称	2018 年	2017 年	同比增长
1	EC180	9.20	7.76	18.45
2	江淮 IEV6E	4.32	2.42	78.34
3	奇瑞 QQ	3.76	3.13	20.09
4	江铃 E200	3.25	1.21	168.30
5	华泰 EV160	2.99	1.14	162.68
6	宝骏 E100	2.59	1.14	126.18
7	俊风 ER30	1.92	0.78	145.48
8	众泰 E200	1.89	1.68	12.62
9	小蚂蚁	1.79	1.86	-3.27
10	知豆 D2	1.49	4.23	-64.86

资料来源：根据中国汽车工业协会数据整理。

（2）小型轿车市场

2018 年，小型轿车市场销量 108.10 万辆，同比下降 13.96%，销量同比减少 17.54 万辆，规模明显下降。小型轿车在轿车中占比为 9.33%，较上年下降 1.25 个百分点，市场占比进入个位数，200 万辆市场规模已经减少近一半（见图 10、图 11）。

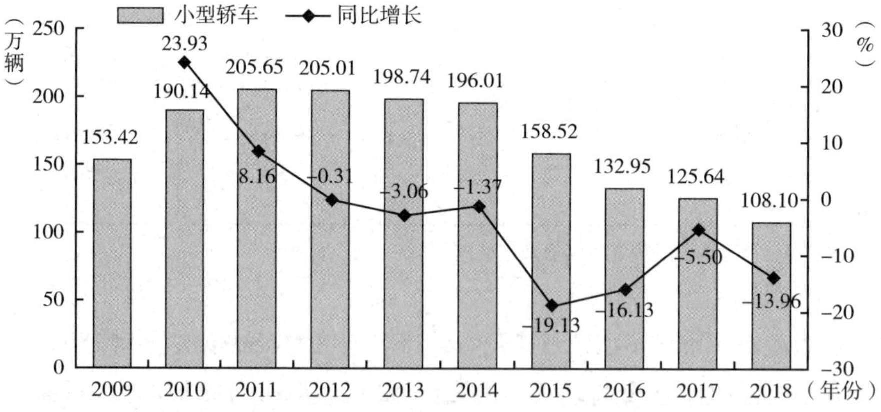

图 10　2009～2018 年小型轿车销量及增长情况

资料来源：根据中国汽车工业协会数据整理。

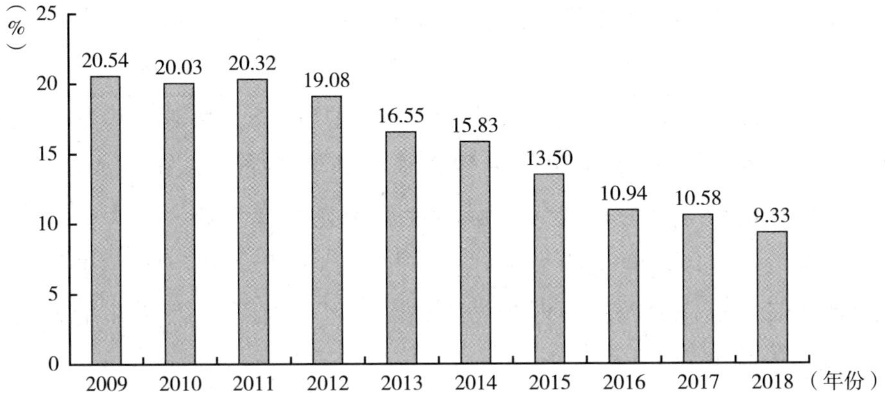

图 11　2009～2018 年小型轿车占轿车比重情况

资料来源：根据中国汽车工业协会数据整理。

从小型轿车市场车企销量排名看，排名前十的企业与 2017 年一致，但前十排名仍有较明显变化，前三名依次为上汽通用、上汽通用五菱、上汽大众。上汽通用超越上汽通用五菱跃居首位，上汽通用五菱退居次席，上汽大众仍排名第三；东风悦达表现突出，同比增长 40.56%，从 2017 年的排名第八跃升至第五位；北京现代排名从 2017 年第五位降至 2018 年的第八位。在中国品牌中，奇瑞汽车、吉利汽车继续大幅下降。总体来看，中国品牌在小型轿车市场竞争力继续呈趋弱走势（见表 12）。

表 12　2018 年小型轿车各企业销量情况

单位：万辆，%

序号	企业简称	2018 年	2017 年	同比增长
1	上汽通用	15.56	12.92	20.49
2	上汽通用五菱	15.17	21.56	-29.66
3	上汽大众	14.77	18.79	-21.42
4	广汽本田	12.92	11.16	15.72
5	东风悦达	12.71	9.04	40.56
6	一汽丰田	9.78	12.78	-23.46
7	广汽丰田	9.57	9.40	1.79
8	北京现代	7.99	12.66	-36.86
9	奇瑞汽车	1.85	4.20	-56.03
10	吉利汽车	1.70	3.67	-53.82

资料来源：根据中国汽车工业协会数据整理。

从小型轿车市场车型销量排名看，排名前三的产品依次为赛欧、宝骏310、Polo。赛欧实现销量15.41万辆，同比增长22.58%，从2017年排名第四跃居首位，其次，飞度、起亚KXCROSS、焕驰等产品表现也比较突出；2017年排名首位的宝骏310在高增长之后，销量大幅下降，竞争优势未能得到很好的延续。威驰也呈明显下降走势，从上年排名第三降至第五。Polo销量也明显下降。东风悦达起亚KXCROSS、焕驰产品的快速增长，标志着跨界、时尚造型或将是小型轿车产品未来的发展方向（见表13）。

表13　2018年小型轿车各车型产品销量情况

单位：万辆，%

序号	车型名称	2018年	2017年	同比增长
1	赛欧	15.41	12.58	22.58
2	宝骏310	15.17	21.56	-29.66
3	Polo	14.04	17.45	-19.52
4	飞度	12.92	11.16	15.72
5	威驰	9.78	12.78	-23.46
6	起亚KXCROSS	6.37	2.75	131.39
7	致炫	5.43	5.45	-0.35
8	焕驰	4.38	1.06	313.09
9	瑞纳	4.27	4.32	-1.25
10	致享	4.14	3.95	4.76

资料来源：根据中国汽车工业协会数据整理。

（3）紧凑型轿车市场

2018年，紧凑型轿车销量709.07万辆，同比下降5.03%，销量减少37.59万辆，规模连续萎缩，从2016年的800多万辆下降到2018年的700多万辆（见图12）。

从市场占比来看，紧凑型轿车在轿车市场的占比为61.20%，较2017年下降1.67个百分点（见图13）。

图12　2009～2018年紧凑型轿车销量及增长情况

资料来源：根据中国汽车工业协会数据整理。

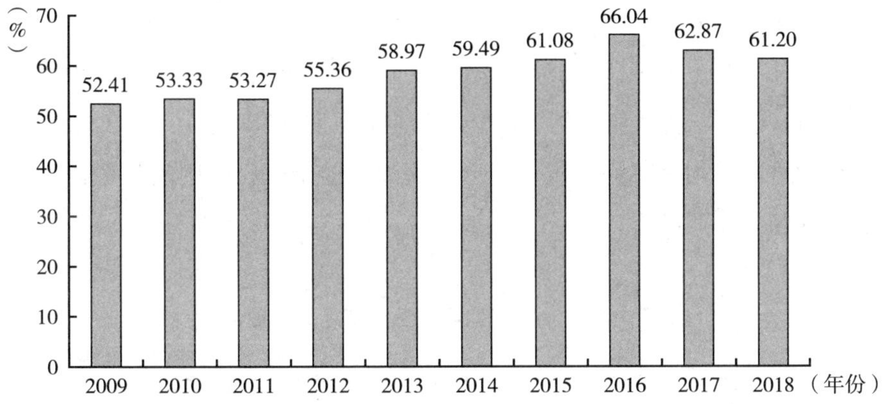

图13　2009～2018年紧凑型轿车占轿车比重情况

资料来源：根据中国汽车工业协会数据整理。

从紧凑型轿车市场车企销量排名看，排名前三的企业依次为一汽大众、上汽大众、上汽通用。前三名排位与上年一致，但前三名车企销量均同比下降，上汽通用降速达到两位数；排名前十的企业中，上汽乘用车为新进车企，同比增长80.06%，排名第八，表现较突出；比亚迪从上年前十排名退出，长安福特降幅最为明显（见表14）。

表 14　2018 年紧凑型轿车各企业销量情况

单位：万辆，%

序号	企业简称	2018 年	2017 年	同比增长
1	一汽大众	110. 20	117. 22	-5. 98
2	上汽大众	109. 00	116. 20	-6. 20
3	上汽通用	79. 38	88. 76	-10. 56
4	东风日产	66. 01	61. 84	6. 74
5	吉利汽车	58. 17	53. 44	8. 84
6	一汽丰田	37. 61	33. 60	11. 92
7	北京现代	32. 66	27. 79	17. 56
8	上汽乘用车	27. 40	15. 22	80. 06
9	东风本田	25. 33	22. 47	12. 73
10	长安福特	21. 69	46. 03	-52. 87

资料来源：根据中国汽车工业协会数据整理。

从紧凑型轿车市场车型销量看，排名前三的产品依次为轩逸、朗逸、卡罗拉。轩逸超越朗逸跃居第一；卡罗拉从 2017 年第四位跃居第三，进入前三行列；科沃兹也表现优异，从上年排位第十二上升到第八位，进入前十强；英朗 GT 下降最明显，从 2017 年的亚军下降至第七位，其次速腾、桑塔纳等产品销量均有不同程度下降。帝豪退出前十位，中国品牌在紧凑型轿车市场没有一款产品进入前十（见表 15）。

表 15　2018 年紧凑型轿车各车型产品销量情况

单位：万辆，%

序号	车型名称	2018 年	2017 年	同比增长
1	轩逸	48. 12	40. 59	18. 57
2	朗逸	46. 88	45. 71	2. 55
3	卡罗拉	37. 61	33. 35	12. 77
4	捷达	32. 77	32. 60	0. 52
5	速腾	30. 99	33. 27	-6. 86
6	桑塔纳	27. 64	28. 91	-4. 40
7	英朗 GT	26. 19	41. 70	-37. 19
8	科沃兹	25. 21	18. 83	33. 87
9	宝来	24. 58	25. 04	-1. 82
10	思域	21. 81	17. 25	26. 47

资料来源：根据中国汽车工业协会数据整理。

（4）中型轿车市场

2018 年，中型轿车销量 161. 36 万辆，同比增长 2. 51%，呈小幅增长，同比销量增加 3. 94 万辆，在轿车中占比 13. 93%，同比上升 0. 67 个百分点，中型轿车市场实现了止跌回升走势（见图 14、图 15）。

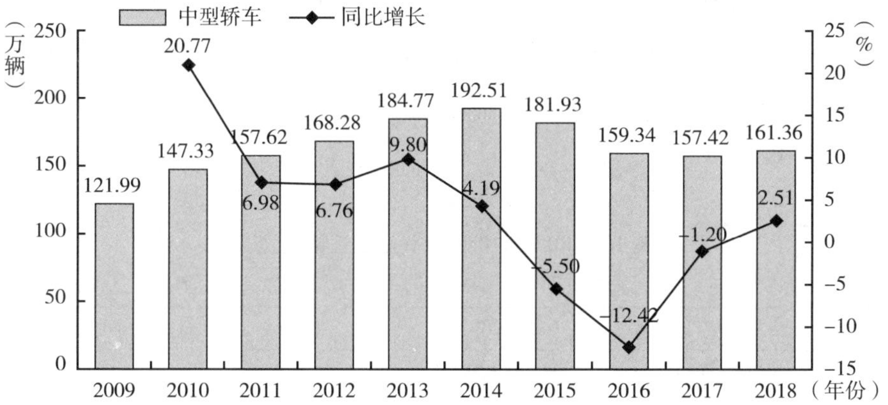

图 14　2009 ~ 2018 年中型轿车销量及增长情况

资料来源：根据中国汽车工业协会数据整理。

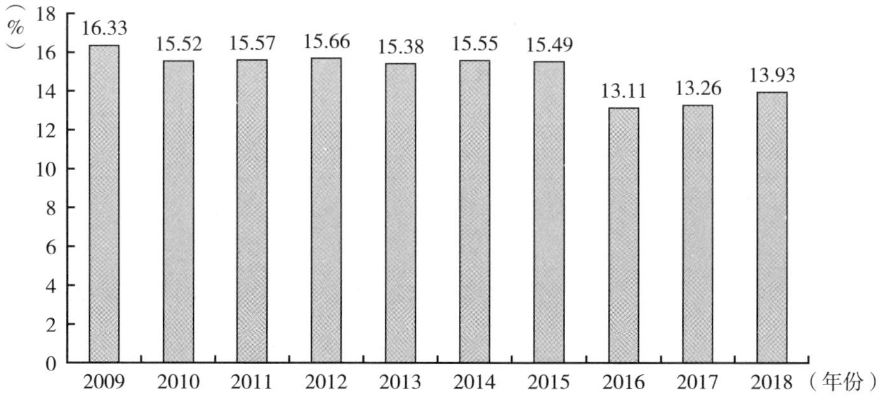

图 15　2009 ~ 2018 年中型轿车占轿车比重情况

资料来源：根据中国汽车工业协会数据整理。

从中型轿车市场车企销量排名看，排名前三的企业依次为上汽通用、一汽大众、上汽大众，前三名排位与2017年一致。在前十排位中，广汽丰田增长迅猛，从上年排名第八跃居第五，吉利汽车挤掉东风悦达起亚排名第十，成为新进前十企业成员；长安福特、北京现代成为增速下降最明显的两家车企，长安福特同比下降59.23%，排名从2017年的第七位下降至第九位，北京现代同比下降26.43%，排名从第五位降至第七位；吉利汽车进入前十名，东风悦达退出前十行列。中国品牌轿车仍然面临产品向上发展的考验（见表16）。

表16　2018年中型轿车各企业销量情况

单位：万辆，%

序号	企业简称	2018年	2017年	同比增长
1	上汽通用	29.95	28.71	4.33
2	一汽大众	24.51	23.30	5.16
3	上汽大众	22.13	20.21	9.48
4	广汽本田	17.68	14.97	18.12
5	广汽丰田	16.30	7.43	119.36
6	东风日产	11.41	11.49	-0.70
7	北京现代	10.94	14.87	-26.43
8	一汽轿车	5.07	5.38	-5.68
9	长安福特	4.54	11.14	-59.23
10	吉利汽车	4.43	4.28	3.60

资料来源：根据中国汽车工业协会数据整理。

从中型轿车市场车型销量排名看，排名前三的产品依次为迈腾、帕萨特、雅阁，与2017年一致。帕萨特、雅阁同比增速均达到两位数，排名第一的迈腾增长也接近两位数；凯美瑞、君威呈高速增长，产品换代取得较大成功；2017年排名第七的蒙迪欧退出了前十行列，阿特兹进入前十名；名图、君越产品销量明显下降，传统老产品呈现涨跌交替发展态势（见表17）。

表 17　2018 年中型轿车各车型产品销量情况

单位：万辆，%

序号	车型名称	2018 年	2017 年	同比增长
1	迈腾	22.90	21.11	8.49
2	帕萨特	17.90	15.95	12.21
3	雅阁	17.68	14.96	18.12
4	凯美瑞	16.30	7.43	119.36
5	迈锐宝	12.95	12.39	4.49
6	天籁	11.27	11.39	-1.02
7	名图	10.27	13.47	-23.75
8	君威	10.04	6.35	58.15
9	君越	6.97	9.97	-30.11
10	阿特兹	4.99	5.18	-3.67

资料来源：根据中国汽车工业协会数据整理。

（5）大型轿车市场

2018 年，大型轿车销量 8.76 万辆，同比下降 5.76%，销量下降 0.53 万辆，在轿车市场占比 0.76%，同比下降 0.02 个百分点（见图 16、图 17）。

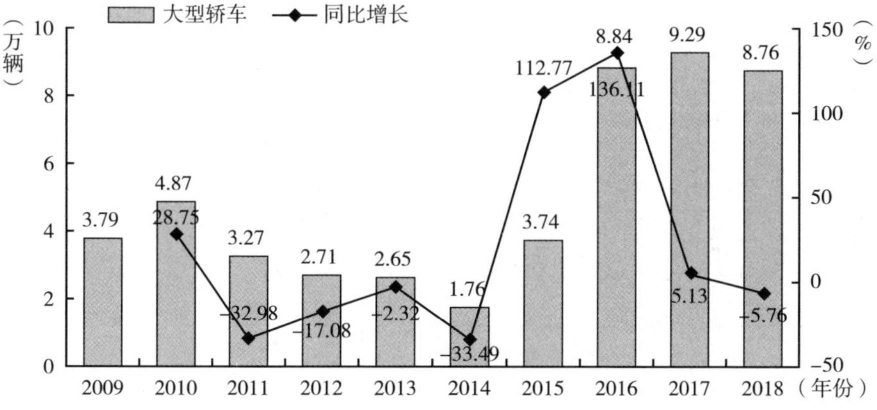

图 16　2009～2018 年大型轿车销量增长情况

资料来源：根据中国汽车工业协会数据整理。

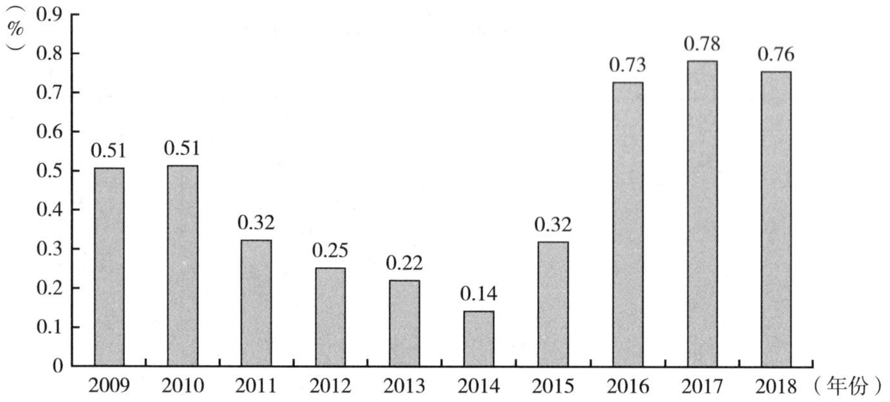

图 17　2009～2018 年大型轿车占轿车比重情况

资料来源：根据中国汽车工业协会数据整理。

从大型轿车市场车企销量排名看，排名前三的企业依次为一汽丰田、上汽大众、一汽集团。上汽大众、一汽集团增长迅速，上汽大众从 2017 年第三跃升至第二，一汽集团从第五升至第三，进入前三排位；长安福特大幅下降，排位降至第四，退出前三排位，其次，神龙汽车、东风乘用车也大幅下滑（见表 18）。

表 18　2018 年大型轿车各企业销量情况

单位：万辆，%

序号	企业简称	2018 年	2017 年	同比增长
1	一汽丰田	3.64	3.71	-1.88
2	上汽大众	2.45	1.36	80.54
3	一汽集团	1.01	0.47	114.12
4	长安福特	0.83	2.53	-67.28
5	广汽乘用车	0.41	0.47	-12.45
6	神龙汽车	0.39	0.59	-34.00
7	东风乘用车	0.03	0.15	-83.25

资料来源：根据中国汽车工业协会数据整理。

从大型轿车市场车型销量排名看，排名前三的产品依次为皇冠、辉昂、红旗 H7。辉昂、红旗 H7 两款产品销量增长迅猛，长安福特的金牛座销量大幅下降（见表 19）。

表 19　2018 年大型轿车各车型产品销量情况

单位：万辆，%

序号	车型名称	2018 年	2017 年	同比增长
1	皇冠	3. 64	3. 71	-1. 88
2	辉昂	2. 45	1. 36	80. 54
3	红旗 H7	1. 01	0. 46	120. 43
4	金牛座	0. 83	2. 53	-67. 28
5	传祺 GA8	0. 41	0. 47	-12. 45
6	雪铁龙 C6	0. 39	0. 59	-34. 00
7	风神 A9	0. 03	0. 15	-83. 25
8	红旗 V501	0. 00	0. 01	-97. 03

资料来源：根据中国汽车工业协会数据整理。

（6）豪华轿车市场

2018 年，豪华轿车销量 130. 65 万辆，同比增长 20. 11%，销量同比增加 21. 88 万辆，规模连续递增 20 万辆，继续快速增长，在轿车市场中占比达到 11. 28%，同比上升 2. 12 个百分点，豪华轿车市场继续呈现强势扩张走势（见图 18、图 19）。

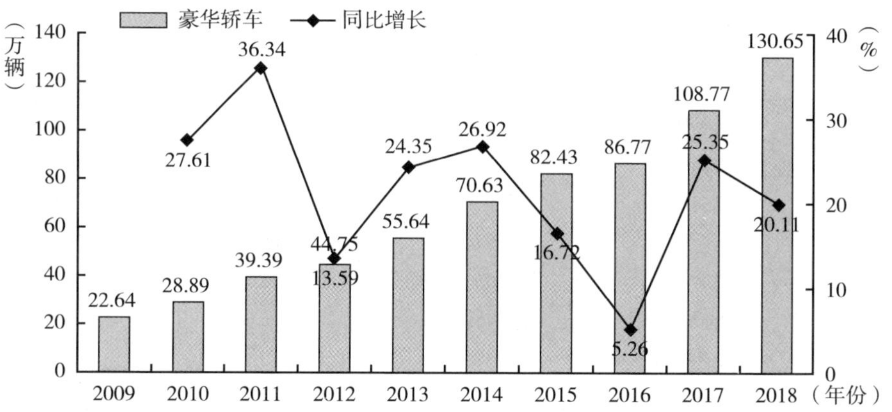

图 18　2009～2018 年豪华轿车销量及增长情况

资料来源：根据中国汽车工业协会数据整理。

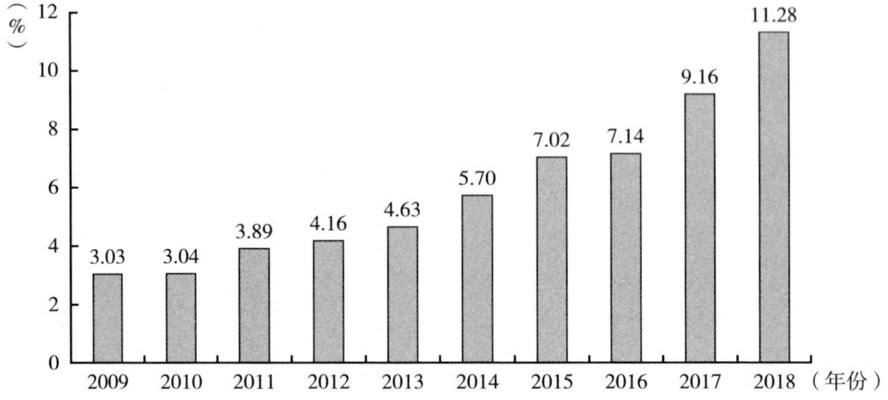

图 19　2009～2018 年豪华轿车占轿车比重情况

资料来源：根据中国汽车工业协会数据整理。

从豪华轿车市场车企销量排名看，排名前三的企业依次为一汽大众、华晨宝马、北京奔驰。前三位排名与上年一致，前三名车企均呈两位数增长，一汽大众表现相对突出，与排名第二的华晨宝马的销量差距在进一步拉大，北京奔驰增长快于华晨宝马，两者销量差距在进一步缩小。此外，上汽通用、大庆沃尔沃也表现较好（见表 20）。

表 20　豪华轿车各企业销量情况

单位：万辆，%

序号	企业简称	2018 年	2017 年	同比增长
1	一汽大众	41. 34	34. 36	20. 33
2	华晨宝马	33. 03	29. 52	11. 89
3	北京奔驰	30. 57	24. 08	26. 91
4	上汽通用	13. 95	10. 98	27. 04
5	大庆沃尔沃	7. 15	5. 26	35. 91
6	奇瑞捷豹路虎	2. 51	2. 20	14. 28
7	东风日产	1. 78	2. 06	－13. 61
8	广汽本田	0. 22	0. 01	1547. 76
9	长安标致雪铁龙	0. 10	0. 30	－65. 26

资料来源：根据中国汽车工业协会数据整理。

从豪华轿车市场车型销量排名看，排名前三的产品依次为奥迪 A4、奔驰 C 级、奔驰 E 级。奥迪 A4 增长突出，从上年销量第四跃居首位，奔驰 C 级、奔驰 E 级以及宝马 5 系也表现突出，奥迪 A6L 呈倍数增长，对奥迪 A6 形成了一定替代。总体来看，豪华轿车产品均表现较好，这也是消费升级加速的最好表现（见表 21）。

表 21　2018 年豪华轿车各车型产品销量情况

单位：万辆，%

序号	车型名称	2018 年	2017 年	同比增长
1	奥迪 A4	16.79	11.79	42.47
2	奔驰 C 级	15.66	12.83	22.00
3	奔驰 E 级	14.60	11.25	29.79
4	宝马 5 系	14.60	12.10	20.65
5	宝马 3 系	13.46	12.37	8.81
6	奥迪 A3	9.22	8.39	9.89
7	奥迪 A6	8.35	12.09	-30.92
8	奥迪 A6L	6.98	2.09	233.58
9	凯迪拉克 XTS	6.50	4.19	55.16
10	凯迪拉克 ATS - L	5.72	5.58	2.62

资料来源：根据中国汽车工业协会数据整理。

3. 轿车市场发展特点及趋势

2018 年，轿车市场继续小幅下滑，年销量基本还维持在 1200 万辆水平。轿车市场呈现以下特点。

微型轿车市场基本完成了纯电动微轿对燃油微轿的替代，其微增长主要还是由于补贴政策对能量密度、续航里程的技术指标的要求提高，150 公里续航无补贴导致纯电动微轿提升续航，成本上升带来竞争力相对下降，同时，纯电动小型 SUV 产品不断推出分食了部分微轿市场。随着 2019 年新能源积分的实施，纯电动微轿产品仍然是车企获得积分的主攻产品市场之一。随着产品的进一步丰富以及国家对低速电动车政策的日愈严格，纯电动微轿对低速电动车的替代空间较大，依然看好未来纯电动微轿的市场发展。

小型轿车市场呈现快速萎缩态势，市场依然面临消费升级及小型SUV产品替代的双重打压。从部分产品的快速增长看，推出跨界、更加时尚造型的升级产品或将能抑制该市场的快速下滑。

紧凑型轿车市场，虽然规模基数下降明显，但仍保持在700万辆之上，依然是狭义乘用车市场的主要细分市场之一。近年来，紧凑型轿车市场虽然面临SUV的分食，但2018年规模基数下降的主要是市场整体低迷带来的。该市场的巨大体量，仍是车企最看重的，所以产品投放数量最多，竞争最为激烈，产品升级换代最快，尤其是随着SUV热的逐步淡化、消费理性的回归，紧凑型轿车市场依然是重要市场。

中型轿车市场在销量连续三年下降之后，终于止跌回升。从产品表现看，帕萨特、雅阁、凯美瑞等产品增速均在两位数，基本都是换代产品，产品特点更趋年轻和时尚。随着消费升级的加快，产品迭代加速，未来中型轿车市场前景依然被看好。

大型轿车市场仍面临豪华轿车以及中型轿车的双重挤压，产品投放有限，从目前发展趋势来看，规模有限。

豪华轿车在2017年突破了100万辆规模后，2018年达到130万辆规模。从豪华轿车细分市场看，除大型豪华轿车快速增长外，中型豪华轿车也呈快速增长。随着消费升级，豪华品牌的影响力将更趋明显，预计豪华轿车仍将处于快速扩容周期。

（二）新产品发展情况

2018年，轿车新品投放总计39款。其中，微型轿车5款，全部为纯电动产品；小型轿车7款，紧凑型轿车22款，中型轿车4款，豪华轿车1款。

2018年，新产品共计销售36.08万辆，占轿车总销量的3.11%，较2017年1.8%的新车贡献有所提升。总体来说，新产品对轿车市场的贡献度依然较弱，对市场的拉动作用不大。

2019年，预计轿车市场将有87款新品投放市场（包含改款产品）。其中，微型轿车13款，小型轿车7款，紧凑型轿车37款，中型轿车19款，大型轿车3款，豪华轿车8款。紧凑型轿车仍将是轿车市场产品布局重点，但中型轿车、豪华轿车、微型轿车市场产品投放值得关注（见表22）。

表22　2016～2019年轿车上市及预计上市新品情况

单位：款

细分市场	2016年	2017年	2018年	2019年预计
微型轿车	8	8	5	13
小型轿车	5	4	7	7
紧凑型轿车	15	9	22	37
中型轿车	4	3	4	19
大型轿车	4	1	0	3
豪华轿车	6	4	1	8
合　计	42	29	39	87

（三）轿车产品进出口分析

1. 轿车进口情况

2018年，轿车进口45.37万辆，同比增长7.16%，同比增量3.03万辆，轿车进口止跌回升（见图20）。

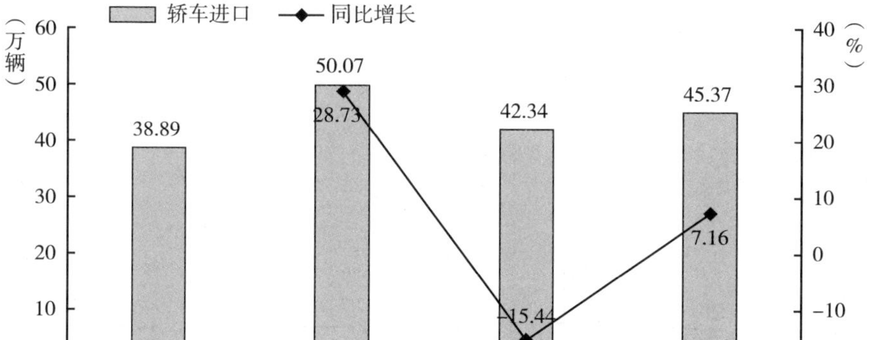

图20　2015～2018年轿车进口情况

资料来源：根据中国汽车流通协会数据整理。

2. 轿车出口情况

2018 年轿车出口 31.09 万辆，同比下降 2.03%，出口数量减少 0.65 万辆，轿车出口量较 2017 年略有下降（见图 21）。

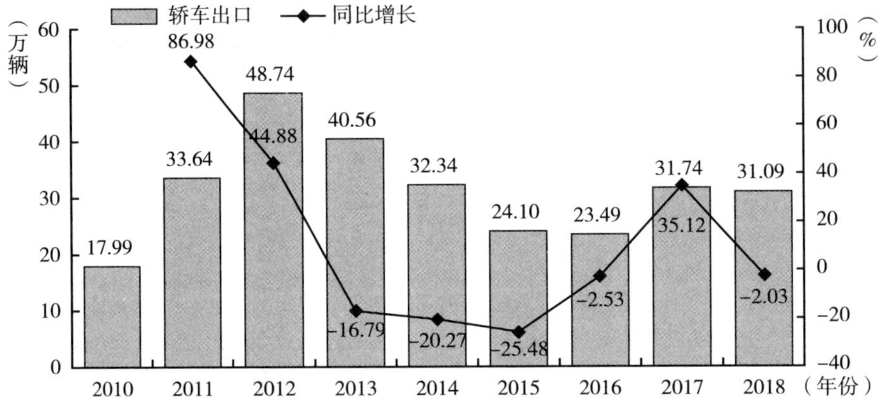

图 21　2010～2018 年轿车出口情况

资料来源：根据中国汽车工业协会数据整理。

从细分市场看，销量下降的主要是微型轿车、紧凑型轿车、中型轿车和大型轿车；销量增长的有小型轿车和豪华轿车（见图 22）。

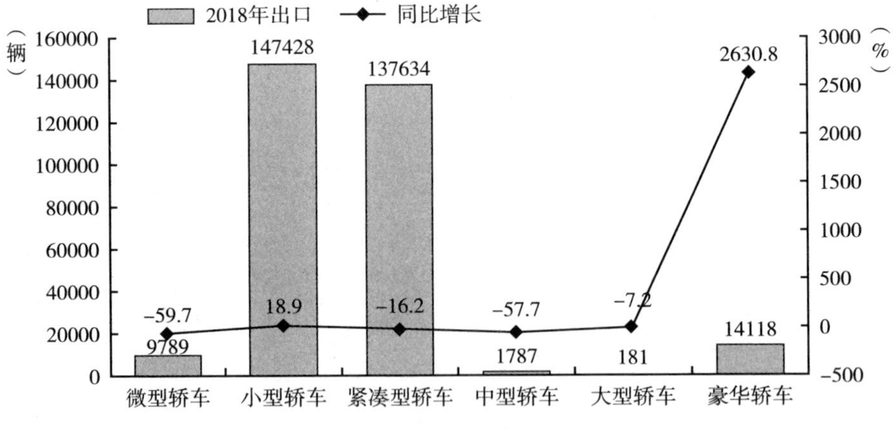

图 22　2018 年轿车细分市场出口情况

资料来源：根据中国汽车工业协会数据整理。

从出口企业排名看，上汽通用、华晨汽车、奇瑞汽车依然位居前三。其中，上汽通用出口呈高速增长，华晨汽车与奇瑞汽车则大幅下降，奇瑞汽车降幅达62.7%，让位华晨汽车屈居第三；大庆沃尔沃出口位居第六，上汽乘用车、比亚迪、吉利汽车、一汽轿车出口均呈两位数增长；东风乘用车、本田中国轿车出口下降较明显。上汽通用、大庆沃尔沃、本田中国的轿车出口量，占2018年轿车出口量的48.05%，基本占据半壁江山，中国已成为外资品牌向其他国家汽车市场拓展的重要出口基地（见表23）。

表23　2018年轿车出口车企销量前十名

单位：辆，%

排序	企业	2018年	2017年	同比增长
1	上汽通用	123580	72665	70.1
2	华晨汽车	34143	48518	-29.6
3	奇瑞汽车	25835	69209	-62.7
4	东风乘用车	21746	30441	-28.6
5	上汽乘用车	15739	9314	69.0
6	大庆沃尔沃	13046	—	—
7	本田中国	12791	18320	-30.2
8	比亚迪汽车	10230	8938	14.5
9	吉利汽车	8563	5763	48.6
10	一汽轿车	7780	5167	50.6

资料来源：根据中国汽车工业协会数据整理。

（四）部分重点生产企业

1. 上汽大众

2018年，上汽大众实现轿车销售148.34万辆，同比下降5.25%，较上年下降 8.22 万辆，已连续两年呈现下降趋势。Polo、明锐、昕动、朗行降幅明显（见图 23、图 24）。

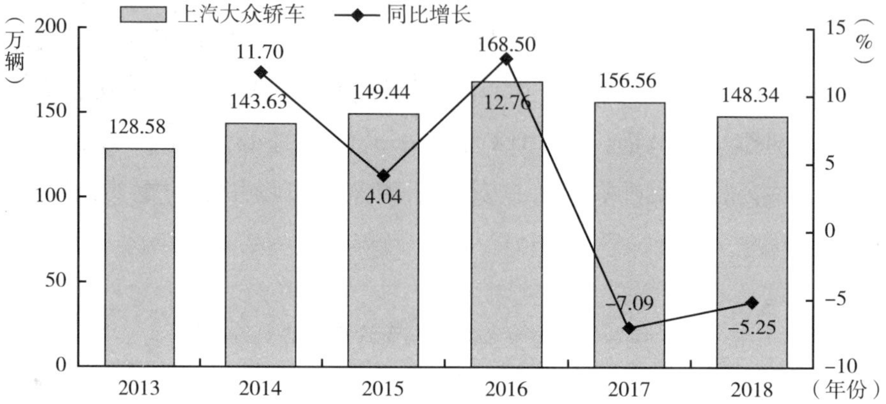

图 23　2013～2018 年上汽大众轿车销量及增长情况

资料来源：根据中国汽车工业协会数据整理。

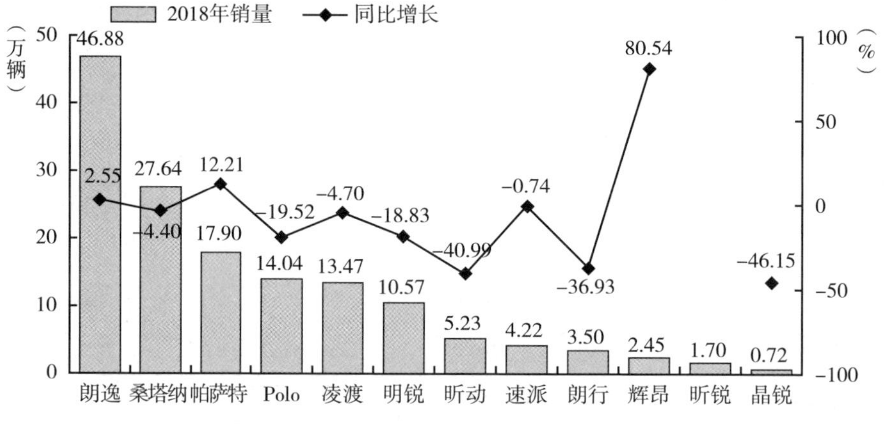

图 24　2018 年上汽大众轿车主要产品销量增长情况

资料来源：根据中国汽车工业协会数据整理。

从上汽大众乘用车产品结构变化看，2018 年轿车产品结构占比继续大幅下降，同比下降 4.06 个百分点；SUV 产品结构比重上升 3.63 个百分点，SUV 占比结构继续扩大，上汽大众在 SUV 市场继续发力（见图 25）。

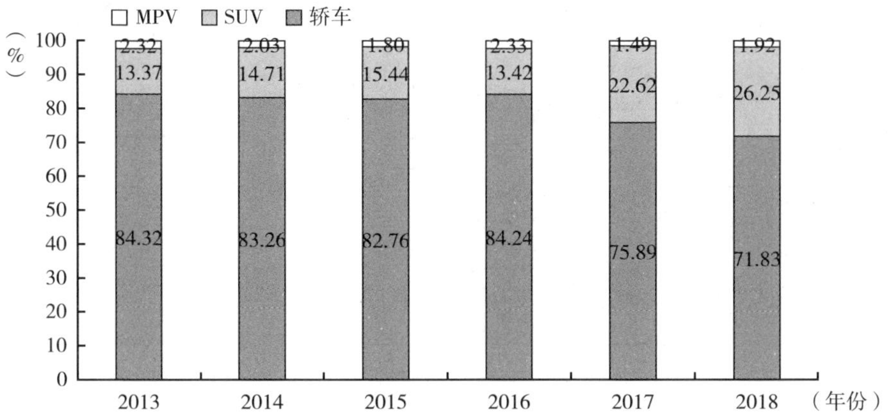

图 25　2013～2018 年上汽大众乘用车产品结构占比情况

资料来源：根据中国汽车工业协会数据整理。

从上汽大众乘用车产品销量排产计划看，2019 年上汽大众目标销量小幅增长，轿车产品销量计划继续缩小，SUV 产品销量计划继续扩大，SUV 仍是上汽乘用车布局的重点增量市场（见表 24）。

表 24　2019 年上汽大众销量排产计划

单位：万辆，%

细分市场	2018 年销量	2019 年计划	同比增长
轿车	148.34	134.00	-9.67
SUV	54.20	74.00	36.54
MPV	3.97	4.00	0.69
合　计	206.51	212.00	2.66

资料来源：乘联会。

2. 东风日产

2018 年，东风日产实现轿车销售 79.20 万辆，同比增长 5.05%，较上年增加 3.81 万辆，东风日产轿车销量继续稳步回升。主力产品轩逸增长迅速，占其轿车销量的 60.76%，是东风日产轿车中真正的拳头产品，年销量达到 48.12 万辆（见图 26、图 27）。

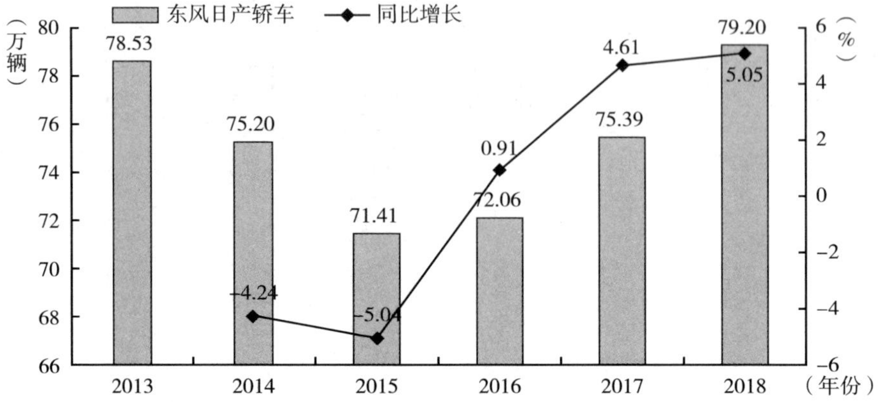

图 26　2013～2018 年东风日产轿车销量及增长情况

资料来源：根据中国汽车工业协会数据整理。

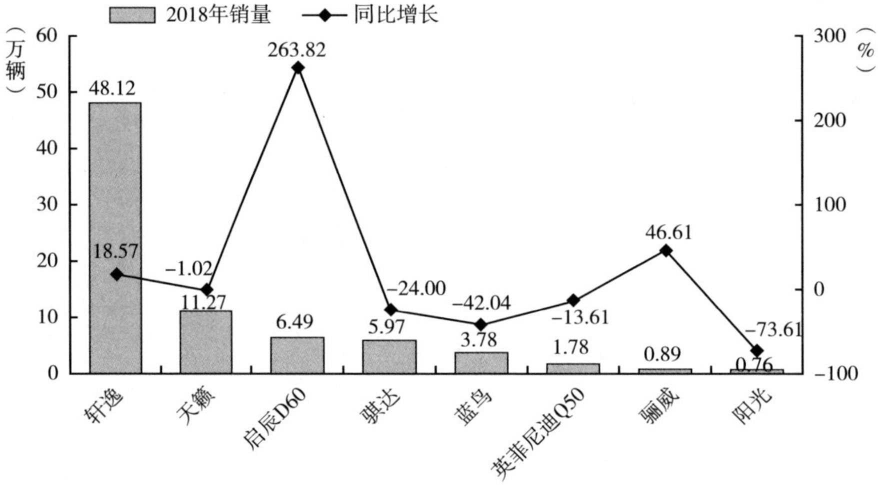

图 27　2018 年东风日产轿车主要产品销量及增长情况

资料来源：根据中国汽车工业协会数据整理。

从东风日产乘用车产品结构变化看，2018 年轿车产品结构占比同比上升了 1.19 个百分点，轿车比重止跌回升，SUV 产品结构比重下降 0.67 个百分点，略有下降。东风日产在拓展 SUV 市场空间的同时，也不断提升轿车产品竞争力（见图 28）。

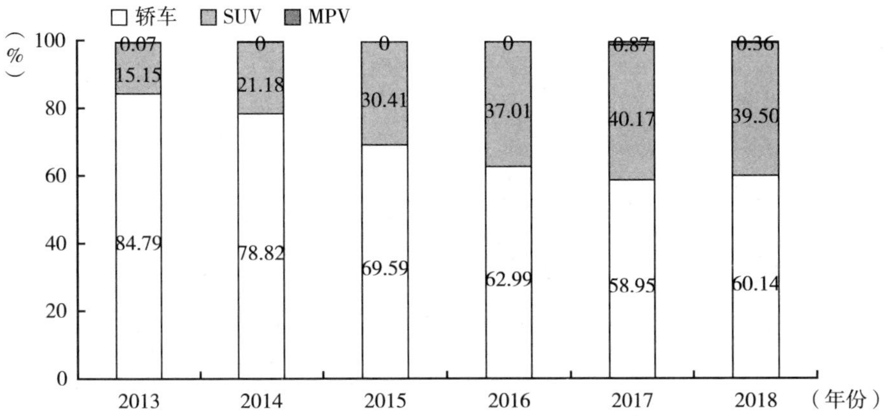

图 28　2013～2018 年东风日产乘用车结构占比情况

资料来源：根据中国汽车工业协会数据整理。

从东风日产乘用车产品销量排产计划看，2019 年销量目标也小幅增长，轿车产品计划略有下降，SUV 计划两位数增长，SUV 产品是 2019 年东风日产的主要增长点（见表 25）。

表 25　2019 年东风日产乘用车销量排产计划

单位：万辆，%

细分市场	2018 年销量	2019 年计划	同比增长
轿车	79. 2	77. 5	-2. 1
SUV	52. 0	58. 5	12. 5
MPV	0. 5	0. 1	-79. 0
合　计	131. 7	136. 1	3. 3

资料来源：乘联会。

3. 吉利汽车

2018 年，吉利汽车实现轿车销售 64. 29 万辆，同比增长 4. 54%，较上年增加 2. 79 万辆，销量增速明显放缓。主力产品帝豪虽然销量仍居第一，但降幅为 10. 62%，反映产品开始出现疲态，帝豪 GL 继续高歌猛进，增速达到 19.67%，成为对吉利轿车增量做出贡献的主要产品。三大主力产品中的远景销量达到 14.39 万辆，呈现小幅的下降（见图 29、图 30）。

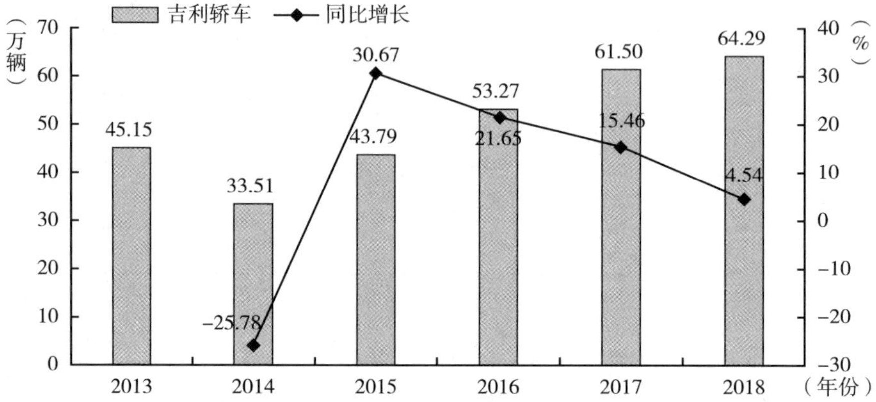

图 29　2013～2018 年吉利汽车轿车销量及增长情况

资料来源：根据中国汽车工业协会数据整理。

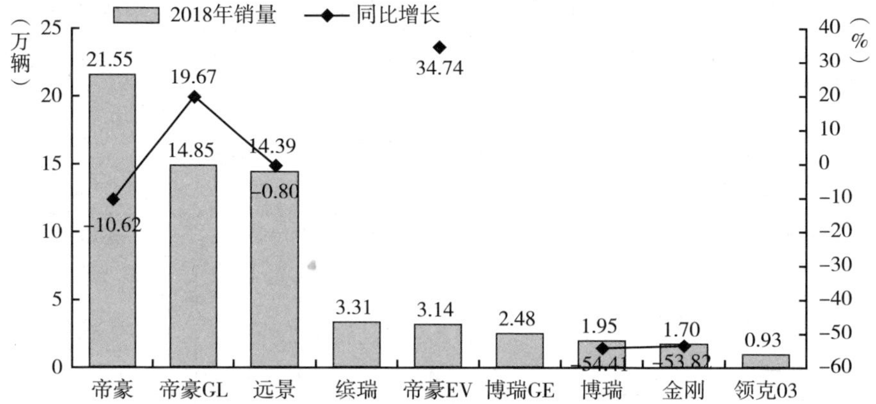

图 30　2018 年吉利汽车轿车主要产品销量情况

资料来源：根据中国汽车工业协会数据整理。

从吉利汽车乘用车产品结构变化看，2018 年轿车产品结构占比同比下降 6.4 个百分点，轿车结构占比继续明显下降，SUV 产品结构占比上升 6.4 个百分点，产品占比达到了 57.16%，吉利汽车继续呈 SUV 快速扩张的发展态势（见图 31）。

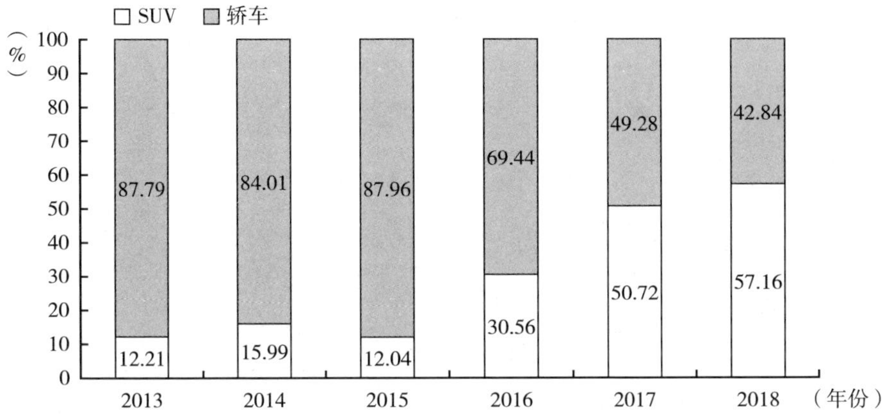

图 31　2013～2018 年吉利汽车乘用车结构比重情况

资料来源：根据中国汽车工业协会数据整理。

2019 年，吉利排产计划（包含领克品牌）为 157 万辆，同比增长 4.61%，增速与 2018 年相差不大。高端品牌领克销量排产 20 万辆，新能源汽车计划 11.8 万辆，MPV 6 万辆。领克品牌、新能源汽车及其空白的 MPV 市场是吉利汽车的主要增长点。

4. 上汽乘用车

2018 年，上汽乘用车实现轿车销售 28.75 万辆，同比增长 73.10%，较上年增长 12.14 万辆（见图 32），销量增速大幅回升。增量贡献主要来自新品，其中，2017 年 11 月上市的 MG6，增量贡献 8.65 万辆，增量贡献率为 71.25%，其次为 2018 年 10 月上市新品荣威 i5，排名第三的是 2018 年 3 月上市的纯电动轿车产品荣威 Ei5（见图 33）。

从上汽乘用车产品结构变化来看，2018 年轿车产品结构占比同比上升 9.14 个百分点，轿车结构占比回升明显，上汽乘用车轿车新品拉动作用明显（见图 34）。

2019 年，上汽乘用车排产计划为 90 万辆，较 2018 年 72.9 万辆同比增长 23.46%，上汽乘用车继续呈现快速发展态势。

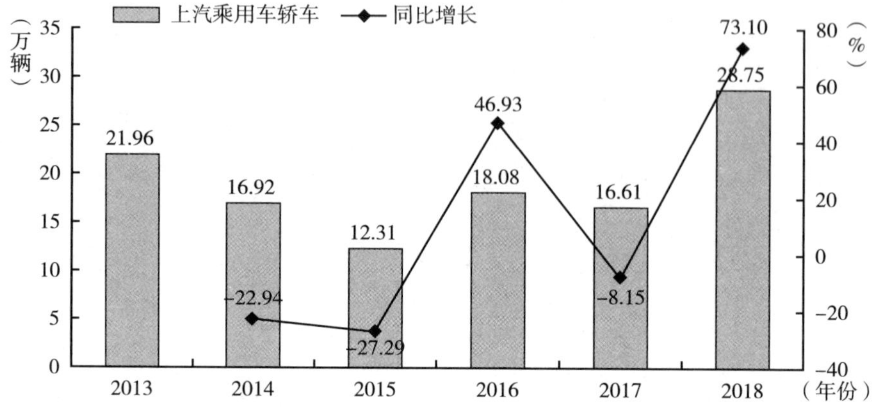

图 32　2013～2018 年上汽乘用车轿车销量及增长情况

资料来源：根据中国汽车工业协会数据整理。

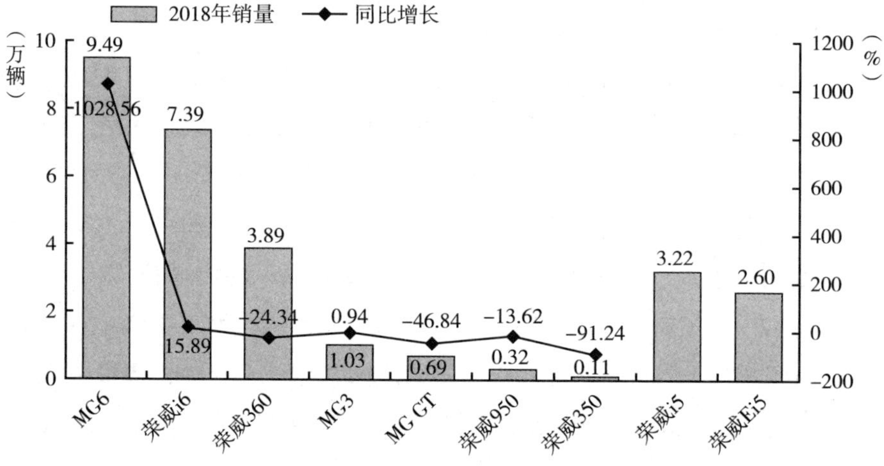

图 33　2018 年上汽乘用车轿车主要产品销量及增长情况

资料来源：根据中国汽车工业协会数据整理。

（五）轿车发展存在的问题和建议

2018 年轿车市场继续呈下降走势，但狭义乘用车三大细分市场中，轿车市场降幅最小，低于SUV市场的降幅，表现还相对强势，可见轿车市场的下降根本原因在于汽车整体市场的下滑。

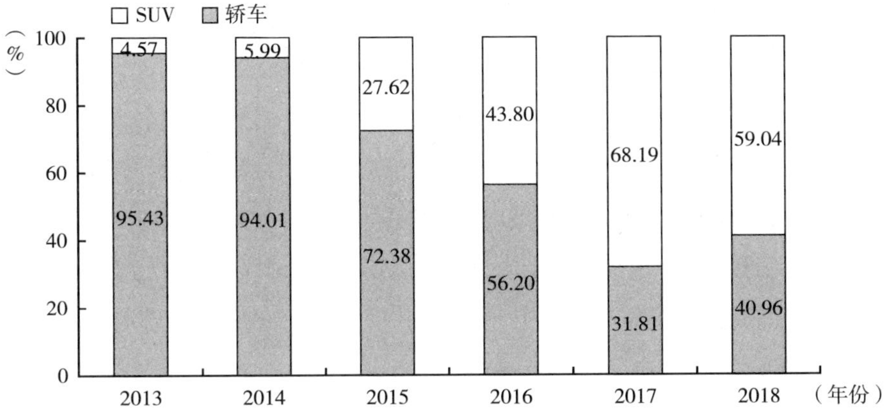

图34 2013～2018年上汽乘用车结构比重情况

资料来源：根据中国汽车工业协会数据整理。

2018年轿车销售市场相对较好，主要有以下原因：首先，SUV市场的购置税透支力度强于轿车市场，购置税透支对SUV市场的影响更大；其次，行业分析，2018年轿车的降价幅度相对较大，对轿车市场拉动更明显；再次，SUV热持续多年，市场热度有所降温，跟风购车现象有所减少；最后，汽车消费回归理性，从豪华轿车销量明显高于豪华SUV也反映出，有一定经济基础的消费群对轿车更加青睐，部分消费者还是较为看重轿车舒适性。可见，轿车依然有着很好的市场机会。目前，从主要车企产品销量、结构走势以及SUV产品排产计划来看，尤其是合资企业处于加快布局发展SUV产品时期，轿车市场短期依然承压，同样面临SUV市场的替代挤压，下降风险较大。但从轿车细分市场来看，微型轿车、豪华轿车是比较明确的市场增长点。加快产品迭代，推出更多跨界轿车产品，把握消费升级主线，推出更多品牌向上产品，推出更多时尚、年轻化、智能化产品，不断提升产品品质，轿车市场依然有较大的上升空间。

三 2018年SUV发展

（一）SUV市场发展分析

1. SUV市场销量情况

SUV在连续的加速扩张后，2018年首次出现下滑。2018年销售993.1万辆，同比下滑2.88%，下滑幅度略高于轿车市场（轿车市场2018年下滑2.43%）。由于MPV市场下滑幅度较大，2018年SUV在狭义乘用车中的比重仍呈上升趋势，占狭义乘用车比重由上年的41.99%上升到42.41%，上升0.42个百分点。

从驱动类型来看，两驱SUV销售849.1万辆，同比下滑3.14%，四驱SUV销售144万辆，同比增长1.30%，两驱占SUV比重由2014年的79.26%上升为85.50%，四驱由20.74%下降至14.50%。两驱SUV主导地位继续巩固（见图35）。

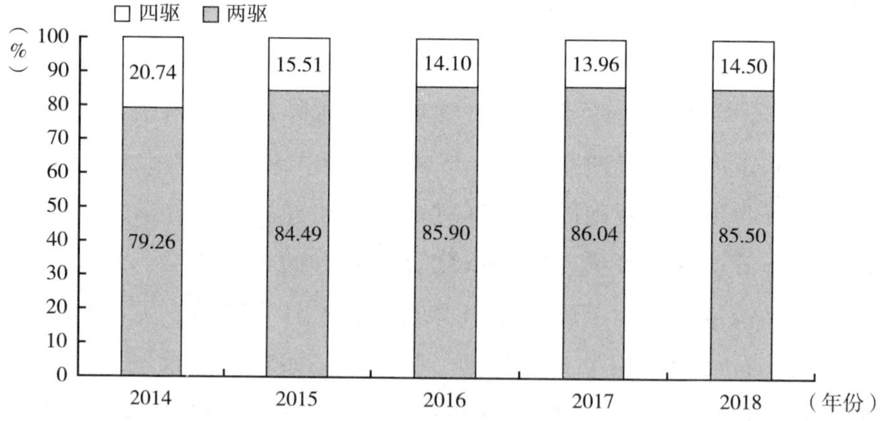

图35 2018年SUV驱动类型占比情况

资料来源：根据中国汽车工业协会数据整理。

排量细分方面，2018年国内销量，3.0升以上排量SUV在传统汽油车市场增速最高，增速高达69.26%，但由于基数较低，增量仅为1.35万辆，大排量SUV市场增长迅猛是2018年SUV市场的一大亮点。1.6升及以下小排量SUV品种销量下滑，1.6升及以下排量占据SUV市场主导地位，但销量下滑较大，减少65.01万，市场占比由2017年的58.98%下滑2.19个百分点至56.79%，但市场占比仍居首位；2018年新能源SUV市场高速增长，2018年销售15.27万辆，同比增长540.54%，增加12.89万辆，新能源SUV市场迎来了爆发式增长（见表26）。

表26　2018年运动型多用途乘用车（SUV）排量国内销量

排量细分	2018年销量（万辆）	2017年销量（万辆）	同比增长（%）	增量（万辆）	增量贡献度（%）	2018年占比（%）	2017年占比（%）	占比差（百分点）
0.0L(新能源)	15.27	2.38	540.54	12.89	16.62	1.73	0.25	1.48
1升<排量≤1.6升	500.63	565.64	-11.49	-65.01	-83.88	56.79	58.98	-2.19
1.6升<排量≤2.0升	343.30	356.38	-3.67	-13.08	-16.87	38.94	37.16	1.78
2.0升<排量≤2.5升	18.81	28.05	-32.93	-9.24	-11.92	2.13	2.93	-0.80
2.5升<排量≤3.0升	0.23	4.64	-95.12	-4.41	-5.70	0.03	0.48	-0.45
3.0升以上	3.30	1.95	69.26	1.35	1.74	0.37	0.20	0.17
SUV总量	881.55	959.05	-8.08	-77.50	100.00	100.00	100.00	0.00

资料来源：上险数据。

从各系别表现来看，日系、欧系、韩系同比增速分别为3.15%、12.07%、39.50%，市场占比分别为16.79%、14.37%、4.17%。

中国品牌SUV市场出现下滑，2018年销售526.00万辆，同比下滑5.38%，下滑幅度低于美系（28.31%）、合资自主（11.73%）。中国品牌市场占比为52.97%，同比下滑1.4个百分点，但仍处于SUV市场的绝对主导地位，在SUV市场占据半壁江山（见表27）。

在中国品牌中，长城汽车、吉利汽车和长安汽车销量占比最大，占比分别为17.28%、16.31%、10.70%。前三名外的中国品牌之间销量占比差值较小，排名前三的企业优势明显。排名前十的中国品牌企业中，吉利汽车、上汽乘用车、奇瑞汽车、比亚迪汽车同比增速均超过SUV市场整体水平，增速分别为35.53%、16.42%、17.26%、15.78%（见表28）。

表 27 2018 年 SUV 国别细分市场表现

车系细分	2018 年销量（万辆）	2017 年销量（万辆）	同比增长（%）	增量（万辆）	贡献度（%）	2018 年占比（%）	2017 年占比（%）	占比差（百分点）
中国品牌	526.00	555.90	-5.38	-29.90	101.67	52.97	54.37	-1.40
日系品牌	166.79	161.70	3.15	5.09	-17.30	16.79	15.81	0.98
欧系品牌	142.73	127.36	12.07	15.37	-52.28	14.37	12.46	1.91
美系品牌	62.10	86.63	-28.31	-24.53	83.40	6.25	8.47	-2.22
合资自主	54.03	61.22	-11.73	-7.19	24.42	5.44	5.99	-0.55
韩系品牌	41.45	29.71	39.50	11.74	-39.91	4.17	2.91	1.26
SVU 总量	993.10	1022.52	-2.88	-29.42	100.00	100.00	100.00	0.00

资料来源：根据中国汽车工业协会数据整理。

表 28 2018 年中国品牌 SUV 排名前十企业表现

单位：万辆，%

序号	企业简称	2018 年销量	2017 年销量	同比增速	2018 年占比
1	长城汽车	90.91	93.83	-3.11	17.28
2	吉利汽车	85.79	63.30	35.53	16.31
3	长安汽车	56.29	64.58	-12.83	10.70
4	广汽乘用车	44.65	46.92	-4.84	8.49
5	上汽乘用车	41.44	35.60	16.42	7.88
6	奇瑞汽车	32.91	28.07	17.26	6.26
7	众泰汽车	18.98	24.51	-22.57	3.61
8	比亚迪汽车	18.91	16.34	15.78	3.60
9	东风小康	17.98	18.95	-5.13	3.42
10	北汽银翔	12.90	15.15	-14.80	2.45

资料来源：根据中国汽车工业协会数据整理。

从企业销量排名来看，2018 年 SUV 销量排名前十的企业中，合资品牌与中国品牌各占据 5 家，长城汽车销量优势依然相对明显，市场占有率为 9.15%，排名第一，但市场份额略有下降，占有率下滑 0.03 个百分点。吉利汽车 SUV 销量同比增长最快，同比增长 35.53%，市场占有率增长 2.45 个百分点，扩张强劲，销量排名跃居第二。另外一个销量增长的中国品牌为上汽乘用车，2018 年增长 16.42%，市场占有率增长 0.69 个百分点。合资品牌中的上汽大众、东风日产呈增长态势，增速分别为16.13%、1.27%，排名前十中的其他合资品牌销量同比下滑（见表29）。

表29　2018年SUV销量排名前十的企业销售情况

企业简称	2018年销量（万辆）	2017年销量（万辆）	同比增长（%）	2018年占有率（%）	2017年占有率（%）	占比差（百分点）
长城汽车	90.91	93.83	-3.11	9.15	9.18	-0.03
吉利汽车	85.79	63.30	35.53	8.64	6.19	2.45
长安汽车	56.29	64.58	-12.83	5.67	6.32	-0.65
上汽大众	54.20	46.67	16.13	5.46	4.56	0.89
东风日产	52.02	51.37	1.27	5.24	5.02	0.21
上汽通用五菱	47.77	51.40	-7.06	4.81	5.03	-0.22
广汽乘用车	44.65	46.92	-4.84	4.50	4.59	-0.09
上汽乘用车	41.44	35.60	16.42	4.17	3.48	0.69
上汽通用	38.34	42.24	-9.25	3.86	4.13	-0.27
东风本田	35.78	38.80	-7.78	3.60	3.79	-0.19
SUV总计	993.10	1022.52	-2.88	100.00	100.00	0.00

资料来源：根据中国汽车工业协会数据整理。

从SUV产品销量来看，2018年SUV产品销量排名前15的产品由2017年7款合资品牌、8款中国品牌变成8款合资品牌、7款中国品牌；2017年销量排名靠前的CS75、哈弗H2、风光580、CS35等中国品牌产品退出了前15的排名，长安CS55、帝豪GS、丰田RAV4、现代ix35等4款产品入围排名，中国品牌产品格局正在改变，合资品牌也在发力SUV市场（见图36）。

从2018年上险数据来看，有13个省级市场SUV上户增速高于全国SUV平均增速，SUV上户量前十位区域市场排名变化不大，浙江由2017年的第五名跃居至第三名，江苏由2017年的第三名下滑至第五名。在排名前十以后的省级市场中，云南、陕西、上海、福建、广西、重庆、新疆、天津、西藏等9个区域SUV增速高过全国平均增速，中西部区域SUV市场表现相对较好（见表30）。

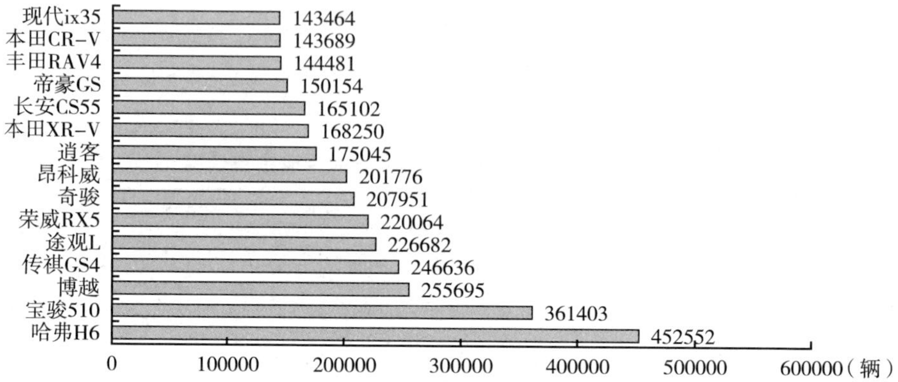

图 36　2018 年 SUV 产品销量排名

资料来源：根据中国汽车工业协会数据整理。

表 30　SUV 区域市场上户情况

单位：万辆，%

省份	2018 年	2017 年	同比增长	省份	2018 年	2017 年	同比增长
广东	95.06	95.73	-0.70	江西	23.16	25.45	-8.99
河南	58.51	65.34	-10.45	重庆	22.60	23.40	-3.45
浙江	58.42	60.98	-4.20	山西	21.21	23.21	-8.61
山东	57.44	62.99	-8.82	辽宁	19.31	22.64	-14.70
江苏	56.38	63.71	-11.51	北京	17.37	19.58	-11.30
河北	50.40	58.07	-13.21	新疆	17.05	17.58	-3.00
四川	47.49	50.91	-6.72	内蒙古	14.83	19.15	-22.58
湖北	38.30	42.48	-9.85	黑龙江	13.39	16.26	-17.61
湖南	36.27	39.42	-7.99	甘肃	12.59	15.34	-17.89
安徽	31.30	35.02	-10.63	吉林	12.32	16.05	-23.21
云南	30.67	31.32	-2.07	天津	8.15	7.94	2.66
陕西	26.71	26.63	0.31	海南	5.32	6.66	-20.19
贵州	25.13	27.42	-8.33	宁夏	4.71	6.00	-21.41
上海	23.88	24.83	-3.81	青海	4.07	4.77	-14.65
福建	23.75	23.96	-0.88	西藏	2.54	2.22	14.76
广西	23.20	24.00	-3.32	合计	881.55	959.05	-8.08

资料来源：上险数据。

2. SUV 市场消费特征及趋势

2018 年，SUV 的市场份额同比、环比均有回落，份额上升连续遇阻，在经历了多年的高增长后，SUV 市场销量已经达到较高水平。高基数下的高增长难以持续，SUV 市场消费逐步趋于理性，需求增长进入调整期。

2018 年 SUV 主力车型产品竞争力减弱，产品投放缺乏新热点，难以支撑市场增长。SUV 市场主要畅销车型中大多数都同比下滑，销量排名前十车型均为 2017 年初以前上市车型，供给端缺乏新热点，需求增长乏力；从份额来看，销量排名前十车型份额也是涨少跌多，份额被抢食意味着产品力的下降，反映市场竞争之激烈。

SUV 产品除经济性外其余功能特征都很突出，决定用户选购 SUV 的因素主要包括路况、使用者特点和出行距离。随着周末或节假日的远途出行、自驾游，因想扩大生活半径而购买 SUV 的用户比例越来越大，中长途遭遇复杂路况的可能性更大，因此 SUV 的功能优势体现更加明显。可以预计在未来一段时期，SUV 市场份额将继续扩张（见图 37）。

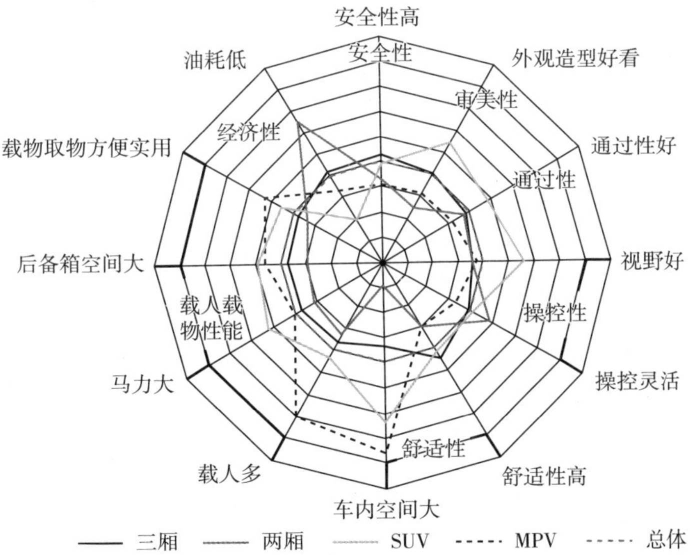

图 37　用户选择当前车身形式的功能性指数（与总体减差）

资料来源：国家信息中心。

用户选购SUV产品的主要原因是其有较大的车内空间，较好的车身造型、视野和较高的通过性，以及较强的载人载物能力等优点，但油耗是唯一劣势（见图38）。

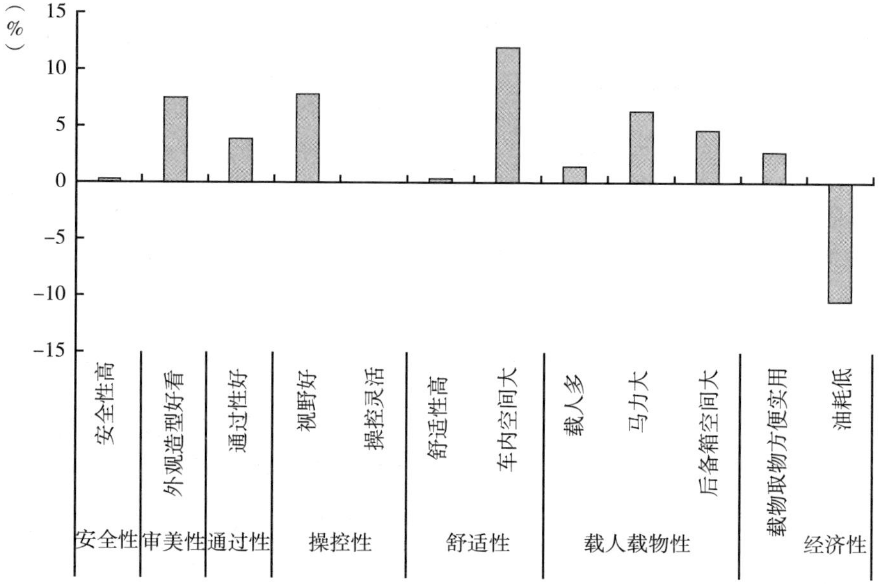

图38　用户选择SUV的理由（与总体减差）

资料来源：国家信息中心。

从供给和需求两方面来看，SUV市场表现如下。

2018年，消费升级导致小型SUV市场下滑。从供给端看，2018年小型SUV市场上市新车达18款，为2015年以来最多，合资企业在该市场布局日趋完善，有利于市场增量，但在消费升级下，消费需求减弱，多数用户会转向更高级别车型。因此，预计未来小型SUV市场增速、占比均将下滑。

紧凑型SUV市场仍为SUV核心市场，该市场新品供给数量较多，是轿车消费升级的主要流入市场，未来仍有较大的需求空间，但增速将下滑。紧凑型SUV市场集中度相对不高，未来随着更多的新产品进入，月均销量能在2万辆以上的产品会更少，竞争更加激烈。同时，合资企业产品布局日趋完善，中国品牌将可能失去在紧凑型SUV市场的主导地位。

中型 SUV 市场由于中国品牌加速进入，再加消费升级的促进，未来将在一段时间内处于增长趋势。2019 年，预计有 15 款全新产品上市，较 2018 年增加 8 款（见表 31）。考虑到 2019 年全新产品上市带来销量的提升，加上 2018 年下半年上市的新品也将带来一部分增量，因此，2019 年中型 SUV 市场将增长。随着二孩政策放开，以及自驾游场景多样化，多人出游比例较多，大空间需求增多，特别是 7 座 SUV 需求拉动，未来中型 SUV 市场 7 座产品将成为主要增长点。

表 31　2018 年中型 SUV 市场新品数量

单位：款

细分市场	2019 年全新产品数量	2018 年全新产品数量	同比增量
中型 SUV	15	7	8

豪华 SUV 市场为 2018 年 SUV 市场中唯一增长的市场。中国豪华车市场已经由 21 世纪初的全球排名第 14 攀升至目前的第 2 位，这与中国富裕家庭的数量攀升相关。中国富裕家庭及新主流家庭数量的迅速增长将推动高端汽车市场的强劲发展。随着更多豪华品牌国产化，未来新品数量增多，豪华品牌开始逐渐加大对小型轿车、SUV 市场的投放，从而与消费者的品牌跳跃和首次购车者的消费升级趋势相衔接。豪华 SUV 市场将会是一大增长亮点。

2018 年，越野 SUV 呈现正增长的趋势，增速为 8.22%。受部分固定消费群（如越野爱好者）的青睐，越野 SUV 近年来始终维持一定的市场份额，用户对其关注的用途、动力和空间满意率较高。但考虑到越野 SUV 舒适性差、油耗高，其未来市场份额变化基本不大。

总体来看，在整体市场环境不容乐观的情况下，预计 2019 年 SUV 市场将出现微增长，长期市场份额仍呈增大趋势。

（二）新产品发展情况

2018 年也是 SUV 新品投放丰收年。国内车企 SUV 全新产品投放量共计

82 款，较 2017 年投放新品数量增加 33 款，其中合资品牌投放了 26 款，较 2017 年增加 14 款，中国品牌 SUV 产品投放高达 56 款，较 2017 年的 37 款增加 19 款。新品共实现销量 98 万辆，较 2017 年新品销量 162 万辆少 64 万辆，新品销量提升效果不及预期（见表 32）。

表 32　2017～2018 年 SUV 系别新品投放数量

单位：款

品牌	2018 年	2017 年
合资品牌(含合资自主)	26	12
中国品牌	56	37
合　计	82	49

2018 年 SUV 新品销量排名前五的分别是：上汽通用五菱的宝骏 530，实现销量 116324 辆，位居新品销量排名第一；奇瑞汽车的瑞虎 8，实现销量 50553 辆，位居第二；一汽大众的探歌，销量为 49342 辆，位居第三；长城汽车的哈弗 H4 销量为 43017 辆，奇瑞汽车的捷途 X70 销量达到 40009 辆，分别位列第四、五位。

2018 年，车长在 4.40 米及以下的小型 SUV 新品有 20 款，4.40～4.70 米的紧凑型 SUV 新品有 40 款，4.70～5.00 米的中型 SUV 新品有 11 款，5.00 米以上的大型 SUV 新品有 1 款，豪华品牌有 8 款，越野 SUV 1 款，新品投放主要集中在小型 SUV、紧凑型 SUV 和中型 SUV 市场，特别是紧凑型 SUV 市场新品投入同比增量较大，其中 2018 年 SUV 市场投放的新能源产品较多。

从目前市场了解的情况来看，2019 年 SUV 新品投放数量与 2018 年差异不大，预计新品（包含新能源）投放数量将高达 103 款左右，豪华 SUV 市场仍将是增长较快的细分市场。

（三）SUV 进出口分析

1. SUV 进口情况

2018 年，越野及运动型 SUV 进口 61.8 万辆，同比下滑 5.94%。SUV

进口市场所占比重下滑，但轿车进口市场连续两年处于增长趋势（见图39、图40）。在国产SUV进入中低速增长、进口车关税下调利好政策的持续刺激下，预计2019年SUV产品进口市场将保持增长态势。

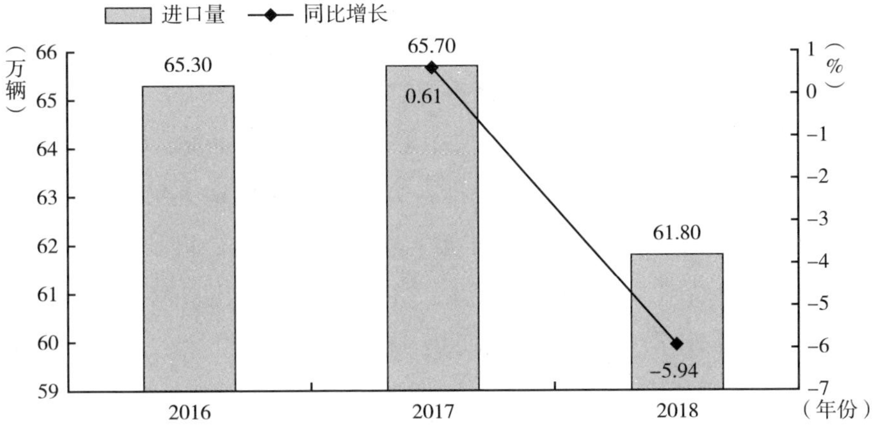

图39　2016～2018年SUV进口量及增长情况

资料来源：根据中国汽车工业协会数据整理。

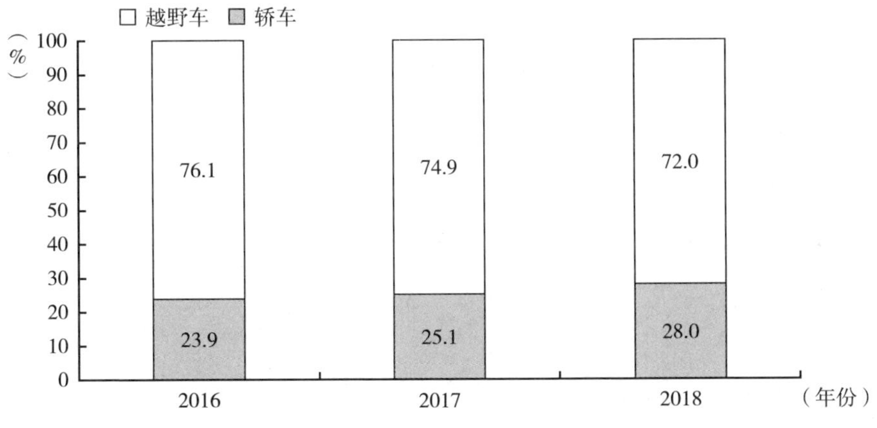

图40　2016～2018年轿车和SUV进口比重

资料来源：根据中国汽车工业协会数据整理。

2. SUV出口情况

2018年SUV产品出口400312辆，在2016年逆转下滑趋势后，近两年呈强势增长态势，同比增速为51%。在出口量排名前十的企业中，奇瑞汽车SUV出口量超越江淮汽车，2018年排名由上年的第二跃居成为第一，出口量为73255辆，同比增速为99%，其中瑞虎3是出口量最大的产品，出口量为44962辆，也是增量最大的产品，同步增量为20130辆，同比增长81.1%；江淮汽车位居出口第二，2018年出口量为49855辆，同比增长20%；大庆沃尔沃为新出现企业，排名第三，2018年销售42729辆，发展势头迅猛；上汽通用排名由2017年第三位下滑至第四，同比增长3%，但仍是排名前十的企业中唯一合资品牌；增速高于SUV出口增速的企业有奇瑞汽车、上汽乘用车、吉利汽车（见表33）。

表33　SUV出口量前十名企业排名

单位：辆，%

企业	2013年	2014年	2015年	2016年	2017年	2018年	2018年同比
奇瑞汽车	39993	29113	24756	27746	36729	73255	99
江淮汽车	354	1804	19186	28849	41589	49855	20
大庆沃尔沃						42729	—
上汽通用	0	0	446	47126	33671	34516	3
长安汽车	1709	6497	3117	11590	20781	30353	46
上汽乘用车	0	0	1133	2013	4954	30146	509
长城汽车	31734	24123	10958	8820	22758	29335	29
吉利汽车	9352	10094	2765	4767	6366	18970	198
一汽海马	1405	477	791	3412	17483	16732	-4
华泰汽车	0	15774	11242	12507	29454	14629	-50
出口量总计	127291	142276	122763	190734	264965	400312	51

资料来源：根据中国汽车工业协会数据整理。

（四）部分重点生产企业

1. 长城汽车

2018 年，长城汽车实现汽车销售 1053039 辆，同比下滑 1.60%，下滑幅度高于 2017 年（下滑 0.4%）。其中，SUV 销售 909063 辆，同比下滑 3.11%，SUV 产品占比 86.33%，较 2017 年的 87.68% 下滑 1.35 个百分点，为 2013 年以来 SUV 占比首次下滑（见图 41）。

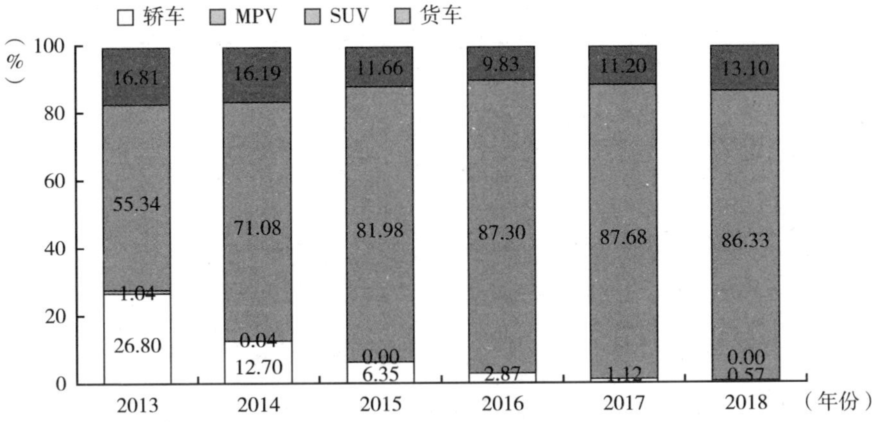

图 41　长城产品品牌结构占比

资料来源：根据中国汽车工业协会数据整理。

SUV 产品中，哈弗品牌销售 766062 辆，同比下滑 10.07%，销量净减 85793 辆。哈弗品牌销量结构占比由上年的 89.64% 下滑到 83.72%，净减 5.92 个百分点。WEY 品牌，2018 年销售 139488 辆，同比增长 61.39%，销量净增 53059 辆，弥补了长城哈弗品牌的市场下滑。

2019 年，长城汽车的年度销量目标为 116 万辆，同比增长 8.39%。

2. 吉利汽车

2018 年，吉利汽车实现销售 1500838 辆，是为数不多的增长企业之一，增速为 15.0%，其中 SUV 销售 857922 辆，同比增长 35.5%，SUV 产品占比结构由 2013 年的 12.21% 上升为 57.16%，净增 44.95 个百分点，SUV 超过轿车成为吉利汽车产品结构中的主要产品（见图 42）。

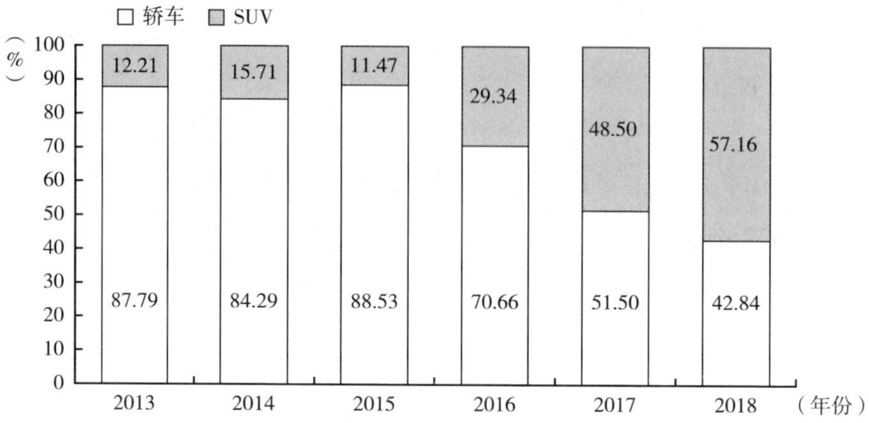

图 42　吉利产品品牌结构比重

资料来源：根据中国汽车工业协会数据整理。

2018 年，吉利 SUV 市场的老产品帝豪 GL、远景 X3、远景 S1 均呈增长态势，增速分别为 19.67%、274.42%、530.32%。另外，吉利领克品牌的 SUV 产品领克 01 上市后，市场表现也不错，2018 年销售 89405 辆，同比增长 1387.11%。吉利新老产品及新品牌产品的合力影响，保证了吉利在 SUV 市场的优异表现。

3. 长安汽车

2018 年，重庆长安销售 1116897 辆，同比下滑 15.21%，其中 SUV 销售 562947 辆，同比下滑 12.83%，SUV 市场首次出现下滑。SUV 产品占比结构由 2013 年的 7.95% 上升为 50.40%，净增 42.45 个百分点，继续成为重庆长安产品结构占比上升最明显的产品种类（见图 43）。

2018 年，长安汽车 SUV 产品除 CS55 外，均处于下滑状态。CS55 销售 165102 辆，同比增长 107.21%，已成为长安又一款月销破万辆的产品。老产品 CS15、CS35、CS75、CS95 受整体市场不景气影响，2018 年均出现下滑，其中 CS15 受消费升级影响，2018 年下滑最严重，销售 31249 辆，同比下滑 49.31%。预计 2019 年上市的轿跑型 SUV 产品 CS85 将成为长安汽车主要增长点，助力长安汽车 2019 年 SUV 市场持续增长。

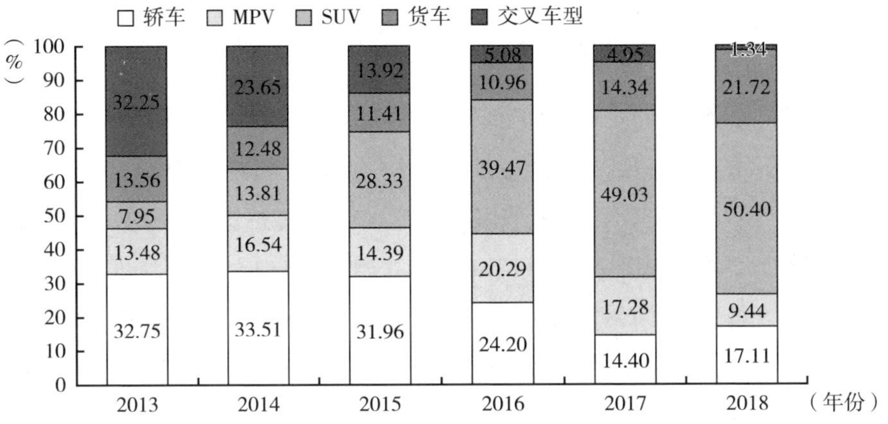

图 43　重庆长安产品品牌结构比重

资料来源：根据中国汽车工业协会数据整理。

4. 上汽大众

2018 年，上汽大众实现销售 2065077 辆，同比微增长，增速为 0.10%，其中 SUV 销售 541981 辆，同比增长 16.13%。SUV 产品占比结构由 2013 年的 13.37% 上升为 26.25%，净增 12.88 个百分点。随着更多 SUV 产品的上市，SUV 市场占比预计将持续扩大（见图 44）。

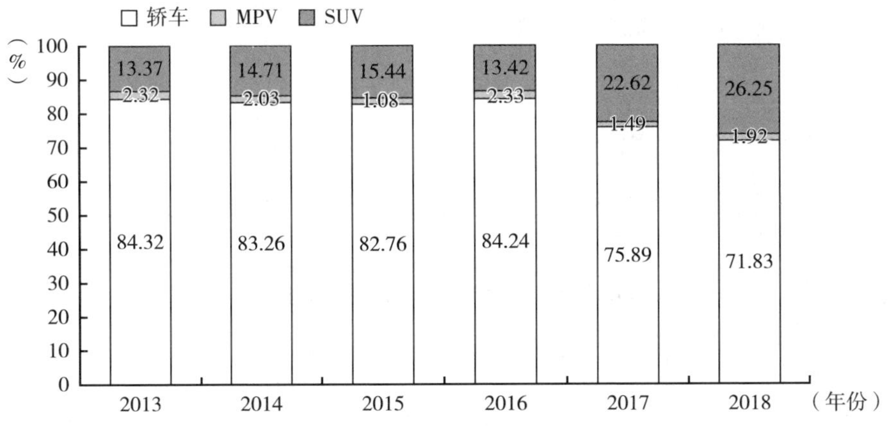

图 44　上汽大众产品品牌结构比重

资料来源：根据中国汽车工业协会数据整理。

上汽大众 SUV 市场主力产品途观 L 全年实现销量 226682 辆，在 SUV 产品销量排名中位居第五，成为上汽大众的第一拳头产品；2017 年上市的产品大众 Teramont 2018 年销售 86182 辆，同比增长 13.31%，是大众品牌的第二个增长产品；另外，2018 年上市的紧凑型 SUV 途岳销售 24873 辆，预计 2019 年将带来更多增量。斯柯达品牌 SUV 柯迪亚克 2018 年处于增长态势，销售 51230 辆，同比增长 13.95%；另外，斯柯达品牌 2018 年上市的两款新品紧凑型 SUV——柯米克和柯珞克，共销售 61284 辆。预计 2018 年上市的新产品将会保证上汽大众在 2019 年的市场增长。

5. 上汽通用五菱

2018 年，上汽通用五菱实现销售 2060007 辆，同比下滑 4.19%，其中 SUV 销售 477727 辆，同比增长 7.06%，SUV 产品占比结构由 2017 年的 23.91% 下降为 23.2%，小幅下降 0.71 个百分点（见图 45）。

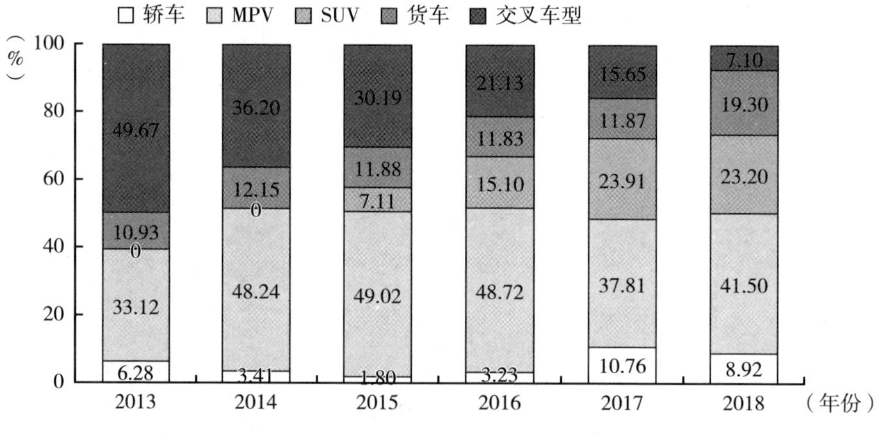

图 45 上汽通用五菱产品品牌结构比重

资料来源：根据中国汽车工业协会数据整理。

2018 年上市的紧凑型 SUV 宝骏 530 销售 116324 辆，取代了宝骏 560 在紧凑型 SUV 市场的主力地位，凭借外观、内饰、性价比等优异的表现，成为上汽通用五菱在 SUV 市场的拳头产品。宝骏 560 在被取代后，2018 年完全退出市场。2019 年，预计上市的宝骏 RS－5 将与宝骏一起承担紧凑型 SUV 市场的销量任务，助力上汽通用五菱 SUV 市场增长。

6. 东风日产

2018 年，东风日产实现销售 1316942 辆，同比增长 2.98%，其中 SUV 销售 520209 辆，同比增长 1.27%，东风日产成为 SUV 市场为数不多的增长企业之一。东风日产的 SUV 产品结构比重较 2013 年的 15.15% 上升 24.35 个百分点至 2018 年的 39.50%（见图 46）。

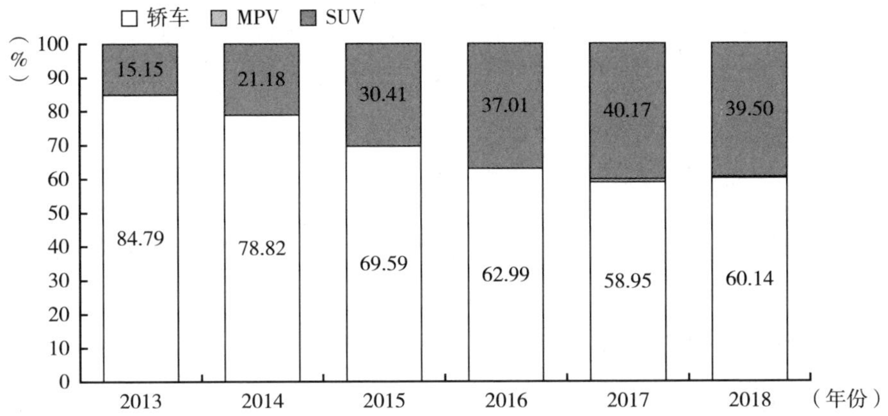

图 46　东风日产产品品牌结构比重

资料来源：根据中国汽车工业协会数据整理。

2018 年，日产品牌紧凑型 SUV 全线增长，其中奇骏 2018 年销售 207951 辆，同比增长 12.58%，逍客 2018 年销售 175045 辆，增速为 14.68%，成为东风日产增长较快的两款拳头产品；另外，2017 年上市的小型 SUV 劲客，受消费升级影响，2018 年销售 35864 辆，同比下滑 21.98%。

（五）SUV 发展存在的问题和建议

自城市型 SUV 进入中国市场，SUV 开始爆发式增长，众多企业都想抓住 SUV 市场增长的契机，纷纷投入产品，试图借市场“牛市”从中获益，特别是中国品牌，近几年抓住了 SUV 市场的红利。随着 SUV 市场规模的逐步扩大，以及中国消费者购车更加理性，SUV 市场的红利开始逐渐消失。

随着合资品牌的大规模进入以及中国汽车市场的消费升级，目前 SUV 市场发展正处于结构调整的关键时期。近两年，随着 SUV 生产企业新产品的投入，SUV 产品品质不断提高，品质存在明显优势的产品已明显占领了市场，SUV 产品升级趋势明显，特别是 2017 年吉利推出的领克品牌，已完全能与合资品牌进行正面交锋，中国品牌正在努力寻求蜕变，SUV 正在成为中国品牌车企向中高端迈进的主导产品。近年来，各中国品牌汽车企业紧跟汽车技术变革和用户需求变化的新趋势，持续实施技术、管理和商业模式创新，不断提升产品力和营销力，各车企正通过有竞争力 SUV 车型投入在中高端市场站稳脚跟，成为其向中高端市场迈进的主导车型。

从长远来看，未来 SUV 市场仍存在较大的成长空间。中国品牌企业这几年在 SUV 市场投放资源过多，车型结构失调存在较大的发展风险。中国品牌应该抓住市场结构调整的机遇，提升品牌形象，在既有 SUV 产品技术及市场基础上，保持开放的心态，进行全球资源整合，解决企业自身在设计、开发、制造等环节经验积累不足的难题，在不断提升产品质量的同时，积极布局其他品类的产品，多条腿走路。

四　2018年MPV发展

（一）MPV 市场发展分析

1. MPV 市场销量情况

2018 年，MPV 市场销售 189.46 万辆，同比下降 15.93%，销量下降 35.89 万辆，占狭义乘用车市场比重为 8.09%，同比下降 1.16 个百分点，MPV 市场规模及占比均继续下降（见图 47、图 48）。

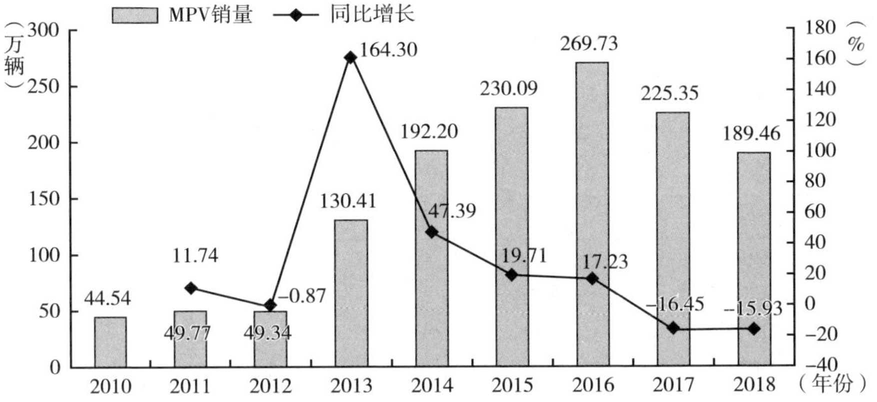

图 47　2010～2018 年 MPV 市场销售规模及增速

资料来源：根据中国汽车工业协会数据整理。

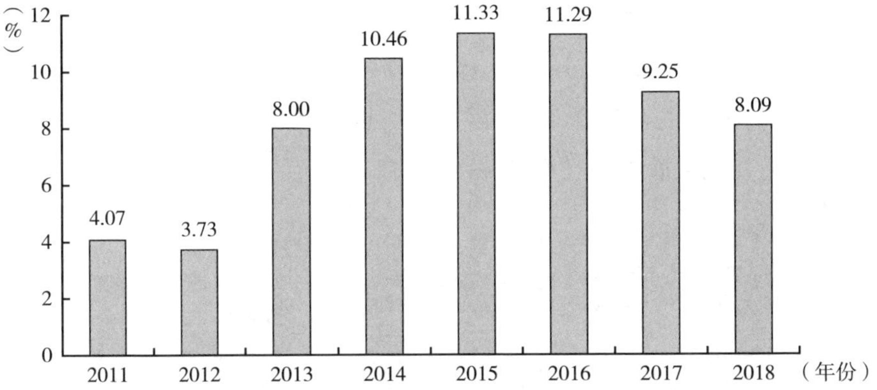

图 48　2011～2018 年 MPV 在狭义乘用车市场占比走势

资料来源：根据中国汽车工业协会数据整理。

从 MPV 各细分市场销量增长来看，小型 MPV 销售 80.28 万辆，同比下降 24.29%；中型 MPV 销售 69.41 万辆，同比下降 16.07%，大型 MPV 销售 37.03 万辆，同比增长 7.14%，豪华 MPV 销售 2.74 万辆，同比增长 34.13%。小型 MPV 市场、中型 MPV 市场继续呈现两位数快速下滑，小型 MPV 下滑尤其明显，大型 MPV 继续增长，但增速明显放缓，豪华 MPV 继续快速增长。2018 年依然是小型 MPV 市场和中型 MPV 市场大幅下降（见表 34）。

表 34　2018 年 MPV 细分市场销量增长情况

单位：万辆，%

细分市场	2018 年	2017 年	同比增长
小型 MPV	80.28	106.04	-24.29
中型 MPV	69.41	82.70	-16.07
大型 MPV	37.03	34.57	7.14
豪华 MPV	2.74	2.05	34.13
总　计	189.46	225.35	-15.93

资料来源：根据中国汽车工业协会数据整理。

从 MPV 细分市场占比走势来看，小型 MPV 市场比重较 2017 年下降 4.68 个百分点，降幅最明显；中型 MPV 市场比重下降 0.06 个百分点，占比略有下降；大型 MPV 市场比重上升 4.21 个百分点，市场继续快速扩张；豪华 MPV 市场比重上升 0.54 个百分点，也呈扩张走势。总体来看，MPV 市场继续呈升级发展走势（见图 49）。

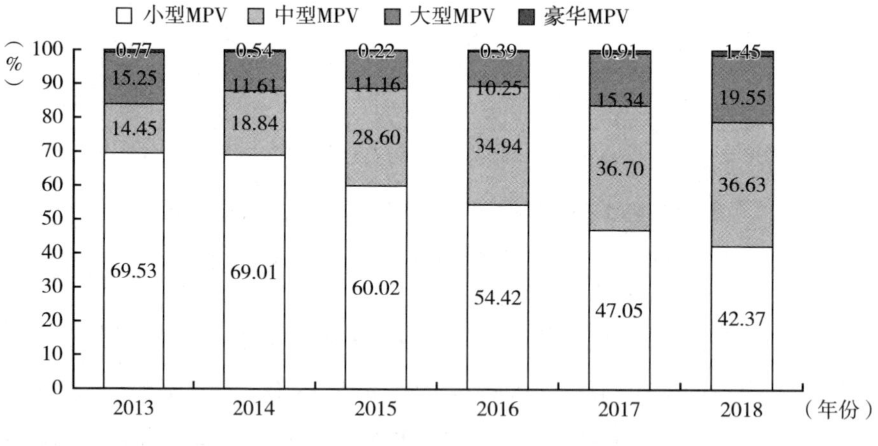

图 49　2013～2018 年 MPV 市场结构

资料来源：根据中国汽车工业协会数据整理。

从 MPV 市场车企销量排名来看，排名前十的企业依次为上汽通用五菱、上汽通用、比亚迪汽车、长安汽车、东风本田、东风柳汽、江淮汽车、广汽本田、上汽大众、东风小康。前十强企业与上年差异较大，比亚迪、广汽本田、上汽大众为新晋十强企业，比亚迪表现尤其突出，呈数倍增长，跃居前三之列。北汽银翔、华晨汽车、奇瑞汽车退出前十强排位，上汽通用五菱虽然继续稳居第一，但增速、增量下降较明显，长安汽车、东风小康销量降幅较大。总体来看，合资品牌开始纷纷抢夺市场，传统强势中国品牌车企在 MPV 市场中的竞争地位正面临严峻挑战（见表 35）。

表 35　2018 年 MPV 市场销量前十企业

单位：万辆，%

排名	生产厂商	2018 年销量	2017 年销量	同比增长	2018 年占比	2017 年占比
1	上汽通用五菱	85.43	99.57	-14.20	45.09	44.18
2	上汽通用	19.28	16.26	18.53	10.17	7.22
3	比亚迪汽车	14.11	3.08	358.46	7.45	1.37
4	长安汽车	10.54	22.76	-53.70	5.56	10.10
5	东风本田	9.18	8.28	10.85	4.85	3.68
6	东风柳汽	6.23	8.58	-27.46	3.29	3.81
7	江淮汽车	5.58	6.65	-16.08	2.94	2.95
8	广汽本田	4.55	3.56	27.66	2.40	1.58
9	上汽大众	3.97	3.08	28.99	2.10	1.37
10	东风小康	3.71	8.16	-54.51	1.96	3.62

资料来源：根据中国汽车工业协会数据整理。

从 MPV 市场车型销量排名来看，排名前十的产品依次为五菱宏光、五菱荣光 V、别克 GL8、宋 MAX、宝骏 730、宝骏 360、欧诺、艾力绅、奥德赛、杰德（见表 36）。

前十位排名变化明显，五菱荣光 V、宋 MAX、宝骏 360、艾力绅、奥德赛五个产品为新晋十强车型，其中五菱荣光 V 由于划分标准调整，从微客市场调整到 MPV 市场。2018 年，新产品宝骏 360 进入前十排位，可见其竞争力较强；宋 MAX 呈数倍增长，表现最为抢眼；其次，艾力绅、奥德赛也增长迅速；宝骏 730、欧诺等强势产品大幅下降。2017 年主要十强产品威旺 M20、欧尚、幻速 H3、风光等在 2018 年均纷纷退出十强之列，产品洗牌步伐加快。

表 36　2018 年 MPV 市场销量前十产品排名

单位：万辆，%

排名	产品名称	2018 年销量	2017 年销量	同比	2018 年占比	2017 年占比
1	五菱宏光	47.65	53.70	-11.26	25.15	23.83
2	五菱荣光 V	15.79	17.24	-8.39	8.33	7.65
3	别克 GL8	14.43	14.51	-0.57	7.62	6.44
4	宋 MAX	14.11	3.04	364.19	7.45	1.35
5	宝骏 730	11.15	27.08	-58.82	5.89	12.02
6	宝骏 360	10.61	0.00	—	5.60	0.00
7	欧诺	5.60	8.65	-35.21	2.96	3.84
8	艾力绅	5.01	4.02	24.74	2.64	1.78
9	奥德赛	4.55	3.56	27.66	2.40	1.58
10	杰德	4.17	4.27	-2.22	2.20	1.89

资料来源：根据中国汽车工业协会数据整理。

从 MPV 分排量细分品种来看，2018 年 1.6L 及以下的 MPV 市场占比为 75.40%，同比下降 5.31 个百分点，为占比降幅最大的排量细分市场，但该市场依然占据主导地位；1.6 升 < 排量 ≤ 2.0 升的 MPV 市场占比为 14.64%，较上年同期上升 3.02 个百分点，市场扩张相对明显；2.0 升 < 排量≤2.5 的 MPV 市场占比为 9.94%，较上年同期上升 2.35 个百分点，该市场也呈扩张走势；2.5 升 < 排量的 MPV 市场继续小幅萎缩（见图 50）。

从系别品牌来看，2018 年 MPV 市场依然呈现中国品牌和以上汽通用五菱为代表的合资自主品牌的两强竞争格局，但中国品牌和合资自主品牌销量继续大幅下滑，中国品牌市场占比为 33.19%，较上年下降 6.92 个百分点，占比明显下滑；合资自主品牌市场占比为 45.34%，较上年上升 0.66 个百分点；美系品牌同比增长 18.53%，占比为 10.17%，较上年上升 2.96 个百分点；日系增长 13.76%，市场占比上升 2.02 个百分点，欧系占比上升 1.29 个百分点，合资品牌的冲击力在增强（见表 37）。

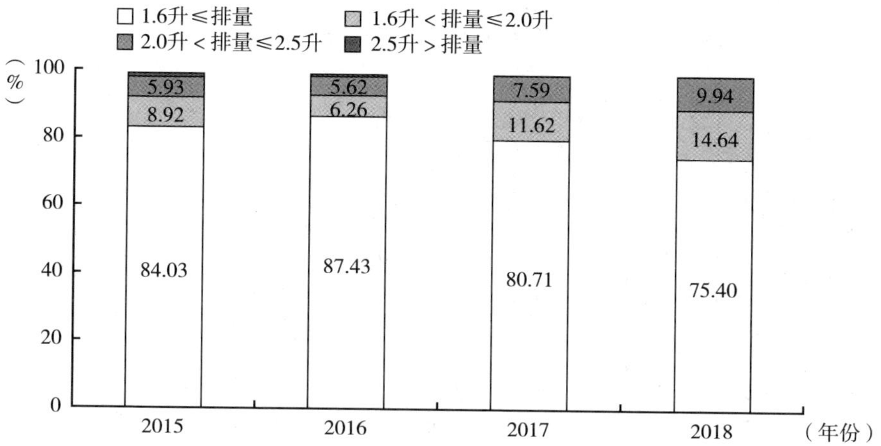

图 50　2015～2018 年 MPV 市场排量分布

资料来源：上险数据。

表 37　2018 年 MPV 市场各系别情况

单位：万辆，%

系别	2018 年销量	2017 年销量	同比	2018 年占比	2017 年占比
合资自主	85. 91	100. 69	－14. 69	45. 34	44. 68
中国品牌	62. 88	90. 40	－30. 44	33. 19	40. 11
美系	19. 28	16. 26	18. 53	10. 17	7. 22
日系	14. 65	12. 88	13. 76	7. 73	5. 71
欧系	6. 75	5. 12	31. 83	3. 56	2. 27
合　计	189. 46	225. 35	－15. 93	100. 00	100. 00

资料来源：根据中国汽车工业协会数据整理。

2018 年，MPV 实销量排名前十的省份分别是广东、河南、山东、江苏、河北、浙江、云南、广西、安徽、四川（2017 年排名为河南、广东、山东、河北、江苏、云南、浙江、贵州、广西、四川）；安徽挤掉贵州进入前十名，广东超越河南排名第一，前十省份销量均大幅下降，全国 31 个省份仅天津是增长，其他省份全线下降（见表 38）。

表 38　2018 年 MPV 各省份销售情况

单位：万辆，%

销量排名	省份	2018 年	2017 年	同比增长	销量排名	省份	2018 年	2017 年	同比增长
1	广东	15.90	18.65	-14.75	17	山西	3.99	5.28	-24.39
2	河南	14.73	19.44	-24.24	18	北京	3.96	4.61	-14.22
3	山东	12.81	15.69	-18.35	19	江西	3.10	4.18	-25.86
4	江苏	12.22	14.27	-14.38	20	福建	2.94	3.66	-19.53
5	河北	10.84	13.48	-19.64	21	重庆	2.93	3.48	-15.63
6	浙江	9.58	10.69	-10.37	22	新疆	2.44	3.47	-29.81
7	云南	7.13	11.04	-35.42	23	黑龙江	2.39	3.35	-28.72
8	广西	6.27	8.07	-22.36	24	吉林	2.14	3.07	-30.44
9	安徽	5.91	7.52	-21.37	25	天津	1.81	1.53	18.71
10	四川	5.63	7.49	-24.80	26	甘肃	1.78	2.84	-37.36
11	上海	5.49	5.65	-2.74	27	内蒙古	1.66	2.29	-27.27
12	贵州	5.44	8.29	-34.32	28	海南	1.02	1.49	-31.40
13	湖南	5.08	6.82	-25.44	29	青海	0.60	0.95	-37.14
14	陕西	4.76	5.90	-19.37	30	宁夏	0.44	0.70	-37.87
15	湖北	4.66	6.30	-25.93	31	西藏	0.32	0.52	-38.69
16	辽宁	4.09	5.46	-25.03	总　计		162.07	206.18	-21.39

资料来源：上险数据。

2. MPV 市场发展特点及趋势

2018 年 MPV 市场连续第二年大幅下降，占狭义乘用车市场比重下滑至 8.09%，市场规模已经跌破 200 万辆。从目前的市场分析来看，主要还是受 SUV 市场的竞争替代影响，2018 年的大幅下降与汽车市场整体低迷也有一定关系。

从细分市场来看，小型 MPV 市场规模继续呈快速下降，主要是近年来，微客市场已经大幅萎缩，由前几年的销量 200 多万辆的规模已经下降到 2018 年的不足 30 万辆，微客用户升级资源已经很少。同时，7 座低端 SUV 产品给以商用为主的小型 MPV 市场也带来冲击，同时考虑小型 MPV 向中型 MPV 升级需要，预计 2019 年小型 MPV 市场依然呈下降走势，从目前 MPV 结构占比趋势以及 2019 年 MPV 各细分市场新品投放来看，中型 MPV 超越小型 MPV 销量应该为大概率事件。

中型 MPV 市场也呈明显下滑走势，从产品来看，主要还是宝骏 730 等从微客市场演变来的偏商用的中型 MPV 产品下降比较明显，同样面临低端

7座SUV产品的冲击，以及产品更新换代慢带来的产品相对老化，市场竞争力呈下降走势。宋MAX的快速崛起，反映更趋家用的中型MPV产品受到消费者青睐，其赢得市场的成功示范，将促进车企投放更多家用化更强的产品，预计2019年中型MPV市场或将止住下滑趋势。

大型MPV近年来市场扩张最明显，但其2018年增速放缓，市场占比提升至19.55%。从产品表现来看，主要产品别克GL8销量14.4万辆，与2017年的14.5万辆基本相当，艾力绅、奥德赛、传祺GM8带来相对明显的增量，反映出该市场的规模扩张处于稳步发展，家用需求更趋明显。随着产品不断丰富，消费的升级发展，预计该市场规模将呈稳步扩大走势。

此外，上险数据显示，2017年纯电动MPV销售6621辆，2018年实现销售13187辆。随着新能源物流车的推广应用，车企在该市场产品投放将逐步增多，MPV市场新能源化也是一大发展方向。

（二）新产品发展情况

2018年MPV上市新车共计10款，全部集中在中型MPV市场，中型MPV是新品投放重点市场。10款新产品共计销售14.12万辆，占MPV总销量的7.45%，与2017年新品对MPV市场的贡献度基本相当，对市场的拉动作用有限。

2019年，MPV市场预计将有17款全新产品投放市场，其中中型MPV 11款、大型MPV 6款（见表39）。

表39　2016～2019年MPV上市及预计上市新品

单位：款

细分市场	2016年	2017年	2018年	2019年
小型MPV	0	1	0	0
中型MPV	7	14	10	11
大型MPV	2	1	0	6
豪华MPV	1	0	0	0
合　计	10	16	10	17

资料来源：2019年新品根据公开资料统计。

中型 MPV 是企业产品投放的重点市场，大型 MPV 市场也将逐步得到企业的重视。

（三）MPV 进出口分析

1. MPV 进口分析

2018 年，MPV 市场进口 46113 辆，同比下降 18.60%，MPV 进口市场呈现两位数下降。近年来，MPV 进口量基本在 4 万 ~5 万辆水平（见图 51）。

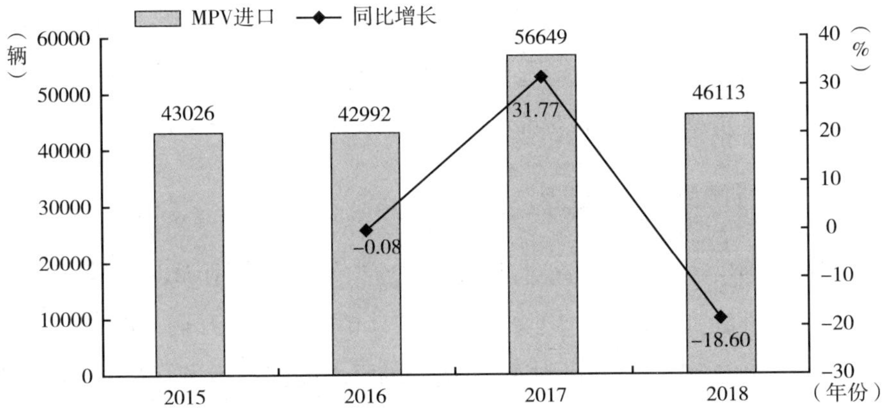

图 51　MPV 进口情况

资料来源：根据中国汽车流通协会数据整理。

2. MPV 出口分析

2018 年，MPV 市场出口 14607 辆，同比下降 25.85%，MPV 出口市场呈现明显回落，主要是小型 MPV 出口大幅下降（见图 52、图 53）。

从产品来看，主要是上汽通用五菱的五菱宏光从出口排名的第一位置退出了前十名，上汽大通的 G10 出口量跃居第一，风光和昌河 M50 出口量数倍增长，占据第二、第三排位（见表 40）。

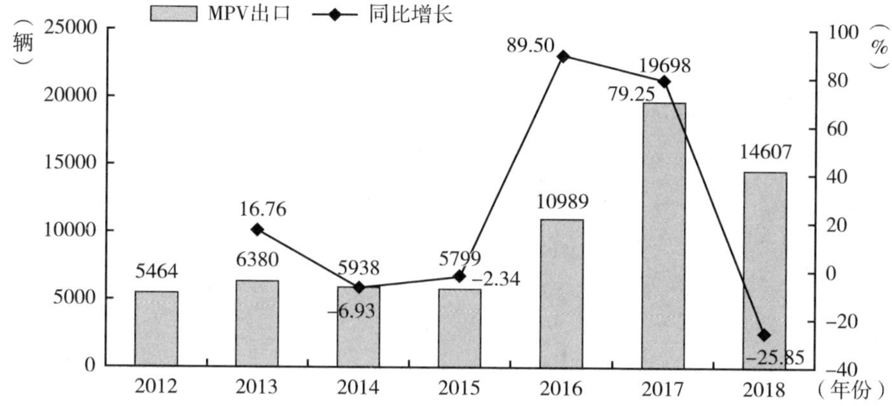

图 52　MPV 出口情况

资料来源：根据中国汽车工业协会数据整理。

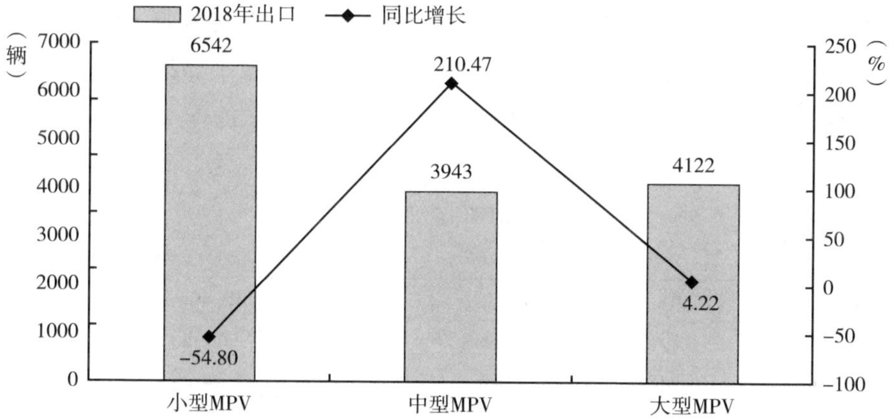

图 53　MPV 出口结构情况

资料来源：根据中国汽车工业协会数据整理。

表 40　MPV 产品出口情况

单位：辆，%

产品	2018 年	2017 年	同比增长
上汽大通 G10	3711	3531	5. 10
风光	2291	770	197. 53

续表

产品	2018年	2017年	同比增长
昌河 M50	2093	278	652.88
启腾 EX80	1794	1357	32.20
瑞风 M4	786	249	215.66
金杯 750	658	0	—
欧尚	603	141	327.66
欧诺	545	862	-36.77
威旺 M20	442	4	10950.00
大通 D90	306	258	18.60
总　计	14607	19698	-25.85

资料来源：根据中国汽车工业协会数据整理。

2018年，MPV出口排名前十企业分别是上汽大通、昌河汽车、东风小康、福建新龙马、长安汽车、江淮汽车、华晨汽车、北汽银翔、上汽通用五菱、东风柳汽。华晨汽车新进出口十强，北京汽车退出十强行列，上汽通用五菱MPV产品出口大幅下降，排名下滑至第九（见表41）。

表41　MPV企业出口情况

单位：辆，%

企业简称	2018年	2017年	同比增长	2018年占比	2017年占比
上汽大通	4017	3789	6.02	27.50	19.24
昌河汽车	2400	748	220.86	16.43	3.80
东风小康	2293	770	197.79	15.70	3.91
福建新龙马	1794	1357	32.20	12.28	6.89
长安汽车	1148	1003	14.46	7.86	5.09
江淮汽车	822	538	52.79	5.63	2.73
华晨汽车	678	0	—	4.64	0.00
北汽银翔	533	433	23.09	3.65	2.20
上汽通用五菱	258	9580	-97.31	1.77	48.63
东风柳汽	191	321	-40.50	1.31	1.63
总　计	14607	19698	-25.85	100.00	100.00

资料来源：根据中国汽车工业协会数据整理。

（四）部分重点生产企业

1. 上汽通用五菱

2018 年，上汽通用五菱 MPV 实现销售 85.4 万辆，同比下降 14.20%，较上年下降 14.2 万辆。五菱 MPV 销量继续大幅下降，主力产品五菱宏光、五菱荣光 V、宝骏 730 均下降，尤其是宝骏 730 下滑幅度为 58.8%（见图 54、图 55）。

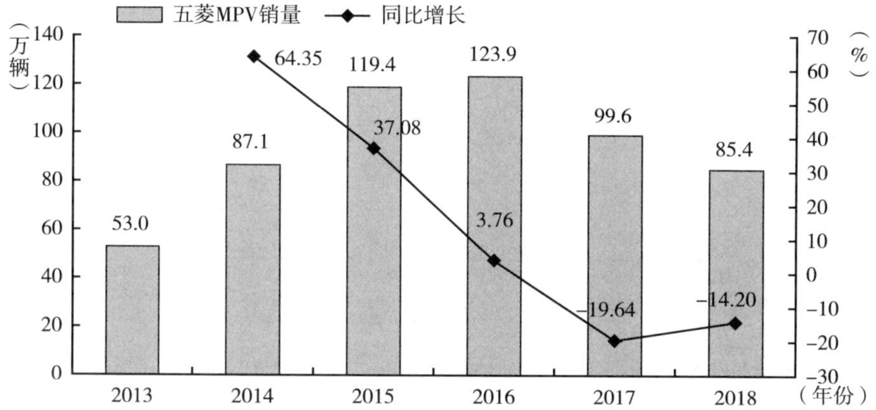

图 54　2013～2018 年五菱 MPV 销量及增长情况

资料来源：根据中国汽车工业协会数据整理。

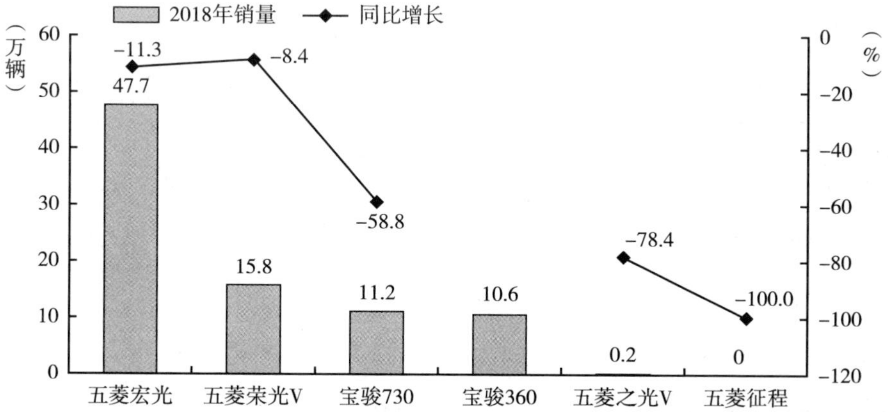

图 55　2018 年五菱 MPV 产品销量及增长情况

资料来源：根据中国汽车工业协会数据整理。

从五菱狭义乘用车产品结构变化来看，MPV 产品结构占比下降 0. 83 个百分点，SUV 占比上升 2 个百分点，轿车下降 1. 17 个百分点。五菱狭义乘用车 MPV 结构仍占据半壁江山，但结构比重继续下降。总体来看，与 2017 年结构比重变化不大（见图 56）。

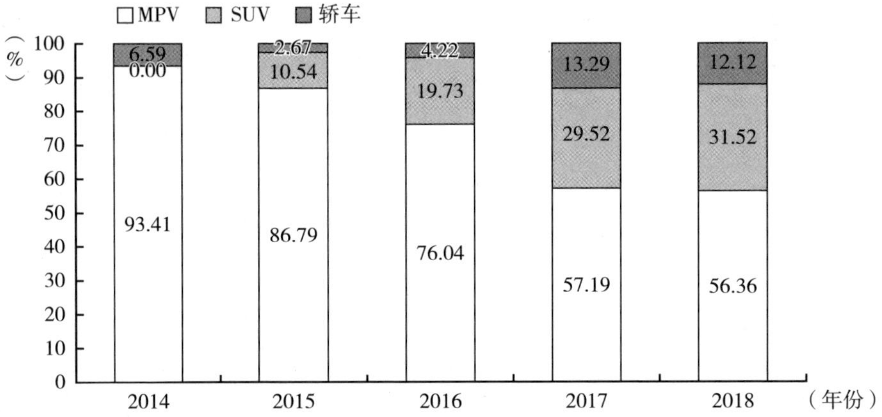

图 56　2014 ~ 2018 年五菱狭义乘用车结构比重情况

资料来源：根据中国汽车工业协会数据整理。

2019 年，五菱销量排产计划总计 206 万辆，与 2018 年一样，排产结构：微客（13%）、微货（20%）、SUV（22%）、MPV（34%）、轿车（11%），按照排产结构测算出轿车、MPV、SUV 的排产量分别为 23 万辆、70 万辆、45 万辆，五菱 MPV 产品市场略有增长，SUV 产品市场微降，轿车有较大幅度增长（见表 42）。

表 42　2019 年上汽通用五菱销量排产计划

单位：万辆，%

细分市场	2018 年销量	2019 年计划	同比增长
MPV	69. 64	70. 00	0. 52
SUV	47. 77	45. 00	-5. 80
轿车	18. 37	23. 00	25. 20
微客	30. 47	27. 00	-11. 39
微货	39. 75	41. 00	3. 14
合　计	206. 00	206. 00	0. 00

注：五菱排产计划是将荣光 V 计入微客，行业分析是划入 MPV 市场。

资料来源：乘联会。

2. 长安汽车

2018 年，长安 MPV 实现销售 10.54 万辆，同比下降 53.70%，同比大幅下降（见图 57）。

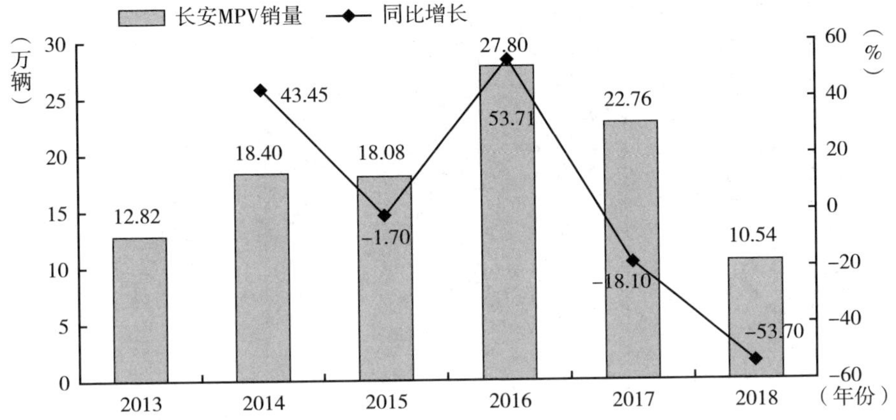

图 57　2013～2018 年长安 MPV 销量及增长情况

资料来源：根据中国汽车工业协会数据整理。

从其产品表现来看，欧诺、欧尚、欧尚 A800、凌轩等主要产品销量全线大幅下降（见图 58）。

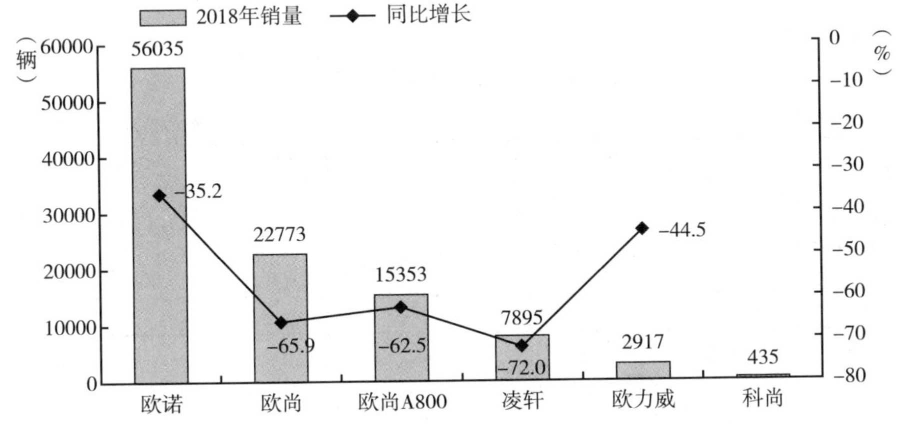

图 58　2018 年长安 MPV 产品销量及增长情况

资料来源：根据中国汽车工业协会数据整理。

从长安汽车乘用车产品结构变化来看，2018 年 MPV 产品结构比重较 2017 年下降 9.14 个百分点，长安 MPV 结构占比呈明显的下降走势，轿车结构比重止跌回升，SUV 占比继续提升（见图 59）。

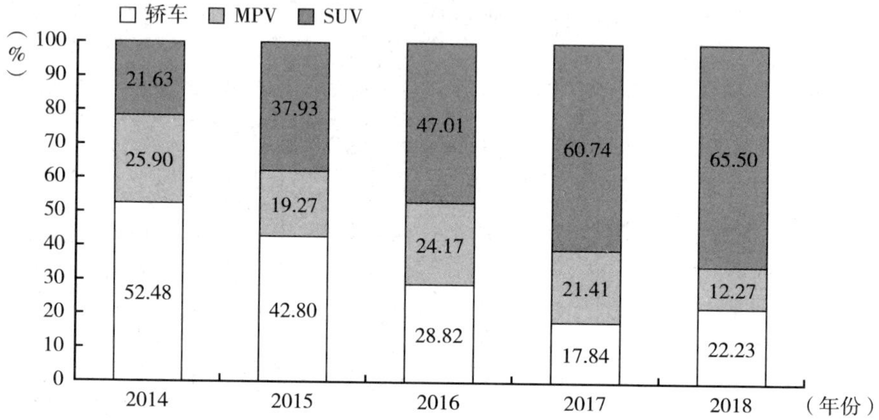

图 59　2014～2018 年长安狭义乘用车结构比重情况

资料来源：根据中国汽车工业协会数据整理。

从 2019 年长安汽车狭义乘用车产品排产计划来看，长安由于新品释放相对较多，排产增速相对较高。长安的 MPV 产品将同比增长 18.59%（见表 43），预计欧尚品牌的科尚新品或将进一步提升长安在 MPV 市场的竞争力。

表 43　2019 年长安汽车销量排产计划

单位：万辆，%

细分市场	2018 年销量	2019 年计划	同比增长
SUV	56.29	66.40	17.95
MPV	10.54	12.50	18.59
轿车	19.11	20.10	5.20
合　计	85.94	99.00	15.20

资料来源：乘联会。

3. 比亚迪

2018 年，比亚迪 MPV 实现销售 14.1 万辆，同比增长 358.5%，同比呈数倍增长，表现非常强劲。从其产品表现来看，比亚迪推出的宋 MAX 产品的表现抢眼（见图 60、图 61）。

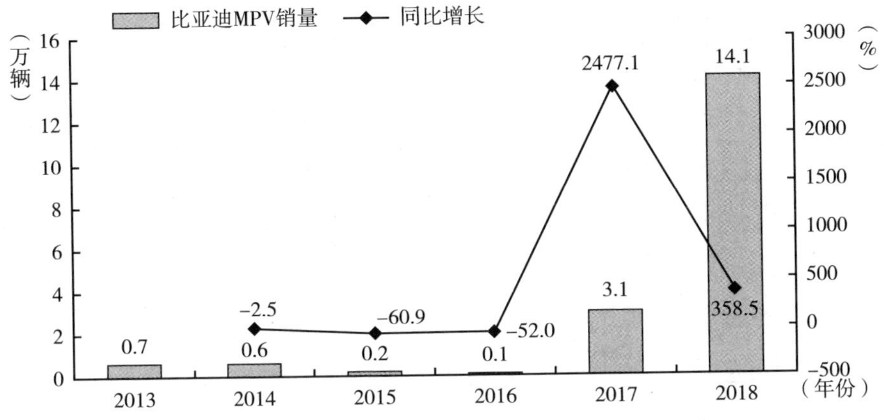

图 60　2013～2018 年比亚迪 MPV 销量及增长情况

资料来源：根据中国汽车工业协会数据整理。

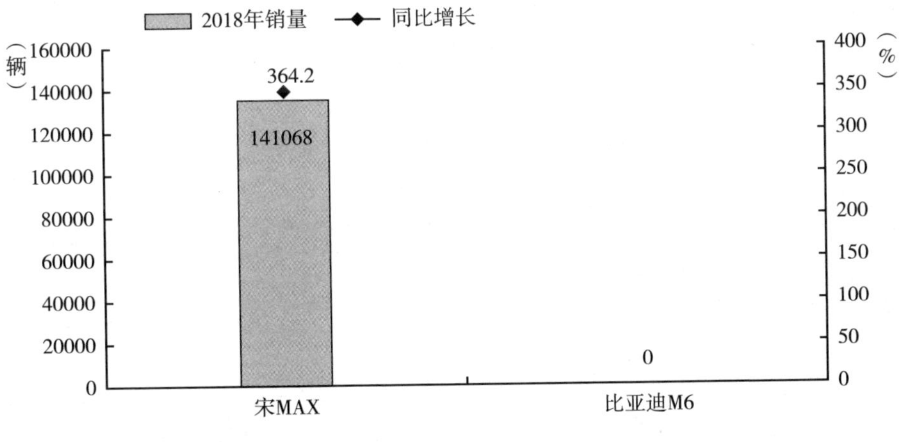

图 61　2018 年比亚迪 MPV 产品销量及增长情况

资料来源：根据中国汽车工业协会数据整理。

从比亚迪乘用车产品结构变化来看，比亚迪 MPV 产品结构比重较 2017 年增加了 21.04 个百分点，比亚迪 MPV 结构比重大幅上升。由于比亚迪宋

MAX 产品的优异表现，比亚迪形成了轿车、MPV、SUV 三大系列产品的均衡发展（见图 62）。

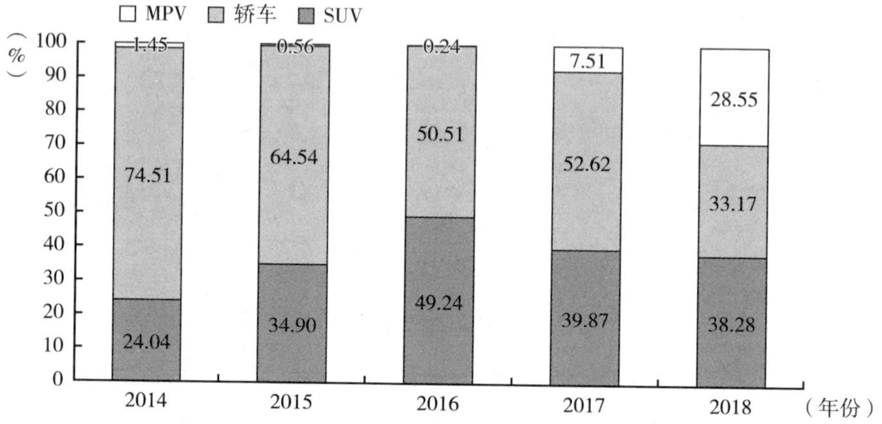

图 62　2014～2018 年比亚迪狭义乘用车结构比重情况

资料来源：根据中国汽车工业协会数据整理。

从 2019 年比亚迪狭义乘用车产品排产计划来看，与 2018 年销量基本一致，MPV 排产基本处于维持稳定的发展基调（见表 44）。

表 44　2019 年比亚迪销量排产计划

单位：万辆，%

细分市场	2018 年销量	2019 年计划	同比增长
SUV	18. 91	20. 00	5. 75
轿车	16. 39	16. 00	-2. 37
MPV	14. 11	14. 00	-0. 76
合　计	49. 41	50. 00	1. 20

资料来源：乘联会。

（五）MPV 发展存在的问题和建议

2018 年，MPV 市场继续呈现明显的下降，除受到 SUV 尤其是 7 座 SUV 冲击外，整体市场低迷也是一大原因。但从细分市场来看，大型 MPV、豪华 MPV 均同比增长，且结构占比继续提升，反映了 MPV 市场处于升级发展态势。从产品表现来看，宋 MAX 的超强表现，以及艾力绅、奥德赛的快速增长，别克 GL8 销量继续稳定在 14 万辆的较高水平，说明真正家用 MPV 产品获得了市场认可。过去满足商乘两用的产品，尤其是以宝骏 730 为代表的产品均大幅萎缩，原因与其自身产品更新换代缓慢有一定关系，更重要的是其不能很好地满足家用需求。随着更具家用特点产品的增多，兼顾满足商乘需求特点的产品市场将进一步萎缩。

汽车企业应把握这种产品变迁的市场机会，尤其是中国品牌企业一定要正视这种市场变化，努力打造产品品质，加快 MPV 家用需求的升级发展步伐，否则在 MPV 市场的主导地位将让位于合资车企。同时，预计随着更多的家用 MPV 产品的推出，产品供给的丰富，二孩家庭的进一步增多，MPV 市场依然有较大的成长空间。

五　2018年交叉型乘用车发展情况

（一）交叉型乘用车市场发展分析

1. 交叉型乘用车市场销量情况

2018 年，交叉型乘用车共销售 29.26 万辆，同比下降 19.65%，与 2017 年 25.12% 的降幅相比，下降幅度有所收窄。2018 年几乎所有的传统微客企业都在大幅下滑，另有数家企业停产。

从企业表现来看，销售排名前五的企业分别为上汽通用五菱、华晨汽车、东风小康、长安汽车和奇瑞汽车，分别销售 14.90 万辆、5.97 万辆、4.46 万辆、1.49 万辆和 0.85 万辆。行业排名前五中，华晨汽车同比增长 20.82%，奇瑞汽车增长 43.11%，而其他车企同比均下滑，上汽通用五菱、东风小康、长安汽车分别下滑 9.19%、7.00% 和 77.08%。2018 年，上述五家企业共销售 27.68 万辆，占交叉型乘用车销售总量的 93.9%，集中度较 2017 年的 93.18% 有一定提升（见表 45）。

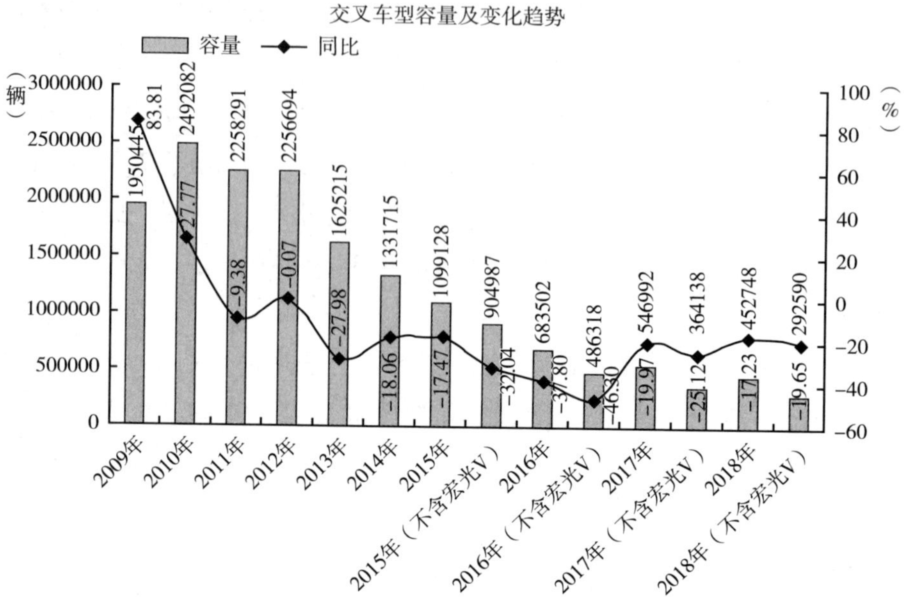

图 63　2009～2018 年交叉型乘用车整体销量走势

资料来源：根据中国汽车工业协会数据整理。

表 45　2018 年国内交叉型乘用车企业销量情况

单位：辆，%

企业简称	2018 年	2017 年	同比增长	2018 年占比
上汽通用五菱	149033	164122	-9.19	50.5
华晨汽车	59723	49433	20.82	20.3
东风小康	44619	47976	-7.00	15.1
长安汽车	14940	65178	-77.08	5.1
奇瑞汽车	8491	5933	43.11	2.9
北汽制造	4774	7810	-38.87	1.6
北汽银翔	3611	10637	-66.05	1.2
一汽集团	3375	5308	-36.42	1.1
北汽福田	2586	5433	-52.40	0.9
力帆汽车	1425	4541	-68.62	0.5
福建新龙马	1293	6684	-80.66	0.4
众泰汽车	389	898	-56.68	0.1

续表

企业简称	2018 年	2017 年	同比增长	2018 年占比
昌河汽车	254	464	-45.26	0.1
南京金龙	169	0	—	0.1
贵航成功	168	86	95.35	0.1
海马新能源	11	107	-89.72	0.0
海马商务	—	—	—	0.00
东南汽车	—	—	—	0.00
浙江飞碟	0	23	—	0.00
广汽吉奥	0	3	—	0.00

注：不含新型微客，不含微货。
资料来源：根据中国汽车工业协会数据整理。

2018 年，从交叉型乘用车细分品种销量来看，过万辆车型仅 6 款（2017 年有 9 款），传统微客主力车型大多出现了明显下降。

表 46　2018 年国内交叉型乘用车产品销量情况

单位：辆，%

产品名称	2018 年	2017 年	同比增长
五菱之光	78035	82198	-5.06
五菱荣光	68727	71426	-3.78
小海狮 X30	59723	0	—
东风小康 K 系	23970	30710	-21.95
东风小康 C 系	13449	14808	-9.18
长安星光	12338	19475	-36.65
开瑞优优	8491	5933	43.11
EC36	7200	2302	212.77
北汽有限交叉乘用车	4774	7810	-38.87
佳宝	3375	5308	-36.42
威旺 306	2911	10546	-72.40
伽途	2586	5433	-52.40
五菱之光 V	2271	10498	-78.37
新长安之星	1642	2018	-18.63
力帆丰顺	1425	4541	-68.62
启腾 M70	1293	6684	-80.66

续表

产品名称	2018 年	2017 年	同比增长
长安之星 3	960	43685	-97.80
威旺 206	700	90	677.78
众泰 V10	389	898	-56.68
福瑞达	254	464	-45.26
开沃 D07	169	0	—
航天新星	168	86	95.35
荣达	11	107	-89.72
海星	0	49433	-100.00
五星	0	23	-100.00
东风小康 V 系	0	1	-100.00
星旺	0	3	-100.00
威旺 205	0	1	-100.00
EC35	0	155	-100.00

2. 交叉型乘用车市场发展特点及趋势

面对持续大幅下滑的传统微客市场，厂家重视度大幅降低，对开发传统微客车新品的投入也大幅减少，并减产、停产部分车型系列。

随着消费升级，微车企业的重心转移，主力微车企业推出 MPV 和 SUV 等车型越来越多，并开始推出跨界 SUV 等车型，产品造型风格进一步调整，微车企业产品持续呈多元化发展趋势。

除向小型 MPV、中型 MPV 领域发展外，微车厂家借助 SUV 行业大势，持续开发 SUV 车型，拓展新市场，如五菱推出宝骏 560、宝骏 510、宝骏 530 及宏光 S3 等，长安推出 CX70、CX70T、CX70A 等，小康推出风光 580、风光 560，并在 2018 年推出具有轿跑 SUV 风格的 ix5，尝试新的产品风格，欲拓展新的市场机会，为产品调整和品牌升级积极努力。

预计 2019 年交叉型乘用车（不含小型 MPV）销量将继续下滑，全年预计销售 38 万辆，同比下滑 16% 左右。

（二）交叉型乘用车进出口分析

2018 年，交叉型乘用车出口总量为 31667 辆，同比下降 14.70%。出口排名前三的企业为上汽通用五菱7836辆，奇瑞汽车5965辆，东风小康4133辆，前三名合计17934辆，占比56.63%，优势明显。

表47　2018年交叉型乘用车出口量情况

单位：辆，%

企业简称	2018年	2017年	同比增长
上汽通用五菱	7836	9537	-17.84
奇瑞汽车	5965	1472	305.23
东风小康	4133	2130	94.04
长安汽车	2664	2813	-5.30
一汽吉林	2571	2831	-9.18
华晨汽车	2436	9561	-74.52
北汽福田	2430	2846	-14.62
北京汽车	1428	5699	-74.94
力帆汽车	1104	0	—
北汽银翔	700	87	704.60
福建新龙马	265	147	80.27
航天圆通	135	—	—

资料来源：根据中国汽车工业协会数据整理。

（三）部分重点生产企业发展分析

1. 上汽通用五菱

2018年，上汽通用五菱的交叉车型销量为14.90万辆，同比下滑9.19%。主力产品五菱之光7.04万辆，下降5.06%；五菱荣光销售6.87万辆，下降3.78%。2018年，五菱继续在向乘用车拓展，宝骏530等取得了很好的销量，表现抢眼，而微客占比进一步减小。

2. 长安汽车

2018年，长安汽车的交叉车型销售1.49万辆，大幅下滑77.08%。2018年，长安汽车加快了向乘用车领域的转型发展，旗下的欧尚汽车推出了欧尚CX70A SUV、欧尚COS1°（科赛）等车型，其中欧尚汽车换标后的首款车型COS1°（科赛）定价9.38万~14.58万元，定价明显高于之前产品系列，展示了欧尚汽车向乘用车全面转型后打造更高端精品乘用车的意图。预计未来，长安汽车将加大向乘用车的拓展力度，乘用车占比进一步提升。

3. 华晨汽车

2018 年，华晨汽车的交叉车型实现销售 5.97 万辆（全部为小海狮 X30 车型），同比增长 20.82%，超过东风小康排名第二，这是华晨汽车抓住长安和小康向乘用车大力转型、对微客市场重视不够的时机，实现成功超越。

主要微车企业根据自身战略和实力向乘用车转型的战略方向非常明确，其在交叉车型市场的效果差异表现明显。

4. 东风小康

2018 年，东风小康的交叉车型实现销售 4.46 万辆，下滑 7.00%。主力微客东风小康 K 系为 2.40 万辆，下降 21.95%。东风小康交叉车型虽稍微落后华晨汽车，但小康在向乘用车拓展转型中取得了持续成效，继风光 580、风光 560 之后，推出具有轿跑 SUV 风格的 ix5，体现了小康产品向上、品牌向上的决心。预计 2019 年，东风小康狭义乘用车将实现更大销量。

（四）交叉型乘用车发展存在的问题和建议

随着消费趋势的升级变化，微车企业的重心已向乘用车转移，首先是产品转型，受车型结构、用途、价格、用户特征等因素影响，之前小型 MPV 市场成为各主力厂家突围转型的首选，目前以 MPV + SUV 的产品组合拓展乘用车市场。

2018 年，部分微车企业正在以更多的方式实现突破，如长安欧尚汽车推出欧尚 COS1°（科赛）SUV，定价明显高于之前产品系列；而东风小康推出具有轿跑 SUV 风格的 ix5，这些都体现了企业在产品向上、品牌向上的探索。

当前，MPV 和 SUV 车型已成为企业主力车型，微车企业产品呈多元化发展趋势，而整个传统微客市场进一步萎缩。2018 年交叉车型过万辆仅 8

款，销量最大的是前置后驱的荣光 V，中置后驱的传统微客车型销量大幅下滑。

2018 年交叉车型销量扣减前置动力微客后，传统微客仅 29.3 万辆，相比 2016 年的 36.4 万辆少了 7 万多辆，同比大幅下降 19.7%。

综上，从趋势预判，2019 年交叉车型销量会继续下滑，企业的传统微客进一步减少。

在现有 16 家微车企业中，年销量过万辆的企业仅 4 家，企业总数和上万辆规模企业数均少于上年，未来还将有企业退出微客市场。

在激烈竞争的市场环境下，发展建议如下。

一是从传统微客市场来看，微客市场基本客户升级仍未完成，低端 MPV 产品价格下移对微客的替代性很强，微客将进一步受到挤压，传统微客市场进入持续下滑通道，但仍将存在相当长一段时间，预计未来只存在大空间的专业化需求；同时，预计 2020 年后，新能源微客或将成为物流主力军，企业需要积极把握市场趋势，推出相应产品。

二是要积极研究乘用车市场发展本质及规律，滚动审视发展战略，减少战略失误；同时，持续发挥成本竞争优势，要加强体系建设，重视技术支撑，高度重视品质打造，重视品牌建设，在产品实力及技术支撑到一定阶段时，可考虑打造新品牌来区分，以焕然一新的面貌来实现品牌和产品的双升级。

商用车篇

Commercial Vehicles

B.3
2018年载货车发展报告

摘　要： 本报告描述了2018年中国汽车市场载货车类商用车产销情况，分析了重型载货车、中型载货车、轻型载货车和微型载货车四个细分市场2018年度的发展情况和变化趋势，预测了2019年载货车类商用车发展趋势，并提出了相关发展建议。

关键词： 载货车　重型载货车　中型载货车　轻型载货车　微型载货车

一　2018年载货车发展情况

（一）载货车市场发展分析

2018年，载货车市场继续增长，全年生产量379.07万辆，同比增长

2.9%，销售量388.5万辆，同比增长6.94%，总规模超过2010年行业顶峰值，相比上年增速明显回落（见图1）。主要利好因素，一是2018年上半年宏观经济基本面向好支撑了载货车市场持续增长态势；二是环保治理带来的国三车型淘汰等法规政策驱动带来的更新量；三是广大城乡县域三轮车升级（主要是对微型载货车）带动的载货车需求；此外还有皮卡车解禁和新能源物流车的发展，也对载货车市场做出一定贡献。同时也存在以下不利因素，一是GB1589和治超带来的政策红利逐渐结束，牵引车市场销量明显下滑；二是"蓝天保卫战"相关政策措施，对柴油车市场产生一定的不利影响；三是国家鼓励"公转铁"，减少公路运输，给重型载货车市场带来较大冲击；四是从市场层面看，运价持续回落，新进入用户明显减少，购车需求下滑。

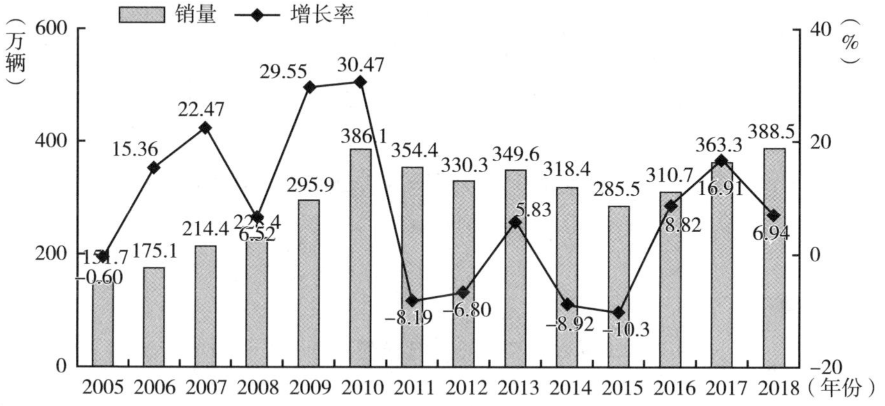

图1　历年载货车销量走势

资料来源：根据中国汽车工业协会数据整理。

分车型看，重型载货车（GVW＞14T，包含重型货车、重型货车非完整车辆和半挂牵引车）全年共生产111.24万辆，同比下滑3.24%；销售114.79万辆，同比增长2.78%（见图2，下同）。中型载货车（6T＜GVW≤14T，包含中型货车、中型货车非完整车辆）全年共生产17.26万辆，同比下降26.25%；销售17.72万辆，同比下降22.66%。轻型载货车（1.8T＜GVW≤6T，包含轻型货车、轻型货车非完整车辆）全年共生产187.78万辆，同比增长 8. 02%；销售 189. 50 万辆，同比增长 10. 24%。微型载货车（GVW≤1. 8T，包含微型货车、微型货车非完整车辆）全年共生产 62. 8 万辆，同比增长 12. 01%；销售 66. 56 万辆，同比增长 17. 08%。从上述数据看出，尽管载货车销量整体实现 6. 94% 的增速，但内部差异很大，销量增长主要源于轻型载货车、微型载货车的高增长。

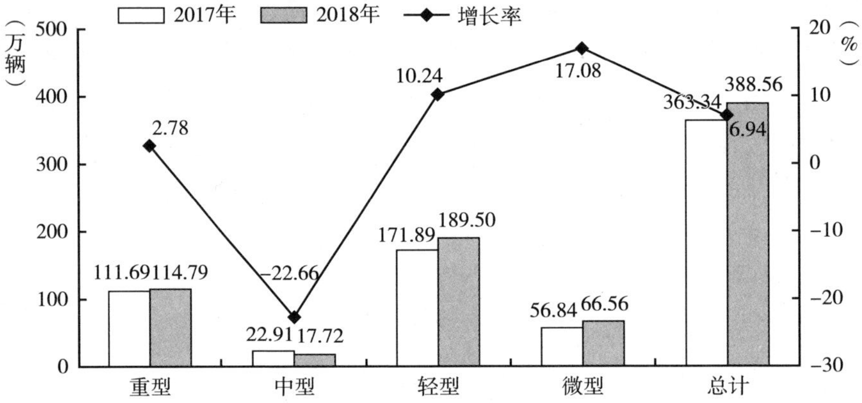

图 2　2017 年和 2018 年载货车各车型销量及增长情况

资料来源：根据中国汽车工业协会数据整理。

表 1　2018 年载货车各车型销量、增长及贡献度

单位：万辆，%

分类	2017 年		2018 年			贡献度
	绝对量	比重	绝对量	比重	增长率	
重型	111. 69	30. 74	114. 79	29. 54	2. 78	2. 7
中型	22. 91	6. 31	17. 72	4. 56	-22. 66	-29. 3
轻型	171. 89	47. 31	189. 50	48. 77	10. 24	9. 3
微型	56. 84	15. 65	66. 56	17. 13	17. 08	14. 6
总　计	363. 34		388. 56		6. 94	6. 5

资料来源：根据中国汽车工业协会数据整理。

从月度走势看，一至二季度涨势较好，三季度增速不断下滑，销量低于上年同期，四季度后期止跌转涨（见图 3）。

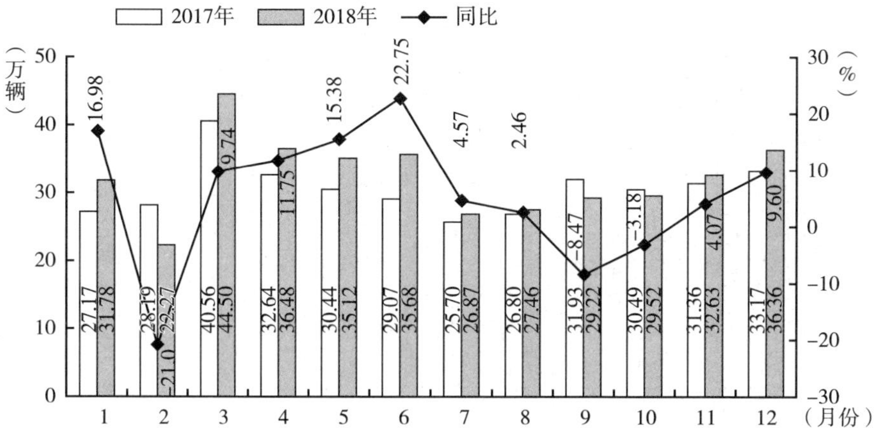

图3　2017～2018年载货车各月销量走势

资料来源：根据中国汽车工业协会数据整理。

从载货车各车型销售占比结构上看，2018年各类型载货车比重均有小幅变化，中型和重型载货车比重略有减小，微型和轻型载货车比重有所增加。其中，变化较大的是中型载货车，占全部载货车的比重从2017年的6.7%下降到4.6%，减少2.1个百分点（见图4）。

2018年排名前五载货车厂家市场份额为51.8%，比2017年增加0.9个百分点，市场集中度进一步提升。其中，东风2018年共销售载货车49.84万辆，同比微增0.1%，占有率12.8%，比2017年下降了0.9个百分点，连续两年保持了第一；第二名福田2018年共销售载货车45.79万辆，市场占有率比上年下降1.6个百分点。前五位载货车厂家中，上汽通用五菱2018年销售39.75万辆，同比实现了55.7%的大幅增长。一汽和重汽也实现了较快增长，其中一汽销售33.38万辆，同比增长7.1%；重汽销售32.51万辆，同比增长9.2%。

在载货车进出口方面，2018年1～11月中国货车进口量为1.35万辆，同比增长53.4%。2018年，载货车整车共出口18.82万辆，同比增长13.17%；半挂牵引车出口1.748万辆，同比增长32.74%；货车非完整车辆出口2.11万辆，同比增长12.17%。

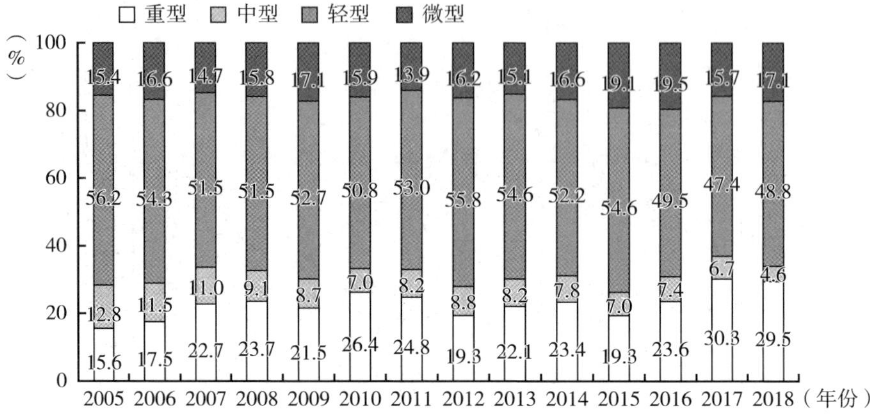

图 4　历年载货车各车型销量占比结构

资料来源：根据中国汽车工业协会数据整理。

（二）载货车市场发展因素及趋势分析

1. 载货车市场发展因素

2019 年，影响载货车市场发展的因素主要来自三个方面，即宏观经济、行业法规政策、行业自身周期。

宏观经济方面：载货车作为一种生产资料，其投资属性决定了行业发展状况不可避免地受宏观经济周期波动的影响。经过 40 年的高速增长后，我国经济已进入中低速增长的新常态，预计 2019 年我国经济增长将继续稳中有进，经济增速 6% ~6. 5% ，固定资产投资增速小幅放缓至 5. 2% 。三大类投资中，房地产和基建投资增速将放慢，这对载货车特别是重型载货车是负面因素。

行业法规政策：行业政策变化导致载货车辆在 2016 ~2017 年集中更换，运力渐趋饱和，预计法规政策的红利渐微，将会减少 2019 年的新车需求量。随着“治超”和环保治理政策逐渐成为新态势，重点区域提前实施国Ⅵ，加上政府“蓝天保卫战”的影响，预计 2019 年满足国 VI 排放标准和新能源货车为货车企业带来新的增量空间，但同时带来严峻考验。“公转铁”运输结构转移，将给中重型货车市场带来挑战，预计未来市场会进一步萎缩，同时，物流货物结构的变化也会带来中重型货车市场结构的变化；城市物流的快速发展，为轻型和微型货车市场带来增长动力，但市场竞争会更加激烈。

行业更新周期：自然更新量在减少，考虑2016～2017年提前集中更换车辆的影响。

2. 载货车市场发展研判

基于上述分析，预计2019年载货车行业增速将进一步放缓。

二　2018年中重型载货车发展情况

（一）中型载货车市场发展情况

中型载货车是整个载货车行业中规模和份额最小的细分领域，每年需求量相对比较稳定（见表2）。2018年，中型载货车全年共销售17.72万辆，同比大幅下降22.66%。在载货车全行业增长6.94%的背景下，中型载货车在载货车领域的份额比2017年同期下降1.75个百分点，占到4.56%。

表2　2018年载货车行业分车型结构

载货车类别	2018年（万辆）	同比增长（%）	市场份额（%）	份额同比变化（百分点）
载货车（含非完整车辆、半挂牵引车）总计	388.56	6.94		
重型	114.79	2.78	29.54	-1.20
中型	17.72	-22.66	4.56	-1.75
轻型	189.50	10.24	48.77	1.46
微型	66.56	17.08	17.13	1.48

资料来源：根据中国汽车工业协会数据整理。

从历史走势看，2018年中型载货车的销售规模为2005年以来的最低水平（见图5）。

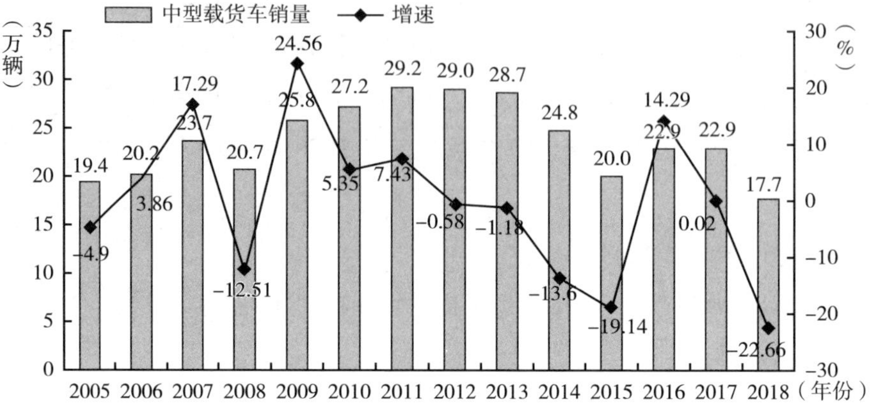

图5　2005～2018年中型载货车销售走势

资料来源：根据中国汽车工业协会数据整理。

从分车型结构看（见图6），2018年中型载货车整车销售14.05万辆，同比下降16.64%，占全部中型载货车的79.3%，同比增加5.8个百分点；而中型载货车非完整车辆销售3.67万辆，同比下降39.5%（见图7）。中型载货车内部结构变化延续2017年的趋势，非完整车辆下降，完整车辆上升。

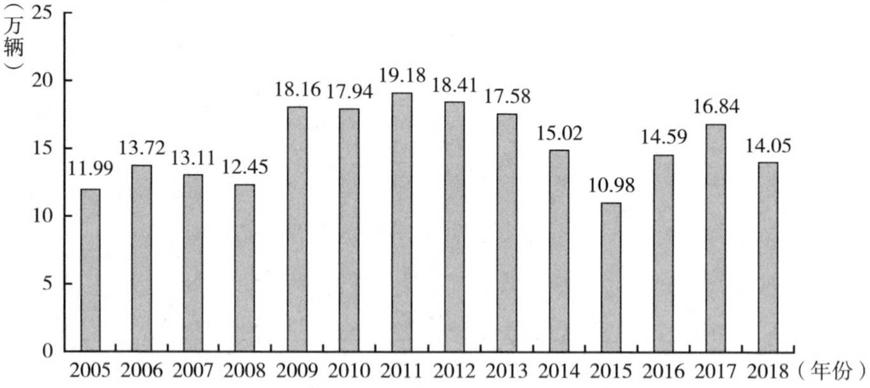

图6　2005～2018年中型载货车完整车辆销量走势

资料来源：根据中国汽车工业协会数据整理。

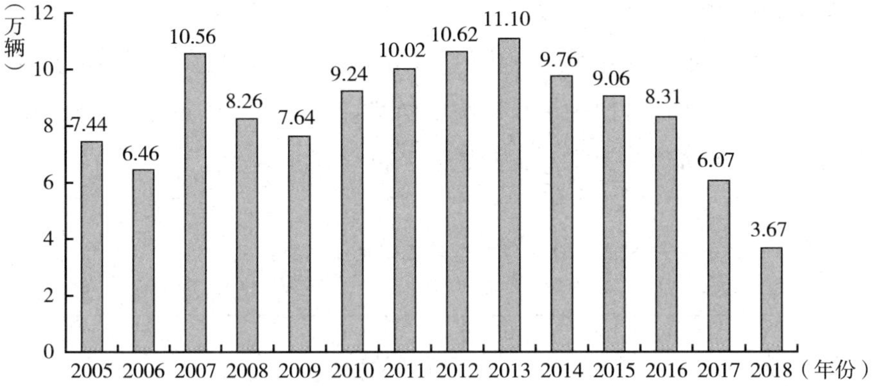

图7　2005～2018 年中型载货车非完整车辆销量走势

资料来源：根据中国汽车工业协会数据整理。

从分月度走势看，2018 年上半年与 2016 年和 2017 年总体趋势类似，下半年出现明显下滑（见图 8）。

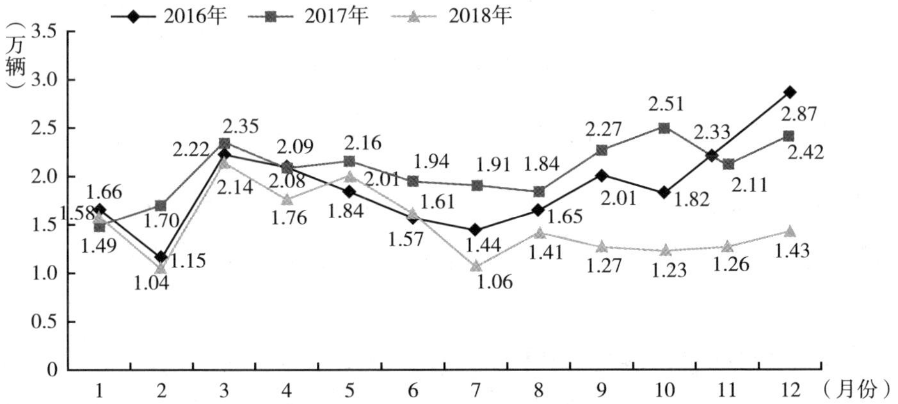

图8　2016～2018 年中型载货车月度销量走势

资料来源：根据中国汽车工业协会数据整理。

从分企业来看，销量在 1 万辆以上的企业有 9 家，排名第一的东风汽车突破 3 万辆，紧随其后的是浙江飞碟和大运，销量均突破 2 万辆。市场竞争激烈，排名变化大，行业前十位的企业可以说是“冰火两重天”，其中大运、重汽、山东唐骏欧铃、一汽取得 2 位数的增长，浙江飞碟三位数增长，其余企业均有10%以上的下滑。

总的来看，中型载货车行业集中度不高，排名前五的市场份额近64%。行业规模不大，涉足者比较多，传统中型载货车主流企业东风、一汽重心继续向重型载货车转移，为其他企业提供了机会（见表3）。

表3　2018年中型载货车企业销量排名

单位：辆，%

序号	1	2	3	4	5	6	7	8	9	10
企业简称	东风	浙江飞碟	大运	力帆	重汽	北汽福田	中国重汽	江淮	唐骏欧铃	一汽
销量	30101	23578	22999	19071	17551	12908	11993	11731	11337	7051
同比增长	-27.24	527.40	25.87	-67.02	37.24	-11.02	-30.34	-50.14	19.64	70.74
市场份额	16.99	13.31	12.98	10.76	9.90	7.28	6.77	6.62	6.40	3.98

一汽、东风、庆铃以提供底盘为主，在一汽的中型载货车销量中，底盘销量占到74%，东风和庆铃则分别为67%、53%，这三家企业基本包揽了全部中型底盘的供给量。结合2019年宏观经济形势以及中型载货车行业特性，预计2019年中型载货车市场需求规模有可能继续下滑。

（二）重型载货车市场发展分析

2018年，重型载货车销量自2010年、2017年过百万辆以来再次突破百万辆大关，全年销量达到114.79万辆，同比增长2.8%，创下历史新高（见图9）。

从细分市场结构上看，2018年牵引车占比42.1%，同比大幅下降，非完整车辆比重持续上升，说明2018年工程车市场需求旺盛，基建投资在经济增长中仍起着重要作用（见图10）。

从增长原因上看，2018年重型载货车市场的增长是市场因素与法规因素综合影响的结果。

影响因素1：国家新一轮投资的兴起。虽然国家经济产业结构在调整，固定资产投资放缓，房地产市场萎缩，但“一带一路”、区域经济带、新型城市圈建设等带来的基建投资快速增长，拉动了工程运输市场的新一轮增长。

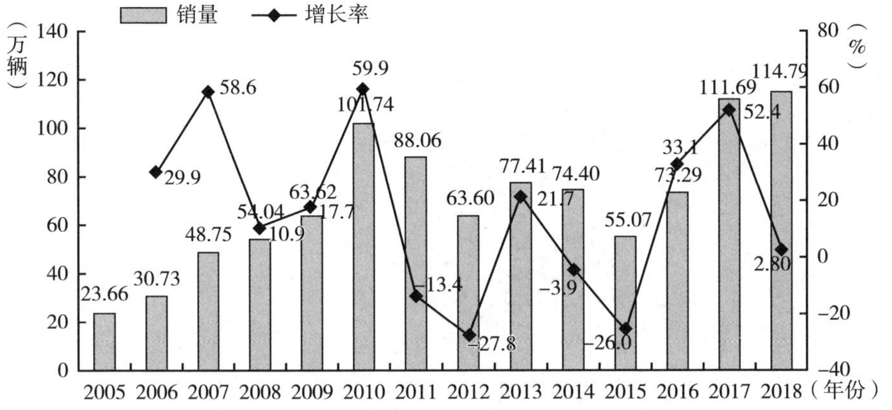

图 9　重型载货车市场历年销量走势

资料来源：根据中国汽车工业协会数据整理。

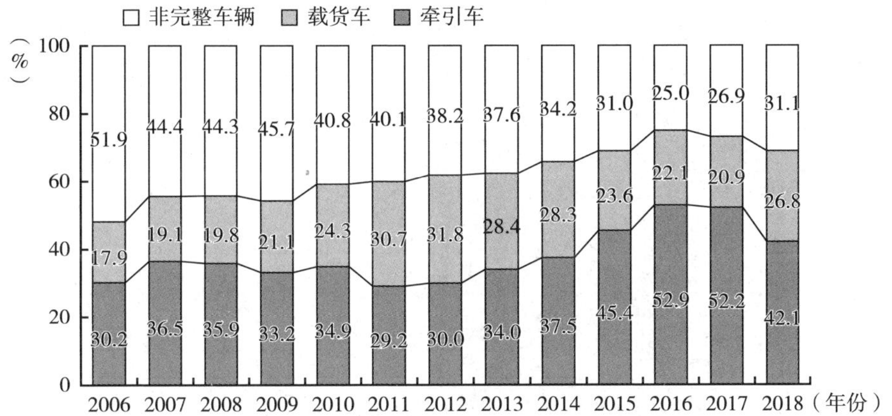

图 10　历年细分市场结构变化

资料来源：根据中国汽车工业协会数据整理。

影响因素 2：环保治理。2018 年 6 月，交通部针对“蓝天保卫战”做出重要部署，其中“运输结构调整、加快车辆结构升级、强化监管治理”三大举措对货运市场影响重大。国三置换补贴以及限行政策的实施加速了国三产品的置换，对市场销量起到较大支撑。

从竞争上看，2018 年排名前五的重型载货车厂家市场份额为 82.7%，比 2017 年降低 0.9 个百分点，市场集中度略微下降（见图 11）。

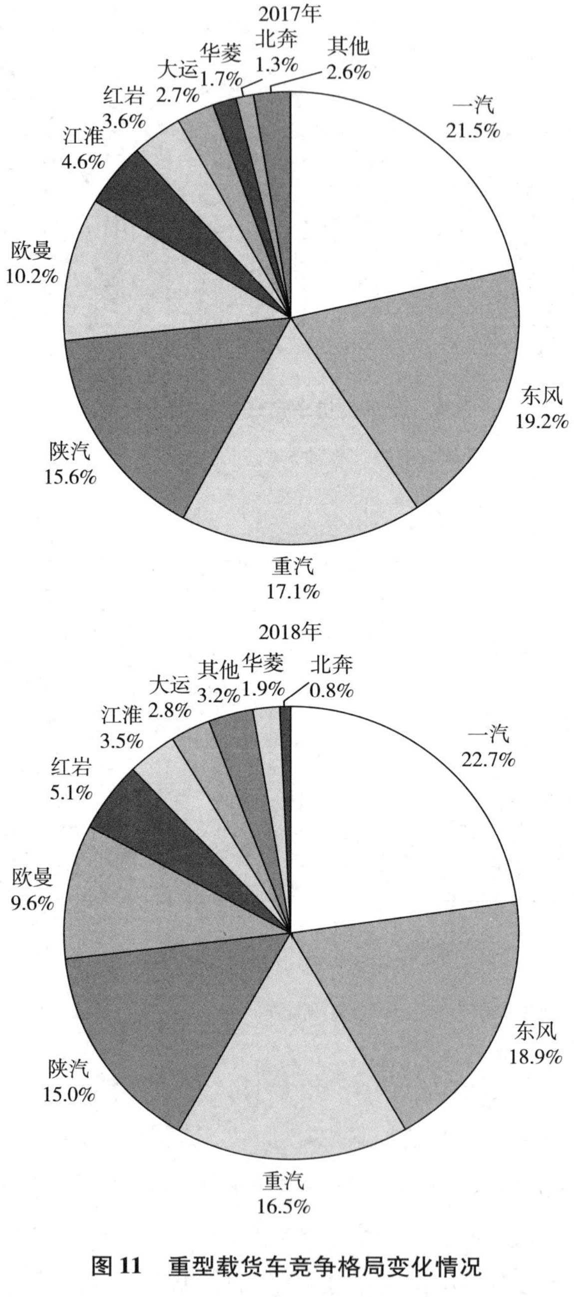

图 11　重型载货车竞争格局变化情况

2018年一汽共销售重型载货车26.1万辆，同比增长8.4%，占有率22.7%，比2017年提升1.2个百分点，表现最为突出。作为国内重型载货车企业的“排头兵”，一汽近年来紧跟市场变化，加速转型调整，形成了长春本部与青岛高低搭配的业务布局，通过细分市场需求的研究充分挖掘了长春J6平台和青岛J5平台产品的应用潜力，打造出能适应不同运输行业、不同运输工况、不同价格区间的产品家族，充分发挥产品的价值。通过营销与产品的紧密配合，在区域及客户营销上的实现快速响应，实现了牵引车业务的增长和渣土车市场的突破，是其占有率增长的主要原因。

2018年东风共销售重型载货车21.7万辆，同比增长0.4%，低于重型载货车市场2.8%的增速，占有率18.9%，比2017年下降了0.3个百分点。产品升级换代，重型发动机资源优势对东风的整体竞争力产生了积极影响，随着天龙旗舰产品的逐渐成熟以及沃尔沃技术资源的引进与吸收，东风未来仍有进一步提升的潜力。

2018年重汽共销售重型载货车18.97万辆，同比下降0.3%，占有率16.5%，下降0.6个百分点，排名第三。重汽在产品上充分发挥了MAN技术的优势，通过几年的调整和市场推广，客户对其产品的性能及质量认可度提高，尤其是在高效物流牵引车市场上，汕德卡C7H和豪沃T7H取得了较大的突破。此外，重汽在自卸车和搅拌车市场一直保持领先地位。

2018年陕汽共销售重型载货车17.2万辆，同比下降0.6%，占有率15%，下降0.6个百分点，拉开了与福田欧曼的差距，站稳了第四的位置。拥有潍柴发动机、法士特变速箱、汉德车桥黄金动力链的陕汽，充分发挥了产能优势，凭借潍柴发动机的油品适应性和可靠性优势，在煤炭运输领域和其他重载运输牵引车领域取得了突破，并在油气价格变化的LNG市场上把握住了机会，取得了2018年的良好业绩。

2018年福田欧曼市场表现不及预期，全年共销售重型载货车11.03万辆，同比下降3.5%，占有率9.6%，下降了0.6个百分点。在客户需求升级以及产品变化日新月异的趋势下，过去三年间，福田欧曼在产品改进上，速度下降，再加上旺季期间部分核心零部件依赖外供，产能受限，市场份额出现了下滑。随着 EST－A、EST、GTL 及 ETX 四大平台产品的调整到位，竞争力逐渐提高。

（三）重型载货车细分市场发展综述

1. 半挂牵引车情况

2018 年，半挂牵引车市场大幅下降，全年销售 48.31 万辆，较 2017 年减少了 10 万辆，同比降低 17.2%。虽然国三置换、“蓝天保卫战”等使牵引车市场利好因素，但 2017 年市场的提前透支、运费低迷、国六法规等因素，致使牵引车市场出现较大幅度下滑（见图 12）。

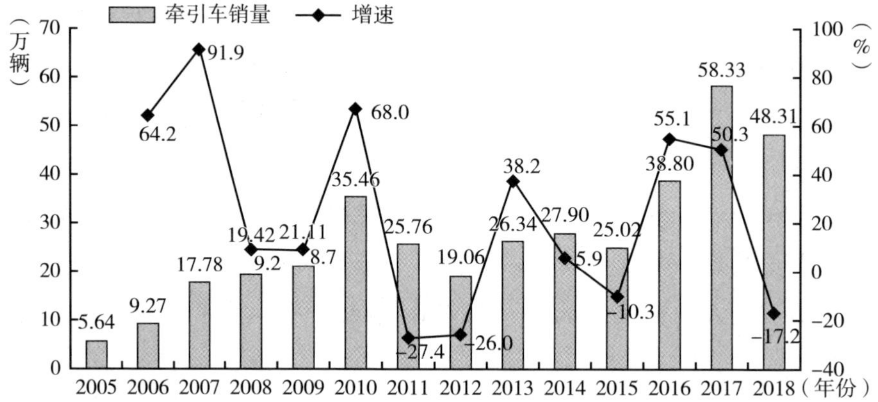

图 12　半挂牵引车年度走势变化情况

资料来源：根据中国汽车工业协会数据整理。

从月度走势上看，法规因素对牵引车的影响十分明显。2017 年牵引车销量持续高位，9 月以后受北方采暖季停工、限产、限煤影响，市场开始出现下滑。2018 年受 2017 年市场提前透支和公路运费低迷等不利影响，牵引车市场销量总体下滑，月均销量 3.5 万辆左右（见图 13）。

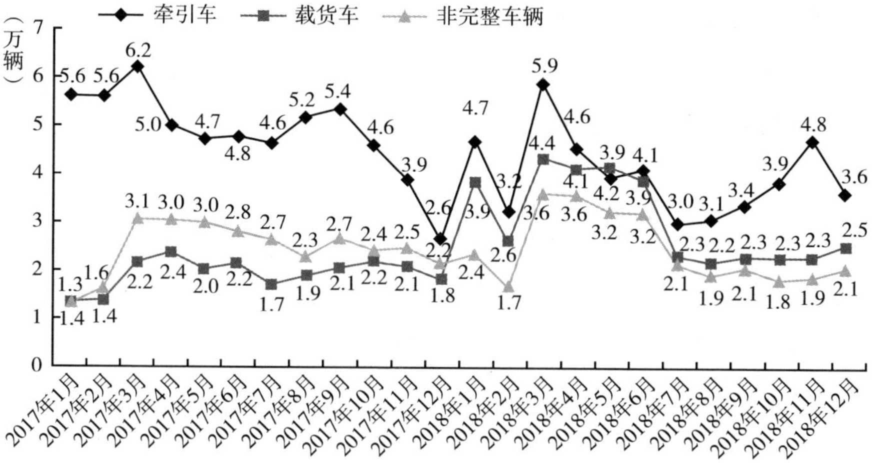

图 13　2017～2018 年重型载货车细分市场月度销量走势

资料来源：根据中国汽车工业协会数据整理。

从吨级结构上看，2018 年 40 吨以上和 25 吨以下市场比重均出现下降，25～40 吨市场出现了增长（见表 4）。

表 4　2018 年牵引车各吨级销量及比重变化

吨级	2017 年		2018 年			
	销量（辆）	比重（%）	销量（辆）	同比增长（%）	比重（%）	比重变化（百分点）
40 吨＜准拖挂车总质量	142990	24. 5	37127	－74. 0	7. 7	－16. 8
25 吨＜准拖挂车总质量≤40 吨	331928	56. 9	383701	15. 6	79. 4	22. 5
准拖挂车总质量≤25 吨	108386	18. 6	62315	－42. 5	12. 9	－5. 7
合　计	583304		483143	－17. 2		

资料来源：根据中国汽车工业协会数据整理。

2018 年，排名前五的牵引车生产企业市场集中度为 87% 左右。一汽解放 2018 年共销售牵引车 15. 1 万辆，虽然同比下降 12. 4%，但市场份额继续提升达 31. 3%，比第二名陕汽高出 14 个多百分点，在牵引车市场继续领先。陕汽实现牵引车销售 8. 3 万辆，市场份额 17. 2%，东风、重汽跟随其后，销量分别为 7.4 万辆和 6.3 万辆，市场份额分别为 15.3% 和 13.0%。福田欧曼继续延续下滑趋势，市场份额下滑 0.4 个百分点，跌至 10.2%，全年销量约 4.9 万辆（见表 5）。

表 5　2018 年牵引车市场主要企业销量及占有率变化

企业	2017 年		2018 年			
	销量（辆）	市场份额（%）	销量（辆）	同比增长（%）	市场份额（%）	份额变化（百分点）
一汽	173083	29.7	151089	－12.4	31.3	1.6
陕汽	102830	17.6	83050	－19.2	17.2	－0.4
东风	91874	15.8	73960	－11.3	15.3	－0.5
重汽	83354	14.3	62581	－32.3	13.0	－1.3
欧曼	61727	10.6	49374	－20.0	10.2	－0.4
其他	70389	12.0	63089	－10.4	13.1	1.1
合计	583257		483143	17.2		

资料来源：根据中国汽车工业协会数据整理。

2. 重型载货车情况

虽然受法规因素影响，中长途运输载货车在快速向半挂牵引车转移，但由于中型车升级、快递市场、中置轴轿运市场等新增需求的支持，重型载货车整体销量仍出现了增长。2018 年，重型载货车市场共销售 30.8 万辆，同比增长 32.15%（见图 14）。

从月度销量走势上看，重型载货车 2018 年上半年市场需求较大，且一直维持在 4 万辆左右，但下半年市场销量下降，月均销量维持在 2 万辆附近（见图 13）。

重型载货车市场集中度相对比牵引车低，2017 年前五大企业占比 80.6%，2018 年占比则为 76.4%，比 2017 年下降了 4.1 个百分点。其中，重汽以 26.2% 的占有率稳居第一位，全年销量 8.1 万辆；陕汽超过江淮、福田跃居第二，全年销量 5.8 万辆，占有率 18.9%，较 2017 年上升了 5.7

个百分点；福田、江淮、东风2018年占有率分别下降了2.7个百分点、7.2个百分点和2.4个百分点，江淮由2017年第二位跌至第四位（见表6）。

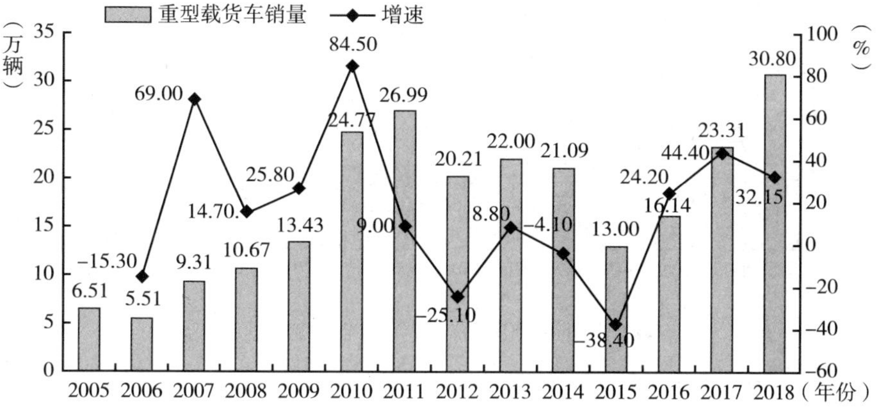

图14　重型载货车年度走势变化情况

资料来源：根据中国汽车工业协会数据整理。

表6　2018年重型货车市场主要企业销量及占有率变化

企业	2017年		2018年			
	销量（辆）	占有率（%）	销量（辆）	同比增长（%）	占有率（%）	占有率变化（百分点）
重汽	55403	23.8	80817	45.9	26.2	2.5
陕汽	30647	13.2	58201	89.9	18.9	5.7
福田	33879	14.5	36399	7.4	11.8	-2.7
江淮	41173	17.7	32203	-21.8	10.5	-7.2
东风	26544	11.4	27578	3.9	9.0	-2.4
其他	45406	19.5	72773	60.3	23.6	4.2
合　计	233052		307971	32.15		

资料来源：根据中国汽车工业协会数据整理。

3. 非完整底盘情况

2018年非完整底盘市场共销售35.68万辆，同比增长18.7%，主要源于基建及城建工程需求的增长和大型矿区开工率的提高。自卸车、搅拌车、环卫车需求出现明显增长（见图15）。

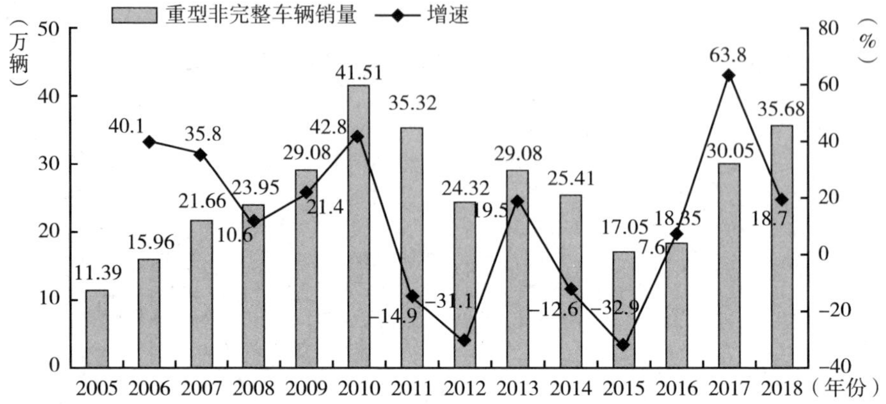

图 15 重型非完整车辆年度走势变化情况

资料来源：根据中国汽车工业协会数据整理。

从月度走势上看，非完整车辆与重型货车走势相似，2018 年上半年市场增长，月均销量达 3.5 万辆，下半年市场缩减，月均销量 2 万辆左右（见图 13）。

从各企业市场表现上看，一汽和红岩表现抢眼，一汽解放 J6 自卸，红岩杰狮自卸在城建渣土车市场的良好表现得到了客户的认可，占有率分别增长了 7.8 个百分点和 1 个百分点；东风占有率下滑了 2.9 个百分点，但由于其在专用底盘尤其是环卫车领域具有绝对领先优势，2018 年仍处于绝对领先地位，全年销量 11.5 万辆，占有率高达 32.4%；福田占有率略有提升，排名位于第六，2018 年占有率 6.9%，销量 2.5 万辆（见表 7）。

表 7 2018 年非完整底盘市场主要企业销量及占有率变化

企业	2017 年		2018 年			
	销量（辆）	占有率（%）	销量（辆）	同比增长（%）	占有率（%）	占有率变化（百分点）
东风	106187	35.3	115489	8.8	32.4	-2.9
一汽	64962	21.6	104771	61.3	29.4	7.8
重汽	42403	14.1	46307	9.2	13.0	-1.1

续表

企业	2017 年		2018 年			
	销量（辆）	占有率（%）	销量（辆）	同比增长（%）	占有率（%）	占有率变化（百分点）
红岩	23309	7.8	31552	35.4	8.8	1.0
陕汽	39616	13.2	30758	-22.4	8.6	-4.6
福田	18672	6.2	24532	31.4	6.9	0.7
其他	5346	1.8	3361	-37.1	0.9	-0.9
合　计	300495		356770	18.7		

资料来源：根据中国汽车工业协会数据整理。

（四）重型载货车新技术和新产品发展与应用

1. 整车轻量化

GB1589 法规调整后，市场对经济性和装载量的要求进一步提高，重型载货车总重降低了 14% ~20%，整车各系统也发生了明显的变化。新型结构的 459、440、425 后桥，新结构的平衡轴、镁铝钢圈、新结构轻量化转向系统、850 ~1000L 大容量 LNG 单罐等模块及新材料的应用，使重型载货车底盘自重进一步降低了 50 ~400kg。

2. 动力升级化

动力进一步升级，13L 及以上、大排量 500PS 及以上大马力发动机应用增多。2018 年，随着客户对大马力发动机带来的效率提升和收益增长的认可，重型载货车尤其是牵引车在动力升级方面进一步加速，陕汽推出了 15L 大排量康明斯发动机，解放、东风、重汽在 500PS 以上市场实现了成倍的增长。

3. 新技术新产品

新一代产品陆续上市，产品平台化、模块化程度明显提升，产品性能质量水平上了一个新台阶。解放 J7、陕汽 X6000、江淮 K7、福田 H5 等新一代产品陆续推出，各厂家在新一代产品设计上充分借鉴了欧洲最新一代产品的成功经验，从设计之初就考虑产品的平台化、系列化、模块化开发，使整车零部件数量大幅降低，产品可选装配置模块大幅提升，在大幅降低制造成本的同时，也提高了产品的可靠性，最大限度地满足了各类客户的个性化需求，推动国内重型载货车产品及技术的整体升级换代。

4. 产品适应性改进

现有产品适应性改进，更加关注客户的细节需求。液力缓速器、1000L 大油箱、220V 电源、独立空调、加宽卧铺、LED 昼行灯、180Ah 免维护电池、通风座椅、内外饰升级等新的配置模块正在得到广泛应用，也为各厂家推出更丰富的产品组合提供了技术支持。解放、陕汽、福田、东风、重汽纷纷推出了北方版、南方版、高原版、寒区版、启航版等各种不同版本的产品，以满足不同区域、不同工况、不同用途、不同文化客户的个性化需求。

5. 智能化、网联化

智能化、车联网应用进一步加速。继福田推出超级载货车、重汽推出智能载货车之后，解放也释放出 J7 的自动驾驶试验的信息。虽然大多数关于智能化、车联网的新产品仍处在概念阶段，但相关的技术应用正在加速。如自动变速箱、空气悬架、电控转向机等新技术的应用正在逐步解决整车主要模块的自动控制及执行问题，EBS、AEB、车道偏离、ACC 等新技术的应用，正在逐步解决纵向、横向主动安全问题，GPS 监控、整车远程控制、车队管理系统等新技术的应用正在逐步解决车辆与管理者的通信与互动问题。随着技术的发展和需求量的增长，这些新技术的应用逐渐成熟，应用成本大幅降低，为后续大规模的应用做好了准备。

（五）重型载货车发展存在的问题和趋势

1. 重型载货车发展存在的问题

（1）法规执行标准不统一

部分地方性法规、安全技术法规不切实际，有失公平。如 4 轴载货车总重标准，法规要求 31 吨，部分区域考虑实际情况按 36 吨、37 吨执行。虽然出于保护环境的初衷，但由于适用周期短，技术实现难度大，且实际环保改善效果有限，反而大幅增加了生产制造认证成本和客户的购买及运营成本。

（2）市场饱和度提升，加剧竞争

重型载货车市场饱和度大幅提升，进一步加剧了运输市场的无序竞争。法规调整对车辆需求结构造成了巨大影响，尤其是牵引车6×2和6×4需求结构，大量6×2车型由于法规允许的总重大幅度减少，被迫转向6×4，但由于既有车辆大多未到报废年限，且二手车处理难度大，只能暂时停运或勉强运营，对物流货运市场造成了短时冲击。

（3）市场的急速增长增加了产能风险，降低了产品质量

2018年，重型载货车市场的增长主要集中在受基建投资等影响的工程车市场，这些市场对产品价格敏感度较高，导致市场中低端产品比重大幅上升。同时，严重的产能不足，导致零部件和整车厂对产能做出了相应调整，对产品质量的管控有所松懈，增加了车辆运营及售后服务风险。

（4）政策法规影响了物流市场对重型载货车的实际需求

2018年，重型载货车市场增长主要源于工程运输的高速增长以及国家环保治理对煤炭运输市场的影响，而实际消费物流增速在放缓，后续市场可持续性发展仍存在较多不确定性因素。

2. 重型载货车发展趋势分析

（1）市场销售总量将出现下滑

在法规红利基本结束、宏观经济持续转型、投资增速放缓、经济增长带来的物流需求增幅有限、煤炭“公转铁”以及2018年市场持续高位带来的运力过剩等综合因素影响下，2019年市场销售总量将可能出现下滑。

（2）部分细分市场仍存在增长机会

国家正在推出物流效率提升、物流成本降低以及安全与质量水平提升等一系列改进措施，同时相关技术标准和法规也在逐步完善，这些都将推动重型载货车市场结构的调整并带来部分细分市场的增长机会。快递快运、冷链等与消费相关的市场仍将保持稳定增长，受法规影响的中置轴轿运车市场、城市与城建物流黄标车置换市场、国三置换市场等细分市场仍有增长机会。此外，受国家“一带一路”倡议带动，跨境运输、对外援建市场仍将得到

快速发展。

（3）竞争进一步加剧，产业加速整合

2018 年，随着技术和质量的快速升级以及竞争的加剧，重型载货车产业门槛大幅提高，未来产业的集中度将进一步提高，大量生产规模在千辆以下的企业将被整合或转型退出。因此，重型载货车市场未来的主要竞争者必须具备强大的资源和技术支持。

（4）新能源和自动驾驶成为新热点

随着环保治理的严格，安全技术标准的提高，以及新兴产业技术的发展，新能源和自动驾驶成为汽车行业新热点，商用车领域对新能源和自动驾驶的关注度也在快速提升。对重型载货车产品来说，由于其特殊的使用工况和应用场景，对产品的技术、成本、可靠性要求相对较高，然而电池技术、整车平台技术、传感及自动控制技术的可靠性、成本、产业配套仍处在瓶颈期，要实现商业应用至少需要三到五年时间。短期内，新能源重型载货车仍将处于概念阶段，产品仍以过去在传统重型载货车平台上开发的过渡性产品为主，应用场景也将集中在短途配送及场地运输市场。传统重型载货车产品将重点解决辅助驾驶技术的应用问题，如自动挡变速箱、空气悬架、盘式制动器、电控转向系统、EBS 等技术的商业化应用。

三　2018年轻型载货车发展情况

（一）轻型载货车市场发展分析

2018 年，轻型载货车销售 189.5 万辆，同比增长 10.2%（见图 16）。其中，轻型货车销售 175.7 万辆，同比上升 8.3%；轻型货车非完整车辆销售 13.8 万辆，同比上升 42.7%。2017 年、2018 年轻型载货车市场销量高速增长，主要是受车辆淘汰更新需求增加影响。2010 ~ 2013 年，轻型货车销量达到高峰，到 2017 年、2018 年，车辆已使用 5 ~ 8 年，车辆进入淘汰期，同时，国家蓝天行动计划的发布和各地对高排放车辆的限行，进一步加快了车辆的淘汰更新速度。

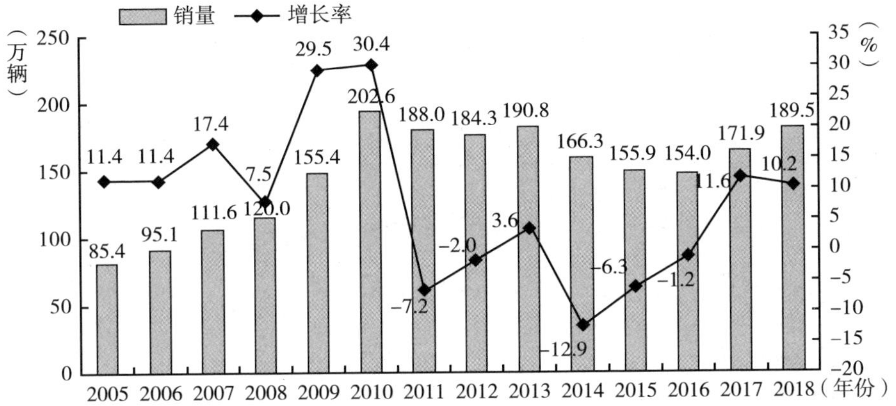

图16　2005～2018年轻型载货车销量及增长情况

资料来源：根据中国汽车工业协会数据整理。

2018年，影响轻型货车的主要政策有：4.5吨及以下普通货车营运证取消、蓝天行动计划发布、国六标准实施时间发布。同时，各地区进一步加强车辆一致性检查、国三及以下车辆限行等专项治理，规范了轻型货车市场，进一步加快了轻型货车的升级，高排放、不达标的车型逐步被淘汰。2018年国家进一步规范了新能源物流车补贴标准，骗补现象逐渐消失，主流车企纷纷发力新能源市场，轻型货车市场发展逐步理性。

轻型载货车竞争进一步加剧。福田、江淮、江铃销售量位居前三，同比均有小幅增长，但占有率均出现下滑。东风汽车2017年排名第四，2018年退后一名，被重庆长安超越。重汽借助重型载产品进入轻型载货车市场，同时扩展标载市场，2018年销售117844辆，同比增长24.6%，占有率同比增长0.7个百分点；一汽集团与重汽发展相似，借助自身中重型载货车优势，推出重载型产品“大王驾到”，实现快速突破，销售61697辆，销量同比增长45.7%，占有率同比增长0.8个百分点；重庆长安在微型载货车平台拓展了小卡产品长安跨越王，市场增长较多，2018年销售168327辆，同比增长65.3%，占有率同比增长3个百分点，排名由2017年的第六上升至第四。中重型载货车企业重汽、解放产品线向下拓展，微型载货车企业长安、五菱产品力争向上突破，新进入者吉利、比亚迪等借助新能源市场进军轻型货车，轻型货车市场群雄逐鹿，竞争环境更加激烈（见表8）。

表8　轻型载货车主要企业销量和市场占有率情况

排名	企业名称	2018年累计销量（辆）	2017年累计销量（辆）	同比增长（%）	2018年份额（%）	2017年份额（%）	份额增减（百分点）
1	北汽福田汽车股份有限公司	328598	303838	8.1	17.3	17.7	-0.3
2	安徽江淮汽车集团股份有限公司	191797	182364	5.2	10.1	10.6	-0.5
3	江铃控股有限公司	181903	180764	0.6	9.6	10.5	-0.9
4	重庆长安汽车股份有限公司	168327	101818	65.3	8.9	5.9	3.0
5	东风汽车集团有限公司	164598	156096	5.4	8.7	9.1	-0.4
6	长城汽车股份有限公司	138000	119846	15.1	7.3	7.0	0.3
7	中国重型汽车集团有限公司	117844	94592	24.6	6.2	5.5	0.7
8	中国第一汽车集团有限公司	61697	42338	45.7	3.3	2.5	0.8

资料来源：根据中国汽车工业协会数据整理。

从市场需求趋势看，城市配送需求的进一步升级，打赢“蓝天保卫战”、大气污染治理工作进一步深入，为我国新能源物流车发展提供了重要的发展契机。目前城市绿色货运配送22个示范城市在发展规划、财政补贴、路权保障、停车便利等方面也出台了一系列政策措施，北京、深圳、广州等城市对新能源物流车提供补贴；深圳、成都取消燃油货车、货运车辆入城证的发放，优先保障新能源物流车的路权；还有公共充电桩设施布局建设的完善，这些都有利于新能源物流车的发展。

当前新能源物流车市场需求主要受政策驱动，推广使用也只限于政策条件比较好的城市，比如北京、深圳、广州等。2018年，新能源物流车销售105391辆，同比减少26%。新能源物流车相比传统燃油车辆仍处于弱势地位，散户购买很少。出于路权、成本、企业对社会责任的承担等方面的影响，物流企业、电商是新能源物流车的购买主力。

（二）轻型载货车新技术和新产品发展情况

2018 年，轻型载货车新产品以满足承载需求为主，新能源产品在提高续航里程的同时，研究实现多技术路线并行发展。

2018 年福田奥铃新捷运上市，配备云内、朝柴等国内高速重载动力系统，最高马力可达 156 匹；整车宽度达 2060mm，驾驶室增高 3cm，卧铺空间达 550mm，座椅与方向盘间距由 180mm 增大为 205mm，空间加大提升用户驾乘体验；2300mm 货厢宽度、22m^3 超大容积满足承载需求。

2018 年江铃推出凯锐重载金刚系列，产品匹配康明斯 115kW 的大功率发动机，配备双层大梁结构，承载力更强，实际最大载重可达 8 吨以上，标配气刹，标配横向稳定杆，操控性和安全性也得到进一步提升。同时，智能手机与车辆互联，实现车机信息同步，分析驾驶行为，保障人、车安全。远程控制功能、故障告警功能等提高了使用车辆的便捷性。凯锐重载金刚系列是江铃拓宽轻型载货车产品线的战略布局的结果，标志着江铃从之前生产标准尺寸、标准载重的轻型载货车过渡到生产针对性较强、实用性较高的“专攻”车型。

在新能源领域，福田专门成立智蓝新能源公司，轻型货车续航里程达 300km 以上，同时发布了燃料电池轻型货车，提供全方位、系统化物流解决方案。江铃凯锐 EV 续航 400km，东风凯普特续航 300km，吉利远程推出插电式混合动力轻型载货车。新能源领域多技术路线并行发展，纯电动续航里程提高，使车辆更具备实用性。

（三）轻型载货车发展存在的问题与趋势

1. 轻型载货车发展存在的问题

非标型超载产品的发展存在很大不确定性，现阶段各地对车辆的一致性检查逐步加严，由车辆上牌环节逐步扩大到车辆使用环节。“蓝牌重载”虽然现阶段市场规模很大，存在大量现有客户且具有较大客户需求，政策的发展对该种客户影响巨大，作为机会性市场，一旦政策加严将逐步萎缩，现有客户如何处理，潜在客户如何分化，需要引起重视。

2. 轻型载货车发展的趋势分析

轻型载货车行业总体已进入成熟期，市场需求总规模将保持相对稳定，市场需求将以更新为主。

（1）2019 年影响轻型载货车市场需求的三个重要因素

一是蓝天行动计划发布。蓝天行动计划的发布，将进一步加快老旧车辆的淘汰。尤其是现阶段环保成为不可触碰的“高压线”，各地政府为了治理环境，出台了一系列政策。推广新能源、国三及以下车辆限行、加快老旧车辆淘汰，这些政策推动了 2019 年轻型载货车市场的增长。

二是汽车下乡政策的发布。汽车下乡的推广，将加快农村市场的消费升级。

三是国六法规的提前实施。部分地区提前实施国六，部分客户将提前购车。

综上，2019 年轻型载货车市场将稳定增长。

（2）轻型载货车还会呈现一些其他方面的趋势

①高端化。随着消费升级和法规影响，市场结构出现明显的变化，主要表现在产品由中低端向中高端升级。轻型载货车受节能减排、社会需求不断细化等因素的影响，产品持续升级，价位也随之“水涨船高”。车辆的排放升级不仅带来发动机的技术升级，而且促进排量小型化，使车型更加精简。随着车辆制造工艺水平的提升与材料科技的进步，产品可靠性也得到提高。

②新能源化。随着电动车规模化，三电系统价格逐年降低，国六排放法规实施带来传统车价格的提高，新能源车与传统车的价格差逐渐缩小。技术的不断进步使新能源车具备在部分行业市场化应用的可能，政策的推动和产品本身质量的提升，双轮驱动，使新能源市场将逐渐理性、稳步发展。

③智能化、网联化。智能网联、辅助驾驶技术将在下一代轻型载货车中逐步体现。2018 年福田汽车取得首个自动驾驶牌照，其他企业也纷纷布局自动驾驶领域，虽然完全市场化还需要一定时间，但技术的储备和布局已经开始，下一代轻型载货车将向智能网联发展。

另外，城市物流的客户结构会发生较大变化。随着城市化进程的不断加快，中短途货运需求也在不断增加，同时城市高效物流和电商物流的快速发展，推动了专业化物流公司的发展，促使用户需求向专业化、特殊化发展。客户需求由之前的一个产品满足所有需求，逐渐向专业需求专业定制发展，轻资产、高效率、全方位的平台化物流公司，未来将成为城市物流的主力军。

四 2018年微型载货车发展情况

（一）微型载货车市场发展分析

从历年销量看，2018 年微型载货车市场销量大幅增长，达到历史高点，实现销售 66.6 万辆，同比增长 17.1%（见图 17）。市场增长主要来源于四个方面：一是三轮车升级，国家对三轮车的逐步规范及用户消费能力的提升，促进微型载货车市场的发展；二是各企业新产品的不断导入，满足细分市场需求，竞争加剧，供给侧推动了产业的发展；三是第三产业比重持续提高，个体服务业对微型载货车需求逐步增加；四是县域经济的繁荣发展及新农村建设，三、四级市场的购车需求逐步释放，微型载货车作为“最后一公里”的运输解决方案，需求越来越大。

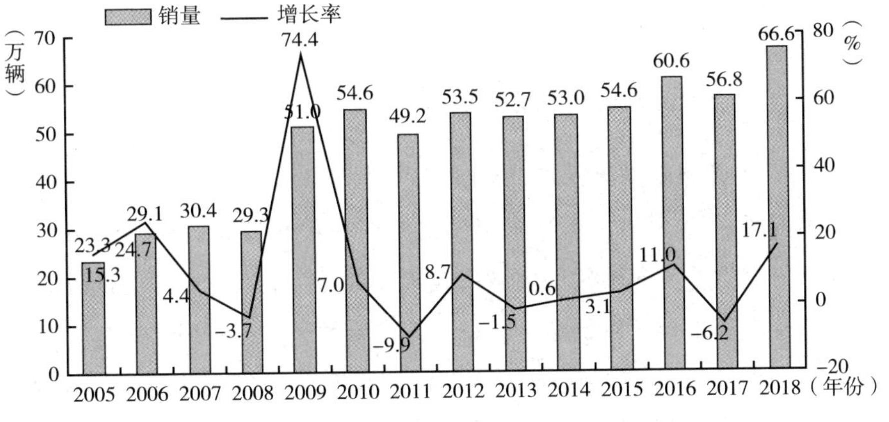

图 17　2005～2018 年微型载货车销量及增长情况

资料来源：根据中国汽车工业协会数据整理。

分企业来看，2018 年销量排名前五的企业为：上汽通用五菱汽车股份有限公司销售 39.75 万辆，同比增长 55.7%，市场份额 59.7%，同比增长 14.8 个百分点；东风汽车集团有限公司销售 8.68 万辆，同比增长 3.0%，市场份额 13.0%，同比下滑 1.8 个百分点；北汽福田汽车股份有限公司销售 7.90 万辆，同比下滑 4.3%，市场份额 11.9%，同比下滑 2.6 个百分点；重庆长安汽车股份有限公司销售 7.42 万辆，同比下滑 14.8%，市场份额 11.2%，同比下滑 4.2 个百分点；奇瑞汽车股份有限公司销售 5.66 万辆，同比增长 470.8%，市场份额 8.5%，同比增长 6.8 个百分点（见表 9）。

表 9　2018 年微型载货车销量及增长情况

排名	企业名称	2018 年		同比增长	
		销量（辆）	市场份额（%）	销量（%）	市场份额（百分点）
1	上汽通用五菱汽车股份有限公司	397471	59.7	55.7	14.8
2	东风汽车集团有限公司	86753	13.0	3.0	-1.8
3	北汽福田汽车股份有限公司	78981	11.9	-4.3	-2.6
4	重庆长安汽车股份有限公司	74218	11.2	-14.8	-4.2
5	奇瑞汽车股份有限公司	56598	8.5	470.8	6.8

资料来源：根据中国汽车工业协会数据整理。

（二）新技术和新产品发展情况

2018 年，微型载货车新产品以短头为主，平头为辅，向宽体、偏重载产品方向升级。2018 年，北汽福田推出全新一代微型载货车祥菱 M，在产品性能、安全性等方面引领国内微型载货车市场。上汽通用五菱推出的荣光新卡是基于全新平台开发的新一代车型，在承载、货箱容积、安全等方面明显改善，借助完善的网络优势，销量快速提升。东风小康推出小康 D51/D52，产品承载力明显提升，对轻型载货车市场形成一定的分化。

微型载货车在提高载货功能的同时，也在快速增加产品舒适性、安全性和娱乐性功能，部分乘用车功能配置在微型载货车上得到体现。微型载货车在向“两头化”的方向发展，一方面各品牌都在加快小型新能源产品开发，满足三轮产品升级需求；另一方面加快“大型化”的微型载货车的市场导入，往上延伸抢占部分轻型载货车市场份额，微型载货车和轻型载货车的重合地带，成为各微型载货车厂家争夺的新市场。

（三）微型载货车发展趋势

市场销量排名前三企业（五菱、东风、福田）占八成以上的市场份额，市场集中度进一步提升。目前，市场上基本以生产微客企业为主，几乎没有新企业进入该领域，各企业在微型载货车产品研发上的投入并不是很大。

城镇化的持续推进，基础设施条件进一步改善，为物流配送的发展提供了便利条件。微型载货车是城乡、农村物流和自备用车的基本车型，将有广阔的空间。对三轮车的升级替代将是微型载货车新增需求的重要来源。农村电商的快速发展也将助推这类车型的需求，微型载货车前景继续看好。

五　2018年皮卡车发展情况

（一）皮卡车市场发展分析

2018 年，全国主要 15 家皮卡车生产企业累计生产 446438 辆车，同比增长 10.1%；累计销售 447895 辆车，同比增长 9.2%，实现了连续三年同比增长，成为三年来国内汽车市场的亮点之一，有力地推动了中国汽车工业的发展，并成为拉动商用车市场的助力器（见图 18）。

2018 年，我国皮卡车市场的增长基本上与商用车市场产销量增长同步，库存量也在一个合理的范围内，从另一个方面证明了中国皮卡车行业已经走向成熟。由于车管政策因素，我国皮卡车型一直处于小众而难以做大做强。与此相反，在海外很多国家和地区，皮卡车都是主流车型。

从皮卡车月度销量走势图上看，除 2 月受春节假期影响外，其他月份都保持增长。虽然受 2018 年宏观经济发展、经济结构调整、城镇化的推进减慢、农村基建的投入增长降速等影响，2018 年皮卡车仍呈现同比增长的趋势（见图 19）。

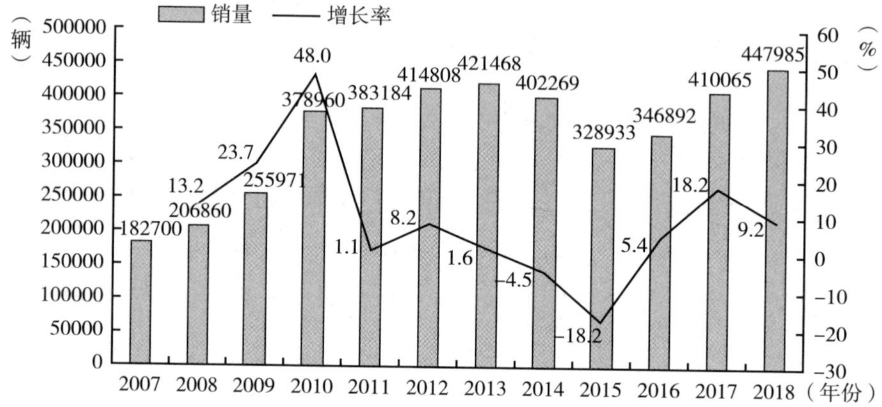

图 18　2007～2018 年皮卡车销量增长情况

资料来源：上险数据。

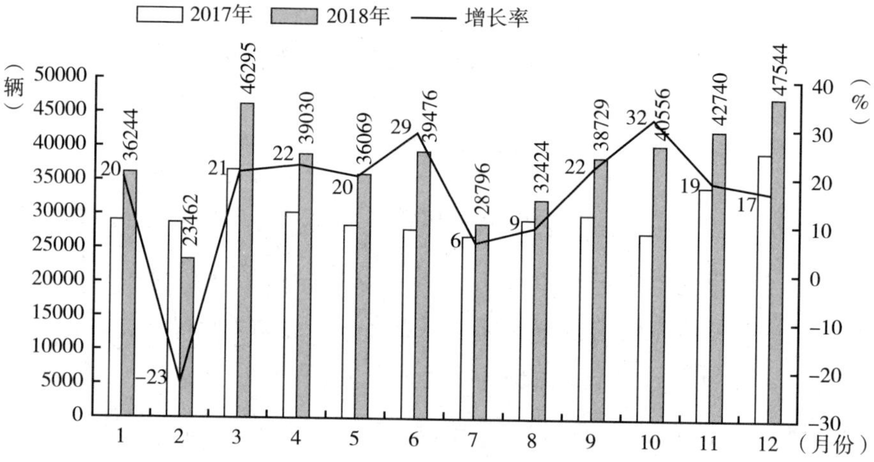

图 19　2017 年和 2018 年皮卡车各月销量走势

资料来源：上险数据。

从分企业销量来看，皮卡车市场销量可分为五个梯队，第一梯队系长城皮卡，年产销量在 10 万辆以上；第二梯队为江铃皮卡，年产销量在 7 万辆左右；第三梯队为江西五十铃、郑州日产和中兴皮卡，年产销量在4万辆左右；第四梯队为江淮汽车、黄海汽车、上汽大通和北汽福田，年产销量在2万~3万辆；第五梯队在1万辆以下。其中，前四梯队的市场销量份额占据整体皮卡车市场的九成左右（见图20）。各品牌皮卡车市场份额虽然处于此消彼长中，但第一和第二梯队基本上还是在维持原有的市场生态格局，变化最大的是第三和第四梯队，尤其是近年来杀入皮卡车领域的新锐品牌皮卡对整体皮卡车传统市场格局产生了冲击。

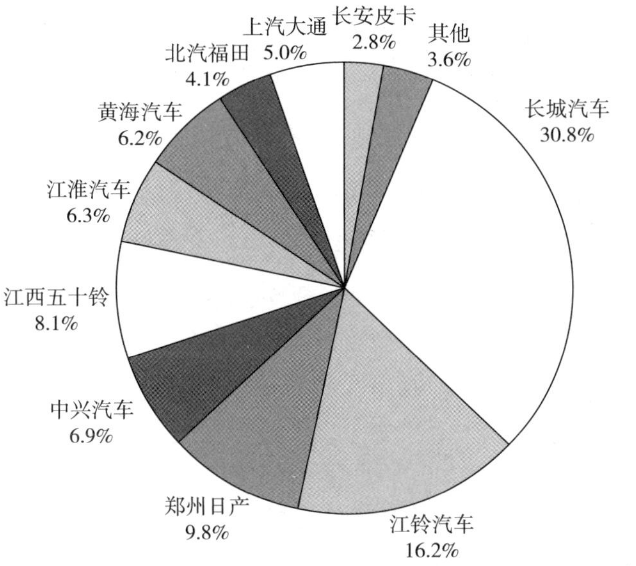

图20　2018年皮卡分品牌市场份额占比

资料来源：上险数据。

（二）皮卡车进出口情况[①]

2018年，我国皮卡车共出口34584辆，同比增长23.3%。受销售方面因素的影响，我国的进口皮卡车大部分是来自港口的进口车，且都是大排

① 中国海关。

量、高端大皮卡。目前，我国皮卡车进口产品呈现多元性、层次化的特征，皮卡车不但在功能上趋于多样化，在设计和操作性能上也逐渐趋于豪华。在排放阶段上，完全与国产乘用车同步发展，排放标准从国一至国六与时俱进，其无人驾驶技术也正在研发之中。

出口方面，中国品牌皮卡车已出口到全球100多个国家和地区，覆盖了欧洲、中南美、中东、亚洲、非洲及大洋洲地区。非洲主要是南非、塞内加尔、尼日利亚、喀麦隆、阿尔及利亚等国。中东主要是伊拉克、沙特、伊朗等国。中南美主要是智利、秘鲁、乌拉圭等国。俄联邦主要是俄罗斯及几个联邦国家。还有欧洲部分国家以及东南亚所有国家。大洋洲以澳大利亚为主。

长城汽车自1998年首辆长城皮卡出口非洲，开启国际市场大门，到如今已打进欧盟市场。作为出口量最大的皮卡车品牌，目前长城风骏系列皮卡车在海外的保有量占到中国皮卡车出口总量的80%。现阶段，江铃汽车系列皮卡车产品出口也已经覆盖非洲、中东、南美洲、南亚和东南亚等区域，作为主打车型的柴油型皮卡，出口量一直位居中国柴油皮卡车行业出口的前三名。近年来，郑州日产、福田、中兴等企业皮卡车出口量也在保持稳步增长。

（三）皮卡车市场发展因素及趋势分析

2018年是皮卡车市场快速变革的一年，国内皮卡车市场始终以高速增长的态势呈现在汽车行业中，不仅在销量方面创下了近年的新高，在行业政策、新款产品、用户消费观念等方面也有着全新的变化。皮卡车一系列全新变革，使汽车市场刮起了一阵皮卡车的风潮，皮卡车市场成为当前汽车市场中最具有潜力的细分板块。展望2019年，可以预计，随着宏观经济改善，国家刺激消费政策与汽车下乡政策重启等利好，政策法规对皮卡车型进一步开放，市场需求的扩大，皮卡车销量将为46万辆左右。

1. 皮卡车市场发展因素

我国皮卡车市场的需求主要受三方面因素的重要影响，一是宏观经济增长，特别是房地产投资；二是政策法规的作用；三是市场需求的变化。

（1）宏观经济层面

2019年国民经济持续保持稳中求进总基调，我国继续实施积极的财政政策和稳健的货币政策，GDP有望保持6%～6.5%的增长。2019年投资环境趋紧，整体投资缓中趋降，基建投资受地方政府债务风险防范和融资手段规范化管理的影响，难以上行；房地产方面，虽然去库存已经基本完成，但是房地产调控长效机制仍在建设，限购限贷将延续，房地产投资预计下行。目前来看，建材家居占了皮卡运输场景49%的份额，这一部分2019年将受部分影响。

（2）产业政策和法规层面

国内对于皮卡车行业的利好政策也在逐步推出，除了六省解禁，我国皮卡“多用途货车”的概念逐渐明晰，并在粘贴反光条、车身喷字等方面进一步与普通货车进行区分管理，而在2019年，国内有关皮卡车行业的利好政策将更加凸显，除了皮卡车解禁进城政策有望进一步扩大以外，总质量4.5吨及以下普通货车的道路运输证和驾驶员从业资格证将被取消，国家刺激消费、汽车和家电下乡政策的重启等政策的相继出台，将利于所有的轻型商用车，但可以说皮卡车是最大的受益车型，会增强和放大皮卡车型在乘用车领域与SUV、CAR、微客的间接竞争能力，直接增加皮卡车与小轻型载货车与微型卡车的竞争能力，对中国皮卡车行业来说，无疑是个福音。另外，皮卡车标准也在紧锣密鼓的制定中，预计2019年可以完成。随着政策的逐步放开，皮卡车市场逐渐趋于成熟，皮卡车在国内将逐渐回归“多用途”的功能取向上，摆脱“泥腿子”的固有形象。

（3）市场需求变化层面

皮卡车的配置不断向乘用车靠拢，这也将吸引部分高收入、个性玩车需求强的乘用车车主增购皮卡车。随着经济的不断发展，物流快递行业的快速增长，相比其他车型的优势和产品日益增强的短途物流舒适性，皮卡车成为城市短途物流的一个好选择。目前，皮卡车主要分布在东南沿海的发达地区和西部落后地区，并且西部很大一部分多为“一带一路”覆盖区域，随着

“一带一路”政策的铺开，未来西部地区经济快速增长，基建需求持续增加，对未来皮卡车市场形成支撑。从供给层面看，2019 年主流厂家纷纷推出新款车型并增加产量，预计未来皮卡车的更新换代速度会进一步提升，对皮卡车市场销量产生正向作用。

2. 皮卡车市场发展趋势分析

新车是最能反映市场变化的“晴雨表”与“风向标”。它们既契合了当下市场与广大用户的需求，又预示着未来市场细分的走势。2018 年是新款国产皮卡车相对出台最多与新技术运用最广泛的一年。皮卡车从社会与市场低端边缘的车型发展成为主流车已经为期不远了。

（1）汽油皮卡

2018 年以来，面临国六排放标准实施的巨大压力，无论是主流还是非主流皮卡车企，无论是有自制发动机能力还是无自制发动机能力的整车主机生产厂家，都在上汽油机型皮卡，加大在汽油机领域的市场份额。与此同时，这些涡轮增压汽油机型皮卡在配置上也较高，属于中高端档次产品。

（2）大尺寸、高功率

根据 2018 年工信部的新车公告，可以看出，下半年上市皮卡产品的车身尺寸在向全尺寸美系方向发展。比如，郑州日产锐骐 6 皮卡与纳瓦拉皮卡相比，整车尺寸相近，货箱尺寸也相同，且配装了两种动力系统，汽油版排量为 2.4L，柴油版排量为 2.5T。再如，长城风骏 7 皮卡的整车尺寸基本与现款风骏 5 欧洲版皮卡一致，新车配装 2.0T 柴油 GW4D20D 发动机，最大功率 110kW。又如，江淮新款高端皮卡帅铃 T8 相比现款帅铃 T6 尺寸更大，新车柴油版排量为 2.0T，最大功率 102kW。

（3）自动挡

近年来，自动挡皮卡车是我国皮卡车市场上出现的新生事物，在不到三年的时间内，变速器挡位也从 5AT 发展到 6AT 甚至 7AT。2018 年，国产自动挡皮卡车已有近 10 款之多，未来自动挡皮卡车能否成为主流产品还有待市场验证，毕竟我国的皮卡车与欧美国家的皮卡车在使用过程中存在差异。自动挡皮卡车产品类型还较为单一，高昂的售价也阻挡了许多用户的购买欲望。目前，中国市场需求仍以商用货运为主体，“高、大、上、豪”可能只是皮卡车这个小众市场中的更小众产品，其用户群为少数皮卡发烧友。

（4）乘用化

近年来，我国中高端皮卡车的商用车属性已经开始向乘用车化偏移，但低端经济型皮卡车的发展路径却与其相左，这是由皮卡车在中国有着特殊的车管政策、国人对皮卡车文化认识度以及皮卡车型在市场上的需求运用所决定的。

如今，自主品牌皮卡车企业越来越重视产品的正向研发，抓住皮卡个人化、生活化的消费趋势，产品在外形设计上开始向 SUV 和越野车靠拢，颠覆传统皮卡车的固有形象。皮卡车在保留车型强悍载货、越野性能的基础上，融合更多现代化个性元素，其多功能、多用途可满足用户改装、多元化用车的需求。皮卡车从最初的工具车、货车向现在的商乘两用型转型，并朝乘用车化、高端化方向发展。在动力配置上，满足国五排放标准、匹配 5 速或 6 速手动变速器以及 AT（自动变速器）的产品成为主流；在功能性配置上，注重豪华与舒适的协调设计，内饰大量覆盖软性材质，车道偏移预警、定速巡航等主被动安全性配置提升驾乘安全感。此外，皮卡车还增加了联网智能系统，基于高精度定位、无线通信、远程车辆诊断、远程车辆控制、大数据分析等技术，提供车辆智能化管理。未来，新能源皮卡车也有望成为流行车型，如江淮与德国大众将合作生产纯电动皮卡车。

（5）新能源化

国外新能源（清洁能源）皮卡车较多，主要涵盖氢燃料皮卡、混合动力皮卡、插电式皮卡等，绝大多数是与整车配套研发生产的全新新能源皮卡。我国新能源皮卡基本上是在原型车上改装而成，以技术含量低、上马快的纯电动皮卡车为主，品系较为单一。我国虽然也出现了 CNG 双燃料皮卡、插电混合皮卡等，但基本上还处于展示样车的状态，不具备成熟的平台，离量产化还相差甚远，却也很大程度上促进了皮卡车行业探索新能源领域的进程。新能源技术与智能化技术的进步必将冲击皮卡车行业形态，未来的技术、运营与产品模式还尚在探索中，但可以预见的是，真正的新能源（清洁能源）皮卡车将会随着国家对新能源汽车政策的不断发展而与时俱进，五年或十年后替代传统燃油模式是必经之路。

（四）皮卡车发展政策及措施建议

1. 完善相关政策，积极推动皮卡车发展

从目前六省区开展放宽皮卡车进城限制试点效果来看，皮卡车解禁政策开放后，不仅没有造成道路交通拥堵，其带来的积极市场效应正在逐渐显现，不仅提高了绝大部分车企的市场销量及份额，而且对汽车行业及企业产品的发展，乃至对地区经济发展、税收和就业等方面都起到了一定推动作用。皮卡车作为跨界车种，把微型载货车和轿车集于一身，既能供人舒适驾乘，又能装载彩电、冰箱这类体积较大的轻抛货物，以及其他一些不宜放置在车厢的工具等。比如，市政、电力和公安等机构有大量的皮卡在市区从事保障服务工作。

在载物适应性和作业适应性两方面，皮卡车强于 SUV 和 MPV。主流皮卡车的形象是两厢轿车的车身后面带个小货斗。如果说 SUV、MPV 的乘用车属性占比 80%，那么两厢皮卡乘用车属性占比也达到 60% 以上。皮卡车越高档，乘用车属性越突出，甚至与同级的 SUV 比起来不遑多让，比如说美式皮卡车在国内就有很多拥护者。所以，将所有皮卡车都划归载货车范畴是不准确的。建议国家将皮卡从货车类别划归为乘用车类别管理，实现“跨界融合”式发展。同时，政府尽快全面放开皮卡车限制，满足城市对皮卡车的需求，更好地促进我国汽车产业健康稳定向上发展，更加有效地促进社会和谐以及经济繁荣。为有效开展皮卡车行业供给侧结构性改革，有效引导及促进皮卡车行业发展，使其尽早实现“创新驱动、转型升级”，带动消费向更高层次迈进，建议国家加大对皮卡车型的政策扶持，支持引导企业加大皮卡车型的研发投入，推动皮卡车产品多元化发展，有力促进皮卡车型在城市物流等共享市场的推广。

2. 积极推动市场国际化发展

中国皮卡车行业的出口取得了很大的成绩，但与国内市场相比，出口仍只占很小的数目。中国皮卡车企业要做强，其中一个重要条件是，必须出口占到相当比例。目前，国内皮卡车行业出口仍是以零星、随机、偶然为主体；普遍重销售、轻服务；对出口国的市场研究和了解不够，车型往往要么不对路，要么存在很多不适应当地市场的问题；在人才、管理、机制、体制等方面也存在很多不适应当地市场的问题。在充分满足国内市场的需求后，走向国际市场，这是企业发展的一个必经之路。中国皮卡车行业要很好地抓住目前我国正在实施的“一带一路”倡议，以此为契机，快速、大规模、高质量地走向全球市场。

3. 企业强化内功，加快产品升级

国内皮卡车企业从总的管理水平来看，除极个别企业外，绝大多数还是以粗放式管理为主。皮卡车行业涉及的行业众多，还要面向广大的最终用户市场，因此，企业管理至关重要。随着国内市场竞争的加剧，人工成本的上升，国内皮卡车企业必须走向精细化管理，必须要向管理要效益。在未来一段时间，国内皮卡车企业必须不断地导入和创新先进的企业管理理念，不断优化管理流程，进行智能化改造，以此实现生产制造和销售成本的大幅度下降，否则，被市场竞争淘汰出局也只是时间问题。如果管理上不来，可以预见，随着国内市场需求的不断精细化，国内一部分皮卡企业最终将因两个方面被淘汰出局：一是没有新的产品，因为掌握不了核心技术，没有自己的研发能力，开发不出有竞争力的新产品，从而被淘汰；二是成本降不下来，管理粗放，在研发、采购、生产制造、销售等各个环节成本居高不下，导致亏损并丧失竞争力，从而被淘汰出局。

（五）部分主要皮卡车企业发展概况

1. 长城汽车

2018 年，长城汽车皮卡销量达 13.8 万辆，市场份额为 30.8%。目前，长城的销售主力仍然是风骏 5，其销量达 10 万辆，并保持 18.7% 的增幅。此外，作为皮卡车市场的老大，长城重磅推出的互联网皮卡十分受市场认可，未来三年长城将要打出的“5 + N”组合牌更引起市场关注。随着皮卡政策松绑加码，皮卡车市场将被大幅激活，长城皮卡车或将引领皮卡车市场进一步增长。

2. 江铃汽车

2018 年，江铃皮卡车全年销售 7.3 万辆，同比增长 0.8%。2018 年下半年，宝典逐渐退出市场，作为江铃开拓皮卡车市场的根基之作，宝典“退休”无法避免地影响到江铃皮卡车的整体销量，但随着域虎3 的上市，江铃皮卡车的势头再度攀升。与此同时，江铃正式形成了域虎 3、域虎 5、域虎 7 的全新产品矩阵，域虎成为继宝典之后的江铃主打产品，全年累计销售 5.0 万辆，同比增长 58.3%，逐渐退市的宝典也贡献了 2.3 万辆的销量。

3. 郑州日产

2018 年，郑州日产全年销量为 4.4 万辆，同比增长 17.2%。其中，纳瓦拉全年终端销量为 1.8 万辆，同比增长 44.4%。继 3 月推出全新改款车型后，锐骐销量持续上涨，全年终端销量达 2.8 万辆，并在 10 月上市了新车型锐骐 6。

4. 中兴汽车

2018 年，中兴皮卡全年销量为 3.1 万辆，同比下降 24%。威虎系列近年来一直处于下挫状态，2017 年上市的领主成为主力车型，逐步取代威虎汽柴油两驱和四驱车型。2018 款领主皮卡包含国五柴、汽油版共计 12 款车型，在发动机和车辆配置上重点升级，竞争力提升明显。此外，中兴汽车还推出了领主皮卡的柴油大双排车型，货箱长度达到 1810mm。

5. 江西五十铃

2018 年，江西五十铃销量 3.63 万辆，同比增长 32.6%。无论合资品牌 D－MAX 还是合资自主品牌瑞迈皮卡车持续呈超高速增长的发展态势。江西五十铃 2018 款全新瑞迈国五柴油皮卡车已于 2017 年 11 月上市，其搭载意大利 VM 技术平台的涡轮增压发动机，传动系统升级为格特拉克的手动六速变速箱，相比此前的车型，具有更好的燃油经济性和驾乘舒适性。2018 款 D－MAX 双排标准货箱中型皮卡车已于 8 月上市，与前款产品使用同一平台，在车身尺寸方面没有变化，与日产纳瓦拉和丰田海拉克斯同级别，拥有黄金尺度和协调的比例，满足大多数用户的使用需求。

6. 江淮汽车

2018 年，江淮帅铃皮卡车销售 2.8 万辆，同比增长 13.2%，中端产品帅铃 T6、高端产品帅铃 T8 势头都十分不错。新品帅铃 T8 正式上市后受到行业及消费者的关注，2018 年已经生产 5000 余辆，成为江淮皮卡车的主力车型。

7. 黄海汽车

2018 年，黄海皮卡车销售 2.76 万辆，同比增长 8.4%。N1 系列产品市场销量继续呈下降之势，N2 系列产品市场销量继续快速增长，替代 N1 系列的趋势明显。2018 年，黄海 N1S 国五柴油系列产品适时推出，搭载绵阳新晨动力代号为 XD25T5 的柴油国五排放标准发动机，排量为 2.5L，最大功率为 103kW。与此同时，黄海 N2 纯电动皮卡车是在黄海 N2 的基础上研发而成，运用高能量密度的韩国三星三元锂离子电池，满足多种使用环境的需求。在动力方面，黄海 N2 纯电动皮卡采用了高效永磁电机，峰值扭矩为 530N · m，额定功率为 40kW，最大功率可达 80kW。

8. 北汽福田

2018 年，北汽福田皮卡车销量为 1.83 万辆，同比下降 11.4%，市场销量持续呈 2 位数的下降。近些年，北汽福田皮卡车市场表现不佳，但其新锐车型却不断下线上市，如在广州车展上搭载 6AT 康明斯发动机的拓陆者 S 皮卡车，采用全新平台，属于偏乘用的多功能用车，功能趋向于 SUV，以休闲、越野等乘用功能需求为主。

9. 上汽大通

2018 年，上汽大通销售 2.3 万辆，同比增长 96.8%。2018 年是上汽大通不断突破的一年，作为皮卡车市场的新选手，上汽大通 2018 年推出跨界皮卡 Cross 版，主打“私人定制”的 C2B 造车模式受到欢迎，海外销量不断上升，曾在 2018 年 6 月冲进了月度销量榜四强，产品力、爆发力和创新力得到认可。

B.4

2018年客车行业发展报告

摘　要： 本报告阐述了2018年我国客车市场总体情况、客车行业竞争态势、行业出口以及政策的发展情况，探讨了客车行业发展面临的问题，对客车行业发展趋势做出判断，并对部分主要企业发展概况做了介绍。

关键词： 纯电动客车　传统客车　混合动力客车　燃料电池　智能驾驶

一　2018年客车发展情况

（一）客车市场发展分析

据统计，2018年客车市场总体需求下降。从9月开始，客车累计总销量同比增幅由正转负，第四季度降幅扩大。全年客车生产46.77万辆，同比下降7.4%；销售46.43万辆，同比下降8.3%（见表1）。

各细分车型均出现同比下滑，其中，大型客车销售7.89万辆，同比下降19.7%；中型客车销售7.46万辆，同比下降5.6%；轻型客车销售31.08万辆，同比下降5.5%。大型客车下滑幅度最大，但中型客车总销量依然不及大型客车，大中型客车合计同比下降13.4%。

分市场看，呈现国内市场下降、出口市场增长的局面。其中，国内销售40.81万辆，同比下降9.9%；出口5.62万辆，同比增长5.3%。国内市场各细分车型销量降幅不一，大型客车降幅最大；出口市场的增长主要是轻客的拉动。

近几年，国内大中型客车月度产销走势与新能源政策休戚相关。相比2017年上阶梯似的前低后高态势，2018年则走出了波浪线，5月是国内市场同比增幅最大的月份，随后连续7个月同比下降，虽然第四季度市场仍以新能源销量的冲刺为主，但市场力道明显不足。5月，国内大中型客车销售1.57万辆，同比增长165.6%，同比剧增的原因：一是新能源补贴过渡期6月11日结束，二是5月1日起行业增值税率下调。

轻客市场下滑主要原因是国内市场不景气，453号文持续影响日系轻客市场、电动物流车市场增长不明显是其他两大因素。

表1　2018年客车销售情况

单位：万辆，%

车辆类型	2018年	同比	其中			
			国内市场	同比	出口市场	同比
客车合计	46.43	-8.3	40.81	-9.9	5.62	5.3
其中:大型客车	7.89	-19.7	6.3	-24.0	1.59	3.2
中型客车	7.46	-5.6	6.99	-3.9	0.47	-25.1
轻型客车	31.08	-5.5	27.52	-7.4	3.55	12.4
其中:大中客合计	15.35	-13.4	13.29	-14.6	2.06	-5.0

资料来源：根据中国汽车工业协会数据整理。

2018年旅游客车表现一枝独秀。据中国汽车工业协会（简称“中汽协”）对客车各细分用途市场不完全统计的分析，旅游客车结束上年销量下降趋势，呈快速增长，共销售2.46万辆，同比增长34.1%；城市客车和长途客车降幅比上年有所扩大，分别销售11.49万辆和5.32万辆，同比下降10.5%和28.7%；降幅比上年扩大5.1个百分点和22.8个百分点；校车市场表现仍然低迷，共销售1.48万辆，同比下降16.2%，降幅比上年扩大11.5个百分点。上年表现较为出色的专用客车也表现不佳，结束上年快速增长态势呈较快下降，共销售3.52万辆，同比下降12.0%。

近两年，国内大中型客车市场需求萎缩，公路客车市场的下滑幅度远高于公交市场的降幅。城镇化率的稳步提高、公交都市建设的深入推进是公交市场的重要驱动力，公交在大中型客车市场的占比逐年增加，2012 年公路客车和公交客车的比例是 31∶19，经过六年时间，这一比例演变为 2∶3。

高铁、地铁、民航的快速发展，私家车的普及以及政策法规调整等因素，持续冲击客运市场。旅游团体客车的增长无法掩盖客运车辆的下滑，校车主要销售区域需求趋于饱和，市场在运营产品未到更新换代周期，仅靠刚需无法支撑增长，公路客车市场的萎缩是必然的。当前，通过系统提升乘客出行体验和运营管理效率，传统客运市场转向公铁对接、城乡连接、运游融合的发展方向，产品呈现中小型化趋势（见表 2）。

表 2　2012～2018 年国内大中型客车细分市场产量

单位：万辆、%

用途	车型	2012 年	2013 年	2014 年	2015 年	2016 年	2017 年	2018 年	同比
公路	大型	4.46	3.71	2.92	3.75	3.63	3.34	2.02	-39.5
	中型	5.74	5.93	4.24	4.20	4.37	3.60	3.14	-12.8
	合　计	10.20	9.64	7.16	7.96	8.01	6.95	5.17	-25.7
公交	大型	3.80	4.20	4.85	5.06	5.03	5.70	5.20	-8.8
	中型	2.51	2.76	2.49	3.42	5.32	3.94	3.99	1.4
	合　计	6.32	6.96	7.34	8.48	10.35	9.63	9.18	-4.6
合计		16.51	16.59	14.5	16.44	18.36	16.58	14.35	-13.4

资料来源：工业和信息化部机动车整车出厂合格证数据。

2018 年，新能源客车产销同比下降。据中汽协统计，全年新能源客车生产 11.96 万辆，同比下降 7.4%；销售 11.73 万辆，同比下降 7.8%。虽然主流客车企业这两年都在积极布局新能源客车海外市场，但仍处于起步阶段。新能源客车主要集中在国内市场。国内新能源客车市场以纯电动大中型客车为主，插电式混合动力客车市场持续下滑，燃料电池客车初现端倪，并在佛山、北京、张家口等地试运营。里程要求、充电限制等抑制了新能源公路客运市场的发展，公路客运市场依然以传统能源客车为主，受沃特玛联盟等推广模式退出影响，新能源占比下滑。大中型新能源客车以公交市场为主，公交新能源化比例高达96.3%，比上年提高6个百分点。公交客车呈现大型化趋势，10～12米补贴退坡幅度降低是重要原因。轻客新能源产品主要是物流车，以及部分中巴公交。

（二）客车行业竞争趋势

2018年，随着新能源补贴的退坡，市场竞争加剧，优胜劣汰导致部分小企业销声匿迹，市场集中度提升，企业盈利能力普遍下降。

2018年，大中型客车排名前十企业市场占有率合计达78.3%，比上年增加3.4个百分点，其中“三龙一通”、比亚迪、湖南中车六家企业市场占有率同比提高（见表3）。

表3　2018年大中型客车企业排名

序号	企业简称	2018年销量（辆）	市场占有率（%）	市场占有率增减（百分点）
1	郑州宇通	52202	34.0	0.3
2	比亚迪	12251	8.0	0.8
3	厦门金龙	9560	6.2	0.5
4	苏州金龙	8857	5.8	1.8
5	中通客车	8715	5.7	-0.5
6	厦门金旅	8300	5.4	0.5
7	湖南中车	5958	3.9	0.3
8	上海申龙	5036	3.3	-0.1
9	安徽安凯	4728	3.1	-0.1
10	扬州亚星	4679	3.0	-0.1
	排名前十合计	120286	78.3	3.4

资料来源：根据中国汽车工业协会数据整理。

轻型客车排名前十企业的市场占有率合计高达90.4%，比上年增加3.3个百分点。轻客市场排名前15的企业中“三龙一通”、上汽大通、安徽江淮六家企业同比增长，金杯、桂林客车等企业则大幅下滑（见图1）。

新能源客车市场整体销售同比下降7.8%。销量排名前11的企业中，仅金龙系（苏州金龙、厦门金龙和厦门金旅）、广通客车、一汽客车同比大幅上升，申龙客车和安凯客车小幅上升，其余企业均有不同幅度的下降，中通客车下降幅度达41.7%（见图2）。

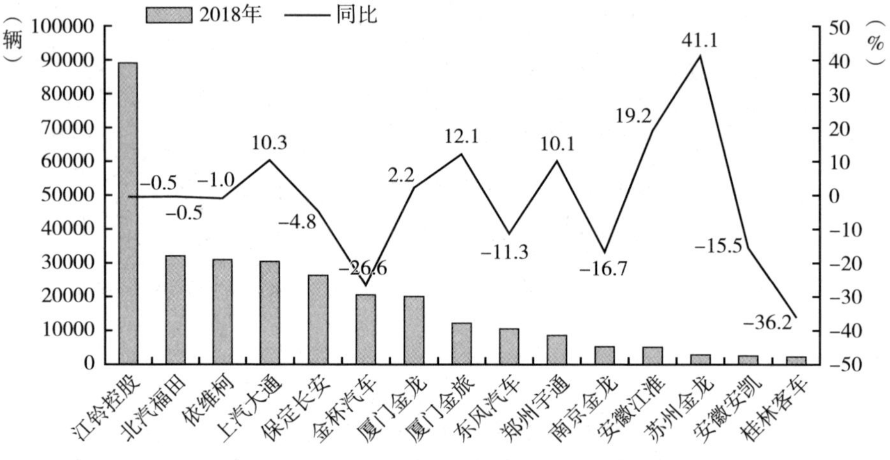

图1　2018年主要企业轻型客车销量及同比情况

注：7米以下客车统计。

资料来源：根据中国汽车工业协会数据整理。

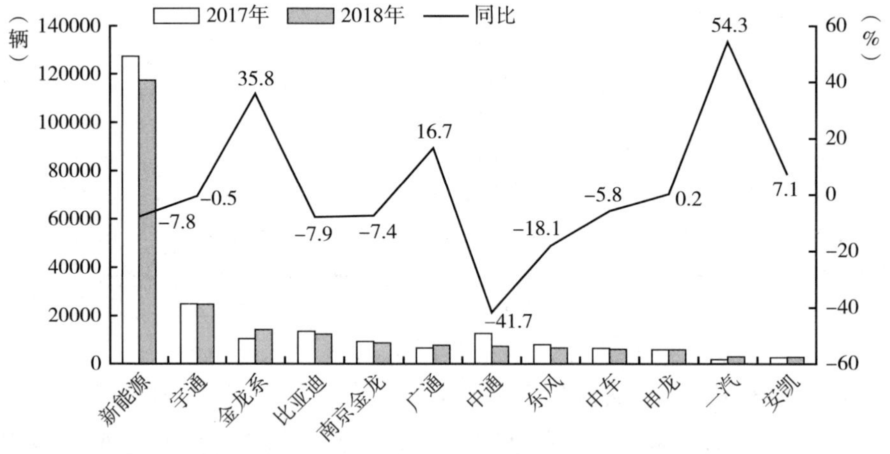

图2　2018年主要企业新能源客车销量及同比情况

资料来源：根据中国汽车工业协会数据整理。

1. 国内公交细分市场

随着城镇化建设、城乡公交一体化改造以及公交都市建设的逐渐开展，公交细分市场仍然是客车行业最有增长潜力的市场。同时，随着国家对环境保护要求的不断提高，新能源城市公交客车仍然会持续稳定增长。根据2018年公交细分市场的保险数据统计情况，纯电动公交方面，宇通客车仍然是推广数量最高的，为18538辆，市场占有率为23.5%，金龙系、东风和东宇市场份额呈现正增长。在插电式混合动力方面，排名前三的分别是宇通、金龙系（苏州金龙、厦门金龙和厦门金旅）和黄河，合计占有率达到67.1%，大多数品牌占有率均出现下滑。传统公交车方面，主要有金龙系、宇通、中通等厂家，金龙系占有率为28%（见表4、表5、表6）。

表4　2018年纯电动公交市场推广及市场份额情况

单位：辆，%

排名	品牌	2017年销量	份额	品牌	2018年销量	份额
1	宇通	17487	25.5	宇通	18538	23.5
2	比亚迪	11042	16.1	比亚迪	12561	15.9
3	中通	6092	8.9	金龙系	8114	10.3
4	金龙系	5911	8.6	中车时代	5478	6.9
5	中车时代	4768	7.0	中通	5224	6.6
6	广通	4472	6.5	广通	3904	5.0
7	福田	3039	4.4	东宇	3181	4.0
8	东宇	1606	2.3	宏远	2724	3.5
9	安凯	1543	2.3	东风	2017	2.6
10	东风	1372	2.0	申龙	1932	2.5
	其他	11164	16.3	其他	15184	19.3
	总　计	68496		总计	78857	

资料来源：上险数据。

表 5　2018 年插电式混合动力公交市场推广及市场份额情况

单位：辆，%

排名	品牌	2017 年销量	份额	品牌	2018 年销量	份额
1	宇通	4518	30.3	宇通	1811	30.6
2	金龙系	2804	18.8	金龙系	1639	27.7
3	黄河	1560	10.4	黄河	521	8.8
4	福田	1176	7.9	福田	314	5.3
5	中通	1132	7.6	亚星	285	4.8
6	中车时代	596	4.0	中车时代	228	3.9
7	安凯	483	3.2	中通	203	3.4
8	黄海	414	2.8	安凯	197	3.3
9	亚星	380	2.5	黄海	143	2.4
10	紫象	335	2.2	申龙	133	2.2
	其他	1531	10.3	其他	438	7.4
	总　计	14929		总计	5912	

资料来源：上险数据。

表 6　2018 年传统公交市场推广及市场份额情况

单位：辆，%

排名	品牌	2017 年销量	份额	品牌	2018 年销量	份额
1	宇通	2180	21.6	金龙系	1205	28.0
2	金龙系	2097	20.8	宇通	1180	27.4
3	福田	1588	15.7	中通	434	10.1
4	安凯	714	7.1	安凯	245	5.7
5	中通	550	5.4	福田	192	4.5
6	解放	323	3.2	东风	181	4.2
7	蜀都	268	2.7	黄河	130	3.0
8	象牌	266	2.6	申龙	108	2.5
9	申龙	216	2.1	象牌	102	2.4
10	扬子江	192	1.9	亚星	80	1.9
	其他	1711	16.9	其他	444	10.3
	总　计	10105		总计	4301	

资料来源：上险数据。

2. 国内座位客车细分市场

座位客车方面，随着高铁网的逐渐布局和私家车保有量的不断增加，座位客车细分市场整体销量下滑。传统座位客车方面，销量同比降幅为19.0%，宇通客车仍然占据主要地位，但销量有所下滑；纯电动车方面，市场集中度较高，前三名市场份额合计63.6%；插电式混合动力方面由于受实际使用工况影响，推广数量很少，在此不做分析（见表7、表8）。

表7　2018年传统座位客车市场推广及市场份额情况

单位：辆，%

排名	品牌	2017年销量	份额	品牌	2018年销量	份额
1	宇通	18878	46.8	宇通	14403	44.0
2	金龙系	8966	22.2	金龙系	7545	23.1
3	柯斯达	3204	7.9	柯斯达	3490	10.7
4	中通	1948	4.8	中通	1350	4.1
5	安凯	1385	3.4	安凯	1085	3.3
6	晶马	1065	2.6	晶马	1004	3.1
7	东风	777	1.9	东风	695	2.1
8	福田	738	1.8	福田	499	1.5
9	北方	400	1.0	北方	419	1.3
10	少林	335	0.8	亚星	395	1.2
	其他	2675	6.6	其他	1819	5.6
	总　计	40371		总计	32704	

资料来源：上险数据。

表8　2018年纯电动座位客车市场推广及市场份额情况

单位：辆，%

排名	品牌	2017年销量	份额	品牌	2018年销量	份额
1	申龙	2485	15.8	宇通	2194	36.7
2	宇通	2435	15.5	申龙	965	16.1
3	广通	1472	9.4	金龙系	643	10.8

续表

排名	品牌	2017 年销量	份额	品牌	2018 年销量	份额
4	东宇	1416	9.0	广通	405	6.8
5	中车时代	1063	6.8	中通	262	4.4
6	舒驰	853	5.4	上饶	249	4.2
7	中植汽车	769	4.9	长江	182	3.0
8	中通	677	4.3	东宇	176	2.9
9	亚星	612	3.9	中植汽车	167	2.8
10	黄河	612	3.9	东风	111	1.9
	其他	3336	21.2	其他	624	10.4
	总　计	15730		总计	5978	

资料来源：上险数据。

（三）客车出口情况[①]

2018 年，世界经济虽然呈现复苏迹象，但是中美贸易摩擦、多变的国际形势以及难以预料的国际政策环境，仍然让海外业务面对诸多不确定性，另外越来越多的中国客车厂家走向海外，整体出口市场的竞争进一步加剧。2018 年，在国家“一带一路”倡议的引导下，中国客车共出口 5.62 万辆，同比增长 5.3%，出口超过 24 亿美元，同比增长 14.64%，在世界客车市场的竞争力得到进一步加强，越来越多的中国客车在海外得到认可。

2018 年，中国客车共出口到 151 个国家和地区，其中前十大出口市场分别为沙特、中国香港、以色列、越南、菲律宾、智利、俄罗斯、古巴、玻利维亚和阿联酋，占全部出口的 50.63%。位于中东的沙特延续多年都是中国客车出口的首要目的国。

① 中国海关。

2018 年，中国客车出口排名前十的厂家为郑州宇通、苏州金龙、厦门金龙、厦门金旅、珠海广通、江铃汽车、厦门丰泰、北京福田、安徽安凯与比亚迪。出口排名前十厂家的总出口比重约 78.58%，相对 2017 年的 72.21%有了进一提升。其中，金龙汽车集团（含苏州金龙、厦门金龙和厦门金旅）出口金额约 6.84 亿美元，约占中国客车总出口的 28.0%。郑州宇通出口金额约 6.06 亿美元，约占中国客车总出口的 24.7%。

2018 年出口中的几个亮点值得行业关注。

一是新能源客车出口开辟了中国客车出口的新热点。2018 年，新能源客车的出口屡屡成为新闻，英国、匈牙利、以色列、智利、意大利、韩国、日本、法国以及巴西等国家都成为中国新能源客车的出口目的国，其中不乏一些中国出口传统客车的空白区域，如韩国、日本、巴西等国家。全年 860 辆中国新能源客车整车出口至 30 多个国家和地区，比亚迪、“三龙一通”等企业均有批量订单出口。主要出口企业都很注重海外新能源客车市场的培育与长期发展，积极做好充足准备与前瞻性的市场规划。

二是散件出口呈上升趋势。2018 年，金龙汽车集团旗下企业在越南、马来西亚、阿尔及利亚、俄罗斯、埃及、尼日利亚以及叙利亚等多个国家都开展了散件出口当地组装的业务。基于贸易保护以及保护东道国就业等方面的原因，越来越多的国家对整车和散件进口设置了不同的关税政策，导致散件出口呈上升趋势，这对中国客车企业的海外运营提出了更高的要求。

三是客车产品在中国援外事业中出现。2018 年，来自中国的 85 辆金龙客车公交与团体客车成为中国援助 APEC 峰会的通勤车。同时在中国援外的不同目的国，也都可以发现中国客车产品投入使用。

四是海外投资与合作不断增加。中国客车行业从贸易开始，在海外开拓的过程中不断优化经营模式。可以看到 2018 年主流的出口企业在海外合资合作的项目也不断增加，包括通过与当地的客车厂联合开发市场、在东道国设立子公司等方式进一步深耕市场，比如，比亚迪与巴西马可波罗、英国 ADL 等公司的合作，中车与匈牙利 IKARUS 的合作，金龙与肯尼亚 LSHS 公司的合作等。

2018 年中国的客车出口取得了较好的成绩，从中可以看到变革的力量以及未来的发展趋势，但同时也应注意到不正当竞争对中国客车整体声誉的破坏。中国客车企业在海外需要更深入地研究当地市场，加强产品的研发与验证，提供量身定做的产品与解决方案，并为客户提供无忧的售后服务；不把市场当试验场，不把客户当小白鼠，不打价格战，不以次充好，共同维护中国客车行业的名声。相信在“一带一路”倡议的指引下，2019 年中国客车出口将取得更加优秀的成绩。

（四）客车行业政策发展情况

随着我国新能源汽车产业发展进入增长期，国家的政策也发生变化，由单纯的推广补贴引导向行业监管和规范服务方面转变。同时，随着客车电动化在公共领域的广泛应用，客户对安全性、舒适性的要求加快了客车智能化、网联化的步伐，推动新能源客车产品向高端方向发展。

2018 年 2 月 13 日，财政部等四部委联合正式发布了《关于调整完善新能源汽车推广应用财政补贴政策的通知》。该通知主要体现了以下四方面特点：一是补贴方案削低补高，明确提出要鼓励高能量密度、低能耗车型应用，将补贴资金显著倾斜于更高技术水平的车型，而且维持对燃料电池的补贴额度不变；二是分阶段过渡，为车企预留切换的时间与空间，通知中首次出现了“分阶段执行”的管理思路；三是去繁就简，简政放权，降低车企行政审批压力和成本；四是加强事中事后监管，严防新式骗补等乱象滋生。

综上，政策将管理重点放在了推动产业技术水平提升、大幅降低企业负荷、进一步规范行业秩序上，凸显出行业管理部门将引导思路从“规模至上”转变为“效益至上”“规范至上”。

2018 年，我国除推广应用补贴政策外还出台了一系列政策，从生产、销售、应用、监控、回收等各方面对客车产品全生命周期的发展给予支持和引导。

表 9 2018 年客车行业主要新能源政策

序号	发布时间	名称	发布部门	内容简介
1	2018 年 1 月 2 日	《关于推进电子商务与快递物流协同发展的意见》	国务院	加快推进快递物流转型升级，强化绿色理念，发展绿色生态链
2	2018 年 2 月 8 日	《关于加强新能源汽车免征车辆购置税目录管理的公告》	工信部	《免征车辆购置税的新能源汽车车型目录》将实施动态管理
3	2018 年 2 月 13 日	《关于调整完善新能源汽车推广应用财政补贴政策的通知》	工信部	补贴下降 40% 以上，过渡期期间按照对应标准的 0.7 倍补贴，燃料电池汽车补贴标准不变
4	2018 年 2 月 26 日	《新能源汽车动力蓄电池回收利用管理暂行办法》	工信部、科学技术部、环境保护部、交通运输部、商务部、国家质量监督检验检疫总局、国家能源局	明确动力电池生产企业产品的设计要求、生产要求和回收责任等
5	2018 年 3 月 7 日	《2018 年能源工作指导意见》	国家能源局	统一电动汽车充电设施标准，优化电动汽车充电设施建设布局，建设适度超前、车桩相随、智能高效的充电基础设施体系。2018 年将积极推进充电桩建设，年内计划建成充电桩 60 万个，其中公共充电桩 10 万个，私人充电桩 50 万个
6	2018 年 4 月 2 日	《新能源汽车动力蓄电池回收利用试点实施方案》	工信部、科学技术部、生态环境部、交通运输部、商务部、国家质量监督检验检疫总局、国家能源局	到 2020 年，要建立完善动力蓄电池回收利用体系，探索形成动力蓄电池回收利用创新商业合作模式。建设若干再生利用示范生产线，建设一批退役动力蓄电池高效回收、高值利用的先进示范项目，培育一批动力蓄电池回收利用标杆企业，研发推广一批动力蓄电池回收利用关键技术，发布一批动力蓄电池回收利用相关技术标准，研究提出促进动力蓄电池回收利用的政策措施

续表

序号	发布时间	名称	发布部门	内容简介
7	2018年4月11日	《智能网联汽车道路测试管理规范（试行）》	工信部	规范测试主体、驾驶人、测试车辆以及测试申请、审核等
8	2018年5月7日	《动力蓄电池回收利用溯源管理规定》	工信部	建立“新能源汽车国家监测与动力蓄电池回收利用溯源综合管理平台”，对动力蓄电池生产、销售、使用、报废、回收、利用等全过程进行信息采集，对各环节主体履行回收利用责任情况实施监测
9	2018年5月22日	《关于降低汽车整车及零部件进口关税的公告》	国务院关税税则委员会	自2018年7月1日起，降低汽车整车及零部件进口关税
10	2018年6月14日	《燃料电池堆安全要求》	国家标准化管理委员会	国家标准化管理委员会公布关于批准发布《工业硼酸》等393项国家标准和7项国家标准外文版的公告，其中涉及新能源汽车领域的国标共五项：GB/T36277－2018《电动汽车车载静止式直流电能表技术条件》、GB/T36282－2018《电动汽车用驱动电机系统电磁兼容性要求和试验方法》、GB/T36278－2018《电动汽车充换电设施接入配电网技术规范》、GB/T36288－2018《燃料电池电动汽车燃料电池堆安全要求》和GB/T36363－2018《锂离子电池用聚烯烃隔膜》，五项国标将于2019年1月1日起实施
11	2018年6月15日	《关于组织开展城市绿色货运配送示范工程的通知》	交通部、公安部、商务部	确定22个城市为绿色货运配送示范工程创建城市

续表

序号	发布时间	名称	发布部门	内容简介
12	2018 年 6 月 28 日	《重型柴油车污染物排放限值及测量方法（中国第六阶段）》	生态环境部	自 2019 年 7 月 1 日起，所有生产、进口、销售和注册登记的燃气汽车应符合本标准要求；自 2020 年 7 月 1 日起，所有生产、进口、销售和注册登记的城市车辆应符合本标准要求；自 2021 年 7 月 1 日起，所有生产、进口、销售和注册登记的重型柴油车应符合本标准要求
13	2018 年 7 月 3 日	《打赢蓝天保卫战三年行动计划》	国务院	加快推进城市建成区新增和更新的公交使用新能源或清洁能源汽车，重点区域使用比例达到 80%；重点区域港口、机场、铁路货场等新增或更换作业车辆主要使用新能源或清洁能源汽车。2020 年底前，重点区域的直辖市、省会城市、计划单列市建成区公交车全部更换为新能源汽车
14	2018 年 7 月 31 日	《关于节能新能源车船享受车船税优惠政策的通知》	财政部	对节能汽车减半征收车船税，同时对新能源汽车免征车船税

其中，2018 年 7 月国务院印发《打赢蓝天保卫战三年行动计划》，交通部发布实施意见明确推进新能源和清洁能源应用。实施意见提到，2020 年底前，城市公交、出租车及城市配送等领域新能源车保有量达到 60 万辆，重点区域的直辖市、省会城市、计划单列市建成区公交车全部更换为新能源汽车。“蓝天保卫战”助推新能源客车市场的持续发展。

此外，2015 年交通运输部在《关于推进“四好农村路”建设的意见》中提出，加快淘汰老旧农村客运车辆，到 2020 年，具备条件的建制村通客车比例达到 100%。2018 年新修订的《农村公路建设管理办法》，完善了“四好农村路”的顶层设计。

《乡村振兴战略规划（2018～2022年）》明确提出，把基础设施建设重点放在农村，持续加大投入力度，加快资源路、旅游路和产业路建设，加快农村路网提档升级。农村基建将迎来一系列重大工程。当前全国通客车的建制村已达到55.5万个，但仍有2万多个建制村未通客车，为此，交通运输部提出创新农村客运，采取城市公交延伸、农村客运公交化运营、农村客运班线、区域经营、预约响应等运营组织模式。全国52个城乡交通示范县也有了财政补贴，农村客运、农村公交迎来新的发展机遇。

二　客车行业发展面临的问题和趋势

（一）客车行业发展面临的主要问题

1. 客车企业面临市场萎缩、赢利能力下降的窘境

随着国家高铁的发展、私家车的普及，客车市场将进一步萎缩。与此同时，法规政策日趋严格，如工信部的汽车产品准入政策、生态环境部对国六排放政策的发布实施，以及交通运输部营运车辆油耗和安全准入政策等，都对客车企业提出了更高的要求。企业必须加大研发投入、提升产品性能，以应对各主管部门管理要求。客车产品的技术升级与性能提升影响到产品的成本管控，利润空间进一步被压缩；而新能源各级补贴的迅速退坡及补贴发放周期长也极大地缩减了客车企业经营效益。

2. 新能源客车的关键技术面临瓶颈

目前，我国虽然在新能源客车推广应用方面走在世界前列，但是新能源车辆的关键技术瓶颈还有待突破。高性能长寿命的零部件短缺（如电机控制器、IGBT等部件）、纯电动客车动力电池续航能力不足，以及能量密度和安全性较差等都是影响新能源汽车发展的关键因素。同时在燃料电池技术方面，燃料电池技术研究滞后，尚未规模化生产，成本高昂，系统性能还需要

进一步验证，国内成熟的燃料电池系统集成商较少等都是我国客车行业发展燃料电池中面临的困难。

（二）客车行业发展趋势研判

1. 客车市场发展情况

（1）整体市场增速趋缓

大中型客车市场已经成熟，随着宏观经济增长放缓，步入稳定期，且有下降的风险；城镇一体化带动城市及城乡公交的发展；高铁及地铁的全面铺开将对部分大型客运车及公交市场产生较大影响。

（2）公路、旅游客车市场占比持续下降

受高铁和航空发展、三公消费限制、私家车保有量提升等因素影响，公路、旅游客车市场占比持续下降；定制班车、定制包车将逐渐成为细分市场的重要增长点。

（3）新能源客车持续发展

受国家政策的持续支持、电动化基础设施的持续完善以及智能化技术的快速进步，新能源客车仍将快速发展。并且，随着成本的不断降低，产品的不断完善以及环保的更高要求，未来新能源客车将加速替代传统客车。新能源公交市场已经接近饱和，中短途公路车将是新的增长点，但补贴退坡将极大压缩市场成长空间。随着政策影响因素逐步退出，市场将回归理性。仅剩不多的新能源增长空间，将仍然以纯电动为主。混合动力的低补贴、高门槛、低环保使其处于弱势地位，仅能在中短途公路车领域有一定的使用优势。燃料电池客车将是相关较大增长点，各主流车厂均在布局相关产品，并在本地和优势地区推广示范。燃料电池客车市场将成为未来五年内的重要新增点。

2. 客车新技术新产品发展

客车行业产品逐步朝电动化、智能化和轻量化发展。纯电动客车、插电式混合动力客车产品已趋向成熟，且纯电动客车产品已取代混合动力客车产品成为行业主流产品。同时，传统燃料（汽油、天然气）产品的排放已符合国六排放要求。

（1）客车电动化

在新能源客车电动化方面，纯电动客车的续驶里程以及充电速度不断提升。电池技术不断向高能量密度、耐寒、耐高温方向发展；充电技术向大功率充电、无线充电等方向发展；三电系统向实现 IP68 防护等级方向发展；整车控制向空中下载（OTA）技术等方向发展。在新能源动力系统构型研发上，带档箱是动力系统的发展趋势，纯电两档箱是目前最成熟的方案，混合动力行星排功率分流技术是最前沿的构型技术。同时，由于国家政策导向因素，氢燃料客车产品正高速发展。

（2）客车智能化

在智能驾驶技术方面，无人驾驶技术已在非公开道路上试验测试；已实现公开道路的 L2、L3 级别智能辅助驾驶技术，如车道保持 LKA，紧急制动 AEB，自动巡航 ACC 等；正在推动 5G 网络的智能网联应用。

（3）客车轻量化

为降低能耗，轻量化是客车的重要发展趋势。未来轻量化技术将向铝车身、超级纤维、新一代 PC 玻璃等新材料方向发展，并不断通过完善设计结构和设计工艺提升轻量化水平。

总之，我国客车企业需要不断加快技术革新，不断提升产品的安全性、舒适性以及产品的智能化的水平，将安全和品质放在首位。行业应加强顶层设计，完善新能源后补贴时代政策，一方面支持新技术的革新，另一方面回收利用市场淘汰下来的二手客车，减少不必要的浪费，与此同时，加快建设具有竞争力的配套产业链，培育具有世界影响力的客车整车以及零部件企业，这样才能促进新能源客车快速发展。

三　部分主要企业发展概况

（一）金龙汽车

金龙汽车集团旗下拥有金龙客车、金旅客车、海格客车等行业三大知名整车制造公司以及金龙车身、金龙座椅等主要子公司。主营客车产品的生产和销售，产品包括大、中、轻型客车，涵盖4.5～18米各类型客车，主要应用于旅游客运、公路客运、公交客运、团体运输、校车、专用客车等市场，产品销往全球160多个国家和地区。大中型客车以直销为主、经销为辅；轻型客车以经销为主、直销为辅。

2018年，金龙汽车共销售6.19万辆，同比增长6.04%。其中，国内市场销售4.28万辆，同比下降5.2%；海外市场销售1.9万辆，同比增长40%。

2018年，客车行业总体销量比2017年有所下降，金龙汽车是为数不多的同比销量有所增长的企业。特别是海外市场，同比增长40%，在客车行业中出口数量和金额均位居第一。2018年，金龙汽车在传统的优势出口区域市场稳步增长，并加快拓展“一带一路”沿线国家市场。在出口产品结构方面，公司加大新能源车型比例。同时，加强与当地企业合作，出口模式尝试向“本土化运营”转变。

2018年7月，金龙汽车旗下子公司金龙客车与百度联合开发的全球首款L4级量产商用级无人驾驶微循环电动车“阿波龙”量产下线，并已在平潭岛、雄安新区等地区进行示范运营。“阿波龙”车身长4.3米，宽2米，共8个座位，核载14人（含6个站位），采用纯电动动力，充一次电，可以行驶100公里。“阿波龙”在设计上颠覆了传统汽车概念，构建电动化、电子化及智能化的新形态，是全国首辆无方向盘、无油门、无刹车踏板的原型车。车身前后安装有激光雷达、超声波雷达等传感器，可以持续监测路面情况、周围物体，具有车流判断、路牌识别、避障等能力。“阿波龙”车身采用了RTM轻型复合材料、整体全弧玻璃、宽幅电动门、自动无障碍爱心通道等新材料和新工艺。金旅客车推出的“星辰”无人驾驶客车获智能驾驶领域“昆仑奖”和2018世界人工智能无人驾驶挑战赛应用奖，并在厦门湖里创新园进行了试运营；苏州金龙完成8米无人驾驶公交样车试制和测试，产品获得2018世界人工智能无人驾驶挑战赛优秀奖。

2018年，金龙汽车各子公司纷纷加大高端公路客车产品的研发与推广。

金龙客车龙威Ⅱ代、金旅公司与德国奔驰合作的领航者、苏州金龙与瑞典斯堪尼亚公司合作的统领等高端公路客车新品陆续推出。金龙客车龙威Ⅱ代荣膺首批“中国五星级安全客车”称号，并率先通过“最严格”的国六 b 阶段整车型式认证，成为国内首款通过该认证的大巴车型；金旅客车领航者荣膺首批“中国五星级安全客车”称号，并成为美国“Good Design Awards 优良设计奖”设立 68 届以来首个获奖的中国客车产品；金旅新凯歌车系 2018 年销售 2073 辆，体现了中国高端制造客车的实力，其中出口占了 1/4；苏州金龙高端客车统领成为上合峰会通勤用车，成为行业新焦点；120 辆斯堪尼亚 · 海格豪华巴士成为港珠澳大桥穿梭巴士，苏州金龙成为唯一为港珠澳大桥提供穿梭巴士服务的国内客车制造商。

2018 年，金龙新能源科技公司推出 K01 电机电控集成一体化系统、K02 辅驱集成控制系统等多款产品，技术指标达到国内一流水平。金龙新能源公司重视创新驱动，掌握了电机电磁设计、电机轻量化、电控系统开发、电控系统集成等核心技术。

2018 年 10 月，金龙客车成为 2018 年巴新 APEC 会议通勤服务用车，85 辆金龙客车全程为各国代表团、媒体及工作人员提供通勤保障服务，其中 21 辆中巴客车专门服务中国代表团，顺利完成 2018 年巴新 APEC 会议车辆保障任务，彰显了金龙客车形象。

（二）宇通客车

宇通客车公司是一家集客车产品研发、制造与销售于一体的大型制造业企业。主要产品可满足 5 ~ 18 米不同长度的需求，拥有 155 个产品系列的完整产品链，主要用于公路客运、旅游客运、公交客运、团体通勤、校车、客车专用车等各个细分市场。

2018 年宇通客车共销售 6.08 万辆客车，同比下降 9.51%。其中国内市场销售 5.35 万辆，同比下降 8.8%，海外市场销售 0.72 万辆，同比下降 17.2%。国内市场销量下降主要是受公路客车需求进一步下滑，公交车占比上升，和新能源补贴政策等因素影响较大。海外市场下降主要受安哥拉、缅甸等部分市场项目订单需求量同比减少以及委内瑞拉等市场项目订单推迟执行因素的影响。

国内公路车市场近几年大中型客车需求逐年下降，产品需求结构倾向小型化、定制化。宇通客车紧跟市场变化趋势，着力于细分市场产品开发。2018 年先后推出了 5.9 米商务轻客 CL6 和高端商务车 T7（3.5T）汽油版两款公路车产品。CL6 定位于中短途客运、商旅接待、团体通勤，10 ~ 19 座，5.98 米车长，贯通式行李舱。T7 定位于高端商旅接待市场，原搭载 6.0LV8 汽油版以及柴油版，2018 年推出 3.5T 汽油版，相比较之前的 6.0L 发动机，性价比更有优势，产品线更完整。

2018 年 5 月 18 日，以“智联升级宇见未来”为主题的宇通 2018 年新能源全系产品发布会在上海举办。

2018 年初，以宇通新能源技术为依托的郑州市燃料电池与氢能工程技术研究中心，获郑州市科技局批准组建，这是我国客车行业首个燃料电池与氢能专业研发平台。8 月，宇通 25 台氢燃料电池公交车交付张家口进行商业化运营。

2018 年 12 月 9 日，郑州宇通成为获得第五届中国工业大奖的 12 家企业之一。

（三）中通客车

中通客车公司以客车为主，兼顾零部件产品的开发、制造和销售。客车产品涵盖 5 ~ 18 米不同系列档次车型，用途主要为公路、公交、旅游、团体、校车等细分市场。公司经营以订单为主线，实施客户化定制。销售模式以直销为主、经销为辅。

2018 年中通客车共销售 1.32 万辆，同比下降 38.62%。其中国内市场销售 1.16 万辆，同比下降 38%，海外市场销售 0.17 万辆，同比增长 30%。

2018 年 8 月 14 日，中通客车发布公告，公司实际控制人山东省交通工业集团控股有限公司的全部股权无偿划转给山东重工集团有限公司持有。

2018 年 12 月 25 日，《中国汽车报》主办“与改革开放同行，中国商用车市场巨变 40 年”颁奖典礼活动，对改革开放 40 年来表现优异的卡车、客车、物流车企业进行了表彰，其中，中通客车阳光造型客车 LCK6103GS 获颁改革开放 40 周年经典车型。

（四）比亚迪汽车

比亚迪客车为比亚迪商用车板块的一部分，产品覆盖 K9、K8、K7、K6、K8S 几个系列纯电动公交客车，C8、C7、C6 几个系列纯电动公路客车。K9、K8、K7、K6、K8S 系列公交客车分别对应 12 米、10.5 米、8 米、7 米、10 米双层纯电动公交车，C8、C7、C6 系列公路车分别对应 10.5 米、8 ~9 米、7 米纯电动公路车。比亚迪客车全系客车产品均为纯电动客车，无传统燃油客车和其他形式动力客车。

2018 年，比亚迪汽车共销售 1.27 万辆，同比下降 4.64%。2018 年，比亚迪客车销售仍以纯电动公交车为主。5 月，比亚迪发布了 9 米纯电动公路客车 C7。C7 采用比亚迪全新家族化造型，并采用高度集成化、标准化、模块化设计。搭载铁电池、全铝合金车身、动力电池热管理系统等，主要定位于景区接驳、旅游团体、租赁客运等领域。

2018 年 6 月 25 日，比亚迪与英国巴士制造商亚历山大·丹尼斯（ADL）联手获得伦敦首个大规模纯电动双层大巴订单中的 37 台。这批双层大巴 Enviro400EV 将由伦敦交通局旗下运营商 Metroline 运营，预计于 2019 年第二季度投入使用。Enviro400EV 全新车型由比亚迪和 ADL 共同设计研发，利用了比亚迪的纯电动大巴制造技术、电池技术及 ADL 的轻量化车身技术，具有舒适性与服务性的内饰配置等优势。这批双层大巴将会在英国本土组装。

2018 年 12 月 10 日，比亚迪在宁波发布了在车规级领域具有标杆性意义的 IGBT4.0 技术，成为唯一拥有 IGBT 完整产业链的车企，巩固了其在电动车领域的领先地位。

（五）江铃汽车

江铃汽车主要业务是生产和销售商用车、SUV 以及相关的零部件。主要产品包括 JMC 品牌轻型卡车、重型卡车、皮卡、轻型客车，驭胜品牌 SUV，福特品牌轻客、MPV 等商用车及 SUV 产品。江铃汽车在轻客方面的产品主要有全顺、新全顺、特顺轻客，产品覆盖 4.6 ~ 6.5 米轻型客车。

2018 年江铃汽车共销售 7.98 万辆轻客，同比增长 1.5%。江铃轻客产品以国内市场为主，出口较少。2018 年 11 月的百度世界大会上，江铃特顺自动驾驶车辆发布。江铃特顺自动驾驶车辆基于百度阿波罗自动驾驶平台提供的技术框架，结合江铃福特管理体系和量产经验，对特顺车的底盘线控、电器架构、车载传感器、决策算法等进行重新设计匹配智能驾驶，已成功开发出适用于园区接驳、物流分拨等场景的 L4 级别的自动驾驶原型车。这款车将在江铃股份厂区内试运行，之后逐步向社会公共区域推广应用。

在 2018 中国深圳第三届新能源汽车（物流车）挑战赛上，江铃特顺 EV 纯电动荣获最佳用户评价奖、最佳加速性能奖、最佳爬坡能力奖、最佳涉水能力奖、最佳节电节能奖、最佳续航能力奖，并荣膺第三届新能源物流车挑战赛奖项之王；江铃汽车荣获组委会推荐奖。

（六）南京依维柯

南京依维柯汽车有限公司为南汽集团和意大利依维柯股份有限公司共同出资设立的中外合资公司。南京依维柯产品线主要有轻型客车、越野车、底盘和专用车。

2018 年南京依维柯共销售 3.1 万辆轻客，同比下降 1.0%。依维柯轻客产品主要用于城市物流配送、中短途客运、商旅接待运输等。2018 年 11 月，全新一代依维柯欧胜 8AT 成功上市，产品采用德国纯进口采埃孚变速箱，驾驶舒适又安全，将智能管理、美学科技、多重保障、专业改装等特点结合，满足多种市场需求。

2018 年全新一代依维柯欧胜获得中国年度 VAN 奖项；依维柯纯电动物流车在第五届环青海湖（国际）电动汽车挑战赛中荣获“最佳爬坡能力奖，最佳续航能力奖、涉水性能优胜奖”三项大奖；依维柯为 2018 年世界羽毛球锦标赛官方指定用车。

B.5

2018年旅居车（房车）产业发展报告

摘　要： 本报告综述了国内外房车产业及露营产业的现状和发展趋势，介绍了国内外房车标准体系建设情况。结合目前产业内外部环境和行业自身存在的不足，有针对性地提出了房车产业发展的建议。

关键词： 房车产业　房车标准　房车露营　房车发展

一　房车产业发展综述

（一）国外房车发展分析

国外房车的生产和销售主要集中在美国、欧洲、加拿大、澳大利亚等国家和地区。据统计，世界房车整体市场保有量为2000万～2400万辆，需求量为45万～65万辆/年，其中美国和欧洲占有全球90%的消费市场。

1. 美国房车发展情况

在美国房车历史非常悠久，无论是销量、保有量，还是用户群体数量，都位居世界前列。美国房车产业发展也十分成熟，在美国拥有房车的家庭达到50%。截至2018年，房车用户数量已经达到历史新高，保有量超过1225.5万辆。根据美国房车工业协会（RVIA）公布的数据，2004～2018年美国房车年均销量约为343500辆。2018年美国房车销量为483672辆，达到历史销量第二高（见图1）。其中，自行式房车57585辆，占比11.91%；拖挂式房车销量为426087辆，占比88.09%。房车销量已逐步成为美国经济发展的晴雨表，当房车销售业绩良好时，美国经济也随之好转；当房车销售业绩下滑时，美国经济也随之下滑。

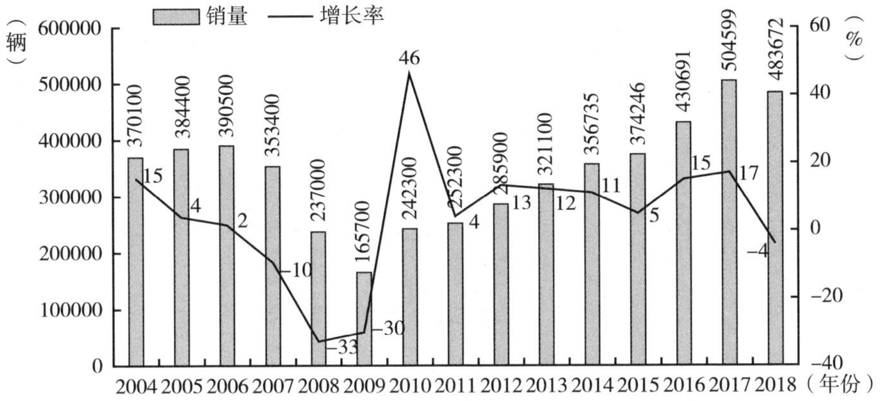

图 1　2004～2018 年美国房车销量走势

资料来源：美国房车工业协会。

经过长时间的产业发展和市场积累，美国房车市场已经发展到高度成熟阶段。庞大的私人房车保有量为美国房车消费、旅游市场的发展奠定了良好的基础，房车种类十分齐全，专业的房车租赁公司、房车经销商和露营地众多。房车生产制造、零配件供应、销售服务等产业链发展成熟。美国拥有数百家房车生产企业，零部件产业完整，涵盖了房车所有零部件总成件的生产与销售。房车度假营地遍布全国各地，营地设施配备齐全，且多为停靠式营地，使用成本也十分低廉。

2. 欧洲房车发展情况

欧洲在世界房车工业排名榜上仅次于美国，位列第二。根据欧洲房车协会（ECF）公布的数据，2018 年欧洲房车销量为 202656 辆，同比增长 6.8%，其中自行式房车 124975 辆，占比 61.67%；拖挂式房车 77681 辆，占比 38.33%。自 2007 年以来房车销量首次突破 20 万辆。德国房车销量位居榜首，销量达到 71186 辆，同比增长 12.5%；英国房车销量为 35743 辆，仍然位居欧洲房车市场销量第二，同比下降 6.2%；法国作为欧洲第三大房车市场，房车销量为32002辆，同比增长8.6%。除了英国受特殊因素影响，以及瑞士房车销量略微下降以外，整个欧洲房车市场都呈增长趋势。德国和比利时的房车销量都实现了历史突破。南欧市场增长明显，意大利和西班牙，比上年同期分别增长了17.3%和16.9%。2017年销量呈增长趋势的四个北欧国家2018年依旧保持增长，增长率为6.6%~10.5%。

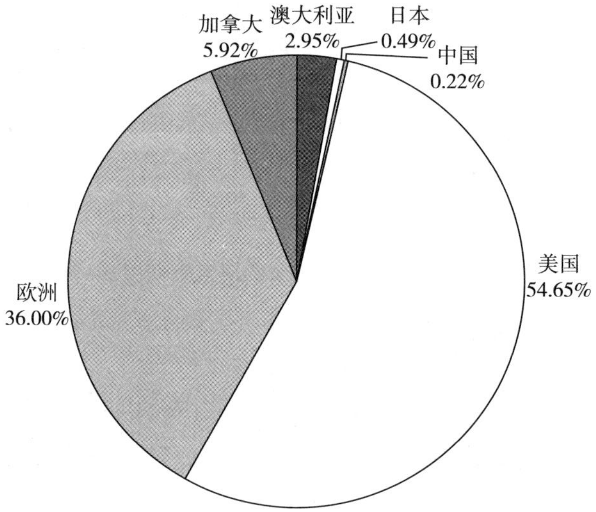

图2　世界各主要地区房车保有量占比情况

欧洲的房车露营文化发展也已经有百年历史。截至2018年，房车露营地数量已发展到2.7万余个。这些营地从最早的只提供加油、加水和停车等简单服务，发展到现在，成为集食宿、游乐、休闲度假、汽车保养与维护、汽车租赁等功能于一体的复合型多功能营地和房车旅游接待地。

3. 加拿大房车发展情况

加拿大房车产业发展也比较迅速。随着房车产业的发展，加拿大逐步形成了集生产、销售、运营、露营、展销等于一体的完整产业链。根据加拿大房车经销商协会统计的数据，加拿大房车保有量为100万余辆，房车家庭拥有率为14%。据不完全统计，加拿大有12家房车生产商，670家房车经销商，房车露营地约3000个。

4. 日本房车发展情况

日本房车历经30多年的积累，探索出一条符合其国情的房车发展道路。1980年日本研发出第一台自产房车。1994年日本房车协会的成立进一步促进了日本房车的发展，其随后发布的房车分类方法规范了日本房车行业，为行业的有序高速发展奠定了基础。目前，日本房车一直保持稳定增长的势头，房车保有量超过10万辆。2004年至今，增长率一直维持在5%以上，近年保有量增速略有放缓，平均年产量在4500辆左右。日本房车发展还有很大提升空间。

（二）国内房车发展现状

1. 房车产业处于成长期

我国房车产业从起步到2025年大致分为三个阶段：产业初始阶段，产业起步阶段，产业快速发展阶段。目前，我国房车发展正处于从产业起步阶段进入产业快速发展阶段。随着我国经济发展和人们生活水平的提高，房车产业和房车旅游市场发展潜力巨大。

2. 不同行业企业开始介入房车产业

进入“十三五”时期，随着我国经济快速发展，普通消费者对自驾旅游这种形式逐步认可。互联网思维打破传统销售模式，房车租赁、共享房车等模式的兴起推动了新一轮的产品需求，不同行业企业开始介入房车产业，在房车产业链中的不同环节发力以推动国内房车产业的发展。

在房车制造领域，有从特种车、改装车业务等逐渐发展而进入房车领域的企业，如中天房车、河南五洲行房车；汽车整车生产企业也着手开展房车业务，以皮卡、客车企业为主，如长城房车、厦门金龙礼宾车等；其他行业如房地产业、家具制造业企业进入房车产业，如浙江中誉房车。

在房车服务领域，如华晨大连国贸公司、大连骏奇汽车销售公司等开始代理销售欧美品牌进口房车；提供房车租赁，为露营地提供配套服务，如港中旅；建立房车资讯平台，推动房车生活，如21RV、旅居时代；多种经营，包括营地、房车生产、房车销售、房车租赁等多种业务，如中天房车、凯普房车、港中旅等。

3. 房车生产专业化，初步形成规模

从目前房车市场来看，国产房车逐步成为市场主流产品，许多房车企业已逐步推出房车自动挡底盘，其定位及定价已基本能被普通民众所接受。

（1）生产方面

目前，随着房车市场需求的逐年增加，国内房车生产企业的产能也随之提升。2018 年，上汽大通原厂房车共交付 1436 辆，同比增长 72%，凯伦宾威房车 2018 年交付量也突破千辆，国产房车产销量明显增加。国内房车消费逐步进入良性循环状态，将加速推动产业发展。2018 年，工信部发布的 12 批房车公告显示，共有 113 家生产企业申请了 341 款车型（见表 1），其中自行式房车 266 款、拖挂式房车 75 款。

表 1　2016 ~ 2018 年工信部公示车型及厂家对照

单位：家，款

年份	2016	2017	2018
厂家数量(家)	73	128	113
公示车型(款)	186	456	341

据统计，2018 年自行式房车在产企业有 115 家，自行式房车产量为 9600 辆（见表 2、表 3）；拖挂式房车在产企业有 44 家，拖挂式房车产量为 1579 辆（见表 4）。

表 2　2018 年我国房车（自行式）主要生产企业统计

单位：辆

序号	企业名称	产量
1	上汽大通汽车有限公司	2898
2	郑州宇通客车股份有限公司	946
3	东风汽车股份有限公司	470
4	江苏卫航汽车通信科技有限责任公司	374

续表

序号	企业名称	产量
5	河北览众专用汽车制造有限公司	347
6	河南新飞专用汽车有限责任公司	288
7	江西江铃汽车集团改装车有限公司	259
8	山东巨威汽车制造有限公司	258
9	江西江铃汽车集团旅居车有限公司	204
10	丹东黄海汽车有限责任公司	161
行业合计		9600

资料来源：工业和信息化部机动车整车出厂合格证数据。

表3　2012～2018年我国房车（自行式）生产量统计

单位：辆，%

年度	2012	2013	2014	2015	2016	2017	2018
产量	993	1776	2589	3367	4749	6291	9600
增长率	27.4	78.9	45.8	30.1	41.0	32.5	52.6

资料来源：工业和信息化部机动车整车出厂合格证数据。

表4　2018年我国房车（拖挂式）主要生产企业统计

单位：辆

序号	企业名称	产量
1	十堰汇斯诚专用汽车有限公司	247
2	湖南星通汽车制造有限公司	247
3	溧阳二十八所系统装备有限公司	165
4	广东康盈交通设备制造有限公司	119
5	河南新飞专用汽车有限责任公司	118
6	湖北旭帆专用汽车有限公司	97
7	福建常春专用车制造有限公司	82

续表

序号	企业名称	产量
8	荣成康派斯新能源车辆股份有限公司	69
9	山东吉鲁汽车改装有限公司	65
10	威海怡和专用车有限公司	49
行业合计		1579

资料来源：工业和信息化部机动车整车出厂合格证数据。

（2）销售方面

2018年，我国房车保有量达到100458辆，同比增长44.7%，比2017年的保有量69432辆增长45%（见图3）。2018年，我国房车总销量为51626辆。其中，国内销售31026辆，较2017年的20832辆增长48.9%；出口20600辆，比2017年17000辆增长21.2%，房车销售市场表现明显好于上年。随着更多的房车企业及改装企业进入市场，房车行业的市场竞争也会更加激烈，势必会刺激房车行业向更高质量发展。

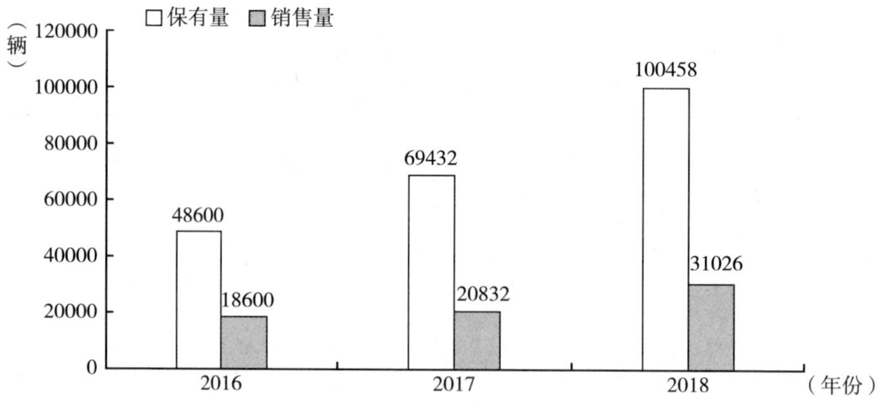

图3　2016～2018年房车保有量及国内销量

资料来源：中国汽车工业协会旅居车（房车）委员会。

（3）零部件方面

我国房车零部件行业还处于发展阶段。我国房车零部件来源主要有三种：欧洲进口零部件、美国进口零部件和国产零配件。我国以引进欧美技术为主，大部分生产集中在对技术要求相对比较低的产品上，如注塑件、五金件等，如遮阳帘、门窗等大部分部件还以进口为主。在比较核心的、高端的系统零部件方面，比如功能件、水循环系统的零部件、智能空调系统的零部件、报警预警信息智能化的零部件等，以及新材料和新工艺方面，国产零配件还处于劣势，主要是成本控制和产品质量上还有待提升。未来，随着国内房车市场的扩大，零部件企业会逐步加大投入，研发、制造、管理、检测手段、行业规范等方面逐步完善，产品质量及可靠性不断提高，在满足国内市场要求的同时，国产房车零配件将会走向世界。

4. 开展合资合作取得一定成效

房车企业引入战略合作，将给我国房车企业带来发展机遇，推动技术、市场等发展。合作共赢，已经成为当今社会的主流。发挥各自的长处，结合各方资源达成共同的目标。国内外的房车公司合作已然兴起，如亚特与PLA、华晨与阿迪雅、猎豹与 Pilote（派力特）等。

（三）房车进口发展情况

受相关政策调整的影响，进口房车在国内市场的发展不太乐观。2018年，进口房车无论是自行式还是拖挂式车型，在国内销售均需要办理3C认证证书才能销售并登记注册上牌，而其办理的难度系数较高，3C认证的过程需要得到国外生产厂家的大力支持，同时，企业需要承担一定的认证费用，付出许多的人力财力从而导致车辆成本增加。目前，行业普遍做法是将这一部分成本转嫁至经销商与消费者身上，直接导致进口房车价格居高不下，这也导致许多进口房车代理商放弃了进口房车品牌。目前，进口自行式房车品牌有派力特、阿迪雅、海姆等陆续完成3C认证。因此，进口房车在国内发展步伐相对缓慢。

表 5　拖挂式房车整车进口品牌

序号	品牌名称	产地
1	Coachman	英国
2	Elddis	英国
3	Kanus	德国
4	阿迪雅	斯洛文尼亚
5	卡莱尔	法国
6	海姆	德国

表 6　自行式房车整车进口品牌

序号	品牌名称	产地	进口/代理商
1	派力特	法国	湖南派力特房车(合资公司)
2	阿迪雅	斯洛文尼亚	华晨国际汽贸(大连)有限公司
3	海姆	德国	朗宸旅居车有限公司

(四)国内房车发展存在的问题

我国房车产业起步较晚，在发展中遇到很多问题，包括相关政策法规不完善、房车露营地基础配套不足、房车露营文化尚未普及、房车租赁旅游市场仍处于起步阶段等。

1. 消费观念尚未成熟

旅居房车是近年来新兴消费车型。在各大专业车展上的调研情况显示，参观者众多，但真正下订单进行购买的比较少。首先，对于房车的消费观念，房车消费价格略高，大众对房车的认识和了解一直处于“房车是高端消费人群的奢侈消费品”阶段，或者现阶段对房车还没有概念。其次，目前购买房车的渠道还比较狭窄，主要销售渠道还集中在房车展会上。最后，消费者接触到的房车信息封闭单一，多是通过身边朋友口口相传，主流媒体对于房车的宣传比较少，客户体验式消费模式尚未形成规模。近年来，互联网思维使汽车产品销售模式不断丰富，房车共享、房车租赁等消费方式逐步兴起，从而拉近了普通消费者与房车的距离。

2. 行业配套基础设施及政策不完善

目前，房车配套基础设施不够完善，中国房车营地建设起步较晚，导致供不应求，如便利店少、厕所数量少，同时停车难也是房车行业无法回避的问题。另外，房车本身的上牌上路、停放和补给问题都对房车的发展普及有所制约。

3. 房车发展缺乏有效引导，发展潜力尚未挖掘

虽然我国房车产业有较好的发展环境以及发展基础，但到目前为止，我国房车产业消费环境尚未成熟，需要进一步引导并使房车产业走出一条创新路径。中国旅游业处于一个高速发展阶段，房车生活作为旅游的一部分，与旅游业的发展密不可分，但目前房车的价格与主要的出游人群收入水平不符，同时租赁方面也缺乏从产品包装上进行引导。

露营地的发展与房车旅游发展相辅相成，但近些年我国露营地建设的速度并不快，露营地建设的用地属性有待理清的问题，如不少地方把营地作为建设用地管理，导致营地用地成本过高，影响企业投资积极性，制约了露营地的建设和发展。

4. 房车产业化、规模化尚未形成

目前，从事房车生产的企业既有大型汽车集团，也有小型汽车改装工厂，房车行业缺乏系统的准入标准。房车生产企业大多数分布在北方和东部沿海地区，目前100多家房车生产企业中，前五名的生产量占43%，前十名的生产量占62%。国内房车市场消费者的购买动机、购买力等，都无法有力推进房车产业整体发展。而中高收入家庭数量大、消费潜力强、休闲度假游需求明显，是房车旅游的重要消费群体，这部分群体对于房车旅游的兴趣还未激活，唯有使这部分潜在需求激活，才能实现房车产业规模化的发展。

二　房车标准化发展情况

针对房车，行业内形成了一套自成体系的产品划分，但是我国与房车配

套的相关体系还不完善，标准、法规尚不健全，因此，行业内对房车分类基本参照美国分类标准，将房车分为自行式和拖挂式（见图4）。

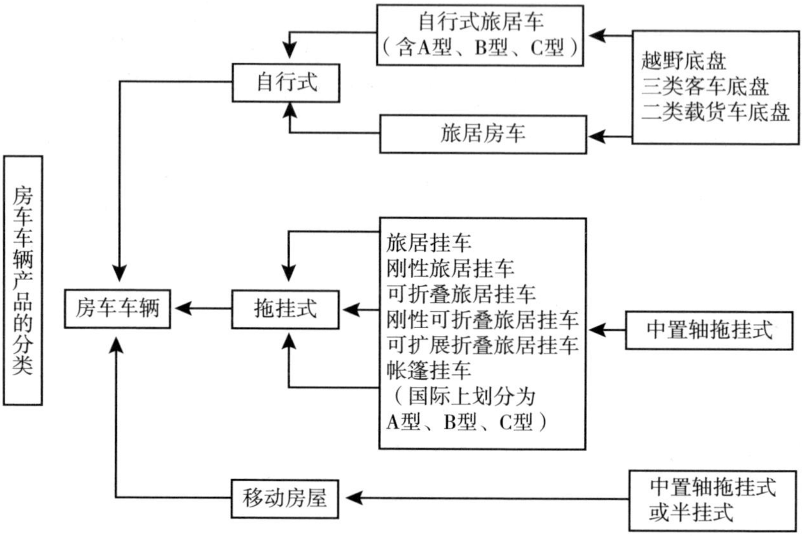

图4　房车车辆产品的分类

（一）欧美房车标准体系

1. 美国房车标准体系

在美国，房车市场成熟，产业规模大，配套的法规和标准比较完善，产品与配套体系的标准化、通用化、系列化水平很高。美国的房车标准主要包括房车特有的安全类法规、消费者权益保护标准及法规、美国房车工业协会（RVIA）标准等。

（1）房车安全和消费者权益保护标准及法规

房车安全和消费者权益保护标准及法规包括房车安全技术法规、房车销售和消费者权益保护法规。安全标准主要针对车辆的总重量和牵引安全做出了严格的规定，此标准和法规的制定者为联邦交通部和各州交通主管部门。房车销售和消费者权益保护法规涵盖了房车在新车销售、二手车销售、售后服务、房车生产企业的责任等多个方面，严格保护消费者的合法权益。

（2）美国房车工业协会标准

在美国，房车英文术语为 Recreational Vehicles，房车除满足作为车辆应该满足的相应法规外，美国房车工业协会主要在房车生产制造领域制定法规，以监管房车生产企业的整个产品设计、生产流程和零部件采用等。采用的主要标准和法规有 NFPAII92、ANSI/RV1A－12V、ANSI/ RVIA－120V、NFPAII94、NFPA70 等和美国消防协会标准、美国房车工业协会标准。

2. 欧洲房车标准体系

欧洲房车的快速发展与其完备的标准和法规是不可分割的。欧洲各国在汽车强制性认证方面执行 EC 指令和 EEC 法规，各国不再制定各国自己的法规项目。标准化方面，由欧洲标准化组织制定相应的 EN 标准，欧洲各国结合 EN 标准并结合自己国情制定本国的标准。现阶段，适用于休闲旅居车辆的相关欧洲标准主要由 CEN/TC245“休闲旅居车辆”技术委员会编制。以下介绍房车几项主要标准内容。

（1）休闲旅居车辆－自行式房车第 1 部分：与健康和安全相关的居住要求

标准由 CEN/TC245“休闲旅居车辆”技术委员会编制，并由欧洲标准委员会批准。主要规定了与健康和安全相关的居住要求，涵盖了休闲旅居车辆的居住因素，其中包括 11 份规范性附录和一份资料性附录。在设计生产、饮用水供应及废水处理、电暖设备、通风防火装置等方面做了详尽的阐述。

（2）休闲旅居车辆及其他道路车辆居住用液化石油气系统装置规范

此标准详细列出涉及材料甄选、元件及设备选择、设计依据、装置可靠性测试以及用户手册内容的安全与健康要求。

（3）休闲旅居车辆－安全通风规范

欧洲标准规定了休闲旅居车辆的最低安全通风要求，提供了计算或测试的替代方法。

（二）我国房车标准体系建设情况

房车是一种特殊车辆，对于车辆相关的强制性标准必须要满足。目前，国家标准、行业标准层面尚未形成系统的房车标准体系。除相关的汽车强制标准外，现行涉及或有关房车方面的国家标准主要包括以下几个。

1. GB/T3730.1－2001汽车和挂车类型的术语和定义

基础类通用标准，给出了旅居车、中置轴挂车的术语和定义，是最早提出旅居车概念的标准，有利于房车标准的制定和规范化，但该标准并未对房车相关的术语和定义进行细化。

2. QC/T757－2006乘用车列车通用技术条件

此标准主要规定了可牵引挂车的乘用车及乘用车列车的要求及试验方法，并对乘用车和挂车之间的球头连接装置做出了要求，涉及房车相关要求。

3. QC/T776－2007旅居车

此标准主要规定了旅居车的分类、要求、试验方法、检验规则等，主要适用于定型底盘或整车改装的旅居车。

4. GB/T22550－2008旅居车辆术语及定义

此标准等同采用ISO7418：1989《旅居车辆术语及其定义》。它定义了旅居车辆作为临时住所的相关术语以及影响旅居车辆作为整车满足道路使用目的的术语。

5. GB/T22551－2008旅居车辆旅居挂车居住要求

此标准等同采用ISO7422：1991。该标准主要规定了旅居挂车居住方面的功能要求。

6. GB/T22552－2008旅居挂车、质量/尺寸术语和定义

此标准等同采用IS07237：1993《旅居挂车质量和尺寸词汇》。该标准规定了GB/T3730.1所定义的旅居挂车的质量和尺寸的术语和定义。

7. GB/T25980－2010旅居挂车和轻型挂车的连接球尺寸

此标准等同采用ISO1103：2007。该标准规定了旅居挂车和轻型挂车与牵引车之间采用连接球牵引时机械连接装置的尺寸。

8. GB7258机动车运行安全技术条件

该标准是我国机动车运行安全管理的强制性标准，是所有在产车和在用车辆必须执行的标准。该标准针对旅居车的特点，对旅居车乘员数核定、室内专

用设备设施、产品使用说明书、汽车安全带、座椅等方面给出了相应的规定。

9. 新 GB7258标准

国家质量监督检验检疫总局和国家标准化委员会共同发布新标准 2017 机动车运行安全技术条件，新标准于 2018 年 1 月 1 日起正式施行。新标准首次给出了旅居车、旅居挂车的定义，并对旅居车标准进行了进一步细化，所有旅居车需要符合这一标准。

此外，2018 年 12 月 26 ~ 27 日，全国汽车标准化技术委员会旅居车标准工作组在海口召开了第五次工作会议。会上对《乘用车列车》标准草案进行了逐条讨论，并对《旅居车电器系统安全要求》《旅居车通风系统技术条件》两项草案进行了初步讨论，对拟立项的新项目“旅居车车门保持件”标准的立项需求表示一致认可。

从上述国内现行的旅居车相关标准来看，仅限于基础术语和定义，以及部分零部件等方面给出的规范性要求大多等同采用国际标准，没有体现出中国房车产业的产品特点标准，远远不能满足目前房车产业的需求。为此，加快我国房车标准化制定工作十分迫切。

另外，开展房车团体标准化制定工作，可有效发挥市场在标准化资源配置中的重要作用，激发企业主体和社会团体的积极性，可增加标准的有效性、及时性，并与国家标准、行业标准互为补充、衔接配套，对促进房车健康、快速发展意义重大。目前，中国汽车工业协会及其房车委员会已经组织行业开展了房车团体标准化体系的研究工作，开展了一系列有关房车基础标准、整车系统标准的研究和制定工作。

三　房车露营发展综述

房车和营地是紧密相连的，房车旅游离不开营地的支撑，营地不仅作为房车（汽车）的停车地，而且还是一个综合旅游度假地。营地建设使房车生活得以实现，而房车露营作为一种旅游模式在发达国家非常流行，在欧美已成为日常生活不可或缺的一部分。

（一）国外房车露营地概况

在欧美等发达国家，露营地的发展已有上百年的历史，自驾房车休闲旅游更是逐渐成为人们日常生活的一部分，同时也是最重要的基础产业之一。国外房车露营地的飞速发展，得益于其对房车的大力推广，进而使房车得以快速普及；各地高速公路的建成，使得出行越来越便捷；再加上生活观念的转变，使更多的人热衷于出行度假。为完善房车这个蓬勃发展的大市场，欧美国家已建立起许多个与之配套的房车露营地。在美国，有约 800 万的庞大人群选择房车出行的旅游方式，占其总人口的 10%，美国建有营地近 2 万个。这些露营地种类繁多，分布广泛，大都位于景色优美的国家公园或风景名胜区，为房车旅行爱好者提供完善的服务。

澳大利亚有着庞大的房车营地网，有专门的房车公园“Caravan Park”，澳大利亚的上百个国家公园都设有房车营地，驾车出行每隔五六十公里便可遇到一个。澳大利亚的房车营地是收费的，营地可以把水和电接入房车，晚上可用交流电提供电器及照明用电，并给蓄电池充电。4 ~5 星级的营地，有可租住的木屋，有冷热水淋浴、洗衣房、烧烤区、游泳池和儿童乐园等设施。

欧洲也已建立起两万多个房车露营地，拥有 85 万名俱乐部会员，以及 3000 多个俱乐部露营地。这些营地从最早的只是提供加油、加水和停车等简单服务，发展到现在，成为复合型多功能营地，成为食宿、游乐、休闲度假、汽车保养与维护、汽车租赁等功能齐全的房车旅游接待地。欧洲的营地按星级划分等级，分为 1 ~5 星，以 5 星级营地为最高级，一般营地设有盥洗中心、洗衣房、小卖部、医务室等，高星级的营地一般都有游泳池、儿童乐园、运动场、商场、酒吧、饭馆以及健身房等。

（二）我国房车露营地建设现状

1. 房车露营地建设情况①

随着房车旅行爱好者的增多，目前我国很多省、市知名景区周边都配有

① 《2018中国露营地行业投资报告》。

房车营地，涵盖海滨型营地、山地型营地、森林型营地、乡村型营地和湖畔型营地，尤其是在各个大中城市周边，房车营地更为集中。2018 年，我国已建成露营地 1239 个，在建 451 个，共计 1690 个（见图 5）。其中，新建成露营地 414 个，露营地（已建）数量增速放缓。截至 2018 年 12 月底，我国汽车保有量较上年增长 8%，增速放缓，我国房车销售量较上年增长 66%。华东、东北地区仍为露营地发展的先行区，北京、广东、山东位列露营地数量排名前三。2018 年，47% 露营地分布在华东和华北地区，北京在建营地数量最多，广东省拥有最多已建成露营地。相比 2017 年，2018 年露营地种类更多，海滨型、山地型、森林型和景区型营地占比趋于平均化，山地型首次超过海滨型位居首位。在帐篷营位、房车营位、主题客房、集装箱、树屋木屋、特色住宿等各类型住宿中，帐篷营位仍是最多的（但同比减少量最多，标志着人们对露营地的需求不止满足于帐篷露营，而是更热衷于多元化、舒适度更高的居住体验）。除户外拓展、餐饮、住宿、户外烧烤、商店、真人 CS、休闲运动、儿童游乐、会议室之外，WiFi 成为露营地必不可少的配套。

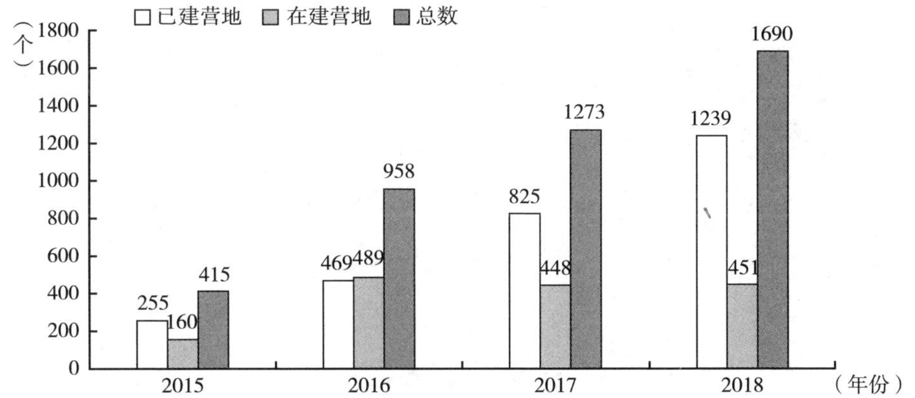

图 5　2015～2018 年全国露营地数量变化情况

在营地规模上，2018 年露营地整体呈现小而美态势，平均营位数略有增长，大部分营地规模在 300 亩以内，其中 100 亩以内的占比约 46%，平均营位数量为 228 个，较上年（215 个）略有增长。近半数营地平均接待量高于7万人，占比约43%，且淡旺季特征明显。2018年我国优秀露营地平均出租率为40%，淡季优秀营地平均出租率为21%，旺季出租率为96%。

自2017年以来，国家针对房车露营、房车旅游的政策越来越明确，全国各省份的“十三五”规划也纷纷落实，按照各省份营地规划统计，2020年房车营地建设将超4000个。2017～2018年，我国露营地政策密集出台，行业迎来了高速发展的黄金时期。政策主要分为三类，分别为鼓励类政策、管理类政策和用地政策，分别从交通、土地、乡村、人才等领域给予大力支持。

2. 露营地设施建设概况

随着房车旅游开始兴起，房车露营地设施建设和发展要与之相匹配。目前，我国房车露营地相应的配套设施与国际标准相比还有一定差距。在国外，营地已经不仅仅是停车场、服务区或者旅游景点，而且是一个全新的生活场所，一种新的理念，一个生活交流的空间，或者一个综合的社区，就如我们生活的小区，不仅仅可以停车休息生活，还可以购物娱乐，有咖啡屋、电影院、酒吧、酒店、银行、体育设施场馆等。国外大的房车露营地配套设施十分齐全，如配有泳池、射箭场、牧场、骑马场，以及儿童游乐场、游戏室等。在我国，各地房车营地建设规划大同小异，大部分未体现出当地特色。我国目前建成的很多房车营地在实际运营中以静态的住宿设施、停车场等为主，体验性较差，房车露营地对周边地区的辐射与带动效应并未有效体现。

四　房车产业发展建议

（一）完善政策体系，全面推动房车产业快速发展

房车行业发展要以政策为导向，需要政府出台政策推动，企业也需要政策来支持。我国房车拥有巨大的市场空间，相关政策的陆续出台会进一步刺激房车行业的发展。现阶段在政策的推动下，我国旅居房车市场已经逐步由

萌芽期向快速发展期升级，产业规模、产品质量、用户认知度等方面都有了提升。同时，我国在发展房车方面确实存在诸多瓶颈，因此，系统化促进房车发展显得尤为必要。

积极推动房车产业发展，营地建设和服务标准规范、用地标准、自驾管理规范、房车上路保障等诸多方面有国家层面的政策支持。除此之外，各地方政府也要出台相关房车露营政策，设定目标，引导社会资本投资营地建设，扩大露营旅游产业规模，从而带动房车产业和房车露营产业的发展。

（二）行业引导消费，逐步形成房车消费观念

消费者对房车的概念和消费意识不强，或者对房车消费了解、认知没有概念。目前房车市场还处于小众化的萌芽阶段，房车消费价格略高，在传播途径上，房车和家用轿车相比自然无法企及。

（三）整合资源，鼓励跨行业融合

现阶段，我国旅居房车生产企业规模普遍较小，无法整合、串联行业链条的各种资源，因此引进外部力量显得尤为重要。推动“旅游＋”产业思维，让生产制造、投资金融、后市场服务等多产业与旅游业深度融合。相关部门应加快制定房车露营地法规和标准，鼓励包括房车企业在内的社会资本投资房车露营地。推动重点城市、景区的房车露营地和房车车位建设，进而带动房车旅游和房车消费，促进房车产业的发展。由政府主导，将营地建设纳入当地政府基础设施建设范畴，统一衔接城乡规划，加强对营地建设的指导。

（四）鼓励房车旅游发展，完善房车产业链

房车旅游涉及房车装备制造、房车租赁、营地建设和相关联的系列服务行业。除了完善营地和公共服务体系建设，还应鼓励围绕房车产业特色运营，如面向房车游客的汽车旅馆、主题酒店建设；推出房车旅游

扶贫精品线路，带动爱心家庭、爱心企业到贫困乡镇旅游、采购生态农产品，助力深度贫困乡镇脱贫致富等融合性运营项目。提高传统旅游产品的吸引力和资源的综合利用率，进而拓展产业辐射区，构建完整的房车旅游产业链。

房车普及和房车文化的形成是一个系统工程，房车硬件的完善只是基础，房车出行的方方面面都需要有更专业的参与者，为房车行业发展提供个性化的服务。

（五）加大投入，进一步增强产品研发能力

房车生产企业需要增强研发实力，可通过自研和合资并购等多种形式，在底盘、内部设计、核心零部件等领域体现自身产品的竞争力。在市场开拓上加强对市场需求的把握，精准预测、定位未来主流的消费群体并提高满足客户需求的能力。随着企业规模的扩大，企业逐步向下游渗透，在通过下游行业扩大市场、培养客户的同时，提升主营业务核心竞争力，结合商业模式创新，快速抓住市场发展机遇。

（六）加强人才梯队建设

房车生产更多的是一种文化价值的体现。针对目前行业专业设计人员匮乏、普通生产人员缺少产品体验、房车产品缺少引导文化消费魅力等问题，建议行业在发展思路上先采用拿来主义、跨行业融合及本土化吸收等多举措并行；政策鼓励职业学校开展再教育服务，让生产实践与理论教育相互融合，快速填补人才缺口；推动国内旅居车行业与国外生产企业、行业机构的深度交流，吸收、消化国外旅居房车文化积淀及产品价值，实现我国行业发展的后发优势。

（七）加强合资合作，共赢发展

企业可以通过合资合作逐步向融资租赁、旅游服务等市场延伸，提升产业链的协同能力。在重点加强主打产品的开发与技术引进的同时，强化产品

规划和产品储备，为长期发展奠定坚实基础和技术保障。同时，在车载配件集约化采购、售后服务业务、智慧房车定制推广等领域展开深入合作，共建房车生态，助力中国房车行业转型升级。加速房车行业从大规模制造向大规模定制转型，努力推动中国房车产业朝着智能化、定制化、全生态等方向快速健康发展。另外，随着“互联网+”的发展，企业在市场宣传推广方面要以新媒体为载体，加大对房车文化和房车露营文化的推广传播，如利用微信、微博等自媒体，抖音、微视、快手等小视频APP等，借助“互联网+”思维，开展合作，促进房车产业的发展。

（八）推动房车租赁业务发展，提升服务水平

随着国家大力支持全域旅游，自驾游所占比重越来越大，房车租赁业务可借机发展。目前，市场上房车租赁企业规模小，而房车价格高，资金占用大，租赁需求业务量少，需要规模化发展。

（九）完善房车露营产业配套基础设施

目前，房车配套基础设施不够完善，房车营地建设刚刚起步，与之配套的相关设施，如道路铺设、停车场地、购物店、水源供给、充电设施等不完善，成为房车行业发展无法回避的问题。此外，我国关于房车上牌上路的相关法律法规有待完善，且各地方部门对于房车上牌上路采取的执法标准不统一，这些都需要不断完善。

B.6
2018年专用汽车发展报告

摘　要： 本报告阐述了2018年度专用汽车发展概况，分别从政策和行业市场两方面综合分析专用汽车市场情况。介绍了专用汽车各细分市场情况，剖析了当前专用汽车行业面临的问题，预测分析了2019年专用汽车产业发展趋势，并提出了相关发展建议。

关键词： 专用汽车　行业环境　产品结构

一　专用汽车发展综述

（一）专用汽车发展概况①

我国专用汽车行业经过近六十年的发展，现已具有相当的规模，到2017年，专用汽车产量274.12万辆，达到新的历史峰值。2018年，我国专用汽车产品累计生产246.87万辆，同比下滑9.94%（见图1），八大类产品除起重举升类以及特种结构类外均出现不同程度的下滑。

① 本文涉及专用车产品产量数据通过企业上传合格证进行采集。数据出处为中国汽车技术研究中心。无特别说明车辆单位默认为“辆”，特此说明。

本报告涉及产品吨位分类标准：

1. 专用车总质量分类标准

重型车：14T < Ga　中型车：6T < Ga≤14T　轻型车：1.8T < Ga≤6T　微型车 Ga≤1.8T

2. 半挂车总质量分类标准

超重型车：34T < Ga　重型车：19.5T < Ga≤34T　中型车：7.1T < Ga≤19.5T　轻型车 Ga≤7.1T

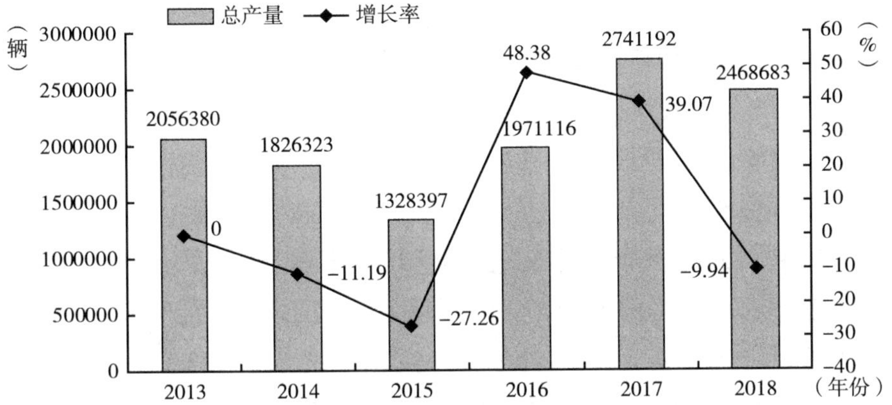

图1　2013～2018 年我国专用汽车产品产量统计

资料来源：工业和信息化部机动车整车出厂合格证数据。

从月度趋势看，2018 年专用汽车市场发展较为平稳，政策影响造成的数据波动较小。这也表明上一轮政策刺激对专用汽车行业影响逐步消退，市场回归理性。市场需求集中在下半年爆发，传统市场淡季和旺季变化不大。

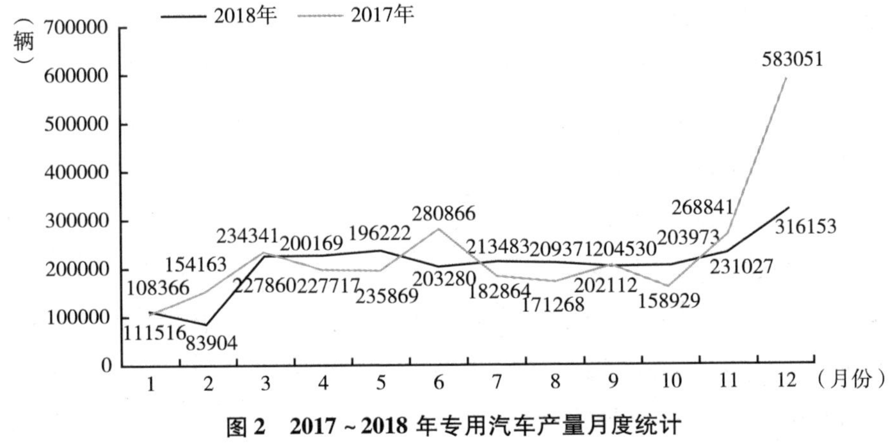

图2　2017～2018 年专用汽车产量月度统计

资料来源：工业和信息化部机动车整车出厂合格证数据。

（二）专用汽车市场分析

1. 影响市场发展的相关政策

从 2015 年开始，随着国家激励性政策的减少，影响专用汽车市场需求的主要是国家相关政策和标准法规的变化，如治超和环保政策的出台，GB1589－2016、GB7258－2017 的产生，这些政策直接刺激了用车的新需求，催生了车辆的淘汰更新。归纳 2018 年的政策影响，大体分为两类，一类是环保政策，另一类是治超政策。

（1）环保政策

2018 年，国务院发布的《打赢蓝天保卫战三年行动计划》具有重要指导意义。在这个政策总纲领的思想指导下，国家对未来三年大气污染防治工作做了具体的部署。其中，对专用汽车市场需求影响较大的有三个方面。

首先，国家为了优化调整货物运输结构，加快提升铁路货运能力，大幅提高铁路货运比例。“公转铁”具体执行措施在 2018 年迅速出台，政策要求“到 2020 年，全国铁路货运量比 2017 年增长 30%，京津冀及周边地区增长 40%，长三角地区增长 10%，汾渭平原增长 25%”。因此，2018 年深受这一政策影响的车型是与煤炭和港口运输相关的仓栅、栏板半挂车，有些地区的销量下降幅度甚至为 50%～75%，其次是中置轴车辆运输车，2018 年下半年和上半年相比呈现“冰火两重天”的局面，下半年基本处于滞销的局面。

其次，国家对柴油货车污染治理工作的开展，主要体现在推进国三营运柴油货车的提前淘汰更新上。不少地区先后出台了国三柴油车鼓励淘汰政策，比如，南京自 2018 年 10 月 1 日起对国三营运柴油货车，一律不予排放定期检验，并且对国四及以上营运柴油货车逐车严格查验污染控制装置并拍照上传，污染控制装置不合格的不予排放定期检验。同时，南京也有相应的国三柴油车提前淘汰的补贴标准，根据车型、使用年限给予差别化补贴，国三柴油车具体补贴金额为 4000～40000 元/车，这个举措加速了国三营运柴油货车的淘汰，刺激了用户的购车需求。同样，排放升级、提前实施机动车国六排放标准也对市场产生了一定的促进作用。按照规定，2019 年 7 月 1 日将实施国六排放标准，环卫、邮政、物流配送等车辆新能源比例达到 80%，港口、铁路货场等作业车辆基本以新能源汽车或达到国六排放标准的清洁能源汽车替代。

最后，新能源补贴刺激了车辆更新替换需求，这同样也是柴油货车污染治理工作的一部分。国家鼓励并支持在城市公交、环卫、邮政、物流配送等领域推广使用新能源汽车，新能源补贴政策依然持续，这不仅极大地促进了这些领域新能源车辆生产企业的积极性，也刺激了终端用户的购车需求。这些领域的新能源汽车销量呈现逐年高增长状态。

（2）治超政策

“9·21”治超政策仍然带来持续影响，其中GB7258－2017是在治超政策出台后配合修订的新国标，对货运车辆技术的要求大幅提高，因此对专用汽车市场产生了较大的影响。按照规定，“自2019年1月1日开始对新生产的危险货物运输半挂车的所有车轮应装备盘式制动器。自2020年1月1日开始对新生产三轴栏板式、仓栅式半挂车的所有车轮应装备盘式制动器”，这些强制性举措，使终端用户的购车成本上升，致使2018年乃至2019年有部分车型的市场需求提前被释放。

2. 行业市场分析

（1）企业数量及产业布局

截至2018年12月（《车辆生产企业及产品公告》315批次），我国专用汽车公告内企业达到1400余家，全年新增专用车企业178家（公告304～315批次），与上年同期相比上升43.59%，其中，山东省新增43家，河北省新增35家，湖北省新增29家，重庆市新增9家，其他省市新增62家（见表1）。2018年，在产企业1201家，同比增长9.78%。山东、湖北、江苏、河北、河南5省在产专用汽车生产企业数量在全国各省份排名前列，其中山东省专用汽车生产企业超过200家，湖北专用汽车在产企业超过100家。全国专用汽车产量排名前五的省份分别是山东省、湖北省、重庆市、安徽省、河北省。

表1　2018年全国专用汽车分省份产量统计

序号	生产省份	累计产量（辆）	产量同比（%）	各省在产企业数（家）	新增企业数（家）
1	山东省	753454	－9.07	287	43
2	湖北省	276890	－23.49	128	29
3	重庆市	196433	17.96	26	9

续表

序号	生产省份	累计产量（辆）	产量同比（%）	各省在产企业数(家)	新增企业数（家）
4	安徽省	188043	-1.68	51	4
5	河北省	163637	13.82	98	35
6	江苏省	125341	10.57	103	2
7	河南省	109172	7.71	75	4
8	四川省	107732	-0.75	36	3
9	广西壮族自治区	78280	3.42	13	3
10	江西省	78016	-14.62	25	5
11	湖南省	63363	5.39	41	5
12	陕西省	58335	-12.02	22	1
13	吉林省	48012	-41.21	21	—
14	北京市	43854	-60.62	30	—
15	福建省	41566	-11.72	36	6
16	辽宁省	35314	-18.47	55	6
17	广东省	22866	-22.20	40	7
18	山西省	21537	-37.88	27	4
19	云南省	18085	-31.92	7	—
20	宁夏回族自治区	8675	86.72	3	2
21	内蒙古自治区	7843	-43.24	12	1
22	浙江省	6260	-72.84	31	3
23	贵州省	3679	177.87	10	1
24	黑龙江省	3563	35.53	15	2
25	天津市	3354	-16.19	15	—
26	甘肃省	2678	-12.63	12	1
27	上海市	1912	-65.68	14	1
28	新疆维吾尔自治区	789	249.12	6	1
合计		2468683	-9.94	1239	178

注：专用汽车生产企业存在异地生产的情况，在产企业数根据企业注册地址进行统计，各省份在产企业数根据企业生产地址进行统计。以北汽福田为例，该企业在山东、北京、湖南、河北等地都进行生产，因此在各省份在产企业数量会重复统计。故统计各省份在产企业总数会大于企业在产数量，特此说明。

资料来源：工业和信息化部机动车整车出厂合格证数据。

从产业布局上看，我国专用汽车生产企业主要集中在中、东部地区，以山东、湖北、江苏、河北、河南等地区为主。从企业发展来看，传统专用汽车生产企业逐步由一线城市、城市中心向城市外围迁移。新增企业则主要集中在产业聚集区以及经济次发达省份，企业生产变化的共同点是由生产成本较高的地区向生产成本较低的地区进行转移。未来，随着我国专用汽车生产企业准入政策的进一步放开，专用汽车生产企业数量会出现急剧膨胀后逐步削减的发展态势。

（2）吨位构成比

专用车辆吨位构成比是随着国民经济的发展、社会货物介质的变化、国内交通设施的改善等因素而变化的，是反映产品变化的一个重要指标。从近几年的数据来看，专用汽车产品吨位需求向两头发展，2018 年重型（包括超重型）车占 48.40%、中型车占 4.09%、轻型（包括微型）车占 47.50%，产品吨位呈哑铃状的发展趋势（见表 2）。

表 2　专用汽车产品吨位构成比

年份	吨位构成比（重型:中型:轻型）	年份	吨位构成比（重型:中型:轻型）
2011	4.3:0.9:4.8	2015	3.8:0.8:5.4
2012	3.6:0.9:5.5	2016	4.8:0.6:4.6
2013	4.6:0.9:4.5	2017	5.1:0.5:4.4
2014	4.8:0.8:4.4	2018	4.8:0.4:4.8

资料来源：工业和信息化部机动车整车出厂合格证数据。

我国专用汽车产品以运输类车型为主，运输类专用汽车吨位结构将直接影响整个行业情况。2018 年，我国运输类专用汽车市场需求以干线运输及城市物流运输为主，根据不同的使用环境，干线运输上需要大吨位重载车辆，而城市物流则需要小型物流车进行转运、配送。从近几年专用汽车吨位构成情况来看，轻型车占比基本与重型车持平。随着我国物流体系改革，长距离大宗货物运输更多地依靠铁路及水路，公路运输更多地承担支线及城市配送。随着新能源汽车的发展及路权的倾斜，小型化城市物流配送车辆将得到极大发展，轻型车产品比例或将超越重型车。

（3）行业集中率

2018 年，我国专用汽车行业产量排名前四企业的集中度（CR4）为 18.11%，同比下降了 0.55 个百分点，市场整体呈现原子型结构。八大类子行业中，仓栅式汽车、特种结构汽车、普通自卸汽车、半挂车行业的集中度有所下降，市场结构分别呈现为中下集中寡占型、原子型、低集中寡占型和原子型。在这一阶段，市场集中度不高，行业的市场竞争十分激烈，企业数量众多，虽已出现了个别具备规模实力、资本实力和品牌优势的企业，但行业内总体呈现“多品种、小批量、专、精、特”的特点。从行业整体情况来看，随着我国准入政策及公告管理政策的调整，市场集中度会向主机厂及龙头企业进行聚拢，专用汽车行业产业集中度会逐步提升（见表 3）。

表 3　2018 年我国专用汽车产品市场结构

类　别	企业数(家)	CR4(%)	同比增长(百分点)	市场结构
专用汽车	1201	18.11	-0.55	原子型
厢式汽车	481	33.71	2.96	低集中寡占型
仓栅式汽车	110	45.22	-0.64	中下集中寡占型
罐式汽车	304	30.99	16.20	低集中寡占型
起重举升汽车	146	57.03	13.81	中上集中寡占型
特种结构汽车	431	22.98	-24.90	原子型
专用自卸汽车	246	32.56	13.41	低集中寡占型
普通自卸汽车	120	30.6	-2.98	低集中寡占型
半挂车	625	7.54	-8.16	原子型

注：美国经济学家贝恩根据前四家最大企业的集中度（CR4）将集中类型分为 6 个等级，即极高寡占型（CR4≥75%），高度集中寡占型（65%≤CR4<75%），中上集中寡占型（50%≤CR4<65%），中下集中寡占型（35%≤CR4≤50%），低集中寡占型（30%≤CR4<35%），原子型（CR4<30%）。

资料来源：工业和信息化部机动车整车出厂合格证数据。

（4）行业产量

2018 年，我国专用汽车累计生产 246.87 万辆，同比下滑 9.94%。八大类产品中，厢式车生产 80.41 万辆，同比下滑 10.12%；罐式车生产 12.39 万辆，同比下滑6.95%；专用自卸车生产9.61万辆，同比下滑2.45%；仓栅车生产30.62万辆，同比下滑11.5%；起重举升类生产5.22万辆，同比增长9.53%；特种结构车生产8.41万辆，同比增长3.19%；普通自卸车生产34.18万辆，同比下滑12.74%；半挂车生产66.02万辆，同比下滑11.73%（见表4、图4）

表4　2013~2018年八大类产品产量统计

单位：辆，%

年份	2013	2014	2015	2016	2017	2018
普通自卸车	658662	464210	120921	204998	391711	341821
占总产量比	32	25.4	9.1	10.4	14.3	13.85
半挂车	153806	234023	239484	611792	747947	660199
占总产量比	7.5	12.8	18.03	31.04	27.3	26.74
厢式车	658557	638530	641741	717251	894653	804090
占总产量比	32	35	48.31	36.39	32.6	32.57
罐式车	148555	123740	71595	70691	133210	123946
占总产量比	7.2	6.8	5.39	3.59	4.9	5.02
起重举升类	43032	32900	17281	23695	47694	52241
占总产量比	2.1	1.8	1.3	1.2	1.7	2.12
特种结构车	45351	35086	30046	39502	81482	84081
占总产量比	2.2	1.9	2.26	2	3	3.41
专用自卸车	41943	42014	34296	51158	98507	96092
占总产量比	2	2.3	2.58	2.6	3.6	3.89
仓栅车	306474	255820	173033	252029	345988	306213
占总产量比	14.9	14	13.03	12.79	12.6	12.40
总产量	2056380	1826323	1328397	1971116	2741192	2468683

资料来源：工业和信息化部机动车整车出厂合格证数据。

八大类产品中，除起重举升类专用汽车及特种结构类专用汽车出现增长外，其余均出现不同程度的下滑。影响行业下滑的因素包括以下几个。

①2017年，在政策刺激下专用汽车行业数据总体呈现虚高的情况，年中及年尾两个月数据反馈超出行业实际生产。进入2018年，政策刺激逐步消退，行业回归理性。

②政策红利逐步退出。2016年新GB1589实施，2017年新GB7258实施，两大基础标准的发布加速淘汰老旧非标车型，刺激行业提前进入车辆置换周期。行业发展在经历了几年的下滑后在2016年重新反弹，进入2018年

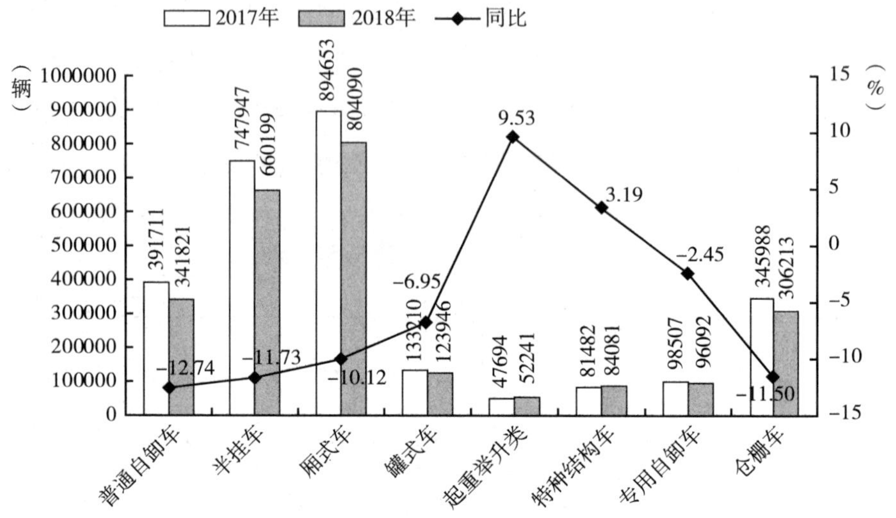

图3　2017～2018年专用车行业产量情况统计

资料来源：工业和信息化部机动车整车出厂合格证数据。

市场置换需求逐步完成，恢复平稳。

③外部经济环境对行业造成较大冲击。从宏观经济形势来看，2018年我国GDP首次超90万亿元，增速维持在6.6%，总体维稳、趋好。但2018年经济下行压力增大，多数企业感受到市场竞争压力，企业利润率较低，仅能维持正常运转无力进行产业升级。

④环保问题带给企业的生产压力仍然存在。环保治理是一项利国利民、对子孙后代产生深远影响的重要民生工程，但“一刀切”的关停不仅对专用汽车生产企业造成影响，而且对产业链上下游造成更为深远的影响。一是企业接到订单无法生产；二是在生产过程中核心部件企业停产无法供货；三是为满足环保要求进行产业升级，生产成本提升；四是上游企业削减订单，市场需求萎缩。

（5）产品结构

从产品结构来看，2018年产品结构与2017年相比变化并不大，除仓栅车比例下滑1个百分点、专用自卸车比例上升1个百分点外，其他产品占比均无太大变化，这说明近年来我国产品需求结构基本稳定，运输类专用汽车产品占据主要市场需求，作业类产品稳中有升（见图4、图5）。

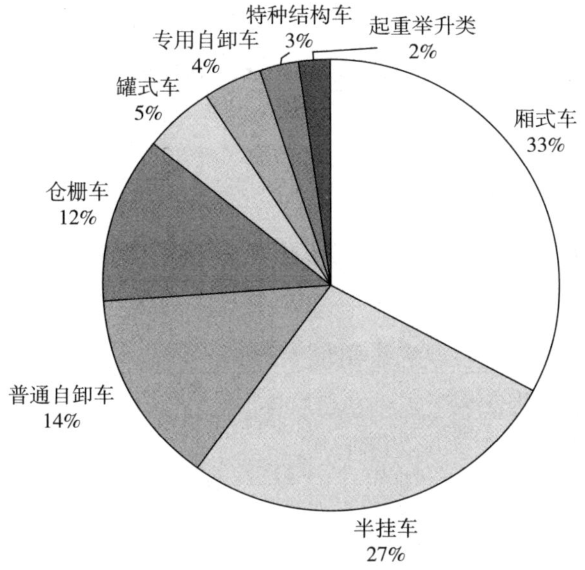

图 4　2018 年专用汽车分车型产品构成

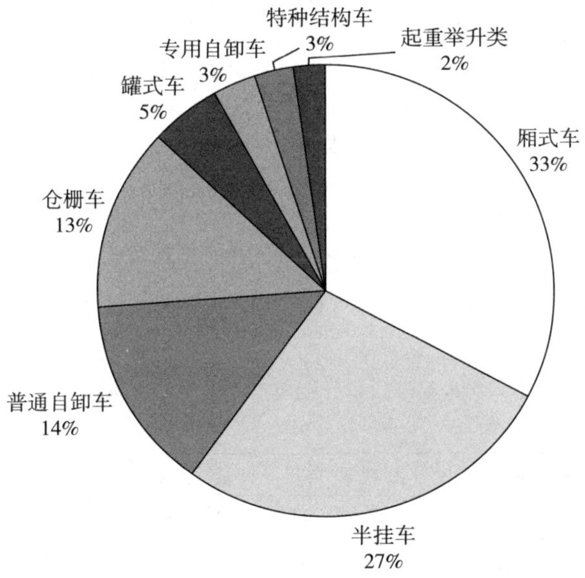

图 5　2017 年专用汽车分车型产品构成

资料来源：工业和信息化部机动车整车出厂合格证数据。

二　专用汽车行业细分产品发展情况

（一）厢式汽车

2018 年，在产企业 481 家，同比减少 14 家，产量 80.41 万辆，同比下降 10.12%（见图 6）。北汽福田、安徽江淮、江铃专用车是厢式类专用车产品产量前三的企业，行业内产量前十的企业累计生产 42.89 万辆，占行业总量的 53.34%（见表 5）。

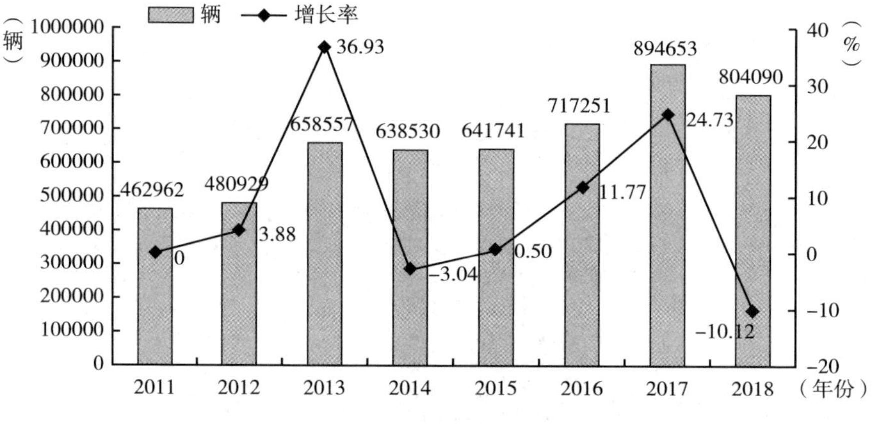

图 6　2011～2018 年厢式车产量情况统计

资料来源：工业和信息化部机动车整车出厂合格证数据。

表 5　2018 年厢式车行业年产量前十企业统计情况

单位：辆，%

序号	企业名称	产量	同比增长	占年产量百分比
1	北汽福田汽车股份有限公司	109736	-16.54	13.65
2	安徽江淮汽车集团股份有限公司	72008	-3.08	8.96
3	江西江铃专用车辆厂有限公司	50067	-11.05	6.23
4	重庆长安汽车股份有限公司	39260	51.76	4.88
5	河北长安汽车有限公司	34014	29.24	4.23

续表

序号	企业名称	产量	同比增长	占年产量百分比
6	沈阳华晨金杯汽车有限公司	26220	-14.91	3.26
7	上汽通用五菱汽车股份有限公司	25001	-0.92	3.11
8	东风汽车股份有限公司	24948	1.16	3.10
9	中国第一汽车集团有限公司	24357	-10.93	3.03
10	柳州五菱汽车工业有限公司	23289	-9.47	2.90

资料来源：工业和信息化部机动车整车出厂合格证数据。

厢式类专用汽车细分产品以物流运输类产品为主，其中厢式运输车作为支撑行业发展的主力车型一直保持高位增长，产品需求以轻型（包括微型）为主，主要负责城市内的物流配送。2018 年，厢式运输车累计产量 65.39 万辆，同比下滑 11.34%，造成需求下滑的因素：一是近年来厢式运输车保持相对稳定增长，产品基数已经保持高水平；二是国内经济下行压力较大，上下游市场出现波动；三是纯电动车补贴退坡及获得补贴周期延长，纯电动物流车运营企业资金缺口较大。

此外，在冷链运输环节，随着人民生活水平的不断提高，我国城乡居民的粮食及果蔬由直接消费转向间接消费，由消费成品向方便主食方向转变。另外，随着人们消费观念的转变，人们外出就餐的比例不断提升，冷冻冷藏食品需求显著提升。加之前几年冷藏车市场总是处于半温不火的状态，产品需求一直未达到市场预期，本轮冷链物流运输车产品需求增长也就在情理之中。2018 年，冷藏车累计生产 4.28 万辆，同比增长 26.38%（见表 6）。

表 6　2018 年厢式专用汽车主要车型产量情况统计

单位：辆，%

序号	车型名称	微型	轻型	中型	重型	2018 年产量	2017 年产量	同比增长
厢式车总计		20211	702357	18475	63047	804090	894653	-10.12
1	厢式运输车	18686	586868	8688	39623	653865	737513	-11.34
2	冷藏车	0	30479	2155	10145	42779	33849	26.38
3	翼开启厢式车	1	4972	150	10094	15217	13639	11.57
4	商务车	0	11218	4	21	11243	14757	-23.81

续表

序号	车型名称	微型	轻型	中型	重型	2018 年产量	2017 年产量	同比增长
5	售货车	28	11019	1	0	11048	9116	21.19
6	救护车	0	10457	8	1	10466	8956	16.86
7	旅居车	0	9559	15	26	9600	6291	52.60
8	邮政车	700	3130	944	261	5035	10099	-50.14
9	工程车	0	4606	260	27	4893	6675	-26.70
10	检测车	0	4335	21	25	4381	5769	-24.06

资料来源：工业和信息化部机动车整车出厂合格证数据。

（二）普通自卸汽车

2018 年，普通自卸汽车在产企业 120 家，同比减少 7 家，累计产量 34.18 万辆，同比减少 12.74%（见图 7）。陕西汽车集团有限责任公司、北汽福田汽车股份有限公司、中国重汽集团济南卡车股份有限公司是普通自卸类专用汽车产品产量前三的企业，行业内产量前十的企业累计生产 20.92 万辆，占行业总量的 61%（见表 7）。

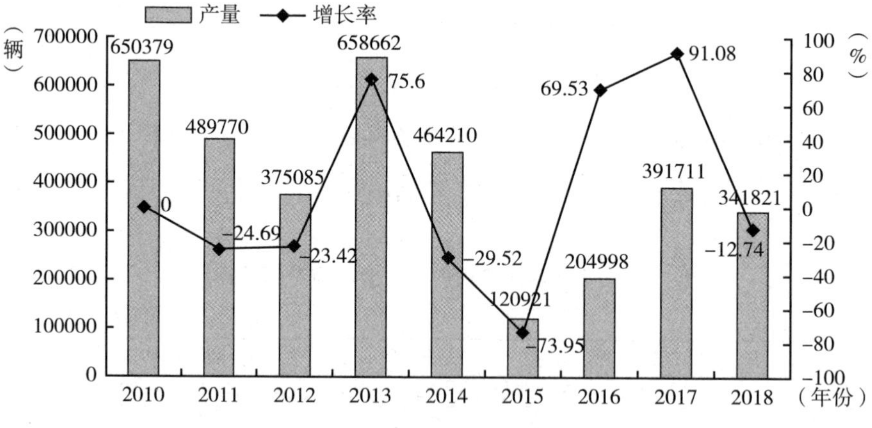

图 7　2010～2018 年普通自卸车产量情况统计

资料来源：工业和信息化部机动车整车出厂合格证数据。

表7　2018年普通自卸汽车行业年产量前十企业情况统计

单位：辆，%

序号	企业名称	轻型	中型	重型	产量	同比增长	占行业年产量百分比
行业合计		161318	10930	169573	341821	-12.74	100
1	陕西汽车集团有限责任公司	1170	52	28256	29478	-4.38	8.62
2	北汽福田汽车股份有限公司	22557	703	5670	28930	-6.82	8.46
3	中国重汽集团济南卡车股份有限公司	—	—	23307	23307	-3.42	6.82
4	上汽依维柯红岩商用车有限公司	—	—	22886	22886	-35.65	6.70
5	北京福田戴姆勒汽车有限公司	—	—	19454	19454	-4.79	5.69
6	成都大运汽车集团有限公司	15354	881	2948	19183	40.18	5.61
7	山东时风商用车有限公司	16624	2124	3	18751	19.22	5.49
8	中国重汽集团成都王牌商用车有限公司	14336	1205	2057	17598	-15.72	5.15
9	浙江飞碟汽车制造有限公司	14875	864	838	16577	8.31	4.85
10	中国第一汽车集团有限公司	35	1	12672	13073	-49.95	3.82

资料来源：工业和信息化部机动车整车出厂合格证数据。

自2017年爆发式增长后，2018年，由于全国总体经济增长速度放缓，建设投资增幅有所下滑，普通自卸汽车产量出现小幅下滑。从月度来看，一、二季度国内工程资金到位，大量建筑项目开工，以普通自卸汽车、混凝土搅拌运输车为代表的工程类产品集体上扬。进入6月后，市场急剧萎缩，一是中美贸易摩擦，导致市场预期下滑银根收紧；二是环保督查对上游砂石料生产的管控，导致市场需求减少。随着新的排放标准实施，老旧产品加速淘汰，符合标准要求的新产品将填补市场需求。

（三）仓栅式汽车

2018年，仓栅类专用汽车在产企业110家，同比减少4家，累计产量30.62万辆，同比降低11.49%（见图8）。中国一汽集团、安徽江淮、中国重汽集团济南商用车有限公司是仓栅类专用汽车产品产量前三的企业，行业内产量前十的企业累计生产21.99万辆，占行业总量的71.79%（见表8）。仓栅类专用汽车主要产品包含仓栅式运输车、畜禽运输车、桶装垃圾运输车等车型（见表9）。

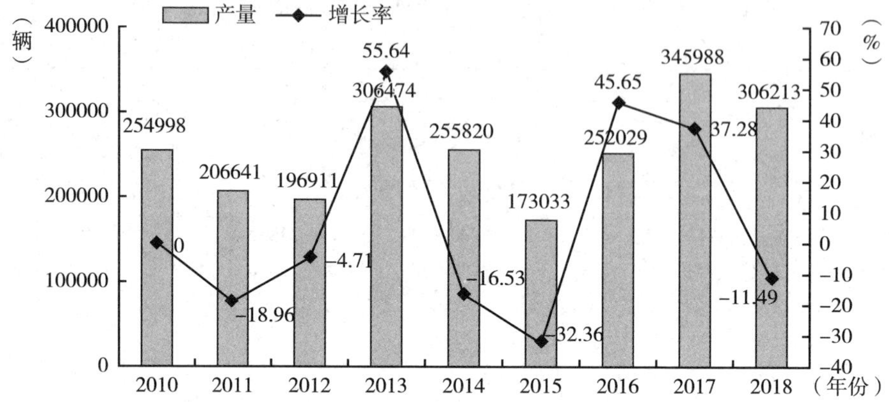

图 8　2010～2018 年仓栅式汽车产量情况统计

资料来源：工业和信息化部机动车整车出厂合格证数据。

表 8　2018 年仓栅式汽车行业年产量前十企业情况统计

单位：辆，%

序号	企业名称	产量	同比增长	占行业年产量百分比
1	中国第一汽车集团公司	43365	-19.00	14.16
2	安徽江淮汽车股份有限公司	33972	-17.58	11.09
3	中国重汽集团济南商用车有限公司	32103	15.16	10.48
4	北汽福田汽车股份有限公司	29021	-33.21	9.48
5	重庆长安汽车股份有限公司	26804	41.71	8.75
6	柳州五菱汽车工业有限公司	14021	52.53	4.58
7	东风汽车股份有限公司	11041	-34.78	3.61
8	东风商用车有限公司	10332	-69.49	3.37
9	河北长安汽车有限公司	9806	0.44	3.20
10	中国重汽集团成都王牌商用车有限公司	9415	-9.86	3.07

资料来源：工业和信息化部机动车整车出厂合格证数据。

表 9　2018 年仓栅式汽车主要车型产量情况统计

单位：辆，%

序号	车型名称	微型	轻型	中型	重型	2018 年产量	2017 年产量	同比增长
	仓栅车合计	1499	235148	236647	65826	306213	345988	-11.49
1	仓栅式运输车	1499	233484	3672	63754	302409	340761	-11.25
2	畜禽运输车	—	257	11	2070	2338	3775	-38.07

续表

序号	车型名称	微型	轻型	中型	重型	2018 年产量	2017 年产量	同比增长
3	桶装垃圾运输车	—	848	45	—	893	1164	-23.28
4	养蜂车	—	549	—	2	551	260	111.92
5	瓶装饮料运输车	—	10	—	—	10	18	-44.44
6	布障车	—	—	12	—	12	10	20.00

资料来源：工业和信息化部机动车整车出厂合格证数据。

从发展趋势来看，仓栅类专用汽车产品在政策引导趋势下市场空间正在被厢式类产品所替代，因此，从行业数据来看呈现下滑趋势。随着行业政策的调整，此类产品会逐步退出主流市场。因此，专用汽车生产企业在产品定位过程中需要顺应政策变化，提早进行产品规划。

（四）半挂车

2018 年，半挂车在产企业 625 家，同比增加 86 家，累计产量 66.02 万辆，同比降低 11.73%（见图 9）。扬州中集通华、驻马店中集、山东锣响是半挂车产品产量排名前三的企业。行业内产量排名前十的企业累计生产 10.38 万辆，占总产量的 15.73%（见表 10）。

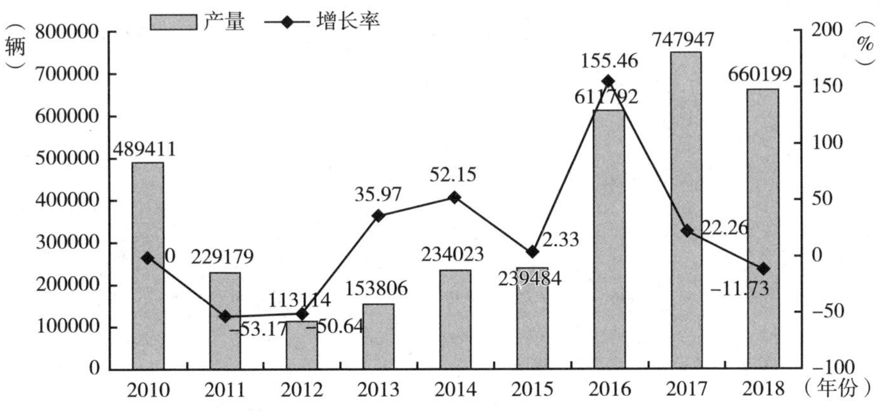

图 9　2010～2018 年半挂车产量情况统计

资料来源：工业和信息化部机动车整车出厂合格证数据。

表10　2018年半挂车行业产量前十名企业情况统计

单位：辆，%

序号	企业名称	产量	同比增长	占行业年产量百分比
1	扬州中集通华专用车有限公司	14064	10.16	2.13
2	驻马店中集华骏车辆有限公司	13294	-13.27	2.01
3	山东锣响汽车制造有限公司	12135	-11.64	1.84
4	河北宏泰专用汽车有限公司	10311	9.94	1.56
5	新乡市骏华专用汽车车辆有限公司	9888	5.15	1.50
6	梁山骏宇车业有限公司	9542	124.99	1.45
7	安徽开乐专用车辆股份有限公司	9202	2.06	1.39
8	石家庄永达挂车有限公司	8694	1628.43	1.32
9	中集车辆(集团)有限公司	8387	-0.96	1.27
10	吴忠市万兴实业有限公司	8350	94.05	1.26

资料来源：工业和信息化部机动车整车出厂合格证数据。

随着近两年政策刺激基本进入尾声，半挂车井喷式产品置换完成，市场逐步趋于理性。未来，我国在运输类市场结构性调整步伐逐步加快，“公转铁”“公转水”政策持续推进，大宗商品公路运输将逐步转为铁路、水路运输，将进一步影响半挂车的市场需求。从半挂车细分产品上看，影响最大的是运输煤炭、矿石、钢铁等大宗商品的仓栅类和普通栏板类半挂车，而工程罐式类未受影响，增幅明显（见表11）。

表11　2018年半挂车主要车型产量情况统计

单位：辆，%

序号	车型名称	轻型	中型	重型	超重型	2018年产量	2017年产量	同比增长
半挂车总计		1726	17047	29531	611895	660199	747947	-11.73
1	厢式	1591	368	580	7923	10462	9991	4.7
2	罐式	—	14	213	104041	104268	85128	22.5
	粉罐	—	—	38	39955	39993	35858	11.5
	液罐	—	13	158	45499	45670	42757	6.6
	其他	—	1	17	18587	18605	6513	185.7

续表

序号	车型名称	轻型	中型	重型	超重型	2018 年产量	2017 年产量	同比增长
3	低平板	—	7	125	169997	170129	154580	10. 1
4	普通	—	865	77	54954	55896	80880	-30. 9
5	仓栅	—	—	5	178110	178115	283524	-37. 2
6	集装箱	—	224	5	37532	37761	52591	-28. 2
7	车辆运输	—	15477	20469	58	36004	16042	124. 4
8	自卸	—	1	2	55246	55249	56508	-2. 2
9	其他	135	91	8055	4034	12315	8703	41. 5

资料来源：工业和信息化部机动车整车出厂合格证数据。

（五）罐式汽车

2018 年，罐式汽车在产企业 304 家，同比减少 10 家，累计产量 12. 39 万辆，同比减少 6. 95%（见图 10）。华菱星马汽车（集团）股份有限公司、程力专用汽车股份有限公司、三一汽车制造有限公司是罐式类专用车产品产量前三的企业，行业内产量前十的企业累计生产 6. 67 万辆，占行业总量的 53. 82%（见表 12）。

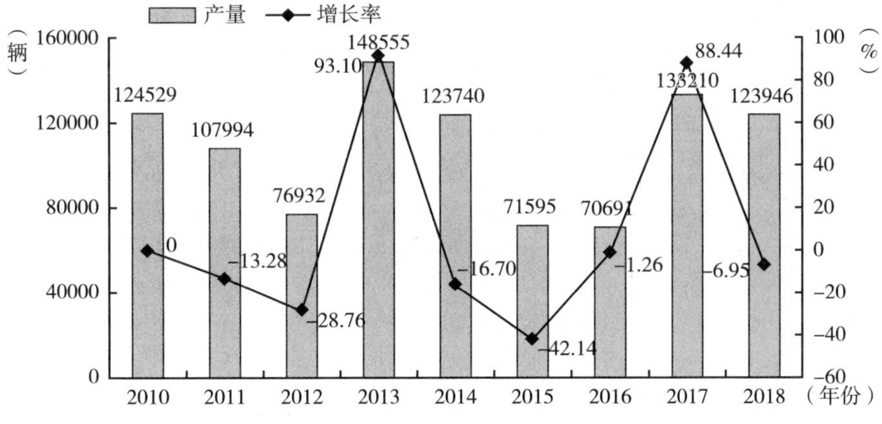

图 10　2010 ~ 2018 年罐式汽车产量情况统计

资料来源：工业和信息化部机动车整车出厂合格证数据。

表 12　2018 年罐式汽车行业年产量前十企业情况统计

单位：辆，%

序号	企业名称	产量	同比增长	占行业年产量百分比
1	华菱星马汽车(集团)股份有限公司	12453	19.61	10.05
2	程力专用汽车股份有限公司	11990	0.92	9.67
3	三一汽车制造有限公司	7894	28.55	6.37
4	陕西汽车集团有限责任公司	6080	42.16	4.91
5	芜湖中集瑞江汽车有限公司	5559	143.71	4.49
6	洛阳中集凌宇汽车有限公司	5522	51.91	4.46
7	唐鸿重工专用汽车股份有限公司	5018	30.68	4.05
8	唐山亚特专用汽车有限公司	4914	-16.39	3.96
9	北京福田戴姆勒汽车有限公司	4249	-24.38	3.43
10	随州市东正专用汽车有限公司	3006	-21.12	2.43

资料来源：工业和信息化部机动车整车出厂合格证数据。

从产品来看，洒水车、清洗车、加油车产量的大幅下降是罐式类专用汽车产量同比减少的主要因素，工程类罐式车辆在经历了多年的下滑后逐步探底回升，具体表现为混凝土搅拌运输车以及粉粒物料运输车的逆势增长（见表 13）。

表 13　2018 年罐式汽车主要车型产量情况统计

单位：辆，%

序号	车型名称	轻型	中型	重型	2018 年产量	2017 年产量	同比增长
	罐式汽车总计	4987	17715	101244	123946	133210	-6.95
1	混凝土搅拌运输车	—	213	67131	67344	65366	3.03
2	绿化喷洒车	886	3105	10471	14462	16795	-13.89
3	洒水车	546	5019	7000	12565	16389	-23.33
4	清洗车	570	1321	4601	6492	8956	-27.15
5	运油车	22	703	3453	4178	4106	1.75
6	加油车	220	2586	658	3464	7351	-52.88
7	吸污车	529	1350	1442	3321	2994	10.92
8	清洗吸污车	1278	771	507	2556	1936	32.02
9	粉粒物料运输车	—	—	2216	2216	1179	87.96
10	吸粪车	639	1211	341	2191	2360	-7.16

资料来源：工业和信息化部机动车整车出厂合格证数据。

（六）专用自卸车

2018 年，专用自卸车在产企业共 359 家，比上年增加了 123 家，累计产量 96092 辆，同比减少 2.45%（见图 11）。上汽依维柯、陕汽集团和长沙中联重科是专用自卸类产品产量前三的企业，产业内前十的企业累计生产 52256 辆，占行业总量的 54.6%，行业的市场集中度较高（见表 14）。

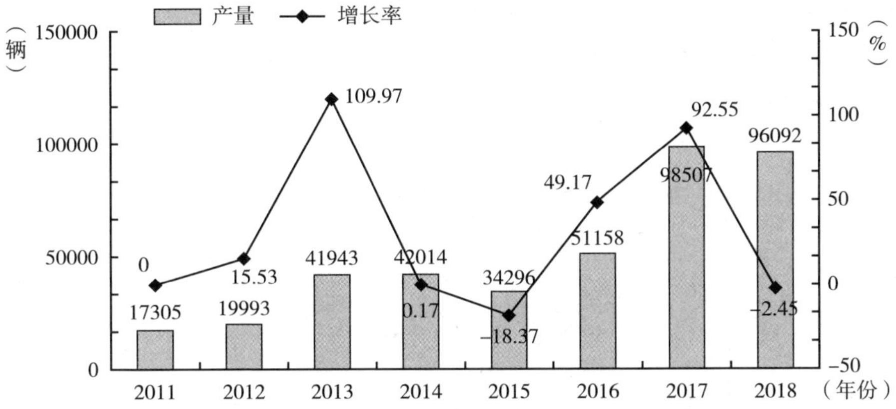

图 11　2011～2018 年专用自卸车产量情况

资料来源：工业和信息化部机动车整车出厂合格证数据。

表 14　2018 年专用自卸车行业产量前十企业情况统计

单位：辆，%

序号	企业名称	产量	同比增长	占行业年产量百分比
1	上汽依维柯红岩商用车有限公司	11902	36.24	12.39
2	陕西汽车集团有限责任公司	8325	18.15	8.66
3	长沙中联重科环境产业有限公司	5984	-27.21	6.23
4	中国第一汽车集团有限公司	5074	21.32	5.28
5	程力专用汽车股份有限公司	5068	-7.91	5.27
6	十堰驰田汽车有限公司	5041	-12.22	5.25
7	北京福田戴姆勒汽车有限公司	3794	9.78	4.14
8	福建龙马环卫装备有限公司	2585	-4.76	2.69
9	北汽福田汽车股份有限公司	2526	-21.42	2.63
10	中国重汽集团济南商用车股份有限公司	1957	7.88	2.04

资料来源：工业和信息化部机动车整车出厂合格证数据。

2018 年，专用自卸车产品总产量与上年相比小幅下滑，环卫类产品在连续多年保持增长的趋势下首次下滑，这也从侧面反映出我国面临比较严峻的经济形势。但从长远看，专用自卸车产品需求仍将保持向上的发展趋势。

专用自卸类汽车产品以自卸式垃圾车为主，占专用自卸车总产量的 56.53%。根据使用环境，执行市区向郊区垃圾转运任务以重型车辆为主，而用于市区内垃圾收集的车厢可卸式垃圾车则主要采用轻型车辆。目前，随着国家对环境重视程度的逐步提高，电动化、智能化、网联化的专用自卸车辆正越来越受到市场的青睐（见表 15）。

表 15　2018 年专用自卸车主要车型产量统计

单位：辆，%

序号	车型名称	微型	轻型	中型	重型	2018 年产量	2017 年产量	同比增长
专用自卸汽车		385	19058	11640	65009	96092	98507	-2.45
1	自卸式垃圾车	—	1451	329	52547	54327	46360	14.66
2	车厢可卸式垃圾车	283	10103	950	3522	14858	21299	-43.35
3	压缩式垃圾车	—	490	7607	4646	12743	16367	-28.44
4	自装卸式垃圾车	—	3547	1735	153	5435	6537	-20.28
5	压缩式对接垃圾车	102	1361	497	1531	3491	3993	-14.38
6	车厢可卸式汽车	—	1208	5	1060	2273	633	72.15
7	摆臂式垃圾车	—	35	234	500	769	970	-26.14
8	桶装垃圾运输车	—	543	153	—	696	1082	-55.46
9	散装饲料运输车	—	—	87	574	661	689	-4.24
10	垃圾转运车	—	274	3	82	359	305	15.04

资料来源：工业和信息化部机动车整车出厂合格证数据。

（七）特种结构汽车

2018 年，特种结构车在产企业 431 家，同比增加 22 家，累计产量 8.41 万辆，同比增加 3.19%（见图 12）。长沙中联重科环境产业有限公司、程力专用汽车股份有限公司、东风柳州汽车有限公司是特种结构类专用车产品产量前三的企业，行业内产量前十的企业累计生产3.54万辆，占行业总量的42.1%（见表16）。

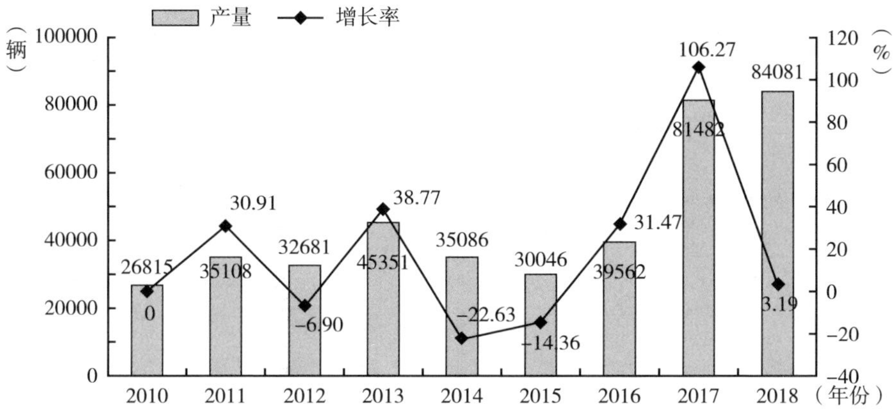

图12　2010～2018年特种结构汽车产量情况

资料来源：工业和信息化部机动车整车出厂合格证数据。

表16　2018年特种结构汽车行业年产量前十企业情况统计

单位：辆，%

序号	企业名称	2018年产量	同比增长	占行业年产量百分比
1	长沙中联重科环境产业有限公司	6411	-40.98	7.62
2	程力专用汽车股份有限公司	5467	13.24	6.5
3	东风柳州汽车有限公司	4061	451.77	4.83
4	中集车辆（集团）有限公司	3385	501.24	4.03
5	中联重科股份有限公司	3070	-71.74	3.65
6	福建龙马环卫装备股份有限公司	3042	-7.4	3.62
7	中国第一汽车集团有限公司	2937	1819.61	3.49
8	中国重汽集团成都王牌商用车有限公司	2597	5.18	3.09
9	三一汽车制造有限公司	2223	229.33	2.64
10	滁州市恒信工贸有限公司	2208	-51.4	2.63

资料来源：工业和信息化部机动车整车出厂合格证数据。

特种结构类专用汽车产品以平板车、车辆运输车、清障车、洗扫车、混凝土泵车为主，从细分产品来看，服务于城市作业类车辆总体保持增长，一是因为我国原有底子较薄，城市服务类作业车辆保有量相对较低，近年来随着我国综合国力不断增强，对服务类车辆采购规模也是逐年增长；二是随着城市规模不断扩大以及人口老龄化程度加速，通过机械替代人工已是趋势。因此，未来我国对该类产品的需求还会继续增长（见表17）。

表17　2018年特种结构汽车主要车型产量情况统计

单位：辆，%

序号	车辆名称	微型	轻型	中型	重型	2018年产量	2017年产量	同比增长
特种结构汽车总计		54	20026	14845	49156	84081	81482	3.19
1	平板车	—	8993	183	5156	14332	11028	29.96
2	车辆运输车	—	—	9	13332	13341	9094	46.7
3	清障车	—	6104	4346	1464	11914	13686	-12.95
4	洗扫车	—	75	2128	5055	7258	10010	-27.49
5	混凝土泵车	—	—	2430	4623	7053	6034	16.89
6	车辆运输半挂牵引车	—	—	—	6869	6869	5326	28.97
7	扫路车	—	761	1796	1485	4042	5907	-31.57
8	抑尘车	—	142	374	2965	3481	3567	-2.41
9	路面养护车	54	2591	28	73	2746	3529	-22.19
10	餐厨垃圾车	—	117	1642	230	1989	1773	12.18

资料来源：工业和信息化部机动车整车出厂合格证数据。

（八）起重举升汽车

2018年，起重举升汽车在产企业146家，同比减少4家，累计产量5.22万辆，同比增加9.53%（见图13）。徐州工程机械集团有限公司、三一汽车制造有限公司、中联重科股份有限公司是起重举升类专用车产品产量前三的企业，行业内产量前十的企业累计生产3.82万辆，占行业总量的73.2%（见表18）。

起重举升类专用车产品以汽车起重机车、随车起重运输车、高空作业车为主。其中，服务于工程建设的汽车起重机车在2018年取得较快增长（见表19）。

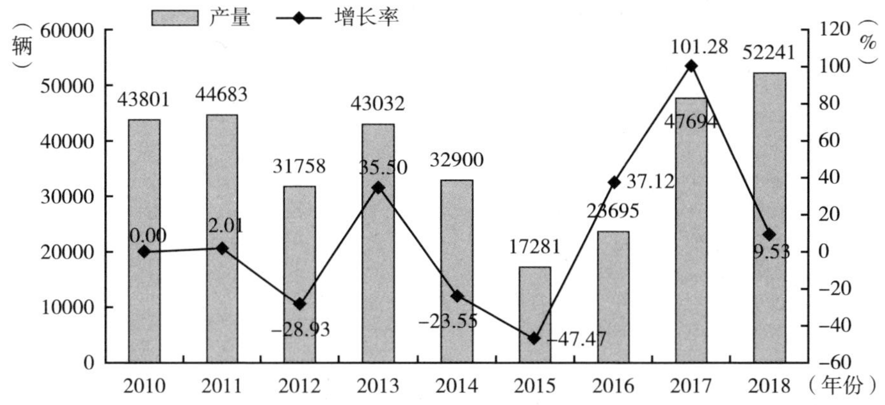

图 13　2010～2018 年起重举升汽车产量情况

资料来源：工业和信息化部机动车整车出厂合格证数据。

表 18　2018 年起重举升汽车行业年产量前十企业情况统计

单位：辆，%

序号	企业名称	产量	同比增长	占行业年产量百分比
1	徐州工程机械集团有限公司	14256	28.69	27.29
2	三一汽车制造有限公司	7635	150.08	14.61
3	中联重科股份有限公司	5581	10.04	10.68
4	东风汽车集团有限公司	2320	-50.61	4.44
5	北汽福田汽车股份有限公司	1942	39.71	3.72
6	山东凯马汽车制造有限公司	1714	144.16	3.28
7	中国重汽集团成都王牌商用车有限公司	1639	-0.24	3.14
8	东风商用车有限公司	1317	-4.77	2.52
9	安徽柳工起重机有限公司	925	-3.55	1.77
10	徐州海伦哲专用车辆股份有限公司	914	-39.47	1.75

资料来源：工业和信息化部机动车整车出厂合格证数据。

表 19　2018 年起重举升汽车主要车型产量情况统计

单位：辆，%

序号	车型名称	轻型	中型	重型	2018 年产量	2017 年产量	同比增长
起重举升汽车总计		5906	6673	39662	52241	47694	9. 53
1	汽车起重机车	—	4096	28869	32965	23896	37. 95
2	随车起重运输车	3726	986	10058	14770	18568	-20. 45
3	高空作业车	2180	1591	82	3853	4668	-17. 46
4	举高喷射消防车	—	—	390	390	191	104. 19
5	登高平台消防车	—	—	95	95	49	93. 88
6	桥梁检测车	—	—	90	90	240	-62. 50
7	云梯消防车	—	—	47	47	30	56. 67
8	计量检衡车	—	—	31	31	51	-39. 22

资料来源：工业和信息化部机动车整车出厂合格证数据。

（九）专用汽车底盘

2018 年，各主机厂专用汽车改装底盘累计生产 180. 85 万台（套），同比下滑 9. 27%。产量前十的主机厂与上年同期相比，金杯牌增幅最高达到 33. 31%，增长动力主要来自运输类车辆销售增加。东风牌降幅最为明显，为 31. 72%，下滑主要来自运输类车辆市场销售的减少，例如，厢式运输车、仓栅式运输车等车型同比大幅下滑（见表 20、表 21）。

表 20　2018 年专用车底盘分品牌产量前十统计

单位：台（套），%

序号	底盘品牌	微型	轻型	中型	重型	2018 年产量	同比
行业合计		22150	1148799	84018	553517	1808484	-9. 27
1	东风牌	11161	82982	35183	104111	233437	-31. 72
2	福田牌	166	158876	8429	14866	182337	-17. 06
3	江淮牌	1	105200	5754	27593	138548	-0. 61
4	解放牌	—	47190	2498	76963	126651	-20. 38
5	长安牌	2402	118508	17	—	120927	31. 95
6	豪沃牌	—	51480	1189	62327	114996	7. 81
7	五菱牌	4571	86405	—	—	90976	12. 27
8	江铃牌	—	81445	4222	282	85949	0. 91
9	金杯牌	210	59745	—	—	59955	33. 31
10	陕汽牌	—	2914	172	54228	57314	-1. 90

资料来源：工业和信息化部机动车整车出厂合格证数据。

表21　2018年专用车底盘分产品统计

单位：台（套），%

序号	底盘品牌	仓栅	罐式	举升	普通自卸车	特种	厢式	自卸	总计
行业合计		306213	123946	52241	341821	84081	804090	96092	1808484
1	东风牌	28581	42279	9249	26766	24041	79601	22920	233437
2	福田牌	29064	1708	1991	28963	3651	112041	4919	182337
3	江淮牌	40132	999	757	13007	4575	76267	2811	138548
4	解放牌	51722	3945	1357	19405	11451	33384	5387	126651
5	长安牌	36931	294	—	—	1835	74600	7267	120927
6	豪沃牌	32278	26074	868	26407	3762	19122	6485	114996
7	五菱牌	21969	16	—	—	2	68914	75	90976
8	江铃牌	4582	300	2081	1885	2758	72471	1872	85949
9	金杯牌	9846	—	—	164	—	49926	19	59955
10	陕汽牌	2204	8619	705	29644	3342	3176	9624	57314

资料来源：工业和信息化部机动车整车出厂合格证数据。

表22　2018年专用车底盘分企业统计

单位：台（套），%

序号	底盘生产企业	微型	轻型	中型	重型	总计	同比
行业合计		22150	1148799	84018	553512	1808479	-9.27
1	北汽福田汽车股份有限公司	166	158876	8429	14866	182337	-17.06
2	安徽江淮汽车股份有限公司	1	80133	5182	23797	109113	-19.23
3	中国第一汽车集团有限公司	—	28936	2455	73825	105216	-17.03
4	江铃汽车股份有限公司	—	93043	4221	6	97270	0.42
5	东风商用车有限公司	—	6239	6635	81655	94529	-36.48
6	上汽通用五菱汽车股份有限公司	4571	85678	—	—	90249	11.67
7	东风汽车股份有限公司	221	42642	23863	11642	78368	6.22
8	重庆长安汽车股份有限公司	2402	70696	17	—	73115	48.14
9	中国重汽集团济南商用车有限公司	—	51479	1121	8320	60920	8.28
10	中国重汽集团济南卡车股份有限公司	—	1	99	60578	60678	2.17

资料来源：工业和信息化部机动车整车出厂合格证数据。

表 23　2018 年各企业专用车底盘改装产品统计

单位：台（套）

序号	底盘生产企业	仓栅	罐式	举升	普通自卸车	特种	厢式	自卸	总计
行业合计		345988	133210	47694	391711	81482	894653	98507	1993245
1	北汽福田汽车股份有限公司	38706	2261	1439	31179	4404	134692	7171	219852
2	东风商用车有限公司	20130	20588	4162	38195	16695	29932	19108	148810
3	安徽江淮汽车股份有限公司	40980	1644	859	7018	3985	77823	2779	135088
4	中国第一汽车集团公司	51824	3933	896	27051	9631	29217	4253	126805
5	江铃汽车股份有限公司	3463	297	1893	1875	3434	83087	2810	96859
6	东风汽车公司	1501	16072	8107	16999	2543	38739	1987	85948
7	上汽通用五菱汽车股份有限公司	18851	14	—	—	1	61794	158	80818
8	东风汽车股份有限公司	14941	17450	1167	1960	5605	27249	5405	73777
9	中国重汽集团济南卡车股份有限公司	562	22700	724	24816	3892	1538	5158	59390
10	陕西汽车集团有限责任公司	6108	6422	431	30922	2316	3545	8681	58425

资料来源：工业和信息化部机动车整车出厂合格证数据。

（十）新能源专用汽车

2018 年，新能源专用汽车累计生产 11.15 万辆，同比下滑 28.45%。从专用汽车行业车用动力构成来看，2018 年使用柴油作为动力的车型比例下滑 4 个百分点，使用汽油作为动力的车型比例上升 5 个百分点。纯电动专用汽车比例下滑 2 个百分点，使用天然气作为动力的车型比例有所增长（见图 14、图 15）。

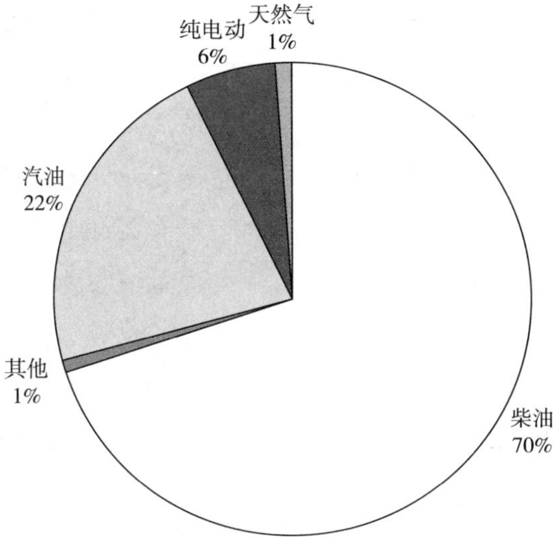

图 14　2018 年专用车行业动力构成分布

资料来源：工业和信息化部机动车整车出厂合格证数据。

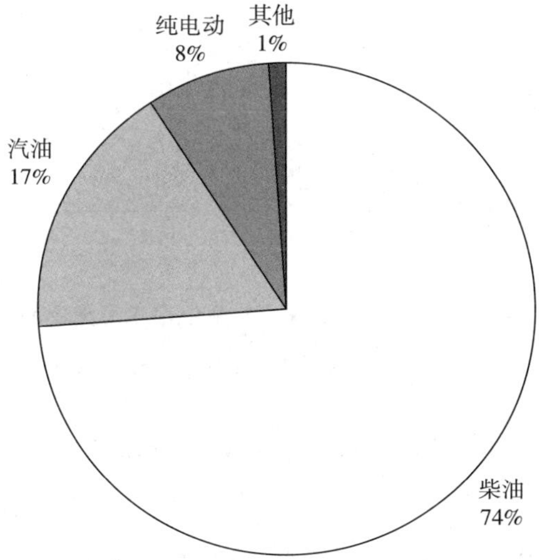

图 15　2017 年专用车行业动力构成分布

资料来源：工业和信息化部机动车整车出厂合格证数据。

纯电动车专用汽车比例下滑主要是因为用于城市物流配送的纯电动厢式运输车需求同比下滑了 28.05%，此类车型需求变化受政策直接影响。随着新能源汽车补贴退坡以及申领补贴周期延长，企业生产热情下降。从市场层面来看，该车型在使用层面还无法与燃油车正面抗衡。目前，车型推广主要是提升路权为纯电动运输车提供市场机会。此外，电池核心技术方向还存在争议，生产企业无法看清技术发展路径不敢盲目投入资源进行研发生产。

从月度数据来看，2018 年新能源专用汽车市场需求曲线基本与上年持平，虽然总量有所下滑，但市场预期更加理性，市场动力以政策性推动为主（见图 16）。

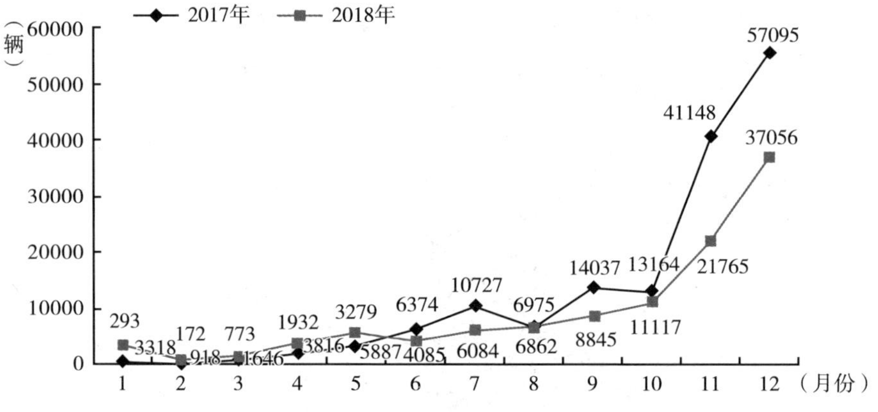

图 16　2017～2018 年新能源专用车产量趋势

资料来源：工业和信息化部机动车整车出厂合格证数据。

从产品来看，纯电动城市物流车（厢式运输车）是市场需求主体，占整个纯电动专用汽车市场的 96.71%（见表 24）。从总体来看，纯电动专用汽车应用场景还有极大的开发空间，需求的产品类型还未完全得到释放。从长远看，城市类用车将优先实现全面能源清洁化，新能源汽车将会逐步代替燃油汽车。

表 24　2018 年新能源专用车月度生产情况统计

单位：辆，%

序号	车辆名称	1 月	2 月	3 月	4 月	5 月	6 月	7 月	8 月	9 月	10 月	11 月	12 月	累计产量	同比
新能源专用汽车		3318	918	1646	3816	5887	4085	6084	6975	8845	11117	21765	37056	111512	-28.45
1	厢式运输车	3282	863	1609	3777	5536	3999	5644	6842	8684	10934	20917	35759	107846	-28.05
2	冷藏车	1	11	4	6	—	10	381	36	60	50	359	516	1434	79.70
3	自装卸式垃圾车	2	6	—	—	176	12	9	25	10	7	203	78	528	568.35
4	仓栅式运输车	15	16	12	11	13	3	27	5	2	20	44	46	214	-55.88
5	车厢可卸式垃圾车	3	7	2	—	100	4	—	—	—	—	12	82	210	-46.29
6	售货车	1	—	—	—	1	39	1	—	4	2	31	109	188	66.37
7	洗扫车	1	10	2	6	17	9	5	13	26	13	32	46	180	-65.38
8	路面养护车	5	—	1	3	7	2	4	17	5	6	10	90	150	-43.18
9	工程车	—	—	2	—	—	—	—	2	—	20	12	111	147	-75.58
10	其他	8	5	14	13	37	7	13	35	54	65	145	219	615	—

资料来源：工业和信息化部机动车整车出厂合格证数据。

三　专用汽车发展面临的问题及发展趋势

（一）专用汽车发展存在的主要问题

1. 企业规模经济效益不明显

由于专用汽车具有多品种、小批量的特点，企业规模并非越大越好。大体上，普通厢式运输类、普通自卸类专用汽车年产量达到5000辆以上，挂车生产企业年产量3000辆以上才可能具有相对较好的规模经济效益。作业类专用汽车不同品种差异较大，总量不大，产品以订单式生产，追求单品附加值。从目前行业总体情况来看，规模化企业比例偏低，大多数企业规模化效益不明显。随着产业政策引导，鼓励行业企业兼并重组，鼓励企业向集团化发展对专用汽车行业做大、做强具有积极意义。

2. 行业整体集中度不高

目前，行业内有资质的专用汽车生产企业超过1400家，2018年在产企业也有1200余家。除半挂车产品外，产量前十的企业市场占有率都超过50%。同时，也有大量的生产企业年产量不足百辆，企业规模不足，质量和服务很难满足需求，产业集中度过低，不利于行业技术进步。

3. 专用汽车品牌培育亟待强化

部分以改装为主的中小型专用汽车企业甚至没有属于自己的品牌，没有自己的车型公告，仅使用底盘厂商提供的公告进行改装。一方面，不利于企业做大做强；另一方面，也难以形成对品牌的维护意识，导致产品品质参差不齐。

（二）专用汽车市场发展环境和趋势研判

1. 政策环境不断优化

2018年4月，国家发改委发布消息：分阶段逐步取消汽车外资股比限制，至2022年全面取消（2018年取消专用车、新能源汽车外资股比限制）。

2018 年 11 月工信部发布《道路机动车辆生产企业及产品准入管理办法》，2018 年 12 月国家发改委颁布《汽车产业投资管理规定》等多项政策，其实施对专用汽车行业产生深远影响。从政策引导趋势来看，专用汽车投资准入门槛进一步降低，市场活力加大。从政策实施反馈来看，专用汽车新生产企业大量涌入，产业投资意愿高涨。

目前，我国专用汽车行业结构性过剩，大量生产企业集中在普通类产品生产，同质化严重，产品技术发展相对滞后。因此，调整产业结构也是顶层设计的重中之重，随着新的汽车产业投资规定的实施，限制普通运输类车辆项目的申报，避免重复性投资，引导资本向智能化、网联化等技术含量较高产品流动。

2. 产业链上下游关系不断改进

随着专用汽车产业不断发展，专用汽车生产企业与主机厂相互依存度不断加深。主机厂由原来对专用汽车行业的不重视，到现在拥有专门对口服务部门及核心合作伙伴。专用汽车生产企业通过共享主机厂的资源，如公告、渠道、产品技术等寻求企业进一步发展。

新的产业政策实施后，主机厂与专用汽车生产企业将进一步靠拢。在普通运输类产品中，主机厂将承担起更多的话语权及管理责任，但从产业发展判断，谁掌握终端资源则占据更多的主导权。

3. 物流专用汽车是市场增长的主要动力

2019 年，国家将继续保持宏观经济政策的连续性和稳定性，继续实施稳健的财政政策和货币政策，并努力扩大消费需求。可以预测，2019 年物流类专用汽车销量将继续保持增长态势。随着“公转铁”政策的进一步实施，一方面，部分车型，比如传统的仓栅、栏板式半挂车的市场需求将被压缩，长途运输车辆的比例预计会有一定的下滑，中短途运输车辆尤其是短途运输车辆的比例将有所上升，与此同时，用户对车辆的轻量化需求将进一步提升，用以提升更大的运输效益；另一方面，随着对运输业品质要求的提升，厢式运输车和冷藏保温车的需求量仍将保持快速增长，预计未来几年中置轴厢式货车列车和中置轴冷藏保温车的市场需求将急剧提升，厢式运输车也会逐步替代传统的仓栅、栏板式半挂车，市场潜力可期。

工程车市场仍将持续增长，但是 2018 年市场火爆的现象将难以再现，预计将呈现微增长态势。

2018 年，工程类专用汽车的市场需求旺盛，包括自卸车在内的工程车各企业都是订单满满，这与国家和地方政府加大对基础设施建设的投资力度紧密相关，2018 年各项基建工程陆续开工，尤其是土建工程车、道路工程车等市场受益最大。在此基础上，随着国家对固定资产投资的加强调控，再加上 2018 年的高增长，预计 2019 年工程类专用汽车的增长态势将不可避免地放缓，销量同比将出现下滑。

作业类专用汽车市场发展依然极具前景，保持增长态势。随着国家政府对环境治理问题的重视，环保政策不断出台，再加上环境治理和节能减排政策不断深入实施，将刺激作业类专用汽车的市场需求。因此预计，新能源作业车，包括新能源环卫车的市场需求将进一步提升。

4. 新能源化的发展

在国家的推动和支持下，新能源汽车行业发展逐渐成熟，尽管受补贴退坡影响，在短期内产销量有所下滑，但是从长远来看，新能源的应用已成定局，在“十三五”完成既定新能源技术设施建设后，新能源专用汽车行业的发展将从政策驱动转向市场驱动。

5. 新技术、高附加值的发展

使用新材料、新工艺，以降低排放、提升产品工作效率，既符合节能环保的大势要求，也为产品使用企业降低了成本；产品技术性创新将改变行业原有的劳动密集型特征，以新技术、高附加值提升企业的利润空间。

6. 区域产业规模化发展

国家鼓励优势企业间的合作，提升规模企业的发展竞争力。这一举措将推动行业优势资源的合理配置，优化产业结构，提升专用汽车行业的市场集中度。

节能与新能源汽车篇

New Energy Vehicles

B.7

2018年节能与新能源汽车发展报告

摘　要： 本报告对节能汽车、新能源汽车市场和政策发展情况进行了总结，分析了节能汽车与新能源汽车产业发展存在的问题，提出了相关发展建议，并对产业发展趋势进行了展望。

关键词： 节能汽车　新能源汽车　产业发展

一　节能汽车发展情况

（一）节能汽车市场发展分析①

1. 产销总体情况

2018 年，节能乘用车销售 1583.5 万辆，同比下降 7.9%（见图 1），占

① 我国节能惠民政策主要针对1.6L 及以下排量的乘用车实施。本节定义排量在1.6L 及以下的乘用车为节能乘用车。

乘用车销售比重为66.8%，同比下降2.8个百分点，节能乘用车市场占有率低于2017年（见图1）。

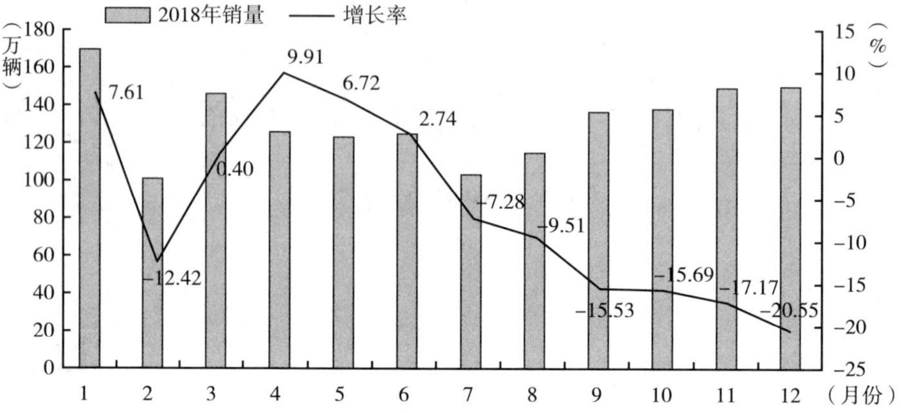

图1　2018年1.6L及以下乘用车月度销量及同比增长变化

资料来源：根据中国汽车工业协会数据整理。

2. 产销细分情况

总体而言，1.0L及以下排量区间的车型市场占比提升，1.0L < V ≤ 1.6L节能乘用车市场同比萎缩，2018年1.0L及以下排量区间车型共销售20.3万辆，较2017年同比增长50.7%。1.0L < V ≤ 1.6L排量区间车型共销售1563.2万辆，较2017年下滑8.4%（见表1）。

表1　2018年我国节能乘用车分排量销量

单位：辆，%

排量	2018年销量	2017年销量	同比增长
V≤1.0L	203176	134801	50.7
1.0L < V≤1.6L	15631852	17058019	−8.4

资料来源：根据中国汽车工业协会数据整理。

其中，轿车销量占比最大。2018年，轿车共计销售842.9万辆，占比为54.0%，较2017年占比上升0.6个百分点；MPV与交叉型乘用车销量占比较小，分别仅占8.3%和2.8%，销量占比持续下滑；2018年SUV共计销售545.5万辆，占比为34.9%，比2017年上升0.9个百分点（见图2）。

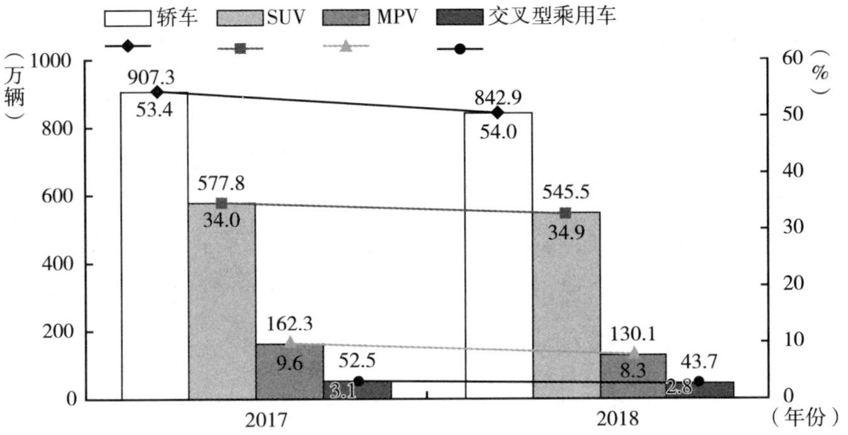

图2　2017～2018年我国节能乘用车分车型销量

资料来源：根据中国汽车工业协会数据整理。

（二）节能汽车发展存在的问题及建议

1. 节能汽车发展存在的问题

（1）混合动力及替代燃料节能效果明显但规模较小

近年来，受消费者对SUV、MPV等大型车辆需求高涨等因素的驱动，我国乘用车呈大型化趋势，节能减排负担持续加重。另外，混合动力及替代燃料汽车节能效果明显但规模较小，这主要是受能源供给以及政策引导影响。由于我国政策补贴还是集中在新能源汽车领域，对混合动力等节能汽车政策补贴基本上没有，导致对混合动力汽车推广力度不足，市场对混合动力汽车的接受度较低。与此同时，传统燃油车升级混合动力的难度相对较大，部分核心零部件配套体系尚未完善，限制了混合动力汽车的发展。在替代燃料汽车方面，相关标准法规不健全，部分要求相比传统车偏严，也限制了混合动力汽车的发展。

（2）关键技术取得一定突破，但与国外相比仍存在一定差距

目前，我国乘用车节能技术主要从提高发动机热效率、优化动力总成匹

配、降低传动损失、减少整车能量损耗、混合动力发动机专用化等方向发展。

发动机方面以汽油机为主，多采用气道喷射和可变气门正时技术。燃烧系统、低摩擦、热管理等技术相对落后，汽油机有效热效率普遍低于36%；传动系统方面，AT、CVT、DCT、AMT、MT等多种变速器同步发展，在多挡化、高效化、自动化等方面依然存在差距，液力变矩器、双离合器、液压油泵、电磁阀等核心零部件研发和生产能力依然不足；整车能量损耗方面，整车风阻系数为0.32～0.36，低滚阻轮胎开发能力欠缺，能量管理技术应用尚处于初级阶段；混合动力发动机方面，国内混动车型发动机普遍沿用传统车用汽油机进行简单技术升级，压缩比为10.0左右，汽油高压缩比（12.0左右）混动专用汽油机很少，有效热效率水平与传统汽油机相当，一般在35%～37%，与国际一流水平相比存在较大差距。

在商用车节能技术方面，低风阻、低滚阻、能量回收技术应用较少，整车油耗相对较高。客车混合动力技术较为成熟，但混合动力油耗、驱动输出平顺性、可靠性及成本控制等与国际水平存在一定差距。目前，商用车混合动力技术主要应用于公交车，载货车混合动力技术研发和应用很少，节能还有较大空间。

2. 节能汽车发展建议

（1）加大节能汽车政策支持

我国政策体系对新能源汽车的支持力度加大，相对而言，对节能汽车的政策支持力度较弱小，造成“重新能源汽车发展、轻传统燃油车节能”的现象。例如，比亚迪汽车在新能源汽车销量领域取得了骄人的成绩，但燃油车销量仅完成2018年销量目标的2/3；有些整车企业在新能源汽车与传统燃油车生产量的比值达到一定水平时，基本放弃了传统节油技术的升级与改善，造成传统燃油车的实际油耗不降反升的局面。

因此，国家应加强对节能汽车的政策引导，借鉴国际经验，研究制定并实施差异化的财税激励政策，引导乘用车向节能、高效、低排、小型化方向发展；进一步完善双积分政策，促进节能与新能源汽车协调发展；设立专项资金，对节能重点技术研发及应用给予支持；开展替代燃料汽车试点和推广应用，促进车用能源多元化发展。

（2）加速节能汽车电动化发展

在油耗法规的升级压力下，国内外企业在混合动力技术方面做了大量的工作。比如HEV、PHEV、48V等电动化技术不断推广，动力总成与电动化融合发展的趋势越来越明显。为了实现国家燃料消耗量目标，汽车的电动化是必由之路。

从节油效果来说，汽车的电动化应用可分为六个层次，包括传统的燃油汽车改造、48V系统混合动力、能量回收、插电式混合动力、增程式汽车、纯电动汽车。第一，在传统的燃油汽车上增加怠速启停系统预计会有5%～10%的节能效率；第二，48V微混合动力，电器效率更高，具备部分工况下的能量回收功能和加速助力功能，节油效果10%～15%；第三，增加电机功率，具备多数工况下的能量回收功能，节油效果为35%～37%；第四，增大电池容量，充电后可进行长距离纯电行驶，实现全工况下的能量回收即插电式混合系统，节油效率为70%～80%；第五，发动机仅作为一个发电机，在电量不足的时候作为增程器系统，靠纯电动模式在运行，节油效率为90%左右；第六，纯电动系统，从节油的角度来说节油率就是100%。所以节能汽车发展路线的核心是电动化，节能汽车就是要研发符合电动化发展的高性能混合动力的专用系统，主要集中在两个方面：一是发展专用发动机和动力耦合技术；二是发展应用于混合动力的专用的电池、电机和电控系统。

（3）重视节能汽车智能化技术开发

随着汽车电动化、智能化、信息化进程的加快，汽车与大数据、互联网等信息化技术相结合的智能调度、车辆队列、辅助驾驶等智能技术不断涌现，可大大提升整车和交通系统的整体节能水平。目前，国外已开展车辆队列、道路预见性系统、驾驶人改善等新型节能技术的研究，结果显示对整车运行效率有极为明显的提升，但国内相关技术研发进度相对滞后，需要加快汽车智能化技术的开发，率先推动其在商用车的应用。智能化发动机是重要的智能化节油技术，可通过对发动机电子控制单元喷油脉冲信号、车速信号等信号采集，计算出发动机的百公里油耗和每小时耗油量，指示驾驶员按照经济节油的方式驾驶，从而达到节油的目的。同时，还可以通过智能转速控制技术（LBSC），根据车辆以及实际路况实现智能驾驶和低转速换挡，从而降低油耗。

表 2　智能驾驶技术的节油效率和装配成本

智能驾驶技术	中型商用车节油效率	重型商用车节油效率	成本(元)
预见性换挡	2% ~4%	3% ~5%	2000 ~ 5000
预见性滑行			
预见性驾驶			
预见性巡航			

（4）加强节能汽车轻量化技术应用

汽车轻量化是材料、设计和先进的加工制造技术的优势集成，是汽车性能提升、质量降低、结构优化、价格合理四方面相结合的一个系统工程。汽车质量每减轻 10%，油耗下降 6% ~8%，排放量下降 4%。因此，汽车轻量化技术是有效降低油耗、减少排放的重要技术措施之一，汽车的轻量化已经成为世界汽车发展的潮流。

为加强轻量化整车产品和关键零部件自主开发、生产和评价能力，大幅提升我国汽车轻量化技术水平，应重点突破高强度钢、铝/镁合金、碳纤维复合材料等轻量化材料技术，包括材料性能开发、轻量化设计方法、成型技术、焊接工艺和测试评价方法。

（三）节能汽车产业发展趋势及展望

按照《中国制造 2025》《汽车产业中长期发展规划》总体部署，节能汽车是我国汽车产业发展重要方向。电动化是汽车产业发展的必然趋势，但传统汽车巨大的保有量和产能，以及新能源汽车尚不成熟，传统燃油汽车仍将是现阶段市场的主流动力，面对愈发严苛的油耗排放法规，我国汽车产业仍需加大汽车节能环保技术的研发及推广。

1. 混合动力系统实现大规模应用

燃油汽车在未来很长时间仍将是市场的主流车型，发展节能汽车是整车企业可持续发展的根本保障。节能汽车在研发、营销等多个领域具有一脉相承性，能最大限度地降低整车企业的转型成本，确保自身稳步升级。

混合动力技术节能减排效果明显，使用便利性好，是美、日、欧等汽车产业发达地区的共性节能技术。2018 年，全球混合动力汽车销量已超 400 万辆，预计混合动力技术将成为我国实现 2020 年 5L/100km 油耗目标的重要手段。

我国企业已经加快混合动力布局。乘用车方面，由科力远公司和吉利汽车联合研发应用的 CHS 系统，是国内目前乘用车企业唯一拥有自主知识产权并实现规模产业化应用的混合动力系统，搭载 CHS 系统的帝豪 HEV 车型比帝豪 CVT 车型节省能耗 35% 以上，长安汽车也正在开发混合动力专用发动机。商用车方面，我国自 2005 年开始对混合动力客车开展专项研究，已实现规模化应用，城市工况下节油效果明显，但在载货汽车及城际客车方面，由于车辆行驶里程长、负载大、车速较快，对混合动力技术要求较高，应用较少，部分企业加快了自主研发，东风商用车公司研发的混合动力载货汽车可实现 25% 的节油，预计未来成本下降后，我国将实现混合动力技术在载货汽车领域的大规模应用。

2. 替代燃料汽车稳步增长，甲醇燃料汽车有望快速发展

近年来，为了降低我国进口能源的依赖度、缓解环境污染等问题，我国一直在推动替代燃料汽车的发展。替代燃料主要包括天然气、醇类燃料、煤制油、生物柴油和 LPG，其中天然气汽车是替代燃料汽车中推广时间最长、地域最广、规模最大、技术成熟度最高的清洁能源替代燃料。

截至 2017 年底，我国天然气汽车保有量已逾 600 万辆，加气站约为 8300 座。无论是 CNG 汽车及其加气站保有量，还是 LNG 汽车及其加气站保有量均为世界第一位。天然气汽车在设计、制造、使用、维护和检验方面的技术已经十分成熟，“油气比价”在较多地区处于合理（与汽油相比，0.6 :1 及以下）区间，经济性相当高，无须补贴，即可做到可持续发展。国家也一直高度重视天然气汽车发展，国家能源局在《2018 年能源工作指导意见》中明确提出稳步推进天然气车船发展和加气（注）站建设，所以未来

天然气汽车会保持稳步发展的态势。以 2016 年国家发改委发布的《天然气发展“十三五”规划》中 1000 万辆的目标值计算，预计“十三五”期间，我国天然气汽车市场将保持年均 15% 的高增长率，每年将新增 75 万 ~ 100 万辆天然气汽车。

甲醇燃料汽车发展将取得进一步突破。近年来，国家出台一系列政策支持甲醇燃料汽车的发展，我国甲醇燃料汽车技术已经成熟。根据我国甲醇产能年均 8% ~10% 增速测算，到 2030 年，甲醇产能将达到 2.4 亿 ~2.7 亿吨，表观消费量达 1.7 亿 ~1.9 亿吨，甲醇燃料的产量能够达到 0.7 万 ~0.8 万吨，实现对汽柴油的替代比例可超过 15% 。由此可见，从资源潜力来看，甲醇可作为我国汽车产业发展过渡时期车用替代燃料的重要补充，过剩的甲醇产能可被用来弥补我国不断扩大的汽柴油需求缺口。

目前，我国甲醇汽车制造体系基本建立，已有不同用途的系列车型产品，随着甲醇汽车相关产业标准体系以及产业链进一步健全，甲醇燃料汽车将得到快速发展。

3. 节能技术全面突破，模块化设计成为产业发展趋势

即将发布实施的第五阶段燃料消耗量标准，将会大力推动先进节能技术的全面提升和应用，如提升发动机直喷增压、小型化的应用比例，以及促进气门技术、工作循环及压缩比等发动机参数的进一步优化；将引导多挡变速器、无级变速器、双离合变速器等高效、智能先进变速器的普及应用，同时，引导怠速启停、制动能量回收、48V 系统以及混合动力系统等先进电气化技术、能量优化部件和系统的快速发展，以及继续引导车辆轻量化技术的发展进步和低滚阻轮胎的广泛使用。未来几年，节能技术将在政策和市场的双驱动下，全面升级，多项技术指标达到国际先进水平。

在动力总成系统中，零部件高度集成化、一体化、多合一的系统已经成为主流的发展趋势。模块化设计，可以减少前期开发成本、缩短开发周期，产品的可靠性、耐久性更容易满足要求，后期维修的零部件也可以越来越成

体系化、规模化。通过模块化和平台化的发展，内燃机动力总成完全可以通过模块化发展实现与 P2、P2.5 和 P3 等构型的相互切换，降低节能汽车的生产成本。特别是针对一些价格并不是很高的车，网约车、出租车这种标准化的产品，会成为非常好的发展趋势。

二 新能源汽车发展

（一）新能源汽车市场发展分析

1. 产销总体情况

2018 年，新能源汽车产销分别完成 127 万辆和 125.6 万辆，同比分别增长 59.9% 和 61.7%。其中，纯电动汽车产销分别完成 98.6 万辆和 98.4 万辆，比上年同期分别增长 47.9% 和 50.8%；插电式混合动力汽车产销分别完成 28.3 万辆和 27.1 万辆，比上年同期分别增长 122% 和 118%；燃料电池汽车产销均完成 1527 辆，相比 2017 年的不到 200 辆，有了较大的提升（见表 3）。

表 3 2018 年新能源汽车产销量

单位：万辆，%

车型	2018 年	2017 年	同比增长	车型销量	2018 年	2017 年	同比增长
总计	127	79.4	59.9	总计	125.6	77.7	61.7
纯电动	98.6	66.7	47.9	纯电动	98.4	65.2	50.8
插电式混动	28.3	12.8	122	插电式混动	27.1	12.4	118
燃料电池	0.1527	0.0159	860.4	燃料电池	0.1527	0.0143	967.8

资料来源：根据中国汽车工业协会数据整理。

2. 产销细分情况

新能源乘用车方面，2018 年我国共完成产销 107.0 万辆和 105.3 万辆，比上年同期分别增长 80.5% 和 82%。其中，纯电动乘用车完成产销 79.2 万辆和 78.8 万辆，比上年同期分别增长 65.5% 和 68.4%；插电式混合动力乘用车完成产销 27.8 万辆和 26.5 万辆，比上年同期分别增长 143.3% 和 139.6%。

新能源商用车方面，2018 年我国共完成产销 20.1 万辆和 20.3 万辆，比上年同期分别增长 -0.4% 和 2.6%。其中纯电动商用车完成产销 19.4 万辆和 19.6 万辆，比上年同期分别增长 3.0% 和 6.3%；插电式混合动力商用车完成产销 0.6 万辆和 0.6 万辆，比上年同期均降低 58%；燃料电池商用车完成产销 1527 辆和 1527 辆。

各地区新能源汽车销量方面，2018 年国产新能源乘用车销量前十位的城市分别为深圳、上海、北京、广州、杭州、天津、郑州、潍坊、南昌、柳州，前十城市销量均高于 2 万辆，深圳、上海及非限购城市份额有所提升（见图 3）。

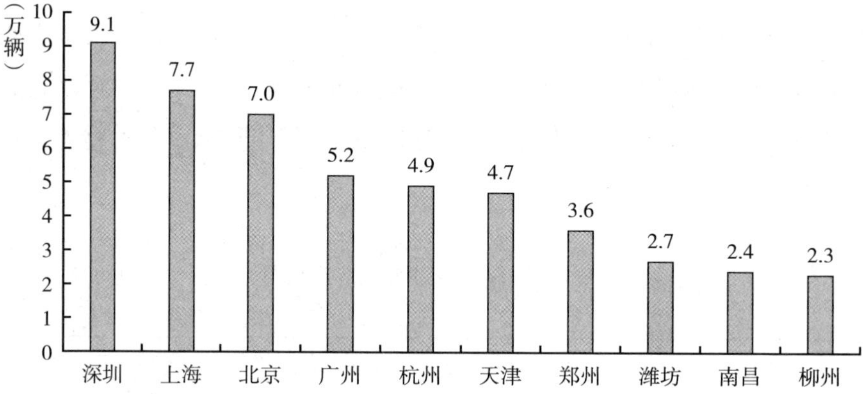

图 3　2018 年国产新能源乘用车销量前十城市

从车企表现看，2018 年新能源乘用车累计销量突破十万辆的车企有两家，其中比亚迪累计销售 23.01 万辆，占比 21.9%，夺得冠军；北汽新能源累计销售 15.61 万辆，占比 14.8%，夺得亚军。分动力类型来看，北汽新能源以纯电动乘用车为主，比亚迪则更多倾向于插电式混合动力车型，两家车企新能源乘用车销量合计占到了近 40% 的市场份额（见图 4）。

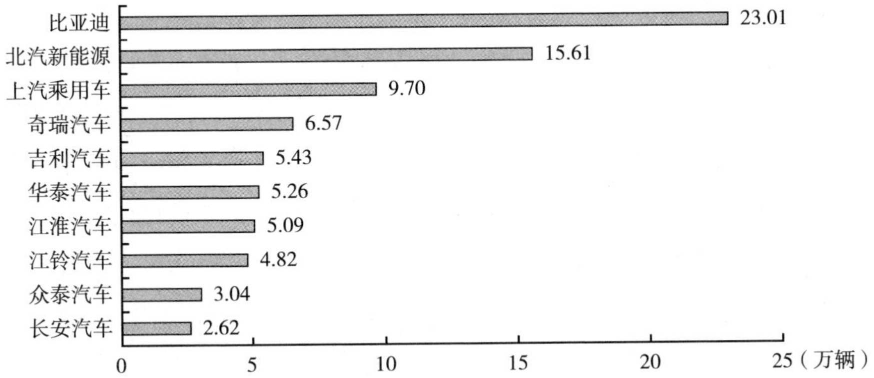

图4　2018年国产新能源乘用车销量车企排行榜

资料来源：乘联会。

（二）新能源汽车发展存在的问题及建议

1. 新能源汽车发展存在的问题

（1）产能存在相对过剩风险

我国已经形成庞大的新能源汽车产能。据不完全统计，截至2018年12月，16家车企已建成的新能源生产基地年产能超300万辆，而且新能源汽车产能还将继续释放，统计的29家车企在建新能源汽车生产基地年产能超800万辆，并将在2018～2020年陆续投产。到2020年，我国整车企业新能源汽车年产能累积将远超1000万辆，大幅超过国家设立的2020年新能源汽车200万辆的产销目标，而2018年我国新能源汽车产销量在100万辆级别。

（2）质量安全存忧

新能源汽车保有量增长，质量安全问题增多。据不完全统计，截至2018年12月，我国发生新能源汽车起火事件已达40起以上。事故车辆在产品设计、日常使用中存在安全缺陷和隐患，其中动力电池安全问题突出，电池质量、技术和不规范使用等各种原因，可能会引发电池自燃、电池组爆炸、充电时着火等安全事故。同时，新能源汽车高压电气系统、高压电池在碰撞后可能存在潜在危险，引发电池短路、温度升高进而引起燃烧甚至爆炸。

（3）核心技术仍须突破

我国新能源汽车相关核心和共性技术存在短板，突出表现在新能源汽车“三电”（电池、电机和电控）核心技术掌控能力不足，在基础材料、前沿技术研发、生产制造管理、芯片、系统集成及控制技术方面与国际先进水平相比仍存在不小差距，造成高端品牌和高性能产品与国外仍存在一定差距。

（4）充电基础设施配套不完善

新能源汽车数量持续增长，带动充电基础设施需求增长，但我国充电基础设施结构性供给不足问题突出：一是充电桩利用率低。公共充电设施利用率过低，我国公共充电基础设施利用率只有12%。充电桩布局问题导致利用率不均衡，充电基础设施缺乏与闲置问题并存。二是新兴技术对充电技术和标准提出挑战。电池技术不断升级，新型充电技术功率大幅提高，需要充电基础设施及时跟进和扩容，难以形成稳定的充电标准体系。三是充电网络未能实现互联互通。特来电、国家电网、星星充电等各家商业运营充电企业相互独立，充电终端不兼容，用户充电操作体验较差。

（5）废旧动力电池回收利用难

2018年，我国废旧动力电池进入报废和更换高峰期。据中国电池联盟预计，2018年理论退役动力电池容量为5.14GWh，到2023年理论退役动力电池容量将达到48.09GWh。退役动力电池带来环境污染、安全隐患大和资源回收压力大等问题。动力电池回收面临两大难题：一是如何实现退役电池梯次利用。退役的动力电池如何经过检测、维护等环节，实现二次开发梯次利用，比如低速电动车、分布式光伏发电、储能等领域。二是如何实现废旧电池资质化管理。目前，已生产的动力电池种类繁多，结构复杂，导致废旧电池的回收利用不规范，存在污染环境、发生拆解安全事故的可能，需要妥善进行废旧电池回收拆解，进行资质化管理。

2. 新能源汽车发展建议

（1）加强政策引导，避免盲目扩张

针对当前新能源汽车产能相对过剩的风险，一是完善相关政策法规体系，加强行业监督管理，鼓励真正有实力的企业进入；二是引导企业在技术、研发、创新方面下功夫，提升产品市场竞争力，促进新能源汽车更大规模应用；三是加大推广宣传力度，培育发展消费市场。加强示范推广，进行消费引导，支持国内新能源汽车企业“走出去”，加快培育知名的电动汽车自主品牌。

（2）加大对新能源汽车安全性测试研究和评估

针对新能源汽车存在的安全隐患，特别是新能源汽车动力电池存在的充电时起火、电池组爆炸、电池自燃、线路短路等安全事故问题，一是推动对新能源汽车动力电池系统的评价，建立新能源汽车动力电池安全评估体系，以便及早发现问题，消除安全隐患；二是加强新能源汽车的安全性测试评估，特别是强化车载可充电储能系统安全、电解液泄漏、电压安全、触电保护、绝缘性能、电能安全等电气安全的全面测试；三是继续强化新能源汽车企业的质量主体责任，加强对新能源汽车在用车辆安全性抽查评估，做好安全监测管理。

（3）加强关键技术攻关，破解新能源汽车产业发展瓶颈

为了破解新能源汽车产业技术发展的瓶颈，一是应加强动力电池相关技术攻关，继续优化电池组技术研究，强化电池循环使用技术研究，提升锂离子电池性能研究；二是强化电机相关技术攻关，加强高效电机和控制技术研发，提升电机数字化水平；三是加强充电相关技术的研究，着力开展车载充电和电力管理两方面的技术研究，解决充电对电网产生的负荷问题，研发智能电网，转变传统供电方式，实现电能的高效利用。

（4）加快配套基础设施建设，助力新能源汽车快速推广与应用

针对当前新能源汽车使用过程中存在的配套设施落后等短板，一是加快完善充电设施建设规划，各地应将充电基础设施专项规划纳入当地城乡建设规划中统筹考虑，科学布局，提高充电设施密度和广度。二是加强充电设施标准体系建设。发挥科研机构、大专院校和汽车制造企业的作用，加快充电站、充电机、供电系统和电网等的建设技术标准、整体规划、配备数量等关键指标的制定，出台符合实际、具有可操作性的充电设施国家标准。三是加快充电设施建设，鼓励无线充电、智能充电、大功率充电技术创新及产业

化，支持加氢站建设运营。

（5）打造完善的回收体系，提升电池回收利用效率和水平

针对当前的动力电池回收利用效率低和集中到来的废旧动力电池退役期两个问题，一是应加强回收利用信息化平台及网络建设，统筹建立全国车用动力电池管理信息系统，同时鼓励新能源汽车生产商、动力电池生产商和电池租赁公司将现有的经营网络兼容回收功能；二是鼓励关键技术、新技术的研发与使用，对动力电池退役判定标准及检测技术、单体电池的自动化拆解和材料分选技术等关键共性技术研发予以财政资金扶持，对积极采取新技术、新工艺、新设备的动力电池回收利用企业予以财税优惠；三是积极开展动力电池的梯次利用。推动退役动力电池在应急电源、光伏发电、低速电动车、电动自行车等领域的应用。

（三）新能源汽车产业发展趋势与展望

发展新能源汽车是实现我国汽车强国的必由之路，国家将会继续加大新能源汽车产业发展的支持力度，使政策、技术、经济、市场环境将进一步完善，2019 年新能源汽车产业的发展将会进一步提速。

1. 市场规模会进一步扩大

随着新能源汽车性能的逐步提升，新能源汽车的产品竞争力会进一步增强，市场应用范围会进一步扩大。2018 年，受补贴退坡影响，新能源商用车市场不太乐观，特别是专用车市场产销量出现大幅下降，但随着三年蓝天行动计划在全国、各地方和特定领域推广加速，2019 年商用车市场有望回暖。2018 年，乘用车的市场占比已达 80% 以上，随着双积分政策的实施，乘用车的市场占比将会进一步提高，应用的城市范围也会不断扩大，市场接受度也会越来越高。

2. 使用环境将不断优化

新能源汽车充电难是制约新能源汽车推广的重要因素。2018 年的推广政策明确提出地方应不断加大基础设施建设力度和改善新能源汽车使用环境，新能源汽车地方购置补贴资金将逐渐转为支持充电基础设施建设和运

营、新能源汽车使用和运营等环节。预计 2019 年，地方购车补贴将会明显降低甚至取消，充电基础设施补贴将会加大，并对新能源汽车实施差异化的交通管理，新能源汽车使用环境将不断优化。

3. 市场竞争进一步加剧

随着中国新能源汽车市场的迅速发展，众多跨国汽车企业都加大了新能源、智能化汽车的研制和生产，并将中国作为主要市场。2019 年将有一大批国外品牌的新能源汽车进入中国市场，也将有更多的新造车势力的产品走向市场，传统车企也加快在新能源汽车市场的布局，市场竞争进一步加剧。同时，新能源汽车补贴的逐步退坡，也将会对未来市场走向造成一定影响，新能源汽车市场将面临重新洗牌。

4. 燃料电池汽车发展将会提速

2018 年开启了燃料电池汽车商业化运营的元年，燃料电池产业迎来新的发展阶段。国家层面高度重视燃料电池产业，从产业规划、发展路线和扶持补贴均有明确政策，将产业重点转向燃料电池汽车拓展。据不完全统计，地方政府中超过 20 个省市有明确支持氢燃料电池产业投资与规划。2019 年，燃料电池在商用车领域将会得到进一步的应用。

三　节能与新能源汽车相关政策分析

（一）节能汽车政策

为推动节能汽车的健康发展，自 2017 年以来，相关政策法规逐步完善。主要有以下特点。

1. 节能减排标准法规进一步加严

目前，我国正在执行的是乘用车燃料消耗量第四阶段限值标准，即到 2020 年，新车平均燃料消耗量乘用车降到 5. 0L/100km，五阶段燃料消耗量进一步降低，对整个乘用车产业而言是一个不小的挑战。

环保部 2018 年 6 月 28 日发布的《重型柴油车污染物排放限值及测量方

法（中国第六阶段）》，加严了污染物排放限值，增加了粒子数量排放限值，变更了污染物排放测试循环；增加了非标准循环排放测试要求和限值（WNTE）；增加了整车实际道路排放测试要求和限值（PEMS）；提高了耐久性要求；增加了排放质保期的规定；对车载诊断系统的监测项目、阈值及监测条件等技术要求进行了修订；增加了排气管口位置和朝向要求；增加了实际行驶工况有效数据点的氮氧化物排放浓度要求；增加了降低氮氧化物排放的要求；修订了生产一致性和在用符合性的检查判定方法；增加了新生产车的达标监管要求；增加了双燃料发动机的型式检验要求；增加了替代用污染控制装置的型式检验要求。

2. 明确发展方向，严格控制新增传统燃油汽车产能

2018 年 12 月 18 日发布的《汽车产业投资管理规定》为我国汽车产业发展指明了方向。其中节能汽车领域重点发展高效发动机、先进自动变速器和混合动力系统等节能技术和产品，节能汽车仍是国家支持的发展方向，但在燃油汽车投资准入方面更加严格，明确规定禁止新建独立燃油汽车企业，对现有汽车企业扩大燃油汽车生产能力投资项目，对企业的产能利用率、新能源汽车产量、研发费用、所在省份产能利用率都提出了严格的要求，避免产能过剩，规范市场主体投资行为，引导社会资本合理投资。

表 4　2017～2018 年发布或实施的部分汽车节能政策法规（简表）

政策法规名称	颁布或实施时间	颁布单位
《汽车产业中长期发展规划》	2017. 4	工信部、发改委、科技部
《乘用车企业平均燃料消耗量与新能源汽车积分并行管理办法》	2017. 9	工信部、财政部、商务部、海关总署、质检总局
《关于 2016 年度、2017 年度乘用车企业平均燃料消耗量管理有关工作的通知》	2017. 11. 3	工信部、商务部、海关总署、国家质检总局
《关于发布〈机动车污染防治技术政策〉的公告》	2017. 12. 12	环保部
《关于做好平行进口汽车燃料消耗量与新能源汽车积分数据报送工作的通知》	2018. 6. 19	工信部、商务部、海关总署、国家市场监管总局
《重型柴油车污染物排放限值及测量方法（中国第六阶段）》	2018. 6. 28	环保部

续表

政策法规名称	颁布或实施时间	颁布单位
《关于节能新能源车船享受车船税优惠政策的通知》	2018.7.31	财政部、国家税务总局、工信部、交通运输部
《汽车产业投资管理规定》	2018.12.18	发改委
《乘用车燃料消耗量限值》《乘用车燃料消耗量评价方法及指标(征求意见稿)》	2019.1.24	工信部

（二）新能源汽车政策

据不完全统计，2018年，我国累计出台20余项直接与新能源汽车相关的政策，涉及宏观规划、补贴、基础设施、行业管理等诸多方面。2018年新能源汽车政策呈现如下特点。

1. 补贴逐步退坡常态化，门槛进一步提升，标准更加细化

2018年2月财政部、工信部、科技部、国家发改委联合发布《关于调整完善新能源汽车推广应用财政补贴政策的通知》。与2017年的补贴政策相比，主要变化表现在以下几点。

①技术门槛进一步提升，补贴标准进一步完善。纯电动乘用车续驶里程要求从100km提升到150km，对于300km以上的纯电动乘用车，2018年补助标准有所提升，同时电池能量密度门槛提升到105Wh/kg。商用车动力电池能量密度提升明显。

②非个人用户运营里程要求有所降低。非个人用户申请财政补贴的运营里程要求由原来的3万公里调整为2万公里，并且明确作业类专用车（含环卫车）、党政机关公务用车、民航机场场内车辆等申请财政补贴不做运营里程要求。同时在里程未达到前可申请拨付一部分补贴资金。

③设置过渡期，为车企预留准备和切换时间、空间。2018年2月12日至6月11日为过渡期，过渡期间上牌的新能源乘用车、新能源客车按照2017版对应标准的0.7倍补贴，新能源货车和专用车按0.4倍补贴，燃料电池汽车补贴标准不变。

2. 加强事中事后监管，动态管理成为新态势

实施与补贴挂钩的整车和电池“一致性”抽检制度，开展了新能源乘用车、载货汽车安全隐患专项排查工作，事中事后监管加严。2018 年 3 月 30 日，工业和信息化部、财政部、国家税务总局联合发布公告，对免购置税新能源车型目录实施动态管理，之后不定期发布了撤销《免征车辆购置税的新能源汽车车型目录》名单，并于 11 月发布《特别公示新能源汽车生产企业（第 1 批）》，对于被特别公示的企业，暂停受理其《道路机动车辆生产企业及产品公告》新能源汽车新产品申报，新能源汽车动态管理成为新态势。

3. 动力电池回收管理日趋规范，示范试点工作展开

2018 年 2 月与 7 月分别发布了《新能源汽车动力蓄电池回收利用管理暂行办法》和《新能源汽车动力蓄电池回收利用溯源管理暂行规定》，明确了各环节责任主体的回收利用责任，做到了回收管理和溯源管理有法可依，促进了行业的健康发展。为贯彻落实《新能源汽车动力蓄电池回收利用管理暂行办法》，3 月 2 日，工信部等七部委还联合发布了《新能源汽车动力蓄电池回收利用试点实施方案》，并于 7 月确定京津冀地区、山西省、上海市、江苏省、浙江省、安徽省、江西省、河南省、湖北省、湖南省、广东省、广西壮族自治区、四川省、甘肃省、青海省等及中国铁塔股份有限公司为试点推广工作地区和企业，动力电池回收示范试点推广工作取得实质性进展。

4. 持续加强新能源汽车推广应用

国务院发布的《打赢蓝天保卫战三年行动计划》提出，“推广使用新能源汽车，2020 年新能源汽车产销量达到 200 万辆左右。加快推进城市建成区新增和更新的公交、环卫、邮政、出租、通勤、轻型物流配送车辆使用新能源或清洁能源汽车，重点区域使用比例达到 80%；重点区域港口、机场、铁路货场等新增或更换作业车辆主要使用新能源或清洁能源汽车。2020 年底前，重点区域的直辖市、省会城市、计划单列市建成区公交车全部更换为新能源汽车。在物流园、产业园、工业园、大型商业购物中心、农贸批发市

场等物流集散地建设集中式充电桩和快速充电桩，为承担物流配送的新能源车辆在城市通行提供便利”。进一步明确了新能源汽车的推广目标和领域，新能源汽车将加快在重点领域的应用。

5. 优化准入管理，深化“放管服”改革，强化产能控制

2018 年，我国出台了《汽车产业投资管理办法》和《道路机动车辆生产企业及产品准入管理办法》，对投资准入、企业及产品准入办法进行了优化，为下一步产业发展指明了方向。在《汽车产业投资管理规定》中规定汽车产业投资项目（包含整车和其他投资项目）调整为由地方发展改革部门实施备案管理。其中，明确汽车整车投资项目由省级发展改革部门实施备案管理，标志着我国汽车产业投资项目管理方式彻底转变为备案制，责任部门从国家发改委转变为地方政府，汽车产业投资项目管理制度的简化和权责下放，在《道路机动车辆生产企业及产品准入管理办法》中，生产企业和产品类型大幅减少，准入申报流程也有所简化，体现了深化“放管服”改革的方向。对新建独立纯电动汽车企业投资项目（含现有汽车企业跨乘用车、商用车类别建设纯电动汽车生产能力）所在省份提出明确约束条件，尤其是产能利用率和配套环境，严格控制产能，避免盲目发展。

表 5　2018 年我国新能源汽车主要政策汇总

政策名称	出台时间	出台部门
《关于调整完善新能源汽车推广应用财政补贴政策的通知》	2018. 2. 12	财政部、工信部
《新能源汽车动力蓄电池回收利用管理暂行办法》	2018. 2. 26	工信部、科技部、环保部、交通运输部、商务部、质检总局、能源局
《新能源汽车动力蓄电池回收利用试点实施方案》	2018. 3. 2	工信部、科技部、环保部、交通运输部、商务部、质检总局、能源局
《中华人民共和国工业和信息化部　财政部　国家税务总局公告》	2018. 3. 30	工信部、财政部、税务总局
《外商投资准入特别管理措施（负面清单）》	2018. 6. 28	发改委、商务部
《关于做好新能源汽车动力蓄电池回收利用试点工作的通知》	2018. 7. 25	工信部、科技部、环保部、交通运输部、商务部、质检总局、能源局

续表

政策名称	出台时间	出台部门
《新能源汽车动力蓄电池回收利用溯源管理暂行规定》	2018. 7. 2	工信部
《打赢蓝天保卫战三年行动计划》	2018. 7. 13	国务院
《关于开展新能源乘用车、载货汽车安全隐患专项排查工作通知》	2018. 9. 27	工信部装备中心
《特别公示新能源汽车生产企业(第1批)》	2018. 11. 7	工信部装备中心
《道路机动车辆生产企业及产品准入管理办法》	2018. 12. 6	工信部
《汽车产业投资管理规定》	2018. 12. 10	发改委
《提升新能源汽车充电保障能力行动计划》	2018. 12. 1	发改委、能源局、工信部、财政部
《中华人民共和国车辆购置税法》	2018. 12. 29	国务院

智能网联汽车篇

Intelligent Connected Vehicle

B.8

2018年智能网联汽车发展报告

摘　要： 本报告围绕产业发展规划、产品技术进展、测试示范应用三大关键环节，对美、日、欧及我国的智能网联汽车发展现状做了系统分析，对比总结了各国智能网联汽车发展的特点和优势，指出我国智能网联汽车所处的发展阶段和不足，分析预判了未来智能网联汽车发展的趋势，并提出了我国智能网联汽车发展的若干建议。

关键词： 智能网联汽车　自动驾驶　指挥交通

一　国外智能网联汽车发展综述

随着汽车保有量的快速增长，全球范围内的交通拥堵、空气污染等问题日趋突出，各国人民对安全、便捷、绿色出行方式的需求愈加强烈。

智能网联汽车作为可以实现减轻人类操控压力的新一代汽车，不但有着比传统汽车更加安全、高效、舒适的驾乘体验，而且可以作为未来人工智能、物联网、移动互联网、通信、大数据、云计算等领域融合创新发展的优良载体，拥有巨大的市场潜力和产业价值，已成为全球新一轮新兴产业竞争的关键着力点和战略制高点。目前，世界各国都积极投入和支持无人驾驶技术，其中以美国、欧洲、日本等为代表的发达国家或地区在智能网联汽车产业战略引导、立法规范、研发创新、测试示范等方面走在世界前列。

（一）美国

1. 战略和法规层面

2015 年，美国发布《美国智能交通系统（ITS）战略规划（2015～2019年）》，将智能网联汽车作为发展智能交通系统的重点。之后陆续发布一系列政策文件（见表 1），对各州的碎片化法规做统一管理，推进国家自动驾驶汽车产业整体发展。2018 年，美国发布《准备迎接未来交通：自动驾驶汽车 3.0》作为自动驾驶产业指导性纲领，引导自动驾驶和智能交通融合发展。

表 1　美国自动驾驶汽车产业发展战略规划

国家机构	年份	文件名称	内容
美国交通运输部	2015	《美国智能交通系统（ITS）战略规划(2015～2019 年)》	明确了美国 ITS 战略升级为网联化与智能化的双重发展战略
美国交通运输部	2016	《联邦自动驾驶汽车政策指南》	将自动驾驶的安全监管首次纳入联邦法律框架
美国交通运输部	2017	《自动驾驶系统 2.0:安全展望》	鼓励各州重新评估现有的法律法规,为自动驾驶的测试和部署扫除障碍
美国交通运输部	2018	《准备迎接未来交通:自动驾驶汽车 3.0》	致力于推动自动驾驶技术与地面交通系统多种运输模式的安全融合

资料来源：公开资料整理。

2. 研发和测试层面

美国凭借信息技术的领先优势，全面布局各关键技术领域，配合硅谷企业强创新能力和整合能力的加成，使自动驾驶汽车获得了快速发展。Waymo、Uber、Tesla、通用等公司代表了自动驾驶领域领先水平，测试示范工作进展快速，测试里程世界领先（见表2）。2018年，Waymo无人驾驶公路行驶里程突破1600万公里，并推出无人驾驶出租车收费服务，探索商业化运作，创造了又一个里程碑。目前，美国测试示范分为底特律和硅谷两大阵营，共四个示范区（见表3），其东部的密歇根大学测试区是世界上第一个测试无人驾驶汽车、V2V/V2I车联网技术的无人驾驶试验区，并为5G智能交通系统提供了试验环境。

表2　美国自动驾驶汽车产业链主要企业

产业链		主要供应商
上游	芯片/计算平台	飞思卡尔半导体、英特尔、英伟达、TI、AMD公司、高通、Ambarella、安森美半导体公司
	雷达/视觉传感器	德尔福、Velodyne、Quanergy、TriLumina
	地图与定位	谷歌、苹果、微软、TeleNav、SwiftNavigation
	车载操作系统	微软、谷歌、苹果
	V2X通信	高通、Savari
	ADAS/自动驾驶系统	德尔福、谷歌、Waymo、苹果、Uber、Drive. ai、Embark、Zoox
	汽车电子系统	德尔福、Lear、NASN
	车载信息系统	伟世通、江森自控、安吉星、哈曼
中游	传统车企	通用、福特、克莱斯勒
	新兴车企	特斯拉
下游	出行服务	Uber、谷歌、Lyft、Zipcar
	信息服务	AT&T、VerizonWireless

资料来源：孙宁《智能网联汽车产业发展分析》，载《中国智能网联汽车产业发展报告（2018）》社会科学文献出版社，2018。

表 3　美国自动驾驶汽车测试示范基地

示范区/项目	概况	特点	进展
M-city	位于安娜堡市，占地 32 英亩，由密歇根大学和密歇根交通部共同出资建立，是世界上首个专门为测试无人驾驶汽车、V2X/V2I 车联网技术打造的试验区	主要包括用于模拟高速公路环境的高速试验区和用于模拟市区和近郊的低速试验区	已经与福特、通用、本田、日产、丰田等 15 家车企及零部件公司以注资方式展开合作
Willow Run	位于密歇根州伊普斯兰小镇，面积超过 335 英亩，由密歇根大学主导建设	Willow Run 将作为 M-city 的 2.0 版本，建成更加复杂的交通环境布局，如测试用的高速公路和三层立交，及路面天然的坑洞	目前基地已经得到密歇根州政府 2000 万美元的财政补贴，预计用两年时间建设完毕，对外开放
GoMentum	位于旧金山硅谷以北 40 英里，是一座废弃的海军基地，占地 2100 英亩	铺设了 20 英里的公路和街道，建有隧道、立交桥、铁路等模拟基础设施；具有离硅谷距离近的位置优势	与谷歌、苹果等互联网公司，以及奔驰、大众和日产等汽车企业的本地研发部门开展合作
Castle	谷歌 2014 年租用 Castle 空军基地内 60 英亩的土地，用来测试谷歌的无人驾驶汽车并培训无人驾驶汽车运行时的监控司机	该示范区距离谷歌总部仅 2.5 小时路程	目前增长至约 100 英亩

资料来源：公开资料整理。

（二）欧洲

1. 战略和法规层面

欧盟一直非常重视智能网联汽车产业，已发布了《ITS 发展行动计划》等纲领性文件，协调各成员国部署智能网联汽车产业。2018 年发布的《通往自动化出行之路：欧盟未来出行战略》，提出到 2030 年普及完全自动驾驶。目前，欧委会已开始制定保障安全通信和数据互通的法规，以及自动驾驶汽车的人工智能开发相关伦理指引等，并为所需基建提供资金援助（见表 4）。

表 4　欧盟自动驾驶汽车产业发展战略规划

国家机构	年份	文件名称	内容
欧盟委员会	2010	《ITS 发展行动计划》	欧盟范围内第一个协调部署 ITS 的法律基础性文件
欧盟委员会	2014	《Horizon 2020》	推进智能网联汽车研发
欧盟委员会	2015	《GEAR 3030 战略》	重点关注高度自动化和网联化等工作的推进与合作
欧盟委员会	2016	"合作式智能交通系统战略"	推进 2019 年在欧盟成员国范围内部署协同式智能交通系统（C - ITS）服务，实现 V2V、V2I 等网联式信息服务
欧盟委员会	2018	《通往自动化出行之路：欧盟未来出行战略》	明确到 2020 年在高速公路上实现自动驾驶，2030 年进入完全自动驾驶社会

资料来源：公开资料整理。

2. 研发和测试层面

欧洲汽车工业基础极强，产业链完备，虽然 AIMotive、FiveAI、Navya、Amber、Oxbotica、VisLab 等初创科技公司在融资规模和体量上总体稍落后于中美，但近两年欧洲传统汽车和零部件巨头已开始加强智能网联领域的对外合作，潜力十足。奥迪发布全球首款 L3 级自动驾驶量产车 A8，博世联合英伟达着手开发可实现 L4 级自动驾驶的人工智能计算平台。为了让欧洲更多的区域能够开展自动驾驶测试，积累更多的数据，欧盟已开始放宽规定，大力推进无人驾驶路测。目前，许多欧洲城市和交通部门都在测试自动驾驶巴士，而世界上专注于此的创新公司（如 Navya、Easymile）也以欧洲居多，欧洲有望率先实现自动驾驶在特殊场景下的商业化落地。

表 5　欧盟智能网联汽车产业链主要企业

产业链		主要供应商
上游	芯片/计算平台	意法半导体、英飞凌、恩智浦、赛灵思、Infineon
	雷达/视觉传感器	博世、大陆、奥托立夫、法雷奥、采埃孚、海拉、LeddarTech
	地图与定位	HERE、TOMTOM
	车载操作系统	Blackberry

续表

产业链		主要供应商
上游	V2X 通信	U-blox、Sanef、爱立信、诺基亚
	ADAS/自动驾驶系统	博世、大陆、奥托立夫、BestMile、采埃孚、舍弗勒 EasyMile
	汽车电子系统	博世、大陆、法雷奥、采埃孚、麦格纳、舍弗勒、奥托立夫
	车载信息系统	博世、大陆
中游	传统车企	宝马、奔驰、大众、沃尔沃、标志雪铁龙、雷诺
	新兴车企	—
下游	出行服务	主流汽车制造商
	信息服务	沃达丰、T-Mobile、Keolis、德国电信

资料来源：孙宁《智能网联汽车产业发展分析》，《中国智能网联汽车产业发展报告（2018）》，社会科学文献出版社，2018。

表 6　欧盟自动驾驶汽车测试示范基地

测试场/项目	概　况
瑞典 AstaZero	位于瑞典哥德堡市附近，总投资约 5 亿瑞典克朗，由 AstaZero 集团建设，占地面积 200 平方米；瑞典科技研究所和查尔曼斯大学共同拥有该试验场。设置 4 个 40m × 25m 的活动模块用以模拟城市环境；拥有一个直径 240 米的环形高速测试区，并通过减速带与另一条 700 多米长的多车道道路相连
德、荷、奥三国 ITS corridor 项目	2013 年，德国、荷兰、奥地利三国签署协议，开始实施 Cooperative ITS Corridor 项目：在一条连接三国的高速公路上建设智能交通设施
德国 A9 高速公路测试项目	2015 年，德国交通部启动无人驾驶测试项目，测试地点位于连接慕尼黑和柏林的 A9 高速公路
瑞典 Drive Me 项目	2013 年，沃尔沃汽车集团宣布联合哥德堡市政府与交管部门合作，在瑞典哥德堡市及周边的公共道路上进行无人驾驶测试，代号“Drive Me”
英国	2015 年，英国政府在布里斯托、格林尼治、考文垂、米尔顿凯恩斯等四个城市启动无人驾驶测试项目

资料来源：公开资料整理。

（三）日本

1. 战略和法规层面

日本政府在 2013 年推进的复兴计划里启动了自动驾驶相关项目，并在

“自动驾驶系统研发计划”中提出，到2030年实现完全自动驾驶汽车的目标。日本政府计划2020年在限定地区解禁无人驾驶的自动驾驶汽车，到2025年在日本国内形成完全自动驾驶汽车市场目标。2018年，日本发布《自动驾驶汽车安全技术指南》，规定了L3、L4级自动驾驶汽车必须满足的一系列安全条件，加快推进本土汽车厂商对自动驾驶技术的进一步开发，并计划探讨自动驾驶相关国际标准的制订。

表7　日本自动驾驶汽车产业发展战略规划

国家机构	年份	文件名称	内　容
日本内阁	2013	《世界领先IT国家创造宣言》	作为日本复兴计划指导文件，智能网联汽车成为核心之一
日本内阁	2013	《SIP战略性创新创造项目计划》	自动驾驶系统研发上升到国家战略高度，并提出自动驾驶商用化时间表
日本内阁	2013	《ITS 2014～2030技术发展路线图》	计划在2020年建成世界最安全道路，在2030年建成世界最安全和最畅通道路
日本内阁	2014	《SIP(战略性创新创造项目)自动驾驶系统研究开发计划》	制定四个方向共计32个研究课题，推进基础技术及协同式系统及相关领域的开发和实用化
日本内阁	2017	《2017官民ITS构想及路线图》	2020年左右在高速公路上实现自动驾驶L3级，L2级以上卡车编队自动行走，以及特定区域内用于配送服务实现L4级自动驾驶
日本政府	2018	《自动驾驶相关制度整备大纲》	明确自动驾驶责任划分：原则上由车辆所有者承担赔偿责任，将自动驾驶汽车与普通驾驶汽车同样对待，但外部黑客入侵汽车系统导致事故的损失由政府赔偿
日本国土交通省	2018	《自动驾驶汽车安全技术指南》	规定了L3、L4级自动驾驶汽车必须满足的十大安全条件

资料来源：公开资料整理。

2. 研发和测试层面

日本汽车厂商丰田、本田和日产等已在高精度三维地图等领域展开合作研究，推进自动驾驶技术研发，确立技术标准。电装、瑞萨电子和松下等零部件厂商也在地图、通信和人机工程等领域展开合作。自动驾驶科技公司有ZMP、

DeNA、PKSHA 等，数量相对较少，大部分是通过智能软件算法切入自动驾驶领域，其资金来源于本国汽车主机厂，步伐相对稳健。目前，日本已经允许在驾驶位无人的状态下进行自动驾驶汽车上路测试，并将自动驾驶发生的交通事故列入汽车保险的赔付对象，这对日本自动驾驶的测试应用将起到巨大的推动作用。

表 8　日本智能网联汽车产业链主要企业一览

产业链		主要供应商
上游	芯片/计算平台	瑞萨、东芝
	雷达/视觉传感器	日立、先锋、松下、电装、索尼
	地图与定位	ZENRIN、三菱电机
	车载操作系统	—
	V2X 通信	OKI
	ADAS/自动驾驶系统	电装、日立、松下、软银、三菱电机、ZMP
	汽车电子系统	电装、三菱电机、爱信精机
	车载信息系统	先锋、电装、阿尔派、松下、日立
中游	传统车企	丰田、日产、本田
	新兴车企	—
下游	出行服务	丰田、日产
	信息服务	NTT

资料来源：孙宁《智能网联汽车产业发展分析》，《中国智能网联汽车产业发展报告（2018）》，社会科学文献出版社，2018。

表 9　日本自动驾驶汽车测试示范基地

测试场/项目	概　　况
茨城县日本汽车研究所	2016 年，日本政府在茨城县日本汽车研究所内建设了一个 15 万平方米的自动驾驶测试基地
Robot Taxi 项目	2016 年，机器人出租车公司研发的自动驾驶出租车开始在神奈川县藤泽市试运营，乘客可以用 APP 软件叫车

资料来源：公开资料整理。

二　我国智能网联汽车发展现状

我国发展智能网联汽车不仅符合全球汽车工业变革的时代趋势，更是民族汽车工业向产业链中高端转移的重大契机。我国政府放眼未来长远规划，立足国情推进实施，使我国在新一轮的汽车工业革命中紧跟世界先进步伐，产品技术培育和测试应用取得了一定成绩。但总体来看，目前我国智能网联汽车发展尚处于起步阶段。

（一）产业发展规划

发展智能网联汽车在我国已经上升到国家战略高度，工信部、国家发改委、科技部、交通运输部、公安部等出台系统性规划和政策文件，建立我国智能网联汽车产业发展支撑体系和目标路径。

1. 行业管理组织构成

我国智能网联汽车行业，管理部门除了国家发改委、工信部、科技部、交通部、公安部、商务部等部委，以及中国汽车工业协会、中国汽车工程学会外，在协同创新方面，成立了中国智能网联汽车产业创新联盟、北京国汽智能网联汽车研究有限公司等机构，这些机构对推动产业创新网络的建立及完善起到积极作用；在标准法规方面，推动成立全国汽车标准委员会智能网联汽车分标委，研究制定智能网联汽车发展所需要的标准规范。初步形成了“项目审批 – 产品准入 – 道路建设 – 交通管理 – 市场经营 – 氛围营造 – 联合创新 – 标准规范”的较为完善的行业管理体系。

2. 产业政策简要回顾

2015 年 5 月，国务院印发《中国制造 2025》，标志着我国已启动了智能网联汽车国家战略发展规划；为了进一步规划智能网联汽车发展的实施路径，工信部进一步编制了《智能网联汽车技术路线图》，为产业发展提供科学指导；2017 年，发布《汽车产业中长期发展规划》，提出加大智能网联汽车关键技术攻关，开展智能网联汽车示范推广，并明确要求：到 2020 年，汽车 DA（驾驶辅助）、PA（部分自动驾驶）、CA（有条件自动驾驶）系统新车装配率超过 50%，网联式驾驶辅助系统装配率达到 10%，以满足智慧交通城市建设需求。到 2025 年，汽车 DA、PA、CA 新车装配率达 80%，其中 PA、CA 级新车装配率达 25%，HA（高度自动驾驶）和 FA（完全自动驾驶）汽车开始进入市场。

2018年，国家发改委发布《智能汽车创新发展战略》，提出到2020年，智能汽车新车占比达到50%，2025年，中国标准智能汽车的技术创新、产业生态、路网设施、法规标准、产品监管和信息安全体系全面形成，到2035年，中国制造智能汽车享誉全球，我国率先建成智能汽车强国，全民共享“安全、高效、绿色、文明”的智能汽车社会。

2018年底，工信部发布《车联网（智能网联汽车）产业发展行动计划》，提出到2020年，实现车联网（智能网联汽车）产业跨行业融合取得突破，具备高级别自动驾驶功能的智能网联汽车实现特定场景规模应用，车联网综合应用体系基本构建，用户渗透率大幅提高，智能道路基础设施水平明显提升，适应产业发展的政策法规、标准规范和安全保障体系初步建立，开放融合、创新发展的产业生态基本形成，满足人民群众多样化、个性化、不断升级的消费需求。2020年后，通过持续努力，推动车联网产业实现跨越发展，技术创新、标准、基础设施、应用服务和安全保障体系全面建成，高级别自动驾驶功能的智能网联汽车和5G－V2X逐步实现规模化商业应用，“人－车－路－云”实现高度协同。

表10　我国智能网联汽车产业主要规划政策

时间	发布部门	政策名称
2015年5月	国务院	《中国制造2025》
2016年5月	国家发改委、科技部、工信部、中央网信办	《“互联网＋”人工智能实行三年行动实施方案》
2016年8月	国家发改委、交通运输部	《推进“互联网＋”便捷交通 促进智能交通发展的实施方案》
2016年10月	工信部	《节能与新能源汽车技术路线图》之“智能网联汽车发展技术路线图”
2017年4月	工信部、国家发改委、科技部	《汽车产业中长期发展规划》
2017年7月	国务院	《新一代人工智能发展规划》
2017年12月	工信部、国家标准委	《国家车联网产业标准体系建设指南（智能网联汽车）》

续表

时间	发布部门	政策名称
2017 年 11 月	国家发改委	《增强制造业核心竞争力三年行动计划(2018～2020 年)》
2018 年 3 月	国家发改委	《智能汽车创新发展战略》
2018 年 4 月	工信部、公安部、交通运输部	《智能网联汽车道路测试管理规范(试行)》
2018 年 6 月	工信部	《车联网(智能网联汽车)直连通信用 5905～5925MHz 频段的管理规定(征求意见稿)》
2018 年 6 月	工信部、国家标准委	《国家车联网产业标准体系建设指南(总体要求)》
2018 年 7 月	交通部	《自动驾驶封闭场地建设技术指南(暂行)》
2018 年 12 月	工信部	《车联网(智能网联汽车)产业发展行动计划》

资料来源：公开资料整理。

3. 战略目标梳理归纳

（1）第一阶段（起步期：2016～2020 年）

确定发展智能网联汽车的技术基础、战略目的、顶层设计和标准体系，实现一定社会效益。初步建成智能网联创新体系、标准法规体系、自主研发体系、生产配套体系；掌握乘用车及商用车智能驾驶辅助系统关键技术，包括传感器、控制器关键技术，供应能力满足国内需求，产品质量达到国际先进水平，产品成本具有市场竞争力；制定中国智能网联汽车数据安全技术标准，缩小与发达国家的差距；智能汽车获得一定的市场应用，汽车 DA、PA、CA 级自动驾驶系统新车装配率超过 50%，体现出一定的社会效益，减少交通事故，降低排放。

（2）第二阶段（发展期：2021～2025 年）

基本建成面向乘用车与商用车的自主可控的智能网联汽车产业链与智能交通体系。形成较为完善的智能网联汽车标准法规体系、自主研发体系、生产配套体系及产业群；掌握自动驾驶系统关键技术，传感器、控制器技术达到国际先进水平，掌握执行器关键技术，产品质量与价格均具有较强国际竞争力；实现汽车全生命周期的数字化、网络化、智能化，为汽车产业转型升级奠定基础，完成智能网联汽车的国家信息安全强制认证，在智能汽车领域具备竞争优势；DA、PA、CA级自动驾驶系统新车装配率达80%，其中PA、CA级自动驾驶新车装配率达25%，HA/FA级自动驾驶汽车开始进入市场，汽车交通事故减少80%，普通道路的交通效率提升30%，油耗与排放均降低20%。

（3）第三阶段（成熟期：2026～2030年）

建成完善自主的智能网联汽车产业链与智能交通体系。形成完善自主的智能网联汽车标准法规体系、研发体系及生产配套体系，中国品牌智能网联汽车以及核心零部件企业具备较强国际竞争力，实现产品大规模出口；建立完善的智能交通体系，智能汽车与智能道路间形成高效的协作发展模式；DA及以上级别的智能驾驶系统成为新车标配，汽车联网率接近100%，HA/FA级自动驾驶新车装配率达到10%，在部分区域初步形成“零伤亡、零拥堵”的智能交通体系，全国范围内交通事故率、拥堵时间与能耗排放均大幅度降低。

（二）产品技术进展

国内汽车、互联网、通信等领域企业在多个层面全面实施智能网联汽车技术创新，积极开展智能网联汽车关键共性技术研究，目前综合能力已经可以达到L1～L2级自动驾驶水平。

1. 感知系统

（1）感知系统概述

感知系统利用摄像头、雷达（激光/毫米波/超声波雷达）等传感器设备采集车辆周围环境信息，通过提取路况信息、检测障碍物，为智能网联汽车提供决策依据。

目前，摄像头、激光雷达和毫米波雷达成为主流。摄像头的硬件技术相对成熟，但所需要的算法识别准确率却有待提高。激光雷达的点云算法实现容易，但在硬件技术方面难度较大。就国内情况来看，激光雷达由于具有分辨率高的优势，已经成为越来越多自动驾驶车辆的标配，低成本小型化的固态激光雷达成为研发热点。毫米波雷达凭借性价比和适应性也获得一定的应用。

表 11　主要传感器的特点对比

传感器	摄像头	激光雷达	毫米波雷达	超声波雷达
优势	能识别色彩；图像识别性能好	探测距离远；探测精度高；可探测人体/物体	测距性价比高；能够穿过光照、降雨、扬尘、下雾或霜冻来准确探测物体	受环境影响小
劣势	受光照等环境影响大；探测距离误差大；依赖训练样本	受大雨/大雪恶劣天气影响大；车道线、交通标识等平面图像探测能力弱	无法识别物体属性；探测角度小	可探测绝大部分物体；探测距离近
车载情况	图像识别功能极佳，但需要依赖事前样本机器训练保证稳定性	多用于测量有一定精度或测量人体距离的智能装备，在测量与人的距离的功能上尚无完美解决方案	行人的反射效果极弱，只能应用于车辆探测和倒车	广泛应用于倒车雷达，在自动驾驶领域常作为短距离雷达
举例	Mobileye 在中国识别超载异形车辆成功率不足八成；其测试的行人检测率为 93.5%	谷歌、百度、德尔福、福特的无人驾驶汽车使用	大众/通用/福特等 BSD/ACC/AEB 等应用毫米波雷达	辅助驾驶系统的短距离雷达以及倒车避撞雷达

不同的传感器各有优劣，无论是以摄像头为主的视觉方案，还是激光雷达方案都不具备独当一面的能力。针对单一传感器感知能力有限的问题，国内开始出现定位、雷达视觉等协作的多种车载传感器融合解决方案，具有优良的环境适应能力。另外，红外热成像仪凭借其极端环境下有效的行人、动物识别能力可以作为重要的补充。

（2）摄像头

摄像头的硬件要求并不是特别高，其更多依赖的是软件算法，从当前 ADAS 的应用规模、适配、普及率来看，车载视觉系统是目前应用最广的、市场较为成熟的解决方案。与其相关的 ADAS 功能 LDW（车道偏离预警）、FCW（前车碰撞预警）等，已经在前装/后装市场，有大量较成熟的产品出现，未来可以进一步使用国产摄像头来降低 ADAS 成本。另外，摄像头安装的位置不同，其应用场景、技术难点也各有差异。目前，用于 ADAS 的视觉算法一般仅能实现对车道线、周围车辆的基础感知，这与高级别自动驾驶所需的环境感知能力尚有很大差距。因此，对于绝大多数车载视觉系统供应商，未来发展主要看其能否实现车辆周围复杂环境的精确感知，进入前装市场。

深度学习的出现，图像处理芯片效能的提升，使快速识别图像并进行处理成为可能。可以预见，视觉感知技术会越来越成熟，关于车载视觉系统的竞争也会越来越激烈。国内创业团队中，Minieye、Maxieye、中科慧眼涉足视觉识别算法，表现出不错的实力。Minieye 已经和万向集团合作，开始研发切入控制端的整套车载视觉系统解决方案。中科慧眼采用双目摄像头，搭载视差计算及障碍检测算法实现了车道偏离预警、车道保持、碰撞预警、行人探测与防撞警示等功能。人工智能公司商汤科技、格灵深瞳等通过打造计算机视觉通用平台，积极参与自动驾驶领域，也有公司涉足芯片制造，如 FPGA 芯片、地平线机器人、寒武纪等。

表 12　国内自动驾驶视觉方案供应商

企业	技术/产品	应用领域	融资概况
Maxieye	辅助驾驶产品、自动驾驶、自动开发	自动驾驶、ADAS	Pre-A 轮(2017 年数千万人民币)
Minieye	车载视觉感知技术、ADAS 解决方案	自动驾驶、ADAS	A 轮(2016 年数千万人民币)
中科慧眼	基于双目立体视觉的环境感知技术;自动驾驶自动校准技术;智能驾驶实时算法	自动驾驶算法、ADAS	A 轮(2016 年数千万人民币)
天隼图像	智能监控设备和模式识别算法	小型无人驾驶汽车	天使轮(2016 年 300 万人民币)
格灵深瞳	具备计算机视觉和深度学习技术以及嵌入式软件研发能力	智能交通、自动驾驶、金融安防	A 轮(2014 年数千万美元)
智眸科技	智能双目相机	ADAS、自动驾驶、机器人、无人机	A 轮(2016 年数千万美元)
纵目科技	汽车辅助驾驶技术硬件方案提供商	自动驾驶、ADAS	新三板
商汤科技	人工智能视觉引擎、深度学习平台	金融、安防、机器人、无人驾驶	B 轮(2017 年 4.1 亿美元)

资料来源：IT 桔子及公开资料整理。

（3）激光雷达

激光雷达在汽车领域尚属于较新的应用。目前，激光雷达在自动驾驶技术中的应用主要包括：对车辆周围环境进行3D建模，并获得环境的深度信息，识别障碍物，构建可行驶区域等。从一维激光雷达发展到目前的3D激光雷达，其作用功能主要有距离测量、定位，以及最终的动态3D建模，目前来看，2.5D、3D激光雷达应用最为广泛。国内的激光雷达产品目前以2D激光雷达为主，多用于地形测绘、建筑测量、家用服务机器人领域，其昂贵的价格成为推广的最大障碍。

由于激光雷达传感器技术性较强，目前的供应商主要集中于海外，如Velodyne、Ibeo、Quanergy等，其中Velodyne凭借其先发优势，与大多车企以及自动驾驶团队合作，占据行业老大的位置。国内企业激光雷达研发基本还处于初级阶段，缺乏技术实力和话语权，不过经过数年的技术积累，有部分公司已经开始涉足无人机测绘和车载测绘领域。近几年，国内如速腾聚创、镭神智能、思岚科技、禾赛科技、华达科捷、北科天绘等创业公司，以及中海达、大族激光等上市公司亦开始逐步进入车载激光雷达领域。

表13　国内自动驾驶激光雷达供应商

企业	代表产品	成立年份	融资概况
北科天绘	R-Fans车载三维激光雷达	2005	A轮(2014年600万人民币)
速腾聚创	RS16线小型激光雷达	2014	A+(2016年数千万人民币)
镭神智能	16线激光雷达	2015	A轮(2016年数千万人民币)
禾赛科技	40线混合固态激光雷达	2013	A轮(2017年1.1亿人民币)
欧镭激光	Toucan系列16线激光雷达	2016	—

资料来源：IT桔子及公开资料整理。

（4）毫米波雷达

毫米波雷达探测距离远、精度较高、穿透雾和灰尘能力强，能够全天候、全天时工作，但是其无法识别物体属性，探测角度小。虽然当下配备了ADAS的主流车型均使用77GHz毫米波雷达作为主传感器，但综合来看，79GHz毫米波雷达由于能更有效地发挥自动驾驶传感器所需的性能，将成为未来发展的重点。

国外厂商在24GHz/77GHz车载毫米波雷达硬件方面不但占据产品绝对优势，而且具有成本和性能优势。国内大部分厂商还处于原型机和技术机理验证阶段，体积和性能与国外有较大差距，暂未大规模商业化应用。在车载毫米波系统软、硬件方面，由于国外雷达厂商长期的技术封锁，国内雷达车载硬件与系统核心软件研发不足，经验相对薄弱，开发的样机性能仍存在较大差距。虽然目前车载毫米波雷达市场基本由外国厂商垄断，但国内主要的供应商意行半导体、智波科技、安智科技、行易道科技、森思泰克科技、卓泰达科技等，正在致力于车载毫米波雷达的国产化，近些年已经成功突破核心技术封锁。如北京行易道研制的77GHz的毫米波雷达已成功搭载北汽无人驾驶汽车。

2. 决策系统

决策系统对不同传感器所采集的信息进行认知判断，并对汽车的下一步动作做出预判，其主要包含了智能芯片和算法软件，未来智能网联汽车需要解决的路径规划、行为决策、轨迹规划等问题，算法是解决核心，芯片是解决载体。

（1）芯片

近些年，随着英伟达、英特尔等国际芯片巨头纷纷布局无人驾驶领域，芯片市场开始逐步脱离传统移动消费电子芯片市场的红海态势，逐步转移到车载人工智能深度学习领域，推动高达3000亿美元的芯片行业向新技术转型。我国对人工智能算法的需求正推动芯片和计算平台的国产化，2018年华为发布车规级标准的L4级自动驾驶计算平台MDC600，算力高达352TOPS。

国内创业团队，如地平线机器人、寒武纪、西井科技等陆续进入无人驾驶芯片领域，并且重视技术研发，快速推出量产化、工程化方案。其中，地平线机器人已开始推进“高斯”计算架构，研究自动驾驶专用芯片架构，2018年发布的Matrix1.0支持面向L3/L4的自动驾驶方案；寒武纪成为全球首个AI芯片独角兽企业，具有一定的资本和技术资源。国内厂商借助深度学习所需的更高性能功耗需求，有机会开发出专用芯片，打破国外垄断。

表 14　国内自动驾驶芯片供应商

企业	业务	融资概况
寒武纪	深度学习专用芯片、加速器架构、智能计算平台;产品覆盖服务器和终端	A 轮(2017 年 1 亿美元)
地平线机器人	提供嵌入式人工智能解决方案;研发自动驾驶专用芯片和计算架构	A + 轮(2016 年数千万美元)
西井科技	模拟人脑神经元工作原理制造人工智能芯片	A 轮

资料来源：IT 桔子及公开资料整理。

（2）算法

按照算法实现方案的特点可大致将其分为机器学习算法和深度学习算法两种。机器学习算法是一般的程序算法，其符合程序员的设计特征，适用于简单情景下的自动驾驶，可以实现 ADAS 场景下的大部分功能，如高速公路的车道保持、ACC、AEB 等。其优点在于训练数据需求量少，对机器计算能力要求低；缺点是对复杂情景的适用度差，对恶劣环境的适应性差。目前国内的初创算法公司基本停留在这个阶段。

深度学习算法主要用以完成当下流行的端到端方案，即从传感器的输入直接导出控制端的输出，中间经历深度学习算法的推演，完成对车辆行驶过程中复杂环境信息洪流的判断决策。其优点在于具有自动学习的能力，对复杂情景的适用度高，对恶劣环境的适应性强，可根据情况做出实时应变。不足之处在于需要大量高质量的数据训练，对计算能力要求高，面对简单情形的效率反而相对较低。

深度学习算法的学习，目前主要采用监督、半监督式学习方法，以使输出结果准确度更高、更易于理解，但其算法成果的好坏完全取决于“喂数据”的质量，而数据的获取往往有一定难度，有时还会遇到数据完备性不够的天花板。目前还没有快速获取大量数据的方法，道路实测、软件模拟和众包是当下常用的数据收集方法。目前，国内的长安汽车通过道路实测取得 300 万公里的数据，百度通过软件模拟来收集数据，Momental 以众包的方式将算法模块嵌入普通汽车，通过对比驾驶员行驶轨迹和算法输出结果来实现进一步优化。

3. 执行系统

智能网联汽车执行系统其实是传统汽车技术的延伸，包括定速、加速、制动、转向等车辆基本行驶状态的控制装置，涉及的硬件主要有加速执行器、制动执行器、转向执行器和车身电子稳定系统。

执行系统的好坏直接决定了汽车行驶的安全性和舒适性，相对行车电脑等快速更新的部件，智能网联汽车的执行系统与传统汽车和新能源汽车的底盘控制系统基本相同。随着汽车电动化发展，执行系统的底盘控制技术日渐趋于电动化，各子系统趋于电子电气化，同时表现出集成化和线控化发展趋势。目前，全球领先的一级供应商如博世、大陆等公司依靠成熟的底盘控制技术和全球规模效应，在执行系统最为核心的线控制动领域占据主导地位，掌握话语权。值得注意的是，我国自主企业万向集团、京西重工、武汉元丰、芜湖伯特利等正在加速布局，也取得了初步进展。

4. 通信系统

通信系统是指除车辆本身的感知、决策与控制以外的，对自动驾驶技术实现起到基础支撑作用的 V2X 技术、高精度地图和定位系统。

从网联化角度看，智能网联发展将会经历以下三个阶段：第一阶段，基于 2G/3G/4G 蜂窝通信网络的汽车娱乐和以 eCall 为代表的远程信息处理业务；第二阶段，基于 LTE - V2X（5G - V2X）或 DSRC 等通信系统将汽车互联，提供各类 V2X 智能交通业务，例如，红绿灯车速引导等；第三阶段，汽车与云端连接，结合精确位置信息，提供自动驾驶、编队行驶等业务。目前，我国处于第一阶段末端到第二阶段的过渡期。

下一代智能网联汽车的通信协议有中国的 LTE - V 和美国的 DSRC。DSRC 迄今为止还没有形成统一国际标准，国际上的 DSRC 标准主要有欧洲 ENV 系列、美国 900MHz 和日本 ARIBSTD - T75 标准，这些国家均有自己的标准，互不兼容。LTE - V 主要由 LTE 标准化机构 3GPP 领导，在中国和欧洲更被看好。我国的 LTE - V 主要由中国通信标准协会、中国智能交通产业联盟和车载信息服务产业应用联盟三家单位牵头。目前，我国已开展 LTE－V 技术研发测试，并将开始规模道路外场试验，2020 年左右导入商用，2020～2025 年我国 V2X 设备和终端市场可达 1500 亿元。

表 15　LTE－V 与 DSRC 技术路线比较

	LTE－V	DSRC
定义	LTE－Vehicle 包括集中式（LTE－V－Cell）和分布式（LTE－V－Driect）	汽车间专用短程通信（Dedicated Short Range Communications）
支持厂商	电信运营商、通信设备商、芯片商	主机厂、汽车电子厂商
频段	采用运营商现有的 LTE 频谱	5G 频段，美国、欧盟及日本使用 5.8～5.9GHz，中国存在潜在干扰
关键指标	LTE－V－Cell 传输带宽最高可扩展至 100MHz，峰值速率上行 500Mbps、下行 1Gbps；用户面时延小于 10ms、控制面时延小于 50ms、支持车速 500Km/h，覆盖范围与 LTE 类似	支持车速 200Km/h、反应时间 100ms 左右、数据传输速率平均 3Mbps（最大 27Mbps）；室内环境下传输范围 1km、低时延可以达到 0.02 秒以下
应用	车联网、远程医疗、移动视频、自动驾驶、智能交通大数据	车载影音娱乐、车载网络、商家广告垂询等非安全功能类应用；非 IP 网络的 WAVE 短信号交互协议，主动式安全传输以及重要的信号传播，用于主动安全交互
代表企业	华为、大唐、中兴	NXP

资料来源：公告资料整理。

虽然 LTE－V 与 DSRC 各有特点，但在中国，LTE－V 更具优势。首先，LTE－V 使用蜂窝网络，在网络质量和可靠性上优于 DSRC；其次，LTE－V 可复用移动基站，相比 DSRC 要建设大量路侧单元投入更加可控；最后，LTE－V 通信技术自主可控，在国内的发展前景略好于 DSRC。对于装载 LTE－V2X 的车型而言，从样车到实际上市推广，需要整车厂与 V2X 方案提供商共同开发，严格测试，从而达到汽车运行的工业化标准，这一过程至少需要两年时间。目前，我国汽车厂商已经启动战略布局。

表 16 国内整车企业 V2X 布局

企业	V2X 布局内容
北汽	V2X 作为重要车载传感装备，协助车辆进入弯道，绿灯时进行速度调节
上汽	通过和同济大学合作，构建 V2X 测试环境；与恩智浦共同测试基于 DSRC 路线的 V2X 方案；携手华为，推出基于 LTE－V 的智能交通产品
东风	将车联网路线分为三个阶段，第二阶段是 V2X 阶段；通过与华为的合作，发展 LTE－V 实现车－车、车－人、车－云互联
长安	长安美国标准研究所 2012 年就开始研发基于 DSRC 路径的 V2X 技术，技术对标美国

资料来源：公开资料整理。

高精度地图和定位能够辅助汽车超视觉距离感知，极大地降低对车载传感器的依赖程度，对 V2X、SLAM、自动驾驶路线规划等技术有着很好的推动作用。四维图新、高德、百度是我国排名前三的数字地图提供商，在高精度地图采集里程、精度和实时路况的快速响应方面国际领先。另外，这三家企业已联合清华大学创立“CAICV 自动驾驶地图工作组”，正致力于测绘技术、标准等的建立，相关工作已取得进展，目前高精度地图正处于量产准备阶段。地图与定位是实现高级别自动驾驶的必要条件，我国北斗导航已经成为全球第二大导航系统，北斗芯片销量突破 5000 万片，在航空航天领域广泛应用，北斗定位技术快速发展，我国地图与定位技术安全可控。

5. 智能网联整车

国内传统车企、新造车公司纷纷与互联网企业展开合作，加快布局智能网联汽车领域，技术研发取得进展，产品投放进程加快。长安、吉利等车企已推出 L2 级自动驾驶量产车；上汽、广汽等正在开展 L3、L4 级车型的研发和测试；蔚来汽车发布 L4 级无人驾驶概念车 NIO eve，并于 2018 年在美国实现企业上市；小鹏汽车首款产品 G3 开始交付用户，并开始携手德赛西威打造 L3 级自动驾驶系统；百度发布 Apollo 开放计划，2018 年与金龙客车联合开发的 L4 级自动驾驶小巴“阿波龙”实现量产，成为世界首例。总体来看，我国L2级车型实现量产，部分L3、L4级车型正在研发测试，并有望在2020年左右有少量车型进入市场。

表17　国内企业自动驾驶规划

企业	2016年	2017年	2018年	2019年	2020年	2021年	2023年	2024~2025年
一汽				计划量产L3红旗	量产L4			量产L5
东风			L1		高速等部分工况下L3			城区自动驾驶
上汽				加速实现高速公路自动驾驶	城市复杂工况下自动驾驶			
广汽					L3			L4
长安	L1		L2		L3			L4/L5
吉利			L2		L3			L4/L5
长城		L1		计划L2+	L2+/L3	L3	L4	L5
蔚来		L4无人驾驶概念车NIO eve	L3	计划美国量产L4				
小鹏			开始研发L3;G3上市		量产L3			
威马						L3		
FMC-拜腾				计划L3				
金龙汽车			量产L4					

资料来源；公开资料整理。

（三）测试示范及评价

1.示范区

据不完全统计，截至2018年底，国家层面先后批准了北京、长春、武汉、重庆、浙江以及上海和无锡共7个国家级智能网联汽车测试示范区（“5+2”）的建设。另外，目前我国共有近20个不同级别的智能网联汽车测试示范区，这些测试基地部分已完成了阶段性建设目标，测试示范功能也日趋完善，为我国智能网联汽车的发展提供测试示范支持。

示范区主要分布于东北、华北以及沿海等汽车产业发达的地区，其中北京、上海、重庆、浙江等地得益于当地成熟的汽车产业链、高校资源以及交通和信息通信基础，示范区发展建设较快，封闭测试区已建设完毕，并出台了详细的道路测试条例。浙江和北京示范区分别在 G20 峰会、乌镇世界互联网大会以及北京世界机器人大会期间，联合相关企业及科研单位进行了智能网联汽车技术及示范区建设的成果展示。其余大部分智能网联汽车测试示范区仍存在建设进度缓慢、建设内容重复、建设主体单一、运营模式模糊等诸多不足，亟须清晰自身定位并加快建设进度。

表 18　全国主要测试基地（“5+2”）综合对比分析

地区	名称	场景功能	特色	参与机构
北京	国家智能汽车与智慧交通（京冀）示范区	高速试验区、城市交通试验区、乡村交通试验区	三种场景封闭测试与实际道路测试结合，京冀联动	千方科技，亦庄国投，百度，北汽、长城、中兴等 15 家
上海	国家智能网联汽车（上海）A NICE CITY 示范区	设有模拟道路、林荫道、加油站、室内停车场等场景	GPS/北斗；DSRC；城市化道路网；新产业协同发展	上海国际汽车城、上汽集团、同济大学等
重庆	i－VISTA 智能汽车集成试验区	设有直道、弯道、桥梁、淋雨道、ABS 低附着道等	GPS/GLONASS/北斗；4G/5G 通信网络；DSRC/LTE－V；中国西部地形特征和气候环境	中国汽研、长安、一汽、易华录等
浙江	杭州云栖小镇	小微站、宏站、车联网指挥中心等	LTE－V；5G 车联网指挥中心；互联网汽车	浙江移动、华为、上汽、西湖电子
	桐乡乌镇	智能停车、紧急避让等	智能汽车功能测试	中电海康、诺基亚、上海贝尔等
无锡	国家智能交通综合测试基地（无锡）	智能交通管理技术综合平台、交通警察实训平台、智能网联汽车运行安全平台等	构建实际道路测试场景和管理平台，推动解决智慧交通与车联网落地问题	公安部交通管理科学研究所（无锡所）

续表

地区	名称	场景功能	特色	参与机构
武汉	智慧小镇示范区	封闭测试,智慧小镇,智能网联新能源轿车/客车/专用车自动驾驶测试	DSRC/LTE - V;通信网 + 物联网 + 智慧网三网;无人驾驶示范小镇	(武汉)中国光谷汽车电子产业技术创新战略联盟牵头
长春	长春智能网联汽车示范测试基地	智能驾驶,智慧交通技术,冰雪天气	专注于 LTE - V/5G 高速试验网络功能测试	车载信息服务产业联盟,一汽启明主导

资料来源：公开资料整理。

2. 指数评价

依托于 i-VISTA，我国正在搭建一个中立、公正、专业、权威的智能汽车测试评价平台，旨在用一套权威、公信的评价体系，规范国内智能网联汽车各行其是、发展不规范的局面。

2018 年 2 月，《中国智能汽车指数评价规程（征求意见稿）》正式对外发布，标志着我国智能汽车有了客观的评价规程和体系。5 月，《中国智能汽车指数管理办法（试行版）》及《中国智能汽车指数评价规程（试行版）》发布，重点针对目前市场上已大规模应用的 ADAS 先进驾驶员辅助系统，如 ACC 自适应巡航控制系统、AEB 自动紧急制动系统、LDW 车道偏离报警系统、BSD 盲区监测系统、APS 自动泊车辅助系统等产品进行单独评价，并对测试范围、运行流程、车型选取、测试评价、结果发布、评价结果异议的申诉和处理、试验后车辆的处理等事宜进行了规定和说明。后续将根据技术发展及应用情况，从安全、体验、能耗、效率等四个维度，分阶段引入高等级自动驾驶的产品评价，服务消费者买车用车，引导车企对 ADAS 以及相关技术进行优化设计。

i-VISTA 在 2018 年共完成三批指数评价，整体情况如图 1 所示。从测评结果来看，25 款车型五大系统得分差异较大，总体得分靠前的车辆为 CS75、VV5、迈腾、H5，表明自主品牌在 ADAS 产品性能方面与外资品牌相比已经不落后。

序号	发布批次	车型名称	ACC	AEB	LDW	BSD	APS
1	第一批	上汽大众途观L 2018款 380TSI自动四驱至尊旗舰版	+++6.5分	++++10.0分	++++8.8分	++5.6分	+++7.0分
2		长城魏派VV5 2017款旗舰型	++5.2分	++++9.6分	++++8.1分	++++10.0分	+++6.8分
3		长安CS75 2018款280T自领智型	++++8.2分	++++9.6分	+++6.5分	++++10.0分	++++8.4分
1	第二批	上汽通用昂科威 2018款28T四驱豪华型	+++7.2分	++++9.6分	未搭载	++++8.1分	++++8.4分
2		上汽通用GL8 2017款28T旗舰型	++++8.2分	++++8.8分	未搭载	++5.0分	+++7.2分
3		上汽大众柯迪亚克 2018款TSI380 7座四驱旗规版	+++6.2分	++++8.5分	未搭载	++5.6分	++++8.1分
4		一汽渐旗H5 2018款智联御动版	+++7.0分	++++9.2分	++++8.1分	+++6.9分	+++7.2分
5		一汽大众迈腾 2018款380TSI2.0T DSG旗舰型	++5.3分	++++10.0分	++++8.8分	++++8.8分	+++6.8分
6		东风雷诺科雷傲 2018款2.5L四驱旗舰版	未搭载	+1.5分	+++7.3分	+3.8分	+++7.4分
7		东风本田思域 2016款220TURBO自动尊耀版	+1.7分	++++8.1分	++++8.5分	未搭载	未搭载
8		广汽本田雅阁 2018款260TURBO旗舰版	++++8.2分	++++9.6分	++++8.7分	未搭载	+3.7分
9		长安福特蒙迪欧 2017款EcoBoost245旗舰型	++++9.2分	++++8.1分	++++10.0分	++5.6分	++5.4分
10		沃尔沃XC60 2019款T5四驱智雅豪华版	++++8.5分	++++10.0分	++++9.2分	++++9.4分	未搭载
1	第三批	华晨宝马 2018款330LiM运动曜夜版	++4.7分	+++6.2分	++++8.1分	+++6.3分	+++7.3分
2		北京奔驰C级 2019款C260运动版	++++8.7分	++++10.0分	++++8.5分	++++8.8分	++5.8分
3		吉制领克01 2017款劲Pro版	++++8.2分	++++9.6分	++++10.0分	+3.1分	+++6.9分
4		特斯拉 Model S 2016款75D	++++8.7分	++++9.2分	++++9.2分	未搭载	++4.1分
5		广汽菲克Jeep指南者 2017款200TS高性能四驱版	+++6.7分	++++9.6分	++++9.6分	++5.6分	+++6.8分
6		吉利博瑞GE2018款MHEV轻度混合动力耀尊版	++6.3分	++++9.2分	++++8.1分	0.6分	++++8.5分
7		广汽传祺GS8 2017款i-4WD至尊版	+++6.2分	+++6.9分	+++6.5分	未搭载	未搭载
8		上汽荣成RX8 2018款30T智联网两驱至尊版	++4.3分	++++9.2分	++++8.1分	未搭载	未搭载
9		上汽通用雪佛兰迈锐宝XL 2017款535锐尊版	++++8.2分	+++6.5分	未搭载	未搭载	++4.3分
10		北京现代领动 2016款自动智炫旗旗舰型	未搭载	++++9.2分	+++7.5分	+++6.9分	未搭载
11		广汽丰田凯美瑞 2018款2.5Q旗舰版	+0.2分	++++8.1分	++++9.6分	++5.6分	未搭载
12		东风日产奇骏 2017款2.5L CVT至尊版4WD	++4.5分	++++8.5分	++++9.4分	++4.4分	未搭载

图1 智能汽车测试评价结果（2018）

注：□优秀（8，10］，□良好（6，8］，■一般（4，6］，■较差（0，4］

资料来源：中国汽研i-VISTA管理中心。

（四）总结

凭借产业、技术、配套、人才等多方面的综合优势，美国智能网联汽车产业大幅领先于其他国家。欧洲紧跟美国步伐，大力支持智能网联汽车的技术创新和成果转化，推动落地运营，在自动驾驶商业化方面有一定优势。与欧美相比，日本更加关注智能网联汽车实用化效果，推动智能网联汽车项目实施，借助本土整车企业和一级供应商技术实力突出的优势，推进车载人工智能的技术稳步提升。

相比于美日欧，我国虽然在5G通信、北斗导航定位、ICT等领域有一定的特点或优势，但综合来看，我国智能网联汽车产业发展水平和发达国家仍存在差距，这种差距和传统汽车领域相比，已有明显的缩小。智能网联汽车的快速发展引起汽车产业链的革命性重构，市场格局也将发生深刻的改变，这对有着巨大汽车消费市场的中国来说是千载难逢的历史机遇。

三　智能网联汽车发展趋势

（一）广阔市场引发资本布局浪潮

根据美国BCG预测，智能网联汽车从2018年起，将迎来持续20年的高速发展黄金期，到2035年将占全球新车市场的25%左右，产业规模可超过770亿美元。目前，谷歌、百度、华为等技术巨头相继推进自己的无人驾驶汽车计划，知名汽车公司纷纷布局无人驾驶领域，全球资本对无人驾驶领域的预期不断升温，投资并购事件不断，资本市场十分活跃，近三年内涉及总金额已突破千亿美元。2018年也发生多起收购、并购和投资事件，据不完全统计，2018年，在智能网联汽车领域，金额TOP50的投资事件总投资额就已突破150亿美元。

表 19　2018 年智能网联汽车领域投资事件 TOP10

序号	公司	金额（百万美元）	行业	主要投资方	企业地点
1	Cruise Automation	2250	智能网联汽车	软银	美国
2	蔚来汽车	1518	智能电动汽车	IPO 上市	中国上海
3	Lucid Motors	1000	智能网联汽车	沙特阿拉伯公共投资基金	美国
4	Evelozcity	1000	智能网联汽车	未透露	美国
5	Faraday Future	800	智能电动汽车	恒大（原计划 20 亿美元）	美国
6	Cruise Automation	750	智能网联汽车	本田汽车	美国
7	游侠汽车	725	智能电动汽车	前海梧桐并购基金、中创海洋	中国上海
8	Lyft	600	出行平台、自动驾驶出行	富达投资、Senator	美国
9	小鹏汽车	580	智能电动汽车	春华资本、晨兴资本、高瓴资本、何小鹏	中国广东
10	Uber	500	出行平台	丰田汽车	美国
11	Zoox	500	智能网联汽车	Grok Venture	美国
12	拜腾	500	智能电动汽车	宁德时代、一汽集团	中国江苏
13	NEVS	500	智能电动汽车	金沙江资本	瑞典

资料来源：佐思汽车研究。

（二）车联网测试示范进程明显加快

美日欧等发达国家和地区已开展了以解决道路信息感知、驾驶安全、车车通信、车路通信及远程信息服务问题为代表的一系列车联网研究项目，相关法律法规日趋完善。在美国加利福尼亚州，配有远程监控系统的无人驾驶汽车已经开始测试，这与之前配有安全员的测试完全不同。在远程监控下，工作人员可以在远程对多辆无人驾驶汽车实施监控，既满足了美国加州的测试法规要求，又创造了新的测试模式，智能网联汽车测试进展明显加快。

我国过去一年发布了《智能网联汽车道路测试管理规范（试行）》《车联网（智能网联汽车）直连通信用 5905～5925MHz 频段的管理规定（征求意见稿）》《国家车联网产业标准体系建设指南（总体要求）》《自动驾驶封

闭场地建设技术指南（暂行）》，共占据了2018年智能网联新发布政策文件的2/3，反映出车联网与自动驾驶测试示范进程的显著加快。

（三）智能化与网联化技术加速融合

智能化（自主式）和网联化（协同式）均存有一定技术局限性，单纯依靠汽车智能化很难实现真正意义上的无人驾驶，而网联化能从时间和空间维度突破自主式系统对于车辆周边环境的感知能力。因此，通过将智能化与网联化有机融合实现无人驾驶存在更大的可行性（即“车路协同”），同时也能极大地提升车辆的自动驾驶水平。在时间维度，通过V2X通信，车辆能够提前获知周边车辆的路牌、红绿灯等交通控制系统信息以及气象条件、拥堵预测等更长期的未来状态信息，帮助自动驾驶系统“预知”行车条件。在空间维度，通过V2X通信，车辆能够感知交叉路口盲区、弯道盲区、车辆遮挡盲区等位置的环境信息，帮助自动驾驶系统更全面地掌握周边交通态势。

“车路协同”技术将车、路、人、云、环境等要素有效结合，使各自产生的数据能够被灵活地运用，不仅有效解决用户所遇到的出行问题，同时对公路上产生的各种交通状况也能够提出一个合理的解决方案。从目前的一些企业布局来看，百度从2016年底开始车路协同相关研发，2018年9月，百度又宣布百度阿波罗将于年底开放车路协同方案；福特在2017年着力于中国道路的车路协调方案探索，并已经在上海进行相关测试；深圳RoadStar公司专门致力于解决中国道路环境方面的自动驾驶问题，加速车与路的配合；新生车企华人运通在公司成立初期就已经布局“三智战略”，即智能汽车、智慧城市、智捷交通。车路协同发展已成为一个势不可挡的趋势。

（四）“5G”助推车联网全面提升

车联网的实现必须依靠高速车载无线通信技术，而车载无线通信技术分为DSRC（美国主导）和LTE－V（中国主导），从目前趋势来看，LTE－V

有最大可能成为我国智能网联汽车信息交互技术标准。国内企业华为、中兴、大唐等积极参与国际组织3GPP的LTE－V的标准化工作，并且发布了车联网相关产品，其中华为的LTE－V2X产品在覆盖率、低时延、高成功率方面取得进展。中国移动已在北京、天津、雄安和重庆组织5G技术示范工作，全面推进高稳定、高安全、低时延的车联网系统建设。

2018年9月，位于北京房山区的中国第一条5G自动驾驶车辆测试道路开通，该道路可提供5G自动驾驶所需的5G网络、5G边缘计算平台、5G－V2X能力、5G高精度定位能力，帮助科技创新企业开展网联自动驾驶汽车的研发、生产、质检测试，为5G自动驾驶产业打造良好的研发、孵化环境。首期道路开放长度10公里，可同时容纳10辆自动驾驶汽车进行验证、测试工作，能够有效缩短自动驾驶车的研发周期，帮助企业降低自动驾驶车的研发投入。5G网络解决了数据传输的速度和容量问题，大体积文件可在几秒之内传输完成，车载导航的精确度将大大提高，车载系统的渗透率和普及率也会得到提升，将推动车联网技术快速发展。

（五）自动驾驶运营车优势逐渐凸显

目前，自动驾驶技术多针对私人乘用车，但受限于政策和技术因素，以及我国道路交通情况复杂（混合交通），自动驾驶技术的推广存在较多阻碍。但对于机场、港口、矿区、工业园和景区等特殊区域，行人和车辆少，车速低，道路条件相对简单，并且不属于社会道路，受交通法规约束小，易于实现自动驾驶。国际上Navya、Easymile等已推出自动驾驶园区车，并在机场、学校、景区等特定场景展开运营。特殊场景下车辆的自动驾驶技术优势凸显。

未来，随着自动驾驶技术的不断成熟，社会道路将逐步允许自动驾驶汽车上路行驶，特殊场景下的自动驾驶汽车可以比较容易过渡到运营车辆（商用车、共享出行等）场景，可降低自动驾驶的应用难度，能够为自动驾驶技术在互联网专车、互联网货运等领域的应用提供有力支撑。

四　我国智能网联汽车发展建议

（一）深化市场开放程度，加强智能网联技术国际合作

在智能网联汽车领域，我国积极布局，目前在产业战略规划引导、政策支持、产品开发、测试推广等层面进步明显，取得了良好的发展势头。下一步，应依托国内外诸多便利条件，结合美国、欧洲、日本等国家或地区的优势和特点，补齐我国在智能网联汽车领域的短板。通过不断扩大市场开放，加强国际交流与合作，进一步激发国内市场活力。同时，支持我国企业在境外设立研发中心，整合全球创新资源，促进国内智能网联汽车产品、技术、服务的出口，逐步扩大中国智能网联汽车在全世界的影响力。

（二）建立符合国情的智能交通法律法规体系，完善政策法规

相对于世界发达经济体来说，我国道路交通更加复杂，自动驾驶技术的推广存在较多障碍。因此，应从关键技术自主化、产业化、市场化、信息安全、配套环境等诸多方面进行顶层设计。及时完善相关标准，根据智能网联汽车发展进度，提前开展法规制订与修订的研究工作，比如，修订交通事故责任认定法律法规条款、豁免《测绘法》部分条款、积极研究构建符合国情的智能交通法律法规体系。完善对企业知识产权的保护、健全车载网络信息安全标准法规。同时应协调各标准化组织完善相关标准体系，针对通信协议、网络安全、信息终端等关键技术领域制定统一、规范、先进的技术标准，为智能网联汽车的产业化提供支撑。

（三）加快测试示范区的能力建设，同时尽快开放公共道路测试

我国智能网联汽车发展持续推进，虽然在关键技术研发和测试示范等方面取得了积极进展，但总的来看，我国的智能网联汽车测试依然是封闭区域的测试，相比未来高级智能网联汽车行驶的实际道路条件还存有不小的差

距。因此，建议在符合条件的城市及区域增加智能网联汽车示范推广的数量，扩大示范推广范围，健全测试场景，完善示范区的软硬件设施，提高测试能力。在示范区内酌情放宽采集道路和路边建筑物高精度信息的限制，提高智能网联汽车上路测试的效率，加快在港口、工业园、仓库等特定场景下的应用；同时也需要尽快开放智能网联汽车在公共道路的测试，为智能网联汽车的全面市场化提供有利条件。

（四）加强跨领域复合型人才培养，做好创新技术成果转化

智能网联汽车产业融合电子、通信、互联网等多个领域，有着明显的跨行业特点。因此，要实现智能网联汽车在我国的尽快落地，就必须加强行业复合型人才的培养和引进，支持和推进有实力的高等院校开设智能网联汽车相关专业，加快培养一批具有国际领先技术水平的专家和学术带头人，扶持一大批智能网联汽车的研发团队。全方位鼓励创新型复合人才的科技成果转化，对关键领域的专家、学者、博士、归国学子等人才的创新成果进行转化，做好知识产权的保护，对优秀人才进行奖励，切实保障他们的经济收益比例。

（五）积极布局并整合行业资源，确立产品技术优势

智能化和网联化是新一轮汽车产业革命和技术革命的交汇点，智能网联汽车将成为技术变革的重要载体，是各项技术的最佳应用平台。因此，企业应当顺应趋势，在智能网联汽车领域科学规划、合理布局、诚信经营、主动创新，深度聚焦市场，切实关注用户体验，探索汽车智能化、网联化趋势下的新技术和新商业模式，在创造经济效益的同时也实现更大的社会效益。通过开展跨界合作，增加研发投入，在关键技术领域实现技术突破，确立产品技术优势，打造品牌知名度。

零部件篇

Componets and Parts

B.9

2018年汽车零部件发展报告

摘　要： 本报告对2018年全球及我国汽车零部件发展情况进行分析，总结了我国零部件产业存在的问题，做出零部件产业发展趋势研判；报告就新能源汽车主要零部件、零部件再制造做了综合介绍；在零部件发展建议方面，从品牌发展、整零合作、共性技术平台建设、产业集群发展、法律法规体系完善等方面做了阐述。

关键词： 汽车零部件　再制造　新能源

一　汽车零部件发展综述

（一）全球汽车零部件发展概况

1. 营收保持稳步增长，但增速开始放缓

2018 年，全球汽车零部件行业头部企业营收基本保持稳步增长，部分有所下滑。博世（BOSCH）汽车零部件与智能交通业务销售增长约4%，仍是全球汽车产量增速的两倍，其中载货车和非道路用车业务的增速较为明显，增幅为7% ~8%；电装（DENSO）旗下的汽车动力传动系统、信息安全系统、热管理系统、电子电气系统业务发展较快，其中新成立的工厂自动化事业部上半财年营收同比增幅高达80%；法雷奥（VALEO）集团四大事业部的主机厂配套销售额均同比增长，其中动力总成系统事业部增长高达22%；现代摩比斯（MOBIS）上半年销售额为17.08万亿韩元，同比减少2.7%，其中模块和核心零件制造领域的销售额为13.65万亿韩元，同比减少3.7%。

从区域市场的形势来看，以美国、欧洲、日本等为代表的成熟市场，汽车零部件产业的增速将放缓。而以南美、俄罗斯和中东为代表的发展中国家，汽车零部件产业则保持强劲增长。预计，短期内全球汽车零部件供应商将实现持续缓慢的收入增长，增速保持在3%左右，行业平均利润率则稳定在7%左右。

2. 竞争加剧，并购合作与业务重组加速行业洗牌

随着全球汽车市场保有量增长、产品保值率提高，新车需求开始减少，汽车零部件市场的两极分化愈加明显，行业竞争加剧。中外合资、整零合作以及同行之间的兼并整合预示着新一轮变革的启动。零部件厂商纷纷瞄准下一代汽车的先行研发，为了获取必要的前沿技术或达成技术互补，由博世、米其林、电装等巨型汽车零部件厂商发起的并购重组热潮，开始加速推动中坚厂商参与战略重组。巨头之间的跨国并购、战略合作、业务重组消息频传，全球汽车零部件行业正在酝酿重新洗牌。

表1　2018年全球汽车零部件合作、并购及重组情况

时间	事件	概况
1月	米其林正式对集团内部进行重组	米其林宣布，正式对集团内部进行重组，把全球业务划分成10个区域，将有10个新区域、14个业务线和8个业务部门
3月	佛吉亚与零跑汽车战略合作	汽车零配件生产企业佛吉亚与零跑汽车签订战略合作协议，为其提供汽车信息娱乐和连接解决方案

续表

时间	事件	概况
4月	均胜安全系统公司成功收购日本高田资产	汽车零部件供应商宁波均胜电子旗下子公司均胜安全系统公司成功完成收购日本高田资产
6月	大众与英伟达、博世等组成联盟	大众集团美国和 Aquantia Corp、英伟达、博世以及大陆四家主要供应商组成了一个联盟，致力于研究自动驾驶
7月	康明斯计划收购纯电动及混合动力系统	动力设备制造商康明斯计划收购纯电动及混合动力系统供应商 Efficient Drivetrains 公司，意图扩大电气化市场份额
7月	大陆集团启动最大规模组织架构重组	在全新的"大陆集团"主品牌下为其三个强大的业务领域创建控股结构。三个业务部分分别为：大陆集团橡胶、大陆集团汽车及动力总成
9月	博格华纳与威马汽车合作	汽车发动机和动力传动系统零部件生产商博格华纳与威马汽车签署为期三年的战略合作协议，前者提供电驱动技术及其他高效解决方案，博格华纳 eDM 电驱动模块将应用于威马 EX5 车型上
9月	拜腾与博世合作	拜腾与博世集团在德国正式签署战略合作协议，双方将在动力系统、制动系统、驾驶员辅助系统等领域展开重点合作
9月	瑞萨电子宣布 67 亿美元收购 IDT	瑞萨电子将以每股 49.00 美元的价格，总股权价值约 67 亿美元（按 1 美元约合 110 日元，总额约合 7330 亿日元）全现金交易方式收购 IDT
9月	天纳克 54 亿美元收购辉门	天纳克（Tenneco）官方宣布，54 亿美元完成收购辉门所需的所有提议获得了股东和监管部门的批准，预计将于 2019 年 10 月 1 日完成收购
11月	亚马逊云计算服务公司与 Mobileye 合作	亚马逊（Amazon）旗下公司亚马逊云计算服务公司与英特尔公司旗下自动驾驶子公司 Mobileye 展开合作，可帮助 Mobileye 在更短的周期内对技术进行微调，迭代自动驾驶功能
11月	电装持股英飞凌	日本电装持股半导体公司英飞凌科技，加速其技术研发，助力自动驾驶等新一代车载系统。获得电装投资后，英飞凌科技的半导体技术将与电装的车载技术及专业知识相结合，加速新款及新兴移动应用方案的研发进度

续表

时间	事件	概况
11 月	东风六家零部件公司业务重组	东风集团将旗下六家老零部件公司进行业务重组，其中，东风车轮、东风传动轴、东风悬架弹簧、东风泵业汽车零部件公司整合成东风汽车底盘系统有限公司；东风电子科技股份有限公司收购东风汽车电气有限公司，与旗下东风汽车电子有限公司合并重组成立东风电驱动系统有限公司
12 月	米其林收购 TomTom 车载资通讯业务	米其林收购车载资通讯方案供应商 TomTom 的车载资通讯业务（Telematics business），成交金额高达 10 亿～15 亿欧元（78 亿～118 亿元人民币）

3. 零部件企业加快“新四化”产品布局

在汽车“新四化”趋势和政策的引导下，全球市场大力推进节能汽车、新能源汽车及智能网联汽车发展，企业加速了汽车零部件核心技术突破，小排量发动机部件和电动系统零部件迎来快速增长期，电动马达、变频器、电池、减速齿轮、充电系统等将快速发展。另外，出行服务、自动驾驶、互联网正在持续影响汽车行业，并在汽车零部件领域引发颠覆性变革，国际汽车零部件企业精简产品组合，通过商业并购模式快速进入新业务领域，以实现进一步增长，先进驾驶辅助系统集成电子系统、车联网终端、自适应悬挂、主动转向、制动器、传感器等零部件发展动力强劲。

（二）我国汽车零部件发展情况

1. 市场仍呈良好发展态势

2018 年，我国汽车零部件行业仍呈良好增长趋势。根据对规模以上 13019 家汽车零部件企业统计，全年累计主营业务收入 3.37 万亿元，同比增长 4.2%；总体利润总额 2506.47 亿元，增长率下降 2.27%；在汽车行业下行压力持续增大中，汽车零部件市场发展总体情况良好。2018 年，国内 135 家上市企业上半年累计营收达 4023.9 亿元，相比 2017 年同期的 3453.4 亿元增长 16.52%；归属上市股东的净利润（以下简称“净利润”）累计为 274.76 亿元，相比 2017 年同期的 231.56 亿元增长 18.66%。在这 135 家零部件上市公司中，上半年营收超过百亿元的有5家，分别是潍柴动力、华域汽车、均胜电子、郑煤机、福耀玻璃。其他130家零部件上市公司2018年上半年营收累计为1930.6亿元，同比增长7.5%；净利润累计153.78亿元，同比增长1.04%。

在出口方面我国汽车零部件出口在2017年结束了连续两年的下降趋势，迎来缓慢增长，2018年5月中国出口汽车零配件4726.9百万美元，同比增长8.8%；出口方面，2018年1～5月中国出口21888.1百万美元，同比增长14.1%。值得注意的是，国务院关税税则委员会印发公告，自2018年7月1日起，将汽车关税率分别为8%、10%、15%、20%、25%的共79个税号的税率降至6%，平均降税幅度46%，涉及的汽车零部件包括底盘、发动机以及离合器和其他零部件。由于国内很多车企实行全球化的采购体系，进口零部件占有相当比例，关税程率的下调降低了车企的成本，但同时也加剧了市场竞争。

2. 产品技术水平显著提高

传统汽车关键零部件部分产品技术实现突破，并已得到批量投产及应用。玉柴推出YC4DN集成式发电系统，产品高效节能，相比独立发电机节油10%以上，适配于各代混合动力系统，目前已应用于客车、牵引车、专用车等领域；盛瑞在第一代8AT基础上研发出了第二代产品，可兼容启停功能和插电式混动车型；青山双离合变速器在DF515基础上研发6挡位DF618双离合变速器，可广泛应用于中高级轿车；创驰汽车电子控制主动空气悬挂（ECAS）系统可广泛用于不同吨位和各种悬挂型式车辆，同时开发出配备磁流变减震器的ECAS系统，成为全球第二家磁流变减震器供应商。

新能源汽车零部件产业发展迅速，产品性能和可靠性显著提高，动力电池、驱动电机及电控系统等核心技术不断突破，目前已培育出一大批优质零部件企业。如，宁德时代建立了完整的研发、制造体系，已突破电芯、电池系统等全产业链核心技术，年产销量居全球第一，具有较强的国际竞争力；万润新能源首创了“制动能高回收技术”，开辟了一条利用控制电机增速来提升制动能量回收的新的、有效的技术途径，发展成为新能源汽车在现行技术状态下继续提升节能水平的重要努力方向；均胜电子目前推出电动汽车无线充电系统，可为行业领先的乘用车提供高功率的无线充电服务。

智能网联汽车核心部件研发不断得到重视，迎来快速发展局面。在雷达方面，实现24GHz MMIC 套片、24GHz 和 77GHz 雷达产品市场化；以北科天绘、思岚科技、大族激光、巨星科技等为代表的多家国内企业正在加大力度布局车用激光雷达行业。另外，在基于视觉的计算机图形识别技术和控制算法中，国内前向启创、创来科技等公司在积极进行 ADAS 核心算法研究。此外，亚太股份完成了 LDW、FCW、AEB、ACC 功能的开发；拓普集团研发的电子真空泵（EVP）已完成量产，智能制动系统（IBS）已完成路试；万安科技研发了电子控制制动系统（EBS），具备量产能力。

3. 企业竞争力有所增强

根据 Automotive News 发布的“2018 年全球汽车零部件配套供应商百强榜”，中国有 8 家企业入围，席位数比 2017 年榜单增加 1 倍，创历史最好水平，体现出我国零部件企业国际竞争力不断增强。其中，延锋仍以绝对优势继续领跑中国企业，榜单排名第 16 位，其 2018 年营收总额达 962 亿元（约合 142.78 亿美元），实现了 9.91% 的同比增幅；另外，入围榜单的中国企业有北京海纳川、中信戴卡、德昌电机、五菱工业和敏实集团；此外，还有两家中方收购企业，分别是被中航收购的耐世特（第 60 名）和被均胜电子收购的普瑞（第 97 名）。

随着我国进入工业 4.0 时代，传统零部件的毛利率越来越低，海外并购与跨国合作已成为自主零部件企业提升竞争力的重要途径。福耀玻璃、均胜电子、亚太股份、万安等企业先后活跃于海外并购市场。2018 年，宁波均胜电子旗下子公司均胜安全系统公司成功收购日本高田资产。此外，拜腾与博世将在动力系统、制动系统、驾驶员辅助系统等领域展开重点合作；威马与博格华纳达成战略协议，前者提供电驱动技术及其他高效解决方案，博格华纳 eDM 电驱动模块将应用于威马 EX5 车型上。可以看到，我国零部件企业正在加快国际化合作，通过收购等多种方式提升竞争力，进一步做大做强。

二　新能源汽车关键零部件发展情况

（一）动力电池发展情况

1. 动力电池市场发展情况

2018 年，动力电池装机量为 57.35GWh，同比增长 57.0%，其中新能源乘用车装机量达到 32.86GWh，占总装机量的 57.3%，同比增长 137.0%，成为动力电池的主要需求增长点。2018 年，新能源乘用车销量达 105.3 万辆，同比增长 82%，动力电池装机量增长幅度远大于乘用车产量增长幅度，主要是因为 2018 年新能源乘用车补贴政策，A 级车占据了较大的市场份额（见图 1）。

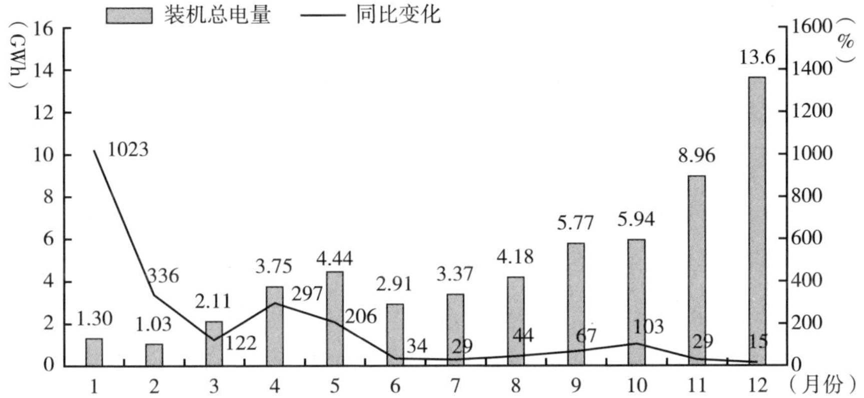

图 1　2018 年新能源汽车动力电池装机总电量

资料来源：工业和信息化部。

从电池结构来看，磷酸铁锂凭借安全性高、循环寿命、价格低等优势在初始时占据了最大的市场份额。但随着补贴政策与高能量密度挂钩，三元材料电池能量密度大的优势成为乘用车的主流选择。随着乘用车产量和市场份额暴涨，三元材料电池也迅速超过磷酸铁锂电池，牢牢占据主流地位，从 2017 年总计 16GWh，总占比 23%，2018 年迅速提升至 34.25GWh，总占比达 60%（见图 2）。

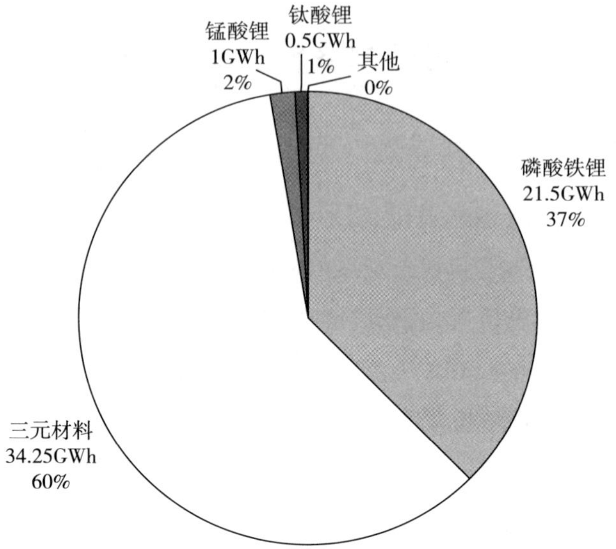

图 2　2018 年新能源汽车动力电池结构分布

资料来源：工业和信息化部。

2018 年，前十企业累计装机量达到 43.36GWh，占总装机量的 81%，较 2017 年前十企业占比进一步提升。2018 年，宁德时代装机量达到 23.54GWh，目前已和一汽、北汽、吉利、上汽、上汽通用五菱、长安汽车、蔚来、广汽、奇瑞、长城、东风和江淮等国内主流整车企业建立合作关系，配套优势明显，与排名第二的比亚迪差距渐渐拉大，装机量达到比亚迪的 2 倍之多。宁德时代与比亚迪 2018 年装机量共 34.6GWh，占总装机量的 60.4%，优势地位明显（见图 3）。

在装机量排名前十企业中，除了国轩高科、亿纬锂能、北京国能三家企业以磷酸铁锂电池为主，其他企业都是以三元材料电池供应为主。

2. 动力电池发展存在的问题及建议

（1）动力电池发展存在的问题

①动力电池技术创新能力不足。目前，国内产业研发实力整体偏弱，大部分企业缺乏完善的研发体系，大多数企业还处于跟随模仿阶段，研究人员

普遍不足，产业核心技术专利匮乏，高精尖核心技术与国外相比仍有较大差距，产品升级换代慢，对新一代动力电池研发较少。

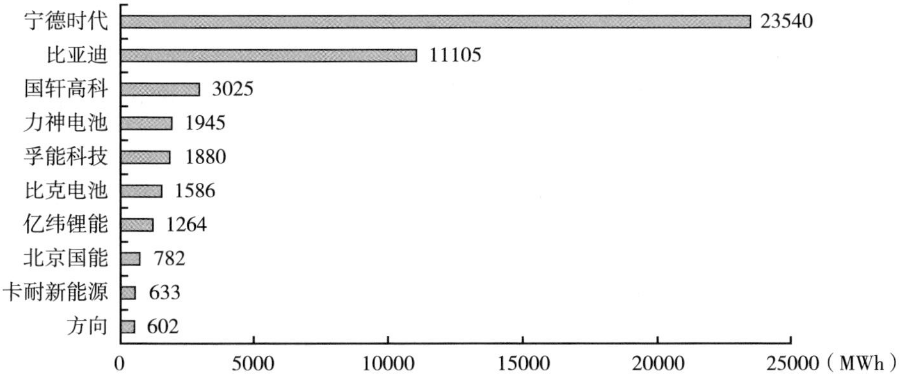

图3　2018年动力电池装机总电量前十企业

资料来源：工业和信息化部。

②成本下降缓慢。从宁德时代2018年的业绩报告中可以看到，电芯对外售价依然在1.2元/Wh，相对而言，特斯拉Model3电芯的价格已经为0.8元/Wh。随着市场补贴的退坡以及LG、三星、松下企业加快在中国的布局，国内产品价格需要进一步下降，才能具备竞争力。

③安全性有待进一步提升。2018年，发生的新能源汽车安全事件主要是动力电池引起的，动力电池的安全性有待进一步提升。

④产能相对过剩。2018年，我国动力电池产能为260G瓦时，产量只有50G瓦时左右，产能利用率只有20%左右，但高性能电池仍呈现供不应求的局面。2018年，宁德时代和比亚迪两家，就已经占到了整体出货量的65%，而份额没有继续上升的原因主要是产能未跟上。

（2）动力电池发展建议

①加强技术研发及产业化应用支持。通过国家科技计划（专项、基金）等统筹支持动力电池研发，不断提高产品性能，加快实现高水平产品装车应用。鼓励动力电池龙头企业协同上下游优势资源，集中力量突破材料及零部件、电池单体和系统关键技术，大幅提升动力电池产品性能和安全性，并实

现装车应用。同时加快锂硫电池、金属空气电池、固态电池等新体系电池研究和工程化开发。

②深入开展动力电池测试评价，建立测试评价规范体系。动力电池对整车性能影响非常大，包括续航里程、安全性、充放电速度、寿命以及电动车保值等，目前对动力电池测试评价只是门槛要求，与实际应用情况会有一定差距。建议对动力电池测试评价进行深入研究，加大对动力电池安全性、耐久性、环境适应性评价，建立相应的测试评价规范体系，促进行业技术水平提升，降低安全事故的发生。

③加快技术迭代速度。目前，日、韩企业均在加快动力电池全球布局，部分车企也开始布局动力电池，国内动力电池厂家要想保持目前的市场份额，就必须加快技术迭代速度，不断降低成本，提升产品竞争力。

④鼓励市场兼并重组，扩大应用领域。目前，市场存在低端产能过剩的问题，这些企业产品竞争力较弱，要想取得发展，一方面可通过并购重组寻求出路，另一方面可寻求在储能、低速电动车等领域发展，突出重围。

⑤推动跨领域协作。动力电池产业是一个高技术新兴产业，该领域的创新发展涉及诸多交叉学科和产业的协同与合作。电池企业应该提升对产业链的整合能力，通过战略合作、联盟合作和合资等多种方式与研发机构和核心材料、整车回收和梯次利用等领域企业进一步深度融合和协同，保障我国动力电池技术的持续进步，形成越来越强的国际竞争力，方可为持续发展奠定基础。

（二）驱动电机发展情况

1. 驱动电机市场发展情况

在新能源汽车产销量高速增长的带动下，我国新能源汽车电机电控装机市场也呈现高速增长态势。2018 年我国新能源汽车电机装机量超 133 万台，同比增长 52%（见图 4）。

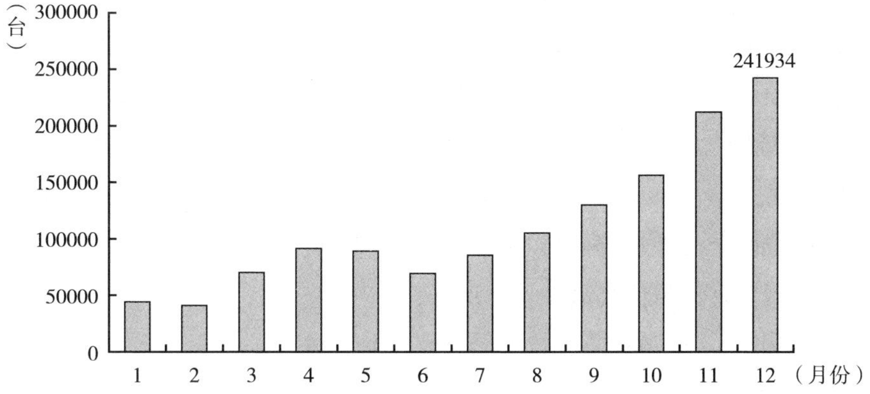

图4　2018年新能源汽车驱动电机装机量

从电机类型市场结构来看，以永磁同步电机为主。从电机的市场格局来看，目前中国新能源电机生产企业主要有三类：一是具有传统整车及零部件生产经验的企业，如比亚迪、中车时代、上汽等；二是专门针对新能源汽车成立的专业电机企业，如上海电驱动、深圳大地和、上海力信等；三是具有其他领域电机或相关生产经验的企业，如大洋电机、方正电机、蓝海华腾等。

2. 驱动电机发展存在的问题及建议

（1）驱动电机发展存在的问题

①产品性能有待进一步提升。虽然我国电机产品的功率范围覆盖了新能源汽车用电机动力需求，但与国外高水平电机相比，系统的集成度以及材料利用率较低，在最高转速、峰值功率密度、连续功率密度等关键指标上也与国外存在一定的差距。

②产品可靠性、一致性水平还有待加强。电机制造工艺水平、自动化水平较为落后，导致产品可靠性、一致性较差，车用环境适应性还有待进一步提升。

③产业链还不够完善。目前，我国尚未形成满足汽车工业标准的完整供应商体系，电机用高速轴承、硅钢片等原材料及部分核心部件（如电机及

电控用耐电晕电磁线、绝缘材料、IGBT）高度依赖进口。

（2）驱动电机发展建议

①加大对电机关键技术的研发投入。近年来，我国新能源汽车驱动电机产业发展较快，有效支撑了我国新能源汽车产业的快速发展，但部分核心技术特别是电力电子集成控制器方面与国外差距较大，国家需要加大研发投入，支持重点企业加强核心技术的开发，加快国产电机向高速、高密度化方向发展，培育有竞争优势高性价比产品。

②加快电驱动一体化总成技术的研究。电驱动一体化总成是乘用车领域一个明确的产品发展方向，我国与国外基本同步，行业需要加快高速减速器及其轴承、齿轮等配套关键零部件开发，并强化电机和减速器的深度集成。

③加强产业上下游协同，提升产品竞争力。国外汽车巨头和动力总成企业加快了在新能源汽车产业布局，我国本土驱动电机企业、上游原材料和器件企业一方面自身应不断加快技术创新和制造水平提升，另一方面也应加强协同，共同参与产品的设计开发，并为材料和器件应用验证提供机会，促进并完善整个产业链的发展，提升产品竞争力。

（三）电控系统发展情况

电控系统是新能源汽车的大脑，由各个子系统组成，每个子系统一般包括传感器、电控单元、执行机构等部件。一般通过整车控制器将动力源、驱动系统和电能附件等连接起来，统一协调，实现整车驱动控制、能量优化控制、制动回馈控制等，因而电控系统对车辆的正常行驶起着关键的作用，是汽车产品的核心竞争力之一。

国内外主要的汽车生产企业和零部件厂商都在积极参与电控技术的研究与开发。我国已基本掌握了新能源电控系统的软硬件开发能力，开发了先进的电驱动汽车分布式、高容错和强实时控制系统，高效、智能和低噪音的电动化控制系统（电动空调、电动转向、制动能量回馈控制系统），电动汽车的车载信息、智能充电及其远程监控技术，产品功能较为完备，产品已经实现批量生产。但与国外先进技术相比，整车电控产品对控制系统的目标设定和功能分解还不够系统、细致，对关键零部件寿命预测功能、安全诊断功能、软件可配置功能等还需要进一步优化和提高。另外，控制器基础硬件水平、产业化能力与国外相比仍有较大差距。电控系统关键电子单元，如IGBT 生产、芯片设计、高精度传感器等技术瓶颈有待进一步突破。

（四）其他系统发展

除了电池、电机、电控“大三电”，被称为“小三电”（电制动、电转向、电空调）的系统对新能源汽车能效、安全影响比较大，其技术研发也需要引起高度重视。

电制动特别是制动能量回收部分，与安全性、操纵稳定性、能耗水平密切相关。目前国内企业在这些方面有研究，但成果还不理想，还没有达到国际先进水平的成熟产品。

电动空调对电动汽车能耗有较大的影响，会使续航里程降低 1/3，国外企业将电动空调系统作为纯电动汽车关键技术，已经开始使用热泵空调系统，国内电动车的开发多是基于传统车来进行的改制，所以较多使用 PTC 加热冷却液的方式来进行空调加热系统的开发，能耗较高。目前，国内已经有企业在研发高效、低能耗的空调，但还没有比较好的产品。

三　汽车零部件发展面临的问题和趋势

（一）零部件发展面临的主要问题

1. 市场体量庞大但产业附加值不高

据统计，我国拥有规模以上汽车零部件企业 13000 多家，但包含乡镇企业、个体工商户在内从事部件及材料加工的全行业企业数量超过 10 万家，多数企业及生产者集中在低端、低附加值的初次加工、一般部件仿制领域，产品经汽车质量体系认证通过率低，研发创新能力几乎缺失，低价低质重复竞争。通过近 30 年的发展，伴随中国汽车市场的急速扩大，中国汽车零部件产业已经形成广泛的集聚效应，但集群效应普遍较弱；一方面，产业集群区内产品自主研发、技术创新、系统集成能力薄弱导致产业链条短，能形成总成级以上产业闭环的集群稀少；另一方面，我国零部件产品专业化生产水平低，市场无序竞争、轻售后、重配套等问题长期存在。

2. 核心零部件外资化矛盾日益突出

伴随合资整车企业的扩大，外资零部件体系在国内加速扩张，形成外资品牌占据供应链体系顶端，聚焦前装高端、高附加值市场，中国品牌零部件企业集中在供应链体系中低端以及后装市场的产业格局。如电喷系统、高压共轨系统、发动机 ECU、涡轮增压器、ESP 等总成级产品基本被欧、美、日供应商垄断，这些供应商采用集成绑定、研发排他、价格倾销等不正当竞争手段极力打压中国零部件企业向上突破的市场能力。据统计，中国品牌整车企业购买外资零部件约占其采购总额的 52.8%，而合资美、德、日、韩系整车企业更高达 80%。

3. 零部件企业能力及体系建设薄弱

我国除极少数零部件（集团）外，多数企业研发投入占主营业务收入比重在 1% 以下，而外资在华零部件企业研发占比是国内企业的 1 倍多，欧、美、日零部件集团母公司研发占比更是国内企业的 5～20 倍，多数关键工艺、生产设备、核心部件、专利技术掌握在外资企业手中。装备方面，我国零部件企业精益化、自动化和信息化程度远低于欧美日等汽车强国，部分企业的工装产品的工艺及全流程质量控制体系与车规级标准差距很大，用一流装备制造二流零部件现象普遍存在。人才建设方面，相比中国品牌整车企业（集团），零部件企业在工程市场复合型人才、前瞻技术研究人才、基础理论研究人才的使用和储备上更是与外资企业差距巨大。

（二）零部件发展趋势研判

1. 兼并重组、国际化将成为提升竞争力的必由之路

随着《中国制造 2025》的推进、“互联网＋”的拓展以及汽车技术本身的智能化发展及商业模式创新，各零部件企业的信息化及数字化处理能力

成为其核心竞争力的重要组成部分，深度国际化将成为中国零部件企业有效应对零部件外资化竞争、实现可持续发展的重要路径之一。近年来，中国零部件产业已经成为汽车领域海外并购主力军，如宁波均胜收购高田、中化收购倍耐力等，中国企业通过并购融入国际市场、获得核心技术、扩张全球规模、培育优秀人才，依托技术合作、资本合作提升核心竞争力。此外，政府一直持续致力于为企业营造法治化、国际化、便利化营商环境，加大品牌培育，推动零部件产品、技术、标准、服务“走出去”。

2. 电动化、智能化成为新的增长引擎

新四化趋势（低碳化、智能化、信息化、共享化）正在引领汽车工业升级转型，零部件产业发生颠覆性变革。国际汽车零部件企业正在精简产品组合，通过商业并购模式快速进入新业务领域，或主动拆分业务实现多元发展，或加速电动化、智能化战略谋求转型，加速培育新的增长点。博世、电装、德尔福等世界级汽车零部件大企业，顺势而为，通过技术迭代升级和资本资源支撑实现电动化、智能化转型。预计电力驱动、混合动力电池、高级辅助驾驶系统等销量相比当前规模将出现快速增长，而传统汽车部件将呈现缓慢增长态势。

3. 跨界融合将成为产业发展的重要方向

汽车产业正处在变革期，产业价值链发生大规模重组，零部件供应商依靠传统的经营模式，越来越难以维持过去的竞争优势，因此企业必须通过不断的投资、并购甚至重组，来实现资源聚焦，保持企业活力。可以看到，以新能源、智能网联汽车为代表的新兴产业领域技术探索、跨界融合、模式创新的重任落在零部件企业（集团）以及新型数据服务企业（集团）身上，亟须推动汽车产业链上下游与通信、互联网、高精度地图、视觉系统等企业跨行业、跨技术、跨领域合作、交流。

四　我国汽车零部件产业发展建议

（一）突出品牌导向，以质量品牌为核心打造中国零部件品牌

政府牵头制定零部件发展中长期规划和技术路线图，各级政府投入引导

性资金，吸引社会资本参与，设立“汽车零部件品牌培育专项基金”，聚焦核心领域推进中国零部件品牌梯次创建，鼓励有条件的中国品牌零部件企业开展商标国际注册、国际品牌收购、品牌整合，推进品牌国际化。重点引导并推动中小零部件企业聚焦“专、精、特、新”发展方向，重视技术提升，改善工艺装备，加强基础管理，以质取胜，稳健发展，支持中小零部件企业面向行业、区域、大型整车企业提供专业化服务。

（二）创新整零合作模式，集团化推进产业链高效协同发展

以深化整零合作为主线，突出市场导向，推进多层次的产业链整合模式，包括区域企业联合体、产学研用结合战略联盟，独立零部件企业集团、整车零部件集团等多种形式，并探索鼓励整零企业将合作领域向汽车后市场延伸，合力推进整车企业从“汽车制造商”向“出行服务提供商”转变，着力提升零部件企业六个能力，包括产业宏观思维和战略规划能力，企业家培养与职业经理人制度建设能力，生产制造，质量保障和成本控制能力，现代化企业运营管理能力，知识产权布局及规避障碍能力，资本运作及融资能力，提升产业链协同效率，支持中国品牌整车集团、中国品牌零部件集团、中国品牌数据服务集团三位一体的产业发展目标。

（三）构建技术支撑平台，培育零部件企业技术创新能力

继续完善零部件标准化工作组织体系，筹建“汽车零部件标准法规工作委员会”，积极鼓励企业、三方机构和产业技术联盟，制定严于国家和行业标准的企业标准、团体标准。着力推进汽车零部件领域标准的立项、研究、发布，系统梳理和完善从整车、系统到零部件，涵盖产品技术要求、试验方法、评价方法、制造工艺技术等的标准化体系，整合相关科研与检验检测机构力量，以行业综合性汽车技术服务机构为主体，推进技术标准、测试评价等产业支撑平台建设，提升零部件认证检验检测能力，建立汽车零部件企业创新中心、工程数据开放共享服务中心。

（四）推进产业集群发展，打造新型对外开放产业园区

开展产业集群品牌建设，启动“以团体标准提升区域经济发展水平”研究，充分发挥联盟标准和团体标准的作用，提升地方中小企业公共服务平台的服务能力，将特定产业和区域特色产业通过提升产品质量、优化产业结构、完善产业链对接，以联盟标准和团体标准引领供给水平的提高，提升美誉度、知名度和品牌价值。

重点以产业集聚区、国家自主创新示范区、高新技术产业园区、国家新型工业化产业示范基地等为载体，落实“一带一路”倡议和对外开放的政策，对具有技术创新优势的零部件、工程服务、咨询服务、数据服务等中小企业开展区域品牌培育，实施“中国创造”“制造业单项冠军”等工程，大幅提升现有汽车产业集聚效应。同步推进汽车产业的梯度转移和质量升级，形成多个在国内外均具备比较优势的产业集群。

（五）推进法律法规完善和执行，营造公平竞争的市场环境

政府加大反垄断执法力度，一方面严厉打击汽车零部件企业、行业组织横向垄断活动，对零部件企业通过价格协商等方式组成同盟，利用自身在技术、专利、资金、人才等方面的有利地位，通过协议、决议或其他方式将排除或限制竞争、牟取超额利润的行为列入重点打击目标；另一方面严格贯彻落实《汽车销售管理办法》，坚决打击原厂配件渠道垄断和价格垄断行为，力促在售后、汽修领域推广同质配件，建立全生命周期的零部件追溯体系，鼓励更多零部件企业参与市场竞争，给予同等市场机会，保障消费者自主选择的权力。

五　汽车零部件再制造发展

汽车零部件再制造是指把废旧汽车零部件通过拆解、清洗、检测、再制造加工、装配、再检测等工序后恢复到不低于原型新品的批量化制造过程，

再制造后的产品在技术性能和安全质量等方面的性能要达到与同类新品相同的标准要求。

（一）零部件再制造发展概况

在美国、欧盟等发达国家和地区，再制造产业已经有几十年的发展历史，汽车零部件再制造的范围涵盖了发动机、传动装置、离合器、转向器、起动机、水泵、空调压缩机等部件，并已在技术、加工、销售等方面形成一套完整体系，汽车零部件的回收再利用基本上达到80%以上。

虽然我国汽车零部件再制造起步较晚，社会认知度不高，市场占有率不高，但与欧美等国家换件修理法和尺寸修理法的再制造技术相比，我国的再制造主要是基于表面工程、纳米表面工程和自动化表面工程等先进技术，在吸收融合国外技术经验的基础上发展起来的，形成了中国特色的绿色再制造工艺，再制造技术总体上达到国际先进水平。

1. 政策现状

我国先后制定和出台了一系列支持再制造产业发展的法规政策，为我国汽车零部件再制造产业的快速发展创造了较好的政策环境。

2008 年 3 月，国家发改委发布《关于组织开展汽车零部件再制造试点工作的通知》，标志着我国再制造产业化工作正式启动；2009 年 1 月，《循环经济促进法》正式实施，为推进再制造产业发展提供了法律依据。

2010 年 2 月 20 日，国家发改委和国家工商管理总局确定启用汽车零部件再制造产品标志，目的在于更好地加大对再制造产品的监管力度，进一步推进汽车零部件再制造产业的健康发展；5 月，国家发改委等 11 部委联合发布了《关于推进再制造产业发展的意见》，将汽车零部件等作为再制造发展的重点领域。

2011 年，全国人大审议通过的“十二五”规划纲要把“再制造产业化”列入循环经济重点工程；2012 年国家发改委完成了对第一批再制造试点的 13 家企业的验收，并公布了第二批 33 家再制造试点企业名单及实施方案。

2013 年，国家发改委、财政部等部门联合颁发《再制造产品“以旧换再”试点实施方案》，为国内企业开展汽车零部件再制造扫除了政策障碍，用政策手段推动汽车零部件再制造产业的发展。

2. 行业规模

在国家政策的支持下，我国汽车零部件再制造行业在不断探索中快速发展，目前已进入以国家政策推动和市场机制拉动行业发展的新阶段，再制造企业规模化不断壮大。截至 2018 年底，再制造发动机、变速箱生产能力超过 15 万台，发电机、起动机等部件生产能力超过 160 万台。

经过近十年的发展，汽车零部件再制造已逐渐由过去的单纯生产线建设转向全体系建设。在自身体系建设方面，加强旧件回收、推动再制造零部件销售是企业近几年着力发展的关键。一些再制造企业主动与主机厂对接，将产品纳入其售后体系，积极拓展旧件渠道，发挥售后体系的旧件回收和推广作用。而在汽车零部件再制造行业体系建设方面，随着规模扩大，服务需求多样，为再制造提供技术装备、整体设计、旧件回收的专业化公司已经出现，针对我国国内企业量身定做的产品选型和产业配套日趋完善，市场机制在资源配置中的决定性作用正在逐渐发挥。

（二）主要汽车零部件再制造发展

1. 发动机再制造

汽车发动机再制造产品的成本仅为新品的 1/4，节能达到 60% 以上，节材超过 70%，最大限度地挖掘制造业产品的潜在价值，可让能源资源接近零浪费。复强动力的发动机再制造产品价格仅是新品原价的 75%。而如果用旧发动机去换再制造产品，还可以抵消 25% 的价格。这种以旧换新的方式，会节省一半的成本。这样不仅方便了客户，而且给报废品提供了一个良好的回收渠道，有利于资源的节约和综合利用。当前，年再制造发动机 5 万台。

2. 变速箱再制造

相比于其他汽车零部件，我国自动变速箱设计生产实力较为薄弱，近年来虽有所发展但主要还是依赖进口，国内生产的主流产品也几乎全部为外资独资或控股。因其技术的复杂性，乘用车自动变速箱的再制造研究远远早于手动变速箱。随着再制造技术的引进，加上自主的再制造基础理论研究的发展，这几年，特别是自 2008 年以后自动变速箱再制造得到了空前的发展。据初步估算，2018 年中国再制造变速箱数量约为 8 万台，产值在 4 亿元左右，为国家可再生资源的利用做出贡献。

3. 汽车起动机发电机再制造

通过不断努力，目前再制造发电机和起动机企业达到几十余家，产销量从 10 万台左右增加到 300 万台，在第一批骨干企业的带动下，中国再制造汽车起动机、发电机行业得到快速发展，再制造产品除了在国内销售，出口业务所占比例也逐年提升。

（三）趋势研判

1. 市场规模将进一步扩大

为建设资源节约型和环境友好型社会，人们对再制造的需求更加迫切，对再制造工程的认识进一步深化，再制造工程的内涵也进一步拓展。随着汽车零部件再制造行业的迅速发展，已形成了汽车零部件新品→整车→废旧零部件→回收再制造→整车这样一个有效地零部件产品循环利用模式，对原材料、成本、资源、能源消耗的降低，环保以及循环经济发展等多个方面都具有显著地推动作用，再制造工程已成为推动汽车行业可持续发展的关键组成部分。

废旧汽车上的钢铁、有色金属零部件 90% 以上是可回收利用的，玻璃、塑料等的回收利用率也可达 50% 以上。据国内再制造企业产业数据统计，中国的汽车报废量早已达到 500 万辆以上，如果报废汽车零部件再制造比例达到 50%，年产值达到 120 亿元左右，中国汽车零部件再制造潜力巨大，发展前景非常广阔。

2. 广泛应用新技术新工艺

（1）高效的表面工程技术

产品零件的磨损与腐蚀失效是导致产品性能下降的重要因素，采用高效的表面工程技术，将实现失效件的表面尺寸及性能的恢复或提升，改变当前以尺寸修复法和换件法为主的再制造产业生产模式，提高了废旧产品零部件的利用率。

（2）自动化再制造技术

再制造相对维修的重要特点是生产对象的批量化和规模化。再制造生产线需要对批量的产品进行生产操作，这需要进一步发展自动化再制造技术，促进再制造生产效益。通过利用机器人和自动控制技术的发展，可以实现自动化等离子喷涂技术在再制造中的应用。

（3）再制造技术的柔性化

当前产品发展日益呈现出小批量、个性化的特点，传统的大批量产品的再制造生产方案将逐渐被小批量、多品种、个性化的产品再制造生产方案所代替，传统的性能恢复为主的再制造生产方式也将逐渐过渡到以产品性能升级与恢复并重的再制造模式。大量采用柔性化设备及生产工艺，能够迅速使再制造生产适应产品毛坯及生产目标的变化，实现快速的柔性化生产。

（4）再制造技术的绿色化

再制造工程对节能、节材、环境保护有重大效能，再制造过程中的产品清洗、涂装、表面刷镀等均有“三废”的排放问题，仍会造成一定程度的污染。需要进一步发展物理清洗技术，减少化学清洗方法的使用，采用无氰电镀技术，研制开发一些有利于环保的镀液。

（四）零部件再制造发展存在的问题

我国汽车零部件再制造在短短的几年间通过行业上下共同的努力取得可喜的成绩，但是在发展过程中面临诸多的问题，需要引起政府部门和行业的足够关注。

1. 政策法规缺乏，宣传力度不足

再制造已经在工业发达国家得到了广泛的研究和应用，我国对废旧物资的再生利用也极为重视，并在国民经济发展的各个时期都制定了相应的规划。然而由于再制造产业在我国发展时间较短，相关的技术、法律法规不够健全，产业发展遭遇了不少现实尴尬。

2. 对再制造认识不足，投入不够

汽车零部件再制造对于公众来说还是一个比较陌生的概念，甚至很多人会将其等同于现在的汽车大修，看不到再制造未来发展的巨大潜力。汽车零部件再制造在技术、资金、设备等方面还没有得到及时跟进，不能满足发展需求。

3. 再制造企业税赋较重

汽车零部件再制造与轮胎翻新同为再制造企业，并同时被国家列为循环经济试点企业。对于再制造行业的节能减排效果国家相关部委给予了充分肯定，但对再制造行业实行税赋减免优惠政策没有得到落实，在国家税赋减免目录中也没有列入汽车零部件再制造产品。

（五）零部件再制造发展建议

1. 建立相关法律法规，完善配套政策

要探索建立具有中国特色的再制造产品的法律法规和政策体系。通过出台汽车零部件再制造相关法规，确立“制造商责任制”，建立资源化企业和产品认证体系，制定相应的奖惩制度。

2. 建立规范合理的产业化体系

建立管理科学、运转协调的逆向物流体系；以公共财政专项资金带动企业和民间资金投资该领域推动其产业化发展；建立汽车零部件制造、使用、回收、再制造、再使用的闭环物流链，形成集社会、经济、环保效益于一体的新型资源化产业群。

3. 加快制定零部件再制造标准

建立健全零部件再制造标准体系。国内再制造因起步较晚，再制造企业的技术积累少，再制造的标准缺乏。2008 年，国家标准化管理委员会批准成立了全国绿色制造标准化技术委员会，陆续制定并出台了“再制造概念、术语”和“再制造率的概念及评估方法”等共性基础标准。同时，国内有关单位正在联合制定再制造技术工艺标准、再制造质量检测标准、再制造产品认证标准等。

4. 扩展再制造产业市场，提高国民认知度

要加快让更多企业和民众了解再制造，正确理解再制造的科学内涵及意义，使企业更加积极地参与再制造产品的开发，使民众乐于使用汽车零部件再制造产品。

标准化篇

Standardization

B.10
2018年中国汽车行业标准化发展报告

摘　要： 本报告概述了2018年我国汽车行业标准化的基本情况，介绍了2018年汽车标准化主要工作、重要领域的标准制修订和汽车行业主要标准化活动，阐述了汽车行业标准的发展趋势；介绍了中汽学会和中汽协会开展汽车行业团体标准工作的情况，归纳了2018年已批准发布的标准。

关键词： 汽车行业　标准化　团体标准

一　中国汽车行业标准化发展概述

2018年1月1日，《全国专业标准化技术委员会管理办法》正式实施。按照管理办法要求，全国汽车标准化技术委员会（简称“汽车标委会”）积极应对新的变化，及时调整工作流程，规范开展标准化各项工作。

汽车标准工作在2018年继续加强汽车标准体系顶层设计，引领汽车行业转型升级。为落实《中共中央国务院关于开展质量提升行动的指导意见》，汽车标委会组织行业力量完成《支撑高质量发展标准化体系战略研究》汽车行业子报告初稿，为《中国标准2035》提供技术支撑。汽车标委会协助工信部制定2018年新能源汽车、智能网联汽车等重点领域标准化工作要点，参与《车联网（智能网联汽车）产业发展三年行动计划(2018～2020年)》智能网联汽车领域内容起草，有效推进智能网联汽车标准化进度。《中国电动汽车标准化工作路线图》第二版发布，在第一版的基础上，通过精炼语言，充实技术内涵，更为全面阐述了标准项目背景，有助于梳理标准体系，可被视为中国电动汽车标准体系的编制说明。此外，路线图对标准项目查漏补缺，指明了未来工作重点和方向，是中国电动汽车标准工作规划的蓝皮书。路线图亦可服务国内的电动汽车标准化工作，促进标准体系改进完善，进而支撑产业发展。同时，我国还能基于路线图建立沟通渠道，协调国际国外标准法规，推动中国标准的国际化。

二 2018年汽车标准化主要工作

（一）标准制修订

2018年，汽车行业共申报了61项国家标准项目和47项汽车行业标准项目，有24项国家标准项目和38项汽车行业标准项目已经获得立项批复。全年共5项强制性国家标准、22项推荐性国家标准、1项汽车推荐性国家标准修改单、19项汽车行业标准获得国家标准委及工信部的发布。此外，还有41项国家标准、24项汽车行业标准已经上报主管部门待批。

截至2018年12月31日，在汽车强制性标准体系中，已批准发布的汽车（含摩托车）强制性标准共123项，其中主动安全34项，被动安全28

项，一般安全 36 项，环保和节能 25 项；推荐性国家标准（GB/T）378 项；汽车行业标准（QC/T）807 项。

（二）标准国际化

参与 ISO/IEC 标准相关工作。汽车行业对口国际标准化组织 ISO/TC22（国际标准化组织/道路车辆技术委员会）与 IEC/TC69（国际电工委员会/电动道路车辆和电动载货车技术委员会），进行对应标准的国内归口管理工作。2018 年 ISO/TC22 发布国际标准 53 项，IEC/TC69 发布国际标准 2 项。

2018 年汽标委秘书处共接收国际标准化投票文件 289 份。其中，年度内应完成投票 248 份，实际投票 248 份，投票率 100%。新申报一名 TC22 战略咨询工作组专家，直接参与 ISO/TC22 工作战略规划的讨论。新申报国际注册专家 7 名，涉及汽车网络信息安全、车内网络、功能安全、照明及光信号、电动汽车安全术语等不同领域。派员代表中国参加 ISO/TC22/SC32（国际标准化组织/道路车辆技术委员会/电气、电子部件及通用系统分委会）年会及下属工作组会议，参加 ISO/TC22/SC35/WG1（灯光）、WG2（安全玻璃）、WG3（视野）的年会，参加 ISO/TC22/SC33（国际标准化组织/道路车辆技术委员会/车辆动力学及底盘部件分委会）年会，并向 SC33 提交“自动驾驶测试场景”国际标准提案，完成“自动驾驶测试场景标准工作组”（WG9）的组建并担任该国际工作组召集人职务，目前已组织召开 2 次工作组会议，提出了场景标准制定提纲及标准体系框架的多项标准制定提案。此次为中国汽车行业首次成功申报国际标准化组织工作组召集人，标志着中国汽车行业实质性参与国际标准化工作的开端。陆续组织国内专家参与信息安全工作组（TC22/SC32/WG11）各次会议，全面参与 ISO 21434 标准制定工作。

2018 年申报三项 IEC/TC69 新项目提案《电动汽车充电漫游信息交换　第二部分：用例》、《电动汽车充电漫游信息交换　第三部分：报文结构》、《电动汽车充电漫游信息交换　第四部分：网络安全与信息隐私》。参与 ISO 21448 国际标准制定，中国提出的 5 项提案被采纳，为我国开展自动驾驶汽车功能安全技术和标准研究奠定了基础。参与国际标准 ISO 26262 第二版修订，中国提出 62 条意见被采纳。2018 年 4 月提交了 ISO 13837 - 2008《汽车玻璃太阳光总透射比测定方法》的修订草案，ISO/TC22 已同意由中国作为主导国修订 ISO 13837。参与 ISO 19642 的 1 ~ 10 部分的修订、11 ~ 12 部分的制定工作。

参与 WP29 法规协调工作。国际车辆法规协调工作是在汽车产业国际化程度日益提升的背景下，各国、各地区政府为打破技术壁垒、促进汽车产品在全球范围内更好地流通而开展的车辆法规的协调、统一活动。参与国际车辆法规协调工作一直是我国政府主管部门开展汽车标准法规工作的重点，是落实国家推动汽车产品乃至技术标准“走出去”战略的重要抓手。2018 年，在工业和信息化部装备司的指导下，C - WP. 29 秘书处组织、协调行业力量，继续全面、深入参与 WP. 29 及其下属各专家工作组的各项活动。全年协助政府主管部门参加了 WP. 29 第 174、第 175 和第 176 次管理委员会会议，并组织行业专家参与了 WP. 29 下属全部 6 个工作组的会议及部分非正式工作组会议，参与 WP. 29 工作的深度、广度不断加强。

切实履行作为 1998 年协定书缔约方的义务。2018 年共完成了电动车安全全球技术法规（GTR）草案、GTR15（全球统一轻型车排放试验规程）修正本 3 草案、GTR6（安全玻璃）勘误本 2 草案、UN GTR15（WLTP）修正本 4 草案、UN GTR19（WLTP 蒸发排放试验规程）草案、UN GTR9（行人保护）修正本 2 草案的国内征求意见和投票工作。完成向 WP. 29 秘书处提交中国汽车产品管理体制和汽车标准法规体系的介绍报告，填补了联合国 WP. 29 蓝皮书关于中国汽车标准法规体系的空白；组织 C - WP. 29 完成了中国采用 GTR 法规情况报告的编制，发至中国驻联合国代表团提交联合国 UNECE 秘书处，进一步宣传中国汽车标准法规国际化进程，彰显中国积极主动参与国际法规协调的国际形象。

同期，以副主席国身份，积极参与 EVS（电动汽车安全）、EVE（电动汽车与环境）以及 GTR13（燃料电池汽车全球技术法规）非正式工作组工作，一阶段研究成果电动汽车安全全球技术法规 EVS - GTR 20 获投票通过，于2018年5月正式发布，是我国第一个以主要参与方参与制定的专门针对电动汽车全球技术法规，得到了国际社会广泛认可和接受。在EVE（电动车与环境）非正式工作组中，中国继续以副主席国参与电动汽车功率测试方法、动力电池加速寿命试验方法、全新轻型汽车测试程序（WLTP）制定相关工作，为下一步国际法规制定做准备。

成功当选HFCV（氢燃料和燃料电池车）全球技术法规第二阶段非正式工作组副主席国，在一阶段工作成果的基础上，继续积极参与并做出自己的贡献。中国已在UN GTR13中提出多项提案，中方的深度参与得到国际同行的认可和高度肯定。广泛参与GRB下设的ASEP非正式工作组第6、7、8、9、10次会议，倒车提示音专项工作组第1、2、3次会议，轮胎全球化法规非正式工作组第19、20次会议，电动车提示音全球化法规非正式工作组第6次会议。其中ASEP非正式工作组，中国继续担任主席国，ASEP非正式工作组第7次会议由中国主办，ASEP非正式工作组第8次会议由中国主持。

在自动驾驶领域，利用联合国启动建立该领域法规体系的契机，主动向WP.29及其下属工作组介绍国内的工作机制和规划，积极参与相关话题的讨论，力争使国际法规的制定与国内标准化工作相协调。同时，在WP.29组建自动驾驶车辆工作组（GRVA）过程中，秘书处组织国内行业专家就其组织架构、运行管理、工作计划等提交多项提案，与WP.29秘书处及WP.29各主要参与方充分沟通，成功当选该工作组的副主席国职务，为今后在该领域的国际协调过程中发挥主导作用创造有利条件。

积极落实“一带一路”国家倡议。重点开展了对中亚、东盟、海湾等地区汽车标准法规的研究。在国标委见证指导下，与乌兹别克斯坦、吉尔吉斯斯坦汽车法规认证主管机构签署合作谅解备忘录，并召开“乌兹别克斯坦专家汽车标准培训”“新能源汽车合作项目交流会”，进一步探讨在汽车标准、实验室建设及认证领域的合作，推动更多具体合作项目尽快落地实施。在国标委及东盟各国认证法规主管部门见证支持下，与上汽通用五菱公司联合发起，在印度尼西亚雅加达正式成立“中国东盟汽车标准法规研究中心”，并成功召开两届“中国－东盟汽车标准法规交流合作对话会”。

继续开展双边合作。在中德两国总理共同见证下，汽标委智能网联汽车分标委和德国汽车标准委员签署谅解备忘录，建立“面向未来、平等互利、合作共赢”长期稳定的合作伙伴关系，标志着中德双方在智能网联汽车标准法规领域的合作进入一个崭新的发展阶段。协助工信部与德国政府部门分别于1月、7月签署两个“中德智能网联汽车产业合作备忘录”，并于11月组建“中德智能网联汽车标准法规工作组”，成功召开“中德智能网联汽车标准法规工作组启动会”。与法国汽车标准局（BNA）签署了关于在国际标准化组织道路车辆技术委员会（ISO/TC22）领域开展合作的谅解备忘录，标志中法两国就标准化工作开展合作达成共识，并且在ISO/TC22领域开展深层次的交流与合作。协助工信部召开“中法汽车工作组第八期会议”。与日本汽车工业协会共同开展“第二十一届中日摩托车法规认证交流会”。

三　2018年重要领域标准制修订情况

2018年，重点领域标准的研究与制定力度继续加大，新能源汽车、节能、智能网联、汽车安全、电子等领域标准工作成效显著。

（一）汽车节能标准

GB 30510－2018《重型商用车辆燃料消耗量限值》获批发布，2019年7月1日实施，重型商用车节能新目标实现。以“乘用车新车平均燃料消耗量4.0升/百公里、商用车达到国际领先水平”为发展目标，全面推进乘用车第五阶段燃料消耗量标准等面向2025年的下一阶段节能标准制定，基于汽车行业节能技术潜力和成本分析、新能源汽车发展及核算场景研究等提出标准草案，支撑我国下一阶段双积分政策的出台和汽车节能管理。

以中国工况项目成果为基础开展的轻型汽车、重型商用车辆、发动机等三部分的《中国汽车行驶工况》系列国家标准制定工作基本完成，标准已经报批。以“中国工况”等新测试工况为基础，全面推进传统汽车、混合动力汽车、纯电动汽车等能耗测试方法标准修订，并提出新、旧工况过渡及实施方案。《电动汽车能耗折算方法》标准通过审查进行报批，通过构建更适应我国车辆和道路实际状态的评价方法标准，促进我国汽车产业自主创新发展。

为促进新能源汽车产业健康发展，开展全球首个针对新能源汽车能耗的《电动汽车能量消耗率限值》标准研究，根据数据分析结果并结合管理需求确定了标准评价体系、方案和指标，2018 年底刚刚获批发布，标准号 GB/T 36980 - 2018，逐步建立起完善的新能源汽车节能标准体系。

（二）新能源汽车标准

《电动汽车安全要求》《电动汽车用动力蓄电池安全要求》《电动客车安全要求》三项强制性国家标准通过技术审查，这是我国积极开展电动汽车标准技术研究与国际法规协调结出的丰硕成果，在我国电动汽车标准体系完善过程中具有里程碑意义。抓好关键标准项目，开展《电动汽车用电池管理系统技术条件》等 31 项国家标准研究和制定工作。加快燃料电池电动汽车、动力电池回收利用等子体系的建立。《电动汽车用驱动电机系统电磁兼容性要求和试验方法》标准获得发布；《电动汽车无线充电系统　通用要求》《电动汽车低速提示音》《燃料电池电动汽车　整车氢气排放测试方法》等 6 项标准完成审查并报批；《电动汽车无线充电系统互操作性要求及测试　第 2 部分：车辆端》等 3 项标准制定计划获得批准。EVS - GTR 制定工作自 2012 年启动，在中国、美国、欧盟和日本共同牵头下成立了专门的法规起草工作小组，中国牵头了其中 3 个研究小组的工作，对电动汽车整车防水、动力电池热扩散和商用车安全等方面的问题进行了系统研究，EVS - GTR 于 2018 年获投票通过，标志着我国已开始从汽车标准法规的“跟随者”向“主导者”转变，在国际标准法规工作中的主导权和话语权不断提升。继续推动 EVS 第二阶段法规的研究和协调工作，进一步发挥中国在电动汽车安全（EVS）、电动汽车与环境（EVE）和燃料电池汽车（GTR 13）技术法规制定中的主导作用。

（三）智能网联汽车标准

作为贯彻落实《国家车联网产业标准体系建设指南（智能网联汽车）》的开局之年，2018 年度根据智能网联标准体系规划中的计划内容开展了包括先进驾驶辅助系统（ADAS）、自动驾驶、信息安全及网联功能与应用等领域共 30 余项标准的制定与预研工作。

在 ADAS 方面，目前已启动 18 项标准的制定工作。其中，乘、商用车自动紧急制动、商用车 ESC 等 3 项标准已经进入报批阶段，乘用车车道保持系统（LKA）等 3 项标准已启动征求意见，夜视系统等 9 项标准已经提交立项申请，其他标准正在编制立项草案过程中。

在自动驾驶方面，正在开展 5 项相关标准的制定。其中，驾驶自动化等级划分标准已完成立项答辩，商用车列队跟随及自动驾驶功能测试等 3 项标准已提交立项申请，测试场景相关标准启动预研工作。

在信息安全方面，目前正在开展 9 项标准的制定工作。其中，包括汽车信息安全通用技术要求在内的 5 项标准已经完成立项答辩，汽车软件升级技术要求已提交立项申请，并将于近期启动整车级信息安全风险评估规范等 3 项标准的预研。

在网联与应用方面，现已开展 2 项有关网联车辆方法的国际标准转化工作，并联合相关行业共同启动了有关车载网联感知系统等标准的预研计划。此外，为支撑智能网联汽车相关行业标准制定工作，秘书处还组织开展了智能网联汽车通信、自动驾驶高精地图及道路设施需求研究等 3 项研究项目工作。在工作架构上组建成立了智能网联汽车国际标准法规专家咨询组，由来自联合国 WP29、ISO、SAE 等国际组织、相关机构以及欧、美、日等相关政府部门、骨干企业的权威技术专家、知名学者或官员组成，为中国标准制定以及国际协调出谋划策，提供技术支持。

（四）汽车功能安全标准

为推动 GB/T 34590－2017《道路车辆　功能安全》国家标准在行业的推广、普及和贯彻实施，该领域完善并形成了标准中长期规划（2016～2025），以国家标准 GB/T 34590《道路车辆　功能安全》、《道路车辆　预期功能安全（SOTIF）》为指导和研究主线，开展传统汽车、新能源汽车、自动驾驶汽车整车和各关键电控系统功能安全、预期功能安全（SOTIF）技术和标准研究。规划涵盖标准解读和可操作性文件、关键电控系统基础数据 S/E/C 和 ASIL 等级、功能安全共性关键技术（如 HAZOP、HARA、SEFA、STPA 等）、功能安全测试评价、功能安全流程评估、V2X（车与人 HMI、车与车、车与路等交互）功能安全等研究内容，启动 GB/T《乘用车转向系统功能安全要求及试验方法》、GB/T《电动汽车用电池管理系统功能安全要求及试验方法》、GB/T《电动汽车用驱动电机系统功能安全要求及试验方法》、GB/T《道路车辆功能安全流程开发和评估体系》等国家标准的制定和预研，并将功能安全理念引入《汽车转向系　基本要求》等几项国家标准。

落实工信部（工装函〔2016〕190 号文）任务《整车及关键电控系统功能安全 ASIL 等级及测试评价规范研究》，基于我国道路交通状况、场景、驾驶习惯等，开展传统汽车、新能源汽车、自动驾驶汽车整车层面电控系统 S/E/C 参数的量化研究和 ASIL 定义，用以指导电控系统的功能安全、预期功能安全（SOTIF）技术正向开发和测试评估工作；成立各关键电控系统［涉及制动、转向、动力传动、悬挂系统、新能源电池管理系统、新能源驱动电机控制系统、新能源整车控制系统、新能源充电系统、先进驾驶辅助系统（ADAS）、自动驾驶系统等］S/E/C 专项小组，开展数据采集、分析和量化研究。

（五）汽车被动安全及一般安全标准

汽车安全标准在商用车、乘用车、客车、专用车辆整车及特定安全等方面快速提高标准要求，推动车辆安全技术进步。

乘用车安全领域，车辆正面碰撞、侧面碰撞、追尾碰撞、偏置碰撞、正面以及侧面柱碰撞等各种形式的碰撞，安全气囊系统及部件、儿童约束系统及部件、行人保护、碰撞预防安全、碰撞防护标准等全面构成乘用车安全防护标准体系。2018 年完成了国家推荐性标准《汽车侧面柱碰撞的乘员保护》《汽车安全气囊系统误作用试验方法和要求》《正面安全气囊 - 离位乘员保护技术要求》等 3 项标准报批；《道路车辆　交通事故分析第 1 部分：术语》《道路车辆　交通事故分析第 2 部分：碰撞严重度测量方法使用指南》《道路车辆　评价乘员约束性能的事故数据收集》《汽车侧面气囊和帘式气囊模块性能要求》等标准已结束征求意见，提交审查；开展了《汽车对行人的碰撞保护》标准修订预研以及《低速后碰撞防止乘员颈部伤害的技术要求》标准预研工作。GB/T 36120 - 2018《机动车用儿童约束系统产品标识》、GB/T 36120 - 2018《机动车用儿童约束系统产品型号编制规则及识别代号》标准获批发布，为儿童约束系统产品管理提供依据；GB 27887 - 2011 第 1 号标准修改单也通过了社会公示和主管部门审查，等待最终批准。

载货车安全领域，进行了 GB 26512《商用车驾驶室乘员保护》、《商用车驾驶室出入装置要求》前期标准预研并提出标准修订立项申请，正在报批的《车辆右转弯提示音安全要求及试验方法》标准将有效解决大型车辆在右转弯行驶过程中时常引发重大交通事故的问题；《汽车爆胎应急安全装置要求及试验方法》标准已经成功立项，预计 2019 年完成征求意见及标准审查工作。修订 GB1589 - 2016 中关于多轴（尤其是五轴）重型载货汽车的技术要求进入工作日程，以充分发挥多轴车型应有的技术优势，促进该类车辆的合理发展与使用。GB/T《商用车辆电子稳定控制系统性能要求及试验方法》标准已经完成制定进行报批，GB《汽车和挂车　制动器换装零部件技术要求及试验方法》标准已完成征求意见稿提交主管部门。继续推动汽车列车主挂牵引装置标准的制修订工作，提升对中置轴挂车、厢式货车和厢式挂车标准化水平，GB/T 37245 - 2018《中置轴挂车通用技术条件》获批发布。

客车安全领域，各项标准进行了完善和提升。《客车内饰材料燃烧特性》标准于2018年初完成报批，通过社会公示和主管部门审核，等待批准发布，这是进一步提升客车产品安全要求的明确体现。GB 13057－2014《客车座椅及其车辆固定件的强度》标准已提出再次修订计划，继续加大安全要求力度。对应重庆公交车重大事故，在相关部委指示下，拟提出GB 13094－2017第1号修改单，并针对客车驾驶员隔离防护装置拟制定相应产品技术标准。GB 24407－2012《专用校车安全技术条件》、GB 24406－2012《专用校车学生座椅系统及其车辆固定件的强度》得到很好实施，GB/T《专用校车系列型谱》是为配合校车标准的出台，应管理部门要求提出的标准制定项目，已经通过标委会技术审查，正在进行标准最终的报批复核相关工作。

专用车安全领域，专用车辆特定安全要求相关标准是重点。GB 20300－2018《道路运输爆炸品和剧毒化学品车辆安全技术条件》、GB 36220－2018《运油车辆和加油车辆安全技术条件》、QC/T 932－2018《道路运输液体危险货物罐式车辆紧急切断阀》标准于2018年获批发布，进一步规范危险品运输车安全要求。GB 29753－2013《道路运输　易腐食品与生物制品　冷藏车安全要求及试验方法》标准已正式提出了修订申请；危险货物运输车辆技术与货物性质匹配方面仍不完善，与《危险货物国际运输欧洲协议》ADR相比，未能针对每一类介质，对其运输装备要求进行详细的规定，如GB 18564.1修订版仅涵盖74种介质，GB 18564.2仅覆盖9种介质，QC/T 932仅适用于GB 18564.1所列举介质，相关标准仍须进行完善。

（六）共性基础标准

GB/T 25978－2018《道路车辆标牌和标签》、GB/T 18411－2018《机动车产品标牌》标准获批发布。GB 16735《道路车辆 车辆识别代号（VIN）》、GB 16737《道路车辆世界制造厂识别代号（WMI）》等两项强制性国家标准修订报批稿已通过社会公示进入最终审核批准阶段。基础领域根据公告生产一致性监管、车辆购置税征缴、车辆注册登记等环节的管理需要，联合工信部装备中心、公安部交通管理科学研究所完成了 GB/T 21085《机动车出厂合格证》标准修订工作，系统地对合格证的适用范围、配发要求、正面样式、防伪造及防复制措施、证芯编号、填报参数以及合格证管理要求等内容进行了全面的完善与提升，为下一步工信部、公安部、税务总局进一步强化合格证管理提供了强有力的标准支持；同时，有关合格证的管理要求亦明文纳入《道路机动车辆生产企业及产品准入管理办法》。

为进一步完善汽车标准紧固件标准体系，2018 年研究确立了《汽车紧固件行业标准及〈汽车标准件手册〉制修订总体方案》，共涉及 31 项新增标准、30 项修订标准、1 项标准勘误。此外，积极组织行业企业及专家陆续启动了基础分标委所属工艺类、金相检验类、流体回路零部件清洁度等一系列基础性标准的制修订研究工作。

（七）汽车电子电磁兼容标准

汽车电磁兼容领域，完成《道路车辆　电气/电子部件对窄带辐射电磁能的抗扰性试验方法》第 7 ~ 第 10 部分标准起草工作，进一步完善汽车电磁兼容评价方法和性能要求标准体系；车辆内部监控领域，完成 GB《汽车事件数据记录系统》征求意见稿，并面向全行业广泛征求意见；车辆外部信息感知领域，“车辆外部信息感知标准起草组”对应负责车载感知系统和部件领域相关标准的研究和制定工作，2018 年度完成了 GB/T《汽车用超声波传感器总成》、GB/T《汽车用 24GHz 毫米波雷达》、GB/T《汽车用被动红外探测装置》、GB/T《汽车用主动红外探测装置》和 QC/T《汽车用流媒体后视镜》标准的立项草案，并由分标委委员投票通过立项；诊断通信领域，完成《道路车辆　基于控制器局域网的诊断通信》系列标准起草工作，启动《道路车辆　车载以太网》系列标准的前期预研工作。

（八）噪声标准

2010 年以来，中汽协一直承担生态环境部《汽车加速行驶车外噪声》

（修订 GB 1495 –2002）标准制定，并与北京市劳动保护研究所共同承担环境保护部项目 GB 16170《汽车定置噪声限值及测量方法》标准修订。2018 年 1 月、3 月和 4 月，先后向生态环境部大气司机动车处汇报了 GB 1495 标准意见征集处理情况及 GB 16170 标准的起草情况，2018 年 5 月 24 日，生态环境部科技标准司在北京组织召开了“GB 1495《汽车加速行驶车外噪声限值及测量方法（中国第三、第四阶段）》技术审查会”，审查专家一致同意 GB 1495 标准通过技术审查，进入报批阶段。目前 GB 1495 标准已经进入 WTO/TBT 通报阶段，预计将于 2019 年中段发布，并于 2020 年 7 月强制实施。GB 16170《汽车定置噪声限值及测量方法》的技术细节也得到具体落实，标准主要起草单位对于压缩空气噪声的测量及限值要求、多模态消声器的管控等重要技术内容均得到了落实，标准预计将于 2019 年上半年公开征求意见。

（九）回收利用、零部件再制造及产品绿色制造标准

回收利用方面，正在制定过程中的《汽车材料中多环芳烃的检测方法》召开了多次起草组会议和工作组会，对工作组范围内的意见和建议进行了处理，即将形成征求意见稿。对 GB/T 30512《汽车禁用物质要求》推荐性国家标准修订为强制性国家标准进行预研，强标立项于 2018 年底获批发布。

零部件再制造方面，《汽车零部件再制造技术规范　曲轴》《汽车零部件再制造技术规范　连杆》已通过技术审查，对《汽车零部件再制造产品技术规范　保险杠》《汽车零部件再制造产品　热喷涂修复工艺规范》等两项再制造标准进行了多次研讨，并开展立项申报工作。

2018 年承担工信部节能司“汽车行业工业节能与绿色标准化研究”课题，为推进课题执行和汽车绿色制造，对《汽车产品单位产量综合能耗计算方法及限额》《汽车产品单位产量综合水耗计算方法及限额》《汽车行业整车制造绿色工厂评价规范》《汽车行业绿色供应链管理企业评价导则》《汽车行业整车绿色设计产品评价技术规范》等 5 项汽车绿色制造行业标准，筹备了工作组并召开多次标准讨论会，已进行立项申报，项目进入起草阶段。

（十）整车试验方法标准

整车试验方法领域，继续全面落实标准体系“十三五”规划，对亟须制定标准的新项目开展研究，对标龄较长的老标准进行全面修订。2018 年 GB/T 12539－2018《汽车爬陡坡试验方法》标准发布；GB/T《车辆行驶跑偏试验方法》、GB/T 12673《汽车主要尺寸测量方法》、GB/T 12542《汽车热平衡能力道路试验方法》等 3 项标准完成报批；还有《汽车整车大气暴露试验方法》《汽车起动性能试验方法》等 8 项标准在研。汽车风洞技术领域，紧跟新技术趋势，从零开始，提交 GB/T《车辆空气动力学术语和定义》、GB/T《汽车空气动力学风洞试验方法》、GB/T《道路车辆－侧风敏感性－风机输入开环试验方法》等 3 项新标准立项；目前“术语和定义”及“风洞试验方法”两项标准已经顺利经过国标委组织的专家会议评审，预计 2019 年初可以立项公示。

（十一）灯光标准

灯光标准整合工作继续开展。目前实施的汽车灯光标准将整合为前照明、反射器、信号灯、光源四大部分，安装部分的标准 GB4785《汽车及挂车外部照明和光信号装置的安装规定》修订版正在报批，在灯光标准整合中不予考虑。目前进行的几项灯光标准整合项目均已提出立项申请，前照明和信号灯已经完成整合后的征求意见稿草案。前照明包含前照灯、前雾灯、AFS、角灯，主要整合以下标准：GB 4599－2007 灯丝灯泡前照灯、GB 4660－2007 前雾灯、GB 21259－2007 气体放电前照灯、GB 25991－2010LED 前照灯、GB/T 30036－2013AFS、GB/T 30511－2014 角灯。发射器包含反射器、反光标识、三角警告牌、反射板，主要整合标准：GB 11564－2008 反射器、GB 19151－2003 三角警告牌、GB 23254－2009 反光标识、GB 25990－2010 反射板。信号灯则包含所有光信号装置，主要整合标准：GB 5920－2008 信号灯、GB 15235－2007 倒车、GB 11554－2008 后雾、GB 17509－2008 转向、GB 18408－2015 牌照、GB 18099－2013 侧标志、GB23255－2010 昼间行驶灯、GB 13954－2009 特种车标志灯具。光源标准的整合相对复杂一些，将整合灯丝光源、气体光源、LED 光源，初步设想是把所有光源其本性能整合成一个标准 GB15766，数据页和可靠性作为重要的内容作为附录或者单独制定推荐性标准。

（十二）汽车关键零部件标准

车轮领域首个强制性国家 GB 36581－2018《汽车车轮安全性能要求及试验方法》于 2018 年 9 月 17 日正式发布，并将于 2020 年 1 月 1 日实施。标准能够实现在后期执法过程中对产品的可追溯性，并有效规范汽车车轮市场，提高车轮产品质量，引导技术提升。

汽车玻璃领域，GB 9656 的修订将删除全部非强制性技术要求条款，目前修订稿已提交主管部门准备进行公开征求意见。与 GB 9656 配套的 5 个试验方法标准 GB/T 5137 系列全部修订完成，通过技术委员会专家审查，正在进行报批。

汽车电器领域将加大对汽车传感器的标准制定工作力度，已成立汽车传感器标准工作组，着力拓展汽车传感器产品立标、采标，以满足汽车行业的发展需要，规范和推进处于起步阶段的我国汽车传感器产品有序竞争和高效发展。2018 年已立项汽车用空气流量传感器、汽车用环境光传感器、汽车雨量光传感器三项传感器标准计划。

车身附件领域，GB 15084《机动车辆间接视野装置性能和安装要求》的修订工作计划获批，相关工作按计划开展。组织完成了《汽车背门电动开闭系统》《汽车遮阳板》《汽车安全带高度调节器》《汽车用普通气弹簧》《汽车安全带织带性能要求和试验方法》等几项标准立项申请工作。《汽车座椅加热垫技术要求和试验方法》《汽车玻璃升降器》两项标准通过专家审查，已进入报批流程。

底盘领域，GB17675《汽车转向系基本要求》已完善征求意见稿，近期将进行公开征求意见。《自动变速器（AT）总成技术要求和试验方法》《汽车机械式变速器总成技术条件及台架试验方法》等标准正在报批。QC/T

《乘用车铝合金控制臂总成技术条件》、QC/T《汽车传动轴技术条件及台架试验方法》、QC/T《乘用车铝合金控制臂总成技术条件》、QC/T《汽车离合器系统术语及定义》、QC/T《汽车半轴技术条件和台架试验方法》和QC/T《汽车驱动桥术语及定义》等标准通过专家审查，所有报批稿已经上报。

（十三）摩托车标准

目前我国已发布的摩托车标准已完全覆盖安全、环保、节能、防盗等涉及国家及公众利益相关方面，在产品的名词术语、零件名称等基础通用标准方面建立了15项标准，在试验方法方面建立了34项标准，在摩托车相关零部件方面建立了65项标准，我国摩托车技术标准已基本满足产业发展的需求。一批新完成的电动摩托车标准制修订项目将进一步促进电动摩托车和电动轻便摩托车的规范生产与安全运行，如GB/T 24156－2018《电动摩托车和电动轻便摩托车　动力性能　试验方法》、GB/T 24158－2018《电动摩托车和电动轻便摩托车通用技术条件》、GB/T 36672－2018《电动摩托车和电动轻便摩托车用锂离子电池》标准获批发布，GB 24155《电动摩托车和电动轻便摩托车安全要求》标准修订报批稿也通过社会公示及主管部门的审核，等待批准发布。

四　汽车行业主要标准化活动情况

（一）跨部门标准协调

协助工信部、公安部和交通部等部门联合制定《智能网联汽车道路测试管理规范》。针对专用汽车领域公告管理和注册上牌所反馈问题，开展“鹅颈式半挂车”“车厢可卸式汽车”“危险货物运输车”等车型的调研，并形成调研报告。根据公告生产一致性监管、车辆购置税征缴、车辆注册登记等环节的管理需要，联合工信部装备中心、公安部交通管理科学研究所完成了 GB/T 21085《机动车出厂合格证》标准修订工作，为下一步工信部、公安部、税务总局进一步强化合格证管理提供了强有力的标准支持。配合公安部完成 GA 801、GA 802、《乘员反光背心》、GB 7258－2017《第 1 号修改单》等多项标准的意见处理和技术研讨等工作；协助公安部交通管理科学研究所编写危险品运输车辆公安查验作业指导书。完成交通部关于《出租汽车运营技术条件》的意见回复。配合交通运输部公路科学研究院编写标准《车用起重尾板安装与使用技术要求》宣贯教材。

（二）标准化研究专业培训

按照国家标准化主管部门对标准化工作以及标准制修订编制工作的要求，为保证标准起草的质量、加强标准制修订的规范性，2018 年 9 月 26～27 日，汽标委联合中汽标协，共同组织汽车行业从事标准化工作及承担汽车标准编写工作的管理人员和技术专家系统学习了新标准化法实施后，对汽车标准化工作提出新要求，根据汽车标准实际工作经验讲解了标准编写方法和规范，翔实地总结归纳了日常工作中的常会遇到的难点和问题点，并分享处理建议或解决办法，百余名参加培训的代表最后通过培训考核的形式再次深刻提炼和巩固了重要的标准化知识点，加深了学习印象，提高了学习效果。

（三）深化与团体标准的交流合作

在工信部支持下，认真落实汽标委与中国汽车工程学会签署合作备忘录内容，加强与团体标准组织的合作与交流，关注与跟踪对团体标准制定工作。与中国汽车工程学会加强双方信息沟通，梳理项目清单，委派行业专家参与团体标准技术审查，在国、行、团标方面紧密合作，提出合理化建议，并鼓励推荐优秀的团体标准评选示范团标项目，2018 年度汽车工程学会两项团体标准评选为 2018 年度百项团体标准应用示范项目。

（四）汽车标准化走进校园

为贯彻落实习近平总书记关于要隆重纪念改革开放 40 周年的重要指

示，向在校广大师生介绍改革开放40周年以来汽车标准化工作取得的成就，2018年11月23日，“汽标委纪念改革开放40周年系列活动”在合肥工业大学成功举办。汽标委秘书处代表给师生们介绍了“改革开放以来的汽车标准化工作”、“智能网联标准工作情况”和“新能源标准工作情况”，在校师生通过各位专家的详细讲解，对改革开放以来汽车标准化工作的辉煌成就以及行业重点发展方向有了深刻的认识。本次活动为在校师生了解改革开放以来的汽车标准化工作、理解标准的重要作用搭建了良好的平台。

五　汽车行业团体标准化工作进展

新《标准化法》第十八条规定国家鼓励学会、协会、商会、联合会、产业技术联盟等社会团体协调相关市场主体共同制定满足市场和创新需要的团体标准，由本团体成员约定采用或者按照本团体的规定供社会自愿采用。此条赋予了团体标准法律地位，构建了政府标准与市场标准协调配套的新型标准体系。同时，团体标准也是有效推进汽车产业技术创新、推动新技术产业化应用和促进产业融合发展的有效手段。

（一）中国汽车工业协会标准化工作情况

2018年，中国汽车工业协会全面开展了团体标准的编制工作，全年发布了1项团体标准，发布四批共计19项中汽协团体标准的立项公示通告，同时，根据一年来的运行经验，进一步梳理完善了中汽协团体标准制修订管理办法中规定的申报流程以及要求。

表1　中汽协团体标准发布会情况

No	团标编号	团标名称
1	T/CAAMTB 2 - 2018	汽车电动行李厢门启闭系统

表 2　中汽协团体标准立项情况

No	团标编号	团标名称
1	T/CAAMTB 1 - 2018	智能网联汽车自动驾驶功能测试技术规范
2	T/CAAMTB 2 - 2018	汽车电动行李厢门启闭系统
3	T/CAAMTB 3 - 2018	汽车用橡胶和塑料密封条
4	T/CAAMTB 4 - 2018	汽车用橡胶和塑料密封条通用试验方法
5	T/CAAMTB 5 - 2018	电子驻车制动系统性能要求及试验方法
6	T/CAAMTB 6 - 2018	电子驻车制动钳总成性能要求及台架试验方法
7	T/CAAMTB 7 - 2018	电子驻车控制器总成性能要求及台架试验方法
8	T/CAAMTB 8 - 2018	道路车辆　制动衬片摩擦材料　摩擦性能缩比试验方法
9	T/CAAMTB 9 - 2018	乘用车制动盘
10	T/CAAMTB 10 - 2018	智能网联汽车场景数据分类与采集技术规范
11	T/CAAMTB 11 - 2018	燃料电池车用 DC/DC 变换器
12	T/CAAMTB 12 - 2018	燃料电池车载供氢系统振动试验技术要求
13	T/CAAMTB 13 - 2018	质子交换膜燃料电池膜电极测试方法
14	T/CAAMTB 14 - 2018	燃料电池车用空气压缩机性能测试方法
15	T/CAAMTB 15 - 2018	燃料电池汽车高压氢气加注技术标准
16	T/CAAMTB 16 - 2018	电动汽车用动力蓄电池产品模组规格尺寸
17	T/CAAMTB 17 - 2018	乘用车制动噪声及抖动整车道路试验方法及评价
18	T/CAAMTB 18 - 2018	汽车后视镜的折叠器
19	T/CAAMTB 19 - 2018	汽车零部件再制造企业管理体系评价规范

（二）中国汽车工程学会标准化工作情况

中国汽车工程学会紧抓全面贯彻落实新《标准化法》发展机遇，全力推动 CSAE 团体标准工作发展。CSAE 一直秉持“需求驱动、拾遗补阙、基础共性、前瞻引领”两项基本原则开展团体标准研制，标准立项数量大幅增加，标准质量有所提升，标准推广应用初见成效。

1. 组织体系

开展汽车技术标准体系架构梳理，推动标准化工作体系建设；组建了包括 CSAE 标准化工作委员会、分技术领域标准专家组和标准工作组的三级工作体系；新组建 5 个技术领域 CSAE 标准专家组（汽车测试、汽车环保、轻量化、动力学、可靠性），启动相应领域的团体标准研究制定工作。目前共有 13 个技术领域组建了标准专家组。

2. 标准项目凝练

主动部署标准研究项目，快速响应创新和市场对标准的需求、服务政府和产业发展战略需求；依托专业分会/技术创新联盟凝练共性需求。累计发布 CSAE 标准 87 项，在研 97 项。2018 年全年标准立项 79 项，发布标准 32 项。2018 年新立项标准重点聚焦基础共性和前瞻技术领域。

3. 标准组织

多形式推动团体标准的研制和发布。鼓励先进企业标准转化，支持科技创新成果转化，促进交叉学科跨领域合作，与第三方机构合作成立 CSAE 标准化工作联合推进机构。

4. 质量提升

严把立项关，加强对新申请项目的立项评估，规范各研制环节过程管理，及时组织标准复审，确保标准适用性，对 2015 年以前发布的 5 项汽车润滑油和 19 项材料标准进行了集中复审，加强对标准起草人的培训，提升标准研制质量和水平。

5. 宣贯推广

组织宣贯培训，多形式推动已发布标准应用实施，组织了 20 次宣贯，累计超过 1500 人参与培训。标准解读通过微信公众号、官网传播。依托学会平台宣传标准成果。编制标准化工作通讯，全年 6 期。

6. 示范应用

组织标准应用实施效果评估，凝练典型应用案例申报工信部百项团体标准应用示范项目，最终两项 CSAE 标准荣获工信部 2018 年度百项团体应用示范项目。支持先进创新性标准开展示范应用展示活动。服务政府开展科普宣传。

7. 协同发展

积极落实与全国汽车标委会签署的合作备忘录，明确双方在机构、人员、信息等方面的深度合作，实现团体标准与国标、行标优势互补和协调一致，加强信息沟通，进行项目合作，专家资源共享。

8. 国际化

运用国际化视野，注重标准研制、推广应用、交流合作的开放性。标准研制坚持开放合作，推动 CSAE 标准的国际化应用，加强与美国 SAE、美国 UL 等国外标准组织的交流合作。

9. 标准研究

关注团体标准发展的共性问题，积极参与和开展相关课题研究。重点参与知识产权研究委员会组织的《团体标准涉及专利披露指南》《团体标准涉及专利运用指南》标准起草，以及法规政策研究委员会组织的《团体标准百问百答》图书编写。

10. 日常管理

加强信息化平台建设和人员能力建设。基本建设完成了 CSAE 团体标准网站及微信公众号，及时更新标准立项、征求意见、公示、标准发布以及工作动态等信息，累计发送各类文章 100 余篇。搭建 CSAE 标准数据库，完成架构设计。加强秘书处标准化专职人员，强化能力建设。

六　汽车行业标准发展面临的主要问题和趋势

（一）汽车行业标准发展存在的主要问题

（1）汽车标准体系兼顾国情与国际接轨有待改进

随着能源革命和新材料、新一代信息技术的不断突破，汽车产品加快向新能源、轻量化、智能和网联的方向发展，如何使我国的汽车标准法规更加适应中国国情，同时又能与国际汽车标准法规衔接是汽车标准化面临的新问题。

（2）新兴领域标准体系顶层设计尚需强化

汽车行业新兴的车联网标准涉及汽车、通信、电子、交通等相关行业，目前各行业的标准化协会和行业组织均积极开展车联网关键技术标准化研究，但相互间沟通协调和统筹分工不够，极易造成需求和解决方案不匹配、技术路径选择不一致等问题，不利于车联网技术创新和产业发展。

（3）新技术前瞻性研究亟须深化

随着汽车技术的高速发展，传统汽车面临重大技术挑战，半自动驾驶、无人驾驶汽车的出现，新兴的领域标准需求强烈，但受标准立项时间长、人员、经费等限制，项目无法在短时间开展起来，形成标准供不应求的局面，必然会影响新产品或新技术的标准应用。

（4）汽车标准管理部门政出多门

汽车行业的标准、政策管理部门较多，标准化工作的系统性有时会受到干扰，相关部门协调和沟通不足，标准之间的协调性有待解决，特别是新兴的车联网标准体系涉及工信部、交通部、公安部、科技部等部委，需要在政策、重大专项、试验示范等方面协同推进。目前，部门间在重大政策、法律法规等方面的协调和协同不够，有必要加快推动构建跨部门的协调机制。

（5）汽车行业或团体标准影响力亟待加强

我国缺少有国际影响力的汽车行业标准或团体标准，整体影响力与SAE、DIN、JASO等国外团体标准相比，尚有较大差距，与我国汽车大国的身份不相符。

（6）标准更新不及时

近年来，汽车行业标准制定更多关注了新能源和智能化等热门领域标准制定，但是对传统汽车及节能汽车相关标准的更新不及时，不能满足产业发展的需要。

（7）标准制修订流程需要改进

国家和行业标准的制修订工作需要与时俱进，同时也需要有更为科学高效的制修订流程。随着国家标准化改革的持续深入，对于标准的研究与制定，应进一步强化标准项目论证和标准内容验证。

（二）汽车行业标准发展趋势和重点领域

标准体系的发展将更加适应汽车行业需要，为主管部门提供强有力的技术支撑，为产业发展提供规范保障，引导技术发展方向。同时加快标准国际化进程，不断加大加强中国在国际标准化工作中以及国际法规协调中的话语权。

以燃料电池电动汽车、传导充电、热管理系统、电驱动系统的标准制修订为重点，推动电动汽车标准往纵深、高质量方向发展；促进先进节能技术推广应用，推动车辆能耗水平持续下降，助力国家节能与新能源汽车产业快速发展；聚焦车辆安全，加强主、被动安全协同控制及整车集成安全技术标准研究；全面贯彻落实《国家车联网产业标准体系建设指南（智能网联汽车）》，系统推进先进驾驶辅助系统、自动驾驶、网联功能及应用、信息安全及功能安全标准研究及制定；关注汽车行业绿色制造、回收利用领域标准发展，促进工业文明与生态文明和谐共融；积极推进汽车零部件产品的通用化、模块化、智能化、轻量化、环保化，鼓励新材料新技术在汽车零部件领域的应用与发展。

①电动汽车标准领域标准子体系需要进一步建立和完善，重点开展强制性标准的发布观测以及与推荐性标准切换工作研究，电动汽车标准力争在“一带一路”沿线国家和地区寻求标准输出，扩大影响力。

②智能网联汽车标准领域，进一步推进智能网联汽车标准体系建设，依托先进辅助驾驶系统、自动驾驶、汽车信息安全和网联功能与应用等四个标准工作组分别开展30余项标准研究与制定工作。进一步加大国际标准参与力度，全面参与ISO智能网联汽车相关标准制修订工作。

③汽车节能标准领域，以“中国工况”等新试验工况导入为核心，全面推进下一阶段试验方法、限值标准制修订工作，为我国下一阶段双积分政策和相关节能管理的实施做好技术支撑。

④安全标准领域，抓紧开展《汽车前、后端保护装置》《轿车侧门强度》《汽车安全气囊系统试验方法》等标准项目预研工作；进一步推进皮卡车标准升级发展，做好有关标准的验证工作；尽快完成《车辆轴荷检测系统技术要求》等标准研究。

⑤功能安全标准领域，以国家标准GB/T 34590《道路车辆功能安全》《道路车辆预期功能安全（SOTIF）》为指导和研究主线，开展传统汽车、新能源汽车、自动驾驶汽车整车和各关键电控系统功能安全、预期功能安全（SOTIF）技术和标准研究。

⑥汽车电子与电磁兼容标准领域，全面推进 EMC 标准体系的完善和相关标准的制修订；加快推进车辆电子信息、内部监控领域、车辆外部信息感知领域、车载事故紧急呼叫领域、诊断通信领域等相关标准的研究与制定。

⑦噪声领域，加快完成 GB 1495《汽车加速行驶车外噪声限值及测量方法》及 GB 16170《汽车定置噪声限值及测量方法》两项标准的制修订工作，实现该领域工作从噪声强制标准向整车 NVH 标准领域的全面扩展。

⑧整车试验方法标准领域，加快进度研制整车环境类、热学类、参数测量类和可靠性试验类的 8 项在研标准，并适时开展 GB/T 12534《汽车道路试验方法通则》等重点标准项目的修订工作。汽车风洞标准领域，完成 GB/T《车辆空气动力学术语和定义》、GB/T《汽车空气动力学风洞试验方法》、GB/T《道路车辆 - 侧风敏感性 - 风机输入开环试验方法》等标准的立项及起草工作，拓展研究领域。

⑨回收利用与绿色评价标准方面，推动 GB 30512 汽车禁限用物质标准修订及《道路车辆　可再利用率和可回收利用率要求》标准研究，同时推进 GB/T《车内空气及非金属部件气味》项目预研，推进完成汽车绿色制造领域《汽车产品单位产量综合能耗计算方法及限额》《汽车产品单位产量综合水耗计算方法及限额》等 5 项行业标准的制定。

⑩基础标准领域，全面推进分类基础标准的工作，以及汽车紧固件、流体回路零部件清洁度、工艺类及金相检验类基础性标准的制修订工作；完成《机动车出厂合格证》《机动车产品使用说明书》两项重要管理性标准的制修订。

七　汽车行业标准化工作建议

（一）与时俱进，不断优化完善标准体系

进一步建立健全覆盖汽车生产、销售、使用等全领域的标准体系，以整车安全与性能评价、基础设施、轻量化、智能化制造、典型测试工况、先进节能技术、功能安全、网络安全等为重点，加快建立重点明确、结构合理、

符合国情、世界领先的汽车标准体系。建立标准实施信息反馈和评估机制。标准的制定要与我国道路交通特点、产业发展和产品实际状态相适应，不能脱离国情，不能脱离我国汽车产业的发展实际，既要有中国特色，也要与国际标准相融合，以适应标准国际化趋势的发展。

（二）不断创新，适应产业发展需求

未来的汽车产业，融合了汽车、电子、信息、通信等不同行业的新理念、新技术，汽车标准体系应考虑未来技术发展和应用的多样性，采取开放、融合的态度，资源共享，以共性基础、关键技术和较为成熟的产品与技术应用为重点，为未来技术发展预留空间和接口，避免标准体系方案影响或制约对汽车技术和产业发展。

（三）强化体系协调，实现与相关行业标准的兼容

汽车标准体系建设，应强化与其他汽车相关领域的技术标准体系相协调，在满足相关领域方面通用技术要求的基础上，结合汽车独特的使用条件和技术特征制定汽车行业技术标准，并加强与道路基础设施的协调、兼容。

（四）科学分类，合理确定标准层级、定位和适用范围

根据汽车标准内容和适用性划分为基础、通用规范、产品和技术应用及相关标准，按照特定系统或技术的工作原理、功能等进行归类；根据性质和层级不同，制定国家标准（包括强制性国家标准）、行业标准和团体标准，实现国家标准、行业标准和团体标准的良好配合与衔接。

八　2018年批准发布的汽车标准

据不完全统计，截至2018年底，我国发布的汽车国家标准及行业标准共1334项。其中，2018年批准发布标准47项，另外2018年下达的汽车国家标准计划项目有62项（见表3、表4）。

表 3　2018 年批准发布的汽车国家标准及行业标准

序号	标准号	标准名称	代替标准号	批准日期	实施日期
	GB 30510 – 2018	重型商用车辆燃料消耗量限值	GB 30510 – 2014	2018 – 02 – 06	2019 – 07 – 01
	GB 20300 – 2018	道路运输爆炸品和剧毒化学品车辆安全技术条件	GB 20300 – 2006	2018 – 02 – 06	2018 – 07 – 01
	GB 20073 – 2018	摩托车和轻便摩托车制动性能要求及试验方法	GB 20073 – 2006	2018 – 02 – 06	2018 – 07 – 01
	GB/T 12539 – 2018	汽车爬陡坡试验方法	GB/T 12539 – 1990	2018 – 05 – 14	2018 – 12 – 01
	GB/T 25978 – 2018	道路车辆　标牌和标签	GB/T 25978 – 2010	2018 – 05 – 14	2018 – 12 – 01
	GB/T 36120 – 2018	机动车用儿童约束系统产品标识		2018 – 05 – 14	2018 – 12 – 01
	GB/T 36121 – 2018	旅居挂车技术要求		2018 – 05 – 14	2018 – 12 – 01
	GB/T 36123 – 2018	燃气汽车泄漏报警装置技术要求		2018 – 05 – 14	2018 – 12 – 01
	GB/T 36124 – 2018	机动车用儿童约束系统产品型号编制规则及识别代号		2018 – 05 – 14	2018 – 12 – 01
	GB/T 36125 – 2018	行动不便人员运送车		2018 – 05 – 14	2018 – 12 – 01
	GB/T 36126 – 2018	汽车用液化天然气加气机		2018 – 05 – 14	2018 – 12 – 01
	GB/T 36149 – 2018	快递汽车技术条件		2018 – 05 – 14	2018 – 12 – 01
	GB 36220 – 2018	运油车辆和加油车辆安全技术条件		2018 – 05 – 14	2019 – 01 – 01
	GB/T 36282 – 2018	电动汽车用驱动电机系统电磁兼容性要求和试验方法		2018 – 06 – 07	2019 – 01 – 01
	GB/T 18411 – 2018	机动车产品标牌	GB/T 18411 – 2001	2018 – 06 – 07	2019 – 01 – 01
	GB/T 24156 – 2018	电动摩托车和电动轻便摩托车　动力性能　试验方法	GB/T 24156 – 2009	2018 – 09 – 17	2019 – 04 – 01
	GB/T 24158 – 2018	电动摩托车和电动轻便摩托车通用技术条件	GB/T 24158 – 2009	2018 – 09 – 17	2019 – 04 – 01
	GB 36581 – 2018	汽车车轮安全性能要求及试验方法		2018 – 09 – 17	2020 – 01 – 01
	GB/T 36672 – 2018	电动摩托车和电动轻便摩托车用锂离子电池		2018 – 09 – 17	2019 – 04 – 01
	GB/T 24156 – 2018	电动摩托车和电动轻便摩托车　动力性能　试验方法	GB/T 24156 – 2009	2018 – 09 – 17	2019 – 04 – 01
	GB/T 36881 – 2018	多用途面包车安全技术条件		2018 – 10 – 10	2019 – 05 – 01
	GB/T 36883 – 2018	液化天然气汽车技术条件		2018 – 10 – 10	2019 – 05 – 01
	GB/T 36980 – 2018	电动汽车能量消耗率限值		2018 – 12 – 28	2019 – 07 – 01
	GB/T 37133 – 2018	电动汽车用高压大电流线束和连接器技术要求		2018 – 12 – 28	2019 – 07 – 01

续表

序号	标准号	标准名称	代替标准号	批准日期	实施日期
	GB/T 37153 - 2018	电动汽车低速提示音		2018 - 12 - 28	2019 - 07 - 01
	GB/T 37154 - 2018	燃料电池电动汽车　整车氢气排放测试方法		2018 - 12 - 28	2019 - 07 - 01
	GB/T 37245 - 2018	中置轴挂车通用技术条件		2018 - 12 - 28	2019 - 07 - 01
	GB/T 26779 - 2011	燃料电池电动汽车　加氢口《第 1 号修改单》		2018 - 12 - 28	2020 - 01 - 01
	QC/T 243 - 2018	汽车车轮安装面平面度要求及检测方法	QC/T 243 - 2004	2018 - 04 - 30	2018 - 09 - 01
	QC/T 1092 - 2018	商用车 15°深槽钢制车轮静态刚度试验方法		2018 - 04 - 30	2018 - 09 - 01
	QC/T 932 - 2018	道路运输液体危险货物罐式车辆紧急切断阀	QC/T 932 - 2012	2018 - 04 - 30	2018 - 09 - 01
	QC/T 456 - 2018	颗粒粮食散装车辆	QC/T 456 - 1999	2018 - 04 - 30	2018 - 09 - 01
	QC/T 790 - 2018	汽车和挂车制动气室性能要求及台架试验方法	QC/T 790 - 2007	2018 - 04 - 30	2018 - 09 - 01
	QC/T 1093 - 2018	乘用车侧门防撞杆		2018 - 04 - 30	2018 - 09 - 01
	QC/T 696 - 2018	汽车底盘集中润滑供油系统	QC/T 696 - 2011	2018 - 04 - 30	2018 - 09 - 01
	QC/T 695 - 2018	汽车用继电器	QC/T 695 - 2002; QC/T 419 - 1999	2018 - 04 - 30	2018 - 09 - 01
	QC/T 645 - 2018	清障车	QC/T 645 - 2005	2018 - 07 - 04	2019 - 01 - 01
	QC/T 1094 - 2018	摩托车起动用锂离子电池通用技术条件		2018 - 07 - 04	2019 - 01 - 01
	QC/T 1095 - 2018	汽车辅助真空泵性能要求及台架试验方法		2018 - 07 - 04	2019 - 01 - 01
	QC/T 788 - 2018	汽车踏板装置性能要求及台架试验方法	QC/T 788 - 2007	2018 - 07 - 04	2019 - 01 - 01
	QC/T 311 - 2018	汽车液压制动主缸性能要求及台架试验方法	QC/T 311 - 2008	2018 - 07 - 04	2019 - 01 - 01
	QC/T 564 - 2018	乘用车行车制动器性能要求及台架试验方法	QC/T 564 - 2008	2018 - 07 - 04	2019 - 01 - 01
	QC/T 1096 - 2018	乘用车用扭转梁后桥疲劳寿命台架试验方法		2018 - 07 - 04	2019 - 01 - 01
	QC/T 1097 - 2018	乘用车用前桥水平模块疲劳寿命台架试验方法		2018 - 07 - 04	2019 - 01 - 01
	QC/T 491 - 2018	汽车减振器性能要求及台架试验方法	QC/T 491 - 1999; QC/T 545 - 1999	2018 - 07 - 04	2019 - 01 - 01
	QC/T 1098 - 2018	汽车离合器用粉末冶金盘毂技术条件		2018 - 07 - 04	2019 - 01 - 01
	QC/T 1099 - 2018	汽车主减速器总成可压缩弹性隔套技术条件		2018 - 07 - 04	2019 - 01 - 01

表 4　2018 年下达的汽车国家标准计划项目

序号	计划编号	项目名称	性质	制修订	代替标准号	采标
	20180250 - T - 339	道路车辆　流体回路零部件清洁度　第 1 部分：术语词汇	推荐	制定		ISO 16232 - 1:2007
	20180251 - T - 339	道路车辆　流体回路零部件清洁度　第 2 部分：搅拌萃取污染物的方法	推荐	制定		ISO 16232 - 2:2007
	20180252 - T - 339	道路车辆　流体回路零部件清洁度　第 3 部分：压力冲洗萃取污染物的方法	推荐	制定		ISO 16232 - 3:2007
	20180253 - T - 339	道路车辆　流体回路零部件清洁度　第 4 部分：超声波技术萃取污染物的方法	推荐	制定		ISO 16232 - 4:2007
	20180254 - T - 339	道路车辆　流体回路零部件清洁度　第 10 部分：结果表示	推荐	制定		ISO 16232 - 10:2007
	20180255 - T - 339	道路车辆　流体回路零部件清洁度　第 6 部分：重量分析法测定粒子质量	推荐	制定		ISO 16232 - 6:2007
	20180256 - T - 339	道路车辆　流体回路零部件清洁度　第 7 部分：显微分析法测定粒径和计数	推荐	制定		ISO 16232 - 7:2007
	20180257 - T - 339	道路车辆　流体回路零部件清洁度　第 8 部分：显微分析法测定粒子性质	推荐	制定		ISO 16232 - 8:2007
	20180258 - T - 339	道路车辆　流体回路零部件清洁度　第 9 部分：自动消光颗粒计数器测量粒径和计数	推荐	制定		ISO 16232 - 9:2007
	20180259 - T - 339	道路车辆　流体回路零部件清洁度　第 5 部分：在功能试验台上萃取污染物的方法	推荐	制定		ISO 16232 - 5:2007

续表

序号	计划编号	项目名称	性质	制修订	代替标准号	采标
	20180959 - T - 339	车辆右转弯提示音要求及试验方法	推荐	制定		
	20181906 - T - 339	电动汽车无线充电系统互操作性要求及测试　第2部分:车辆端	推荐	制定		ISO 19363
	20181907 - T - 339	道路车辆　牵引车与半挂车之间机械连接互换性　第2部分:低牵引座半挂牵引车与大容积半挂车	推荐	制定		ISO 1726 - 2 2007
	20181908 - T - 339	用于海上滚装船运输的道路车辆的系固点与系固设施布置　通用要求　第2部分:半挂车	推荐	制定		ISO 9367. 2
	20181909 - T - 339	汽车爆胎应急安全装置性能要求和试验方法	推荐	制定		
	20181910 - T - 339	汽车整车大气暴露试验方法	推荐	制定		
	20181911 - T - 339	中国汽车行驶工况　第1部分:轻型汽车	推荐	制定		
	20181912 - T - 339	中国汽车行驶工况　第2部分:重型商用车辆	推荐	制定		
	20181913 - T - 339	中国汽车行驶工况　第3部分:发动机	推荐	制定		
	20183272 - Q - 339	燃气汽车专用装置的安装要求	强制	修订	GB 19239 - 2013, GB/T 20734 - 2006	
	20183273 - Q - 339	制动软管的结构、性能要求及试验方法	强制	修订	GB 16897 - 2010	
	20183274 - Q - 339	机动车辆　间接视野装置　性能和安装要求	强制	修订	GB 15084 - 2013	
	20183275 - Q - 339	商用车驾驶室乘员保护	强制	修订	GB 26512 - 2011	
	20183389 - Q - 339	汽车禁用物质要求	强制	修订	GB/T 30512 - 2014	
	2018 - 1062T - QC	汽车离合器系统术语及定义	推荐	制定		

续表

序号	计划编号	项目名称	性质	制修订	代替标准号	采标
	2018 - 1063T - QC	汽车驱动桥术语及定义	推荐	制定		
	2018 - 1064T - QC	汽车用废旧动力单体电池拆解技术规范	推荐	制定		
	2018 - 1065T - QC	乘用车转向器齿条	推荐	制定		
	2018 - 1066T - QC	电动汽车用高压接触器	推荐	制定		
	2018 - 1067T - QC	电动汽车用高压熔断器	推荐	制定		
	2018 - 1068T - QC	发动机进气水分离试验方法	推荐	制定		SAE J2554 - 2003, IDT
	2018 - 1069T - QC	建筑大板运输车	推荐	修订	QC/T 447 - 1999	
	2018 - 1070T - QC	汽车、摩托车用燃油液位传感器	推荐	修订	QC/T 823 - 2009	
	2018 - 1071T - QC	汽车包边玻璃	推荐	制定		
	2018 - 1072T - QC	汽车倒车报警器	推荐	修订	QC/T 549 - 1999	
	2018 - 1073T - QC	汽车滑动窗玻璃组件	推荐	制定		
	2018 - 1074T - QC	汽车离合器分离轴承总成	推荐	制定		
	2018 - 1075T - QC	汽车零部件再制造产品技术规范　连杆	推荐	制定		
	2018 - 1076T - QC	汽车零部件再制造产品技术规范　曲轴	推荐	制定		
	2018 - 1077T - QC	汽车驱动桥	推荐	修订	QC/T 533 - 1999; QC/T 534 - 1999	
	2018 - 1078T - QC	汽车微电机用换向器	推荐	制定		
	2018 - 1079T - QC	汽车用蜂鸣器	推荐	修订	QC/T 550 - 1999	
	2018 - 1080T - QC	汽车用干式空气滤清器总成	推荐	修订	QC/T 770 - 2006	

续表

序号	计划编号	项目名称	性质	制修订	代替标准号	采标
	2018 – 1081T – QC	汽车用刮水电动机	推荐	修订	QC/T 29090 – 1992	
	2018 – 1082T – QC	汽车用环境光传感器	推荐	制定		
	2018 – 1083T – QC	汽车用空气流量传感器	推荐	制定		
	2018 – 1084T – QC	汽车用温度传感器	推荐	修订	QC/T 821 – 2009	
	2018 – 1085T – QC	汽车用压力传感器	推荐	修订	QC/T 822 – 2009	
	2018 – 1086T – QC	汽车雨量传感器	推荐	制定		
	2018 – 1087T – QC	抑尘车	推荐	制定		
	2018 – 1088T – QC	油田专用车辆通用技术条件	推荐	修订	QC/T 739 – 2005	
	2018 – 1414T – ZJ	汽车空调(HFC – 134a)用冷凝器	推荐	制定		
	2018 – 1415T – ZJ	汽车空调(HFC – 134a)用蒸发器	推荐	制定		
	2018 – 2089T – QC	车载冰箱	推荐	制定		
	2018 – 2090T – QC	乘用车用保险杠	推荐	制定		
	2018 – 2091T – QC	电源车	推荐	修订	QC/T 911 – 2013	
	2018 – 2092T – QC	汽车背门电动开闭系统	推荐	制定		
	2018 – 2093T – QC	汽车玻璃用功能膜	推荐	制定		SAE J2554 – 2003, IDT
	2018 – 2094T – QC	汽车漆面保护膜	推荐	制定		
	2018 – 2095T – QC	汽车用普通气弹簧	推荐	修订	QC/T 207 – 1996	
	2018 – 2096T – QC	汽车遮阳板	推荐	修订	QC/T 629 – 2005	
	2018 – 2097T – QC	汽车座椅舒适性试验方法	推荐	修订	QC/T 55 – 1993	

附　录

Appendix

B.11
2018年汽车工业重要事件

1月

1月2日　奇瑞汽车将旗下品牌凯翼汽车51%的股权转让给宜宾市汽车产业发展投资有限责任公司和四川省宜宾普什集团有限公司，各持50.5%和0.5%的股权。

1月9日　比亚迪第30万辆新能源车正式下线。

1月9日　环境保护部通报对山东凯马汽车制造有限公司和山东唐骏欧铃汽车制造有限公司违反大气污染防治制度的行政处罚，这是新《大气污染防治法》实施后环保部对汽车生产企业的首张罚单。

1月26日　上汽大众第1800万辆汽车下线，上汽大众成为国内首家累计产量突破1800万辆的乘用车企业。

1月30日　华晨宝马汽车有限公司第200万辆国产BMW品牌车型在沈阳新大东工厂下线。

2月

2月6日　广汽乘用车新疆工厂一期主体工程竣工，形成5万辆/年产能规模。

2月11日　浙江省湖州市长兴县人民政府与浙江吉利控股集团正式签订战略合作协议以及《吉利新能源汽车项目投资协议》，该项目总投资326亿元。

2月13日　财政部、工信部、科技部和国家发改委四部委发布《关于调整完善新能源汽车推广应用财政补贴政策的通知》，对新能源汽车推广应用财政补贴政策进行了调整，并进一步加强推广应用监督管理，提出了进一步优化推广应用环境的相关要求。

2月24日　吉利集团通过旗下海外企业主体宣布收购戴姆勒9.69%的股份，成为其最大单一股东。

2月26日　工信部等七部委联合发布《新能源汽车动力蓄电池回收利用管理暂行办法》。汽车生产企业需承担动力蓄电池回收的主体责任，保障动力蓄电池的有效利用和环保处置。

2月26日　戴姆勒和北汽集团宣布将投资超过119亿元人民币，在顺义建设北京奔驰汽车有限公司新的生产基地，生产包括新能源车型在内的多款梅赛德斯－奔驰产品。

3月

3月8日　国汽（北京）智能网联汽车研究院有限公司第一次股东会暨董事会、监事会在北京召开。国汽公司是由工信部指导，中国汽车工程学会、中国汽车工业协会等机构牵头筹办，是国家级的智能网联汽车创新平台。

3月12日　工信部、商务部、海关总署和质检总局四部委对外公告了

2016 年度中国乘用车企业平均燃料消耗量与新能源汽车积分情况（即双积分）。

3 月 19 日　广汽本田第 600 万辆整车下线，成为广汽集团旗下首家累计生产达 600 万辆的企业。

3 月 23 日　宝能新能源汽车生产基地开工暨宝能汽车创新研究院揭牌仪式在陕西西咸新区举行，生产基地项目总投资 400 亿元，规划一期产能 50 万辆（总产能 100 万辆）新能源汽车及配套项目。

3 月 27 日　工信部发布《2018 年新能源汽车标准化工作要点》和《2018 年智能网联汽车标准化工作要点》。

4月

4 月 1 日　《乘用车企业平均燃料消耗量与新能源汽车积分并行管理办法》（双积分政策）正式开始实施。

4 月 10 日　全新一代福特福克斯于重庆全球首发，由中国制造再返销北美市场。

4 月 11 日　工信部、公安部和交通运输部联合发布了《智能网联汽车道路测试管理规范（试行）》，对智能网联（含自动驾驶 L1 ~ L5）的道路测试申请、审核和管理等进行严格规范。

4 月 13 日　吉利集团正式收购丹麦盛宝银行 51.5% 股份，吉利可获得盛宝银行专业的金融技术。

4 月 14 日　国务院发布《关于支持海南全面深化改革开放的指导意见》，在海南岛逐步禁止销售燃油汽车。海南成为国内首个宣布禁售燃油车的省份。

4 月 16 日　东风日产花都工厂第 600 万辆整车正式下线，同时，东风日产发布了领航者计划 3.0 和花都工厂未来三年的发展规划。

4 月 17 日　国家发改委就制定新的外商投资负面清单及制造业开放问题答记者问。发改委表示，汽车行业将分类型实行过渡期开放，2018 年取消专用车、新能源汽车外资股比限制；2020 年取消商用车外资股比限制；2022 年取消乘用车外资股比限制，同时取消合资企业不超过两家的限制。通过 5 年过渡期，汽车行业将全部取消限制。

4 月 25 日～27 日　2018 中国汽车论坛在北京召开。本届论坛主题为"新时代、新趋势、新策略——聚焦汽车产业高质量发展"。

5月

5 月 10 日　交通运输部、公安部和工信部三部委联合印发了《关于深入推进车辆运输车治理工作的通知》，规定 2018 年 6 月 30 日前要完成所有不合规车辆运输车的更新退出，2018 年 7 月 1 日起全面禁止不合规车辆运输车通行。

5 月 22 日　财政部宣布，自 2018 年 7 月 1 日起，降低汽车整车及零部件进口关税。将汽车整车税率为 25% 的 135 个税号和税率为 20% 的 4 个税号的税率降至 15%，将汽车零部件税率分别为 8%、10%、15%、20%、25% 的共 79 个税号的税率降至 6%。

5 月 24 日　江淮大众旗下思皓品牌首款车型 E20X 正式下线，这标志着中国第一个合资新能源汽车项目正式建成投产。

6月

6 月 1 日　合众新能源在北京公布全新品牌形象和 LOGO，该公司旗下的全新汽车品牌——NETA 哪吒汽车正式发布。

6 月 11 日　宁德时代在深交所上市，当日涨幅 32.02%，总市值达 721.03 亿元。

6 月 14 日　德国大众集团将其持有的上汽大众股份中的 1% 转股给奥迪股份有限公司，上汽大众已经具备生产和销售奥迪产品的资质。

6 月 28 日　商务部发布《外商投资准入特别管理措施（负面清单）

(2018 年版)》，明确规定：除专用车、新能源汽车外，汽车整车制造的中方股比不低于 50%，同一家外商可在国内建立两家及两家以下生产同类整车产品的合资企业（2020 年取消商用车制造外资股比限制，2022 年取消乘用车制造外资股比限制以及同一家外商可在国内建立两家及两家以下生产同类整车产品的合资企业的限制)。政策于 2018 年 7 月 28 日起施行，新能源汽车领域外商股比和外商合资数量要求正式取消。

6 月 29 日 《中国汽车工业发展年度报告（2018)》发布会暨中国汽车产业政策与发展高峰论坛在北京成功举行。

7月

7 月 3 日 国务院印发《打赢蓝天保卫战三年行动计划》，加快车船结构升级，推广使用新能源汽车，加快油品质量升级。

7 月 4 日 百度公司和金龙客车合作生产的全国首辆商用级无人驾驶微循环电动车“阿波龙”量产下线，这也是全球首款 L4 级别自动驾驶巴士。

7 月 9 日 宁德时代 CATL 与德国图林根州州政府签署投资协议。宁德时代 CATL 将投资 2. 4 亿欧元（约折合 18. 7 亿元人民币)，在联邦德国图林根州埃尔福特市设立电池生产基地及智能制造技术研发中心。

7 月 10 日 宝马集团与长城汽车正式签署了合资经营合同，在中国张家港成立一家新合资企业——“光束汽车有限公司”，生产 MINI 电动汽车及为长城汽车生产电动车产品。这是宝马集团在全球范围内首个纯电动车合资项目。

7 月 10 日 特斯拉公司与上海临港管委会、临港集团共同签署了纯电动车项目投资协议，该项目规划年生产 50 万辆纯电动整车。

7 月 18 日 上汽大众第 1900 万辆整车正式下线。

7 月 20 日 北汽集团宣布 7 月 31 日后，北汽自主品牌在北京地区全面停止传统燃油车的生产。

7 月 26 日 工信部与海南省政府在海口签署推进海南全面深化改革开放战略合作协议。工信部将支持海南清洁汽车全域推广应用及相关产业发展，建设“国家级新能源汽车全域应用示范区”。

7 月 31 日 财政部和工信部联合发布《关于节能、新能源车船享受车船税优惠政策的通知》，对节能汽车减半征收车船税，对新能源车船免征车船税。

7 月 31 日 一汽红旗举行红旗品牌 60 周年“红旗 Day”主题庆典，对红旗品牌发展进行总结。

8月

8 月 8 日 东风汽车有限公司成立 15 周年，同时发布了“绿色 2022 计划”，主要涵盖三大层面，分别为绿色产品、绿色制造以及资源循环利用。

8 月 14 日 中通客车正式并入山东重工集团。

8 月 16 日 东风汽车集团与华为公司签署深化战略合作协议。双方将面向下一代电动智能网联汽车展开战略合作，为用户提供卓越的智能汽车产品和服务。

8 月 18 日 吉利控股集团与马来西亚宝腾（DRB－HICOM）集团在杭州正式签署了吉利宝腾深化新能源领域战略合作框架协议。宝腾和吉利将以 50∶50 的股比建立合资公司进入中国市场，与吉利开启全面的电气化合作。

8 月 23 日 重庆小康工业集团股份有限公司和阿里巴巴集团签署战略合作协议。双方将共同推进智能化、网联化方面的合作。

8 月 24 日 长安汽车正式发布“北斗天枢”智能化战略，宣布到 2020 年将停产非联网汽车，实现 100% 联网，100% 搭载驾驶辅助系统。

8 月 27 日 东风日产首款纯电动车型正式下线，这也是东风日产第 1000 万辆整车下线。

8 月 31 日 2018 中国汽车产业发展（泰达）国际论坛在天津滨海新区开幕，本届论坛主题为“改革开放四十年产业开启新征程”。

9月

9 月 4 日 重庆长安与铃木（中国）达成协议，收购铃木株式会社及铃木（中国）分别持有的长安铃木 40% 股权及 10% 股权。收购完成后，重庆长安持有长安铃木汽车 100% 股权。

9 月 6 日 工信部公布《享受车船税减免优惠的节约能源使用新能源汽车车型目录》（第一批），包括上汽大众、上汽通用、东风汽车、广汽本田、吉利汽车、长安福特在内的多家企业的产品入选这份目录。

9 月 11 日 第八届中国—东盟汽车工业博览会在广西柳州市开幕。

9 月 12 日 蔚来汽车在纽约证券交易所正式挂牌上市，股票代码为“NIO”。整体估值或在 64 亿美元，成为中国新能源汽车企业赴美上市的第一股。

9 月 19 日 ~ 20 日 中国汽车工业协会在陕西省宝鸡市召开了以“新时代 新格局 新策略——助力中国汽车产业高质量发展”为主题的“2018 中国汽车零部件行业年会暨高峰论坛”。会上发布了《中国汽车零部件蓝皮书（2017 ~ 2018）》。

9 月 27 日 福特智能出行有限责任公司和众泰汽车股份有限公司在上海签署最终合资协议，双方各出资 50% 组建众泰福特智能出行科技有限公司。

9 月 27 日 北汽新能源通过重大资产重组正式进入资本市场，成为 A 股市场的“新能源整车第一股”。

9 月 27 日 华泰汽车集团与曙光股份股权交割完成过户手续，合计拥有曙光股份表决权为 21.27%，成为曙光股份的控股股东。

10月

10 月 11 日 华晨宝马举办成立 15 周年庆典活动上，宝马集团和华晨汽车集团联合宣布，股东双方将延长华晨宝马的合资协议至2040年。同时，宝马集团将对华晨宝马的投资增加30亿欧元。

10月19日 上汽大众新能源汽车工厂正式开工建设，项目总投入170亿元，计划于2020年建成投产，规划产能为每年30万辆。该工厂未来将生产包括奥迪、大众等品牌的多款新能源产品。

10月24日 中国一汽与国家开发银行、中国建设银行、中国工商银行等16家银行签署战略合作协议，各银行给中国一汽意向性授信共计10150亿元。

11月

11月1日 2018百度世界大会在北京举行，会上百度和一汽红旗共同发布了国内首款L4级自动驾驶乘用车——Apollo红旗E-HS3。

11月14日 工信部办公厅印发了《新一代人工智能产业创新重点任务揭榜工作方案》，其中，智能网联汽车作为人工智能的重要应用领域，占据了揭榜任务的首要位置。

11月19日 小康股份发布公告称，小康股份将以14.54元/股发行3.32亿股，作价48.3亿元向东风汽车集团购买其持有的东风小康50%股权。东风汽车以其持有的东风小康50%股权作为对价，认购小康股份A股股份。交易完成后，东风小康将成为小康股份的全资子公司，东风汽车集团将是小康股份的第二大股东。

11月21日 北京奔驰第200万辆整车在北京奔驰工厂下线。

11月30日 北汽新能源第30万辆纯电动汽车在常州基地正式下线，这距离北汽新能源第20万辆纯电动汽车下线仅隔8个月时间。

12月

12月6日 工信部发布《道路机动车辆生产企业及产品准入管理办

法》，自 2019 年 6 月 1 日起施行。明确规定允许具有相同生产资质的集团成员企业之间相互代工，允许符合规定条件的研发设计企业借用生产企业的生产能力申请准入。

12 月 14 日 财政部发布《国务院关税税则委员会关于对原产于美国的汽车及零部件暂停加征关税的公告》，从 2019 年 1 月 1 日至 2019 年 3 月 31 日，暂停对原产于美国 660 亿美元进口商品加征 25% 关税，其中原产于美国的进口汽车关税从 40% 恢复为此前的 15% 。

12 月 17 日 力帆股份发布公告称，力帆集团将所持重庆力帆汽车有限公司 100% 股权以人民币 6. 5 亿元的价格转让给重庆新帆机械设备有限公司。重庆新帆机械设备有限公司由北京车和家信息技术有限公司 100% 全资控股，因此，车和家通过收购力帆汽车成功获得了新能源汽车生产资质。

12 月 18 日 国家发改委发布《汽车产业投资管理规定》，自 2019 年 1 月 10 日起施行，《政府核准的投资项目目录（2016 年本）》中新建中外合资轿车生产企业项目、新建纯电动乘用车生产企业（含现有汽车企业跨类生产纯电动乘用车）项目及其余由省级政府核准的汽车投资项目均不再实行核准管理，调整为备案管理。

12 月 20 日 吉利汽车控股有限公司旗下浙江吉润汽车有限公司与宁德时代新能源科技股份有限公司宣布，双方将成立合资公司，从事电芯、电池模组及电池包研发、制造及销售。合资公司注册资本 10 亿元人民币，双方以现金方式出资，其中宁德时代持股比例为 51% ，浙江吉润持股比例为 49% 。

12 月 23 日 北京现代第 1000 万辆车下线，同时正式对外宣告“千万用户”体系已形成。

12 月 27 日 工信部印发《车联网（智能网联汽车）产业发展行动计划》，明确了到 2020 年，车联网产业跨行业融合取得突破，并具备高级别自动驾驶功能的智能网联汽车实现特定场景规模应用。

12 月 29 日 第十三届全国人民代表大会常务委员会第七次会议通过了《中华人民共和国车辆购置税法》，法律规定，中国车辆购置税的税率为

10%，5类车辆可免征车辆购置税，该法将于2019年7月1日起实施。

12月29日 国家发展改革委等七部委联合发布公告（2018年第16号），自2019年1月1日起，全国全面供应符合第六阶段强制性国家标准VIA车用汽油（含E10乙醇汽油）、VI车用柴油（含B5生物柴油），同时停止国内销售低于国VIA标准车用汽油（含E10乙醇汽油）、低于国VI标准车用柴油（含B5生物柴油）。

皮书起源

“皮书”起源于十七、十八世纪的英国，主要指官方或社会组织正式发表的重要文件或报告，多以“白皮书”命名。在中国，“皮书”这一概念被社会广泛接受，并被成功运作、发展成为一种全新的出版形态，则源于中国社会科学院社会科学文献出版社。

皮书定义

皮书是对中国与世界发展状况和热点问题进行年度监测，以专业的角度、专家的视野和实证研究方法，针对某一领域或区域现状与发展态势展开分析和预测，具备原创性、实证性、专业性、连续性、前沿性、时效性等特点的公开出版物，由一系列权威研究报告组成。

皮书作者

皮书系列的作者以中国社会科学院、著名高校、地方社会科学院的研究人员为主，多为国内一流研究机构的权威专家学者，他们的看法和观点代表了学界对中国与世界的现实和未来最高水平的解读与分析。

皮书荣誉

皮书系列已成为社会科学文献出版社的著名图书品牌和中国社会科学院的知名学术品牌。2016 年，皮书系列正式列入“十三五”国家重点出版规划项目；2013~2019 年，重点皮书列入中国社会科学院承担的国家哲学社会科学创新工程项目；2019 年，64 种院外皮书使用“中国社会科学院创新工程学术出版项目”标识。

中国皮书网

（网址：www.pishu.cn）

发布皮书研创资讯，传播皮书精彩内容

引领皮书出版潮流，打造皮书服务平台

栏目设置

关于皮书：何谓皮书、皮书分类、皮书大事记、皮书荣誉、

皮书出版第一人、皮书编辑部

最新资讯：通知公告、新闻动态、媒体聚焦、网站专题、视频直播、下载专区

皮书研创：皮书规范、皮书选题、皮书出版、皮书研究、研创团队

皮书评奖评价：指标体系、皮书评价、皮书评奖

互动专区：皮书说、社科数托邦、皮书微博、留言板

所获荣誉

2008 年、2011 年，中国皮书网均在全国新闻出版业网站荣誉评选中获得“最具商业价值网站”称号；

2012 年，获得“出版业网站百强”称号。

网库合一

2014 年，中国皮书网与皮书数据库端口合一，实现资源共享。

S 基本子库
UB DATABASE

中国社会发展数据库（下设 12 个子库）

全面整合国内外中国社会发展研究成果，汇聚独家统计数据、深度分析报告，涉及社会、人口、政治、教育、法律等 12 个领域，为了解中国社会发展动态、跟踪社会核心热点、分析社会发展趋势提供一站式资源搜索和数据分析与挖掘服务。

中国经济发展数据库（下设 12 个子库）

基于“皮书系列”中涉及中国经济发展的研究资料构建，内容涵盖宏观经济、农业经济、工业经济、产业经济等 12 个重点经济领域，为实时掌控经济运行态势、把握经济发展规律、洞察经济形势、进行经济决策提供参考和依据。

中国行业发展数据库（下设 17 个子库）

以中国国民经济行业分类为依据，覆盖金融业、旅游、医疗卫生、交通运输、能源矿产等 100 多个行业，跟踪分析国民经济相关行业市场运行状况和政策导向，汇集行业发展前沿资讯，为投资、从业及各种经济决策提供理论基础和实践指导。

中国区域发展数据库（下设 6 个子库）

对中国特定区域内的经济、社会、文化等领域现状与发展情况进行深度分析和预测，研究层级至县及县以下行政区，涉及地区、区域经济体、城市、农村等不同维度。为地方经济社会宏观态势研究、发展经验研究、案例分析提供数据服务。

中国文化传媒数据库（下设 18 个子库）

汇聚文化传媒领域专家观点、热点资讯，梳理国内外中国文化发展相关学术研究成果、一手统计数据，涵盖文化产业、新闻传播、电影娱乐、文学艺术、群众文化等 18 个重点研究领域。为文化传媒研究提供相关数据、研究报告和综合分析服务。

世界经济与国际关系数据库（下设 6 个子库）

立足“皮书系列”世界经济、国际关系相关学术资源，整合世界经济、国际政治、世界文化与科技、全球性问题、国际组织与国际法、区域研究 6 大领域研究成果，为世界经济与国际关系研究提供全方位数据分析，为决策和形势研判提供参考。

法律声明